国家社科基金
GUOJIA SHEKE JIJIN HOUQI ZIZHU XIANGMU
后期资助项目

金融与艺术融合理论及实现路径研究

Research on the Theory and Realization Path of
Finance and Art's Integration

张志元　著

科学出版社

北　京

内 容 简 介

本书是在我国艺术金融发展探索背景下完成的，对艺术金融发展中设计的各方面进行了较为翔实的介绍、分析和论述，力求为推进艺术金融发展、金融与艺术深度融合提供理论支撑，为艺术金融发展指明方向。本书是山东财经大学中国艺术金融研究院国家社会科学基金后期资助项目"金融与艺术融合理论及实现路径研究"的成果之作。全书共分为三篇及未来展望：上篇为艺术金融概论，中篇为艺术金融的资产与收益，下篇为艺术金融的风险与监管。

本书既适合相关智库、研究院所使用，也适合本科及研究生相关教学工作使用，亦可为金融从业者、艺术品创作者、投资者、爱好者及从事艺术金融相关活动的人们阅读与参考，是观察艺术品市场与艺术金融发展前沿的学术与实践相结合的著作。

图书在版编目（CIP）数据

金融与艺术融合理论及实现路径研究 / 张志元著. —北京：科学出版社，2022.3

ISBN 978-7-03-071568-5

Ⅰ. ①金⋯ Ⅱ. ①张⋯ Ⅲ. ①艺术市场–金融市场–研究–中国
Ⅳ. ①F832.5

中国版本图书馆 CIP 数据核字（2022）第 030205 号

责任编辑：陶　璇 / 责任校对：贾娜娜
责任印制：张　伟 / 封面设计：无极书装

科学出版社 出版
北京东黄城根北街 16 号
邮政编码：100717
http://www.sciencep.com
北京中石油彩色印刷有限责任公司 印刷
科学出版社发行　各地新华书店经销
*
2022 年 3 月第 一 版　开本：720 × 1000 1/16
2022 年 3 月第一次印刷　印张：22 1/4
字数：443 000
定价：228.00 元
（如有印装质量问题，我社负责调换）

国家社科基金后期资助项目
出版说明

　　后期资助项目是国家社科基金设立的一类重要项目，旨在鼓励广大社科研究者潜心治学，支持基础研究多出优秀成果。它是经过严格评审，从接近完成的科研成果中遴选立项的。为扩大后期资助项目的影响，更好地推动学术发展，促进成果转化，全国哲学社会科学工作办公室按照"统一设计、统一标识、统一版式、形成系列"的总体要求，组织出版国家社科基金后期资助项目成果。

全国哲学社会科学工作办公室

作 者 简 介

张志元，管理学博士，金融学教授，山东财经大学资深教授、二级教授、博士生导师。

现任山东财经大学产业发展研究院院长、山东省重点新型智库－山东财经战略研究院院长、中国艺术金融研究院院长，教育部高等学校金融类专业教学指导委员会委员，兼任山东区域经济学会会长、中国区域经济学会常务理事、中国艺术档案学会常务理事、山东省金融学会科研委员会委员等学术职务。2003年6月至2021年3月担任财政金融学院院长、区域经济研究院院长、科研处处长等职务。

山东省金融高端人才、山东省智库高端人才、山东省人大常委会财经顾问、山东省人民政府发展研究中心学术委员会委员、山东省人民政府研究室特邀研究员；享受国务院政府特殊津贴专家、山东省金融学重点学科首席专家、山东省区域经济发展研究基地首席专家、山东省政府决策服务调研基地负责人、山东省高校学科带头人和山东省"百人工程"理论人才。

主要从事艺术金融与艺术投资、区域金融与区域经济、资本运营与资本市场等领域的教学与研究工作，在《金融研究》《经济学动态》等期刊发表学术论文200多篇，在《金融时报》《大众日报》《经济导报》等报纸发表论文及评论60余篇，出版著作《区域金融可持续发展论》《区域经济差异的资本形成机制研究》《金融大未来：危机之后》（译著）等10余部，主编教材《投资银行学》《国际投资学》等多部。主持完成中国共产党中央委员会宣传部马克思主义理论研究和建设工程重大项目、国家社会科学基金和国家自然科学基金等国家级项目6项，主持教育部及省级项目20余项，获教育部人文社会科学优秀成果奖、山东省社会科学优秀成果奖和山东省政府系统优秀调研成果奖6项。承担地方政府、金融机构、企业集团重大委托项目多项，多项成果进入决策。

2012年获得"山东省高校十大师德标兵"荣誉称号。

序

　　金融是经济的血脉，是艺术品市场发展的"助推器"和"加速器"。金融赋能艺术品市场有助于盘活优秀文化资产、增强艺术品市场活力，是大势所趋。数字经济时代，金融与艺术的融合更是日益紧密、不可分割。"艺术+科技""艺术+金融"等新兴业态如雨后春笋，艺术电商、数字艺术、区块链艺术等线上艺术品市场出现井喷行情，艺术品质押贷款、艺术基金、艺术信托等金融化创新不断涌现。近年来，在鉴宝热、文创热及国潮热的驱动下，人们对艺术品的消费、收藏和投资热情持续高涨，受到大环境影响的书画市场也逐步走出调整期，我国俨然已成为世界艺术金融创新的后起之秀。

　　根据 Artprice 发布的《2020 年度艺术市场报告》，2020 年全球艺术品市场拍卖总成交额为 105.7 亿美元。其中，我国艺术品市场以 39%的份额位居世界第一，美国、英国占比为 27%、15%，分列第二、三位。其实，自 2011年开始，我国艺术品市场就跻身世界前三位，艺术品换手率、艺术精品收益率远高于欧美市场。德勤《2017 年艺术与金融报告》就曾指出，2016~2026年中国艺术金融市场的资金规模有望从数十亿元迅速增长至数千亿元。

　　不仅在实践层面艺术品投资开展得如火如荼，近年来，随着 2011 年党的十七届六中全会"文化强国"战略的提出，以艺术品市场为代表的文化产业作为战略性新兴产业，受到了党和政府前所未有的重视，得到国家政策层面的大力支持。早在 2010 年，中央宣传部等九部委联合颁布了《关于金融支持文化产业振兴和发展繁荣的指导意见》，这标志着我国开始进入了文化产业与金融资本的互利时代。2014 年，政府工作报告提出文化产业要与互联网、金融等领域"跨界"融合；同年，文化部、中国人民银行、财政部联合颁布《关于深入推进文化金融合作的意见》，鼓励金融机构成立专业的金融文化团队，提供针对文化产业的特定服务。2017 年党的十九大报告提出"健全现代文化产业体系和市场体系，创新生产经营机制，完善文化经济政策，培育新型文化业态"，中共中央办公厅、国务院办公厅印发《国家"十三五"时期文化发展改革规划纲要》，要求"开发新型文化消费金融服务模式"。2020 年党的十九届五中全会对文化建设更是做出顶层设计和规划，明确要在 2035 年建成文化强国。2021 年，文化和旅游部发布《"十四五"

文化产业发展规划》，强调了文化与金融的深度融合；同年 6 月，财政部下达 2021 年文化产业发展专项资金（重点项目）预算，重点支持艺术品产业发展。

在政策指引与实践导向下，我们正在加速推动金融与资本体制机制创新，动员更多的金融资源参与到艺术品市场中来，更好地发挥文化产业在经济发展中的重要支撑作用，迎接我国文化艺术产业与金融、资本的深度融合，以及新业态、新模式、新生态蓬勃发展的新时期。即使受到新型冠状病毒肺炎疫情等外部不利因素的影响，我们探索文化艺术金融发展新路径的步伐也未曾停止。

在艺术品金融化大潮的推动下，山东财经大学在国内财经类院校中最早开展了艺术金融人才培养的相关探索，率先开办艺术品投资与鉴定、艺术金融等本科专业，在研究生层面开设艺术金融课程，更是进行了艺术金融博士研究生的培养，与国内外同行和艺术金融机构携手开展了丰富的艺术金融特色合作与实践。

我开始研究艺术金融与艺术投资，正是始于文化产业与金融资本互利元年的 2010 年。之所以选择艺术金融与艺术投资作为金融研究的一个新的方向：一是考虑到随着经济发展和财富增加，人们的投资趋向会向更高层次进阶，艺术品市场或许是一个重要的投资领域，艺术品的文化和金融双重属性，除了给投资人带来财务收益之外，其获得的精神收益和精神价值，是其他投资品所不具备的；二是艺术品市场作为重要的投资品市场，国内经济学者尤其是金融学者对此进行系统研究的甚少，这不能不说是投资品市场研究的一个不足或缺憾；三是艺术作为创造力的代表，是推动经济增长从规模经济到创意经济，解决劳动力结构转变、实现高质量发展的重要变量，而这部分的理论研究尚不完善；四是考虑到金融学科的特色、跨界和交叉研究特性，打开金融学研究的边界，挖掘金融学的内涵，拓展金融学的外延，成为金融学科一个富有特色的研究方向；五是艺术品投资目前虽然受到人们的关注，但由于艺术品具有专业性强、鉴别难度大等特点，普通投资者缺乏相关的经验。同时，也考虑到艺术消费、艺术投资、艺术财富管理及艺术市场发展的趋向和规律。故此，其具备巨大潜能。

基于这样的认知、初衷和背景，为了增加金融学专业学生的人文素质和艺术修养，为学生推开一扇艺术金融和艺术投资之窗，同时为社会培养更多的艺术金融人才，我于 2012 年尝试性地为金融学研究生开设了"艺术金融"课程；2016 年在招收金融学博士研究生基础上开始招收艺术金融博士研究生，至今已有 5 位艺术金融博士研究生在读；2008 年学校开设"艺术品投资与鉴定"本科专业、2016 年开设"艺术金融"本科专业并招生至今。如此一来,山东财经大学就拥有了艺术金融本科、艺术金融研究生、艺术金融博士研究生方向比较完整的艺术金融人才培养体系,这在全国财经类院校乃至其他高校中尚属首创,得到了学界和业界的广泛支持和高度认可。

为了支持特色和交叉学科的发展,2018 年学校批准成立校属科研机构"中国艺术金融研究院",由我担任创始院长。近年来,研究院围绕艺术金融和艺术投资等方面发表了一系列论文和成果,承担了包括国家社会科学基金项目在内的一批课题,初步构建了艺术金融和艺术投资的理论体系和实践应用场景。

研究发现,在经济增长方面,艺术是文化资本的要素,也是人力资本积累和教育不可或缺的元素。在金融的助推下,艺术市场的发展具有公共资源的外部性特征,多路径推动经济增长。在城市与乡村发展方面,"艺术活化乡村"为乡村发展注入活力,"艺术塑造城市"是城市软文化发展的重要方向。在投资品市场,艺术品投资具有不同于其他投资品的精神属性和投资特点,艺术品既可以成为人民幸福感和获得感的源泉,又可以成为保有可传承性和增值性的具有安全感的资产。在投资属性上,艺术品与中国的股市呈反向波动,持有周期为 3 年,短于国际艺术品市场的 7 年持有期,具有良好的另类投资品性质。囿于经济发展与金融市场结构等因素,我国居民的资产配置主要以房地产和银行存款、理财为主。但近年来,随着金融市场的深化改革与"房住不炒"的严格监管,以及资管新规打破刚性兑付,为投资者进行艺术品投资提供了资产配置的新窗口与新契机。

2019 年我国人均 GDP(国内生产总值)突破了 1 万美元,一方面,经济发展为文化建设提供了沃土;另一方面,文化发展也为经济发展、资本增值及价值扩充开辟了新道路。文化与资本不再特立独行,二者相互融合,形成丰富而复杂的耦合机制。当然,金融与艺术的融合并不意味着单纯或过度地将艺术品市场金融化,也不是金融与艺术的简单叠加,其融合是一个循序渐进、相互适应、深度和广度不断拓宽的良性发展过程。金融与艺术融合是大势所趋,不可逆转,它在当前经济发展的大背景下发展起来,伴随着金融、资本的介入以及艺术品市场自身发展的需要而不断融合,并朝着大众化、规范化、产业化和国际化的方向发展。

就目前发展来说,艺术金融仍处于起步阶段,人们对艺术金融的认知还存在一些偏差和不足,仍缺乏对艺术金融本质的清晰认识和深刻理解,艺术金融本身也有许多问题需要突破,这是一个新兴产业在发展进程中必然面临的问题。中国艺术金融的发展需要我们继续探索前行,不断积累总结经验并汲取发展中的教训。

十年磨一剑，我们很幸运地走在了国内艺术金融人才培养和学术研究的前沿。近几年，我受邀在全国各地、各高等院校以及国内外学术研讨会上交流艺术金融人才培养特色、艺术金融研究成果，与国内外同行、业界朋友分享新文科、新财经、新金融以及艺术金融特色发展的探索和实践，受益匪浅。尤其是所做的具有开创性的工作，得到了广泛认可和高度评价，使我深受鼓舞。唯愿我提出的艺术金融理论或金融与艺术融合理论及实现路径，能为推进艺术金融发展、金融与艺术深度融合提供理论支撑，为艺术金融发展指明方向，这或许是成果的期许和价值所在。

需要说明的是，本研究成果的雏形是近些年我为研究生讲授"艺术金融"课程所形成的讲稿。在此基础上，申报了国家社会科学基金后期资助项目"金融与艺术融合理论及实现路径研究"（17FJY019），并得到立项资助。成果在修改完善过程中，我的艺术金融博士研究生黄慧、刘红蕾、李肸、马永凡、孙庆麟付出了艰辛的劳动；在艺术金融人才培养和科学研究过程中，得到了学界和业界诸多朋友、所在单位领导同事的热情鼓励和关心支持；评审专家提出的中肯意见，也为成果增色不少；科学出版社的领导和编辑为本成果的出版不遗余力。由于涉及面广、人数众多，恕不一一列举，在此一并表示感谢！

把理性的金融与感性的艺术两种性质不同的学科融合在一起，难度不言而喻。本书是基于新文科背景下的跨学科研究成果，具有一定的前瞻性、交叉性和融合性特点，瑕疵、遗漏在所难免，恳请广大读者不吝赐教。

张点元

山东财经大学中国艺术金融研究院

2022 年 2 月

目　　录

上篇　艺术金融概论：范畴与理论

上篇　艺术金融概论：范畴与理论

第1章 艺术金融概述

艺术是一个古老的话题，其漫长的发展史几乎伴随着人类文明史。金融也是一个古老的话题，商品社会的历史，就是金融的历史。但艺术与金融融合发展而产生的艺术金融却是一个全新的话题。近年来，随着国家对文化产业发展的重视，推动艺术品市场繁荣发展和经济社会转型成为人们的共识，艺术金融开始成为一个热门话题。但理论界、艺术金融实践参与者，对艺术金融这一新生事物还认识不清，争议颇多。开展艺术金融理论研究、厘清艺术金融概念对指导艺术金融实践具有重要意义。

本章对艺术金融涉及的概念进行了界定，艺术金融中涉及的概念至少应当包括艺术品、艺术品市场和艺术金融。本章共三节内容，分别对艺术品、艺术品市场以及艺术金融的基本范畴进行了详细界定与论述。

1.1 艺 术 品

艺术品是时代文化的最好见证，是一个国家对外开放最亮丽的窗口，更是一个社会发展的最大精神财富。从新石器时代的龟甲、兽骨、贝壳上的图案到21世纪的书法、字画、雕塑、瓷器等的多元拓展，从废弃的厂区到远近闻名的798艺术区，从古代闭塞、专制的皇家统治到开放、文明的当今社会，艺术作品无时无刻不通过园林建筑、家居设计而渗透于百姓生活，艺术品始终以其混合交错的红、黄、蓝色与变幻多姿的点、线、面穿梭于不断流动的光年，继而走进了人们的心间。可以说，艺术品是启迪思想精神、激发潜在灵魂、表达内心情感、释放创造欲望的最佳手段。

1.1.1 艺术品的内涵

关于艺术品的内涵，至今还没有一个统一的界定。美国经济学家哥德哈伯认为："艺术主要是诉诸情感的，一旦注意力被吸引，理智就会不知不觉隐退到背后。"（胡静和昝胜锋，2008）美国著名分析美学家布洛克站在后分析美学的立场上，从艺术品与人的意图、艺术品的非功利性、艺术品与艺术习俗、开放的艺术品概念等方面，重新界定艺术品的概念，来为现代艺术寻求美学的辩解。布洛克认为："艺术不仅存在于人们的头脑里，艺术是文化的产物，存在于公众的艺术世界里。"（布洛克，1998）艺术品是既能表现艺术家的观点或意图，又能给人带来审美愉悦、有表现力的作品。艺术品是文化的载体，是传播文化信息、符号的媒介，其重心是其所代表的、蕴含的文化观念和艺术内容。拉尔夫·史密斯认为："所谓艺术品，就是一种人造物品，这种物品具有独特的性质，并有能力在高素质的观众中产生一种高级的审美经验。审美经验会以各种不同的方式，提供一种特殊的愉悦，振奋人的精神，激发人的洞察力，提高组织效力。"（西沐，2011）国内学者刘晓君和席酉民认为："艺术品泛指经人类加工制造的，具有艺术观赏价值、收藏价值和非再生性，体现个性和民族性的艺术载体。"（马健，2007）刘晓琼也指出："艺术品是个含义极其广泛的概念，字画、邮品、珠宝、古董等都属于艺术品的范畴。"（马健，2008）

根据《中国百科大辞典》的定义，艺术品从狭义上是指凝聚有人类各种形式的艺术劳动的，有某一具体表征和特定的经济价值、文化价值、审美价值、科学价值的物品；而从广义上则是指历史上一切具有艺术价值并传承人类对美的认知、理解、探求、创造的客观物质载体。

1.1.2　艺术品的范围

与艺术品的内涵相同，艺术品的范围也是一个争议很多、难有定论的问题。从广义上讲，艺术品的范围包括所有与艺术有关的物质和精神产品，如绘画作品、书法作品、篆刻作品、雕塑作品、摄影作品、工艺美术品、音乐作品、舞蹈作品、戏剧作品、电影和电视作品等。狭义的艺术品，即人们通常所说的艺术品，则主要包括绘画作品、书法作品、篆刻作品、雕塑作品、摄影作品、工艺美术品等能够以某种物质形态存在，满足人们的艺术欣赏需要和收藏需要的物品。

西方国家艺术品分类以艺术品拍卖市场的艺术品为依据，西方艺术品拍卖以世界拍卖业的两大巨头苏富比和佳士得[①]为代表，它们的拍品包括绘画、雕塑、钱币、邮票、手稿、古董、钻石、摄影、唱片、书籍、海报以及各类名人遗物，范围很广，品种极为丰富。其中的市场主体是西方艺术、珠宝钻石、名人遗物，约占70%的份额。中国有五千多年的历史和灿烂的文化艺术，

---

① 苏富比（Sotheby's，也译作索斯比拍卖行），成立于1744年，是世界上最古老的拍卖行；佳士得（Christie's，旧译克里斯蒂拍卖行），成立于1766年，是世界上历史最悠久的艺术品拍卖行。

是世界艺术品大国。中国艺术品主要有绘画、书法、瓷器、碑刻、文房用具、竹木雕、彩陶、玉器、金银器、摄影、古书、信札、家具、钱币、珠宝及丝织品。

关于艺术品范围的界定，我国出台过相应的文件。2016 年 3 月 15 日起施行的《艺术品经营管理办法》里这样写道："本办法所称艺术品，是指绘画作品、书法篆刻作品、雕塑雕刻作品、艺术摄影作品、装置艺术作品、工艺美术作品等及上述作品的有限复制品。"本书对艺术品范围的界定参照该办法。此外，2016 年 3 月 24 日，文化部（现为文化和旅游部）正式发布《关于贯彻实施〈艺术品经营管理办法〉的通知》，对贯彻实施《艺术品经营管理办法》做出部署。

我们可以将艺术品理解为经过人们的加工制造，具有一定的艺术价值和收藏价值，以某种物质形态存在的物品。此外，艺术品具有一定的再生性，换句话说，艺术品并不完全是独一无二的东西，某些种类的艺术品可以复制和再生，如绘画作品中的"荣宝斋木版水印画"和"天津杨柳青木版年画"，还有工艺美术品中的"景泰蓝"和"珐琅器"，都是可以大批量生产，从而具有一定再生性的艺术品。

1.1.3　艺术品的金融属性

Stein（1977）指出，艺术品是一种极为特殊的商品，具有多重属性，包括提供观赏服务的耐用消费品、带来金融增值的金融资产、供给弹性极低的商品、异质性商品、公共物品、投机性商品。

此外，艺术品是一种特殊的"奢侈品"，艺术品的消费与投资一直以来是富人的专利。人们对艺术品的追捧，正是因为在所有奢侈品中，艺术品比其他品类具有更大的升值潜力。当然，艺术品是一种蕴含了艺术家智慧和思想的具有独特创造性的商品，对艺术品的消费要求消费者本身也具有一定的审美品位，这使得对艺术品价值的评估变得复杂。可见，艺术品的多重属性意味着，对不同人群而言它具有不同的内涵与价值，这实际上是艺术品市场"独特性"的内在成因。

1. 艺术品的多重属性

艺术品具有一个典型的特征，即艺术品具有双重属性[①]：一方面，艺术品是用于欣赏和消费的普通商品，早期消费者购买艺术品是出于鉴赏和收藏

---

① 这里的双重属性是指艺术品作为普通商品和金融资产的双重属性。

目的，而无货币收益；另一方面，随着时间推移，艺术品的价值提升，艺术品消费者可以将艺术品出售，以获得财务收益，艺术品的投资属性得以体现，此时艺术品具有金融资产的特性。

1）艺术品作为普通商品

精神属性和物质属性归根到底促进了艺术品的收藏和消费，使艺术品作为一种消费品进行买卖，艺术品具有普通商品的交易特性。但艺术品又与普通商品存在差别。艺术品往往不具有实用性，也就是说，其内在价值微不足道，艺术品买卖或消费的目的更多在于收藏和欣赏。从这一层面看，艺术品的价值体现为精神价值，消费者购买艺术品的动机在于获得精神回报。此时的艺术品与普通商品相同，往往只存在一次交易的发生，收藏者很少再将其出售，不存在普遍的艺术品流通现象。

2）艺术品作为金融资产

艺术品具有金融资产的特性，最主要的原因是艺术品的价值不会因其实用价值或内在价值的衰减而减少，相反，艺术品的价值会随着时间推移而提高。艺术品具有保值、增值的功能。投资属性的特点使艺术品不同于普通的消费品，消费者购买艺术品的目的在于其保值、增值功能，以期获得财务收益。大量的艺术品开始在艺术品市场流通，艺术品交易不只存在于初次交易，艺术品二级市场开始发展起来。此时的艺术品像金融资产一样，可以实现价值增值，可以在二级市场流通，投资者可以获得财务收益。

2. 艺术品作为奢侈品及炫耀性消费

在经济学中，艺术品常被看作一种奢侈品，这意味着艺术品具有很高的需求收入弹性，即人们对艺术品需求会随收入的增加而成更高比例的增加，换句话说，收入更高的人群会更愿意进行艺术品的消费。奢侈品的这种消费特点被称为炫耀性消费。奢侈品不会像普通商品一样进行大批量的生产，它们的价值往往不取决于其内在价值，如艺术品的价值更多取决于精神价值和投资价值。奢侈品具有唯一性和稀缺性的特点。对于艺术品来说，不同艺术家的艺术作品存在显著差异，就算是同一位艺术家，其不同时期创作的不同作品也会存在明显差异，尤其是那些已故的艺术家，其创作的艺术品已经固定（排除模仿和复制的艺术品），艺术品的供给弹性为零，艺术品的价格取决于对艺术品的需求。

随着国民收入水平的提高，消费者（尤其是高净值人群）的财富增加，人们不仅满足于对物质的需求，精神需求也不断增加，艺术品市场的发展使人们对文化艺术的需求增加。艺术品作为一种炫耀性的商品，成为提高自身品位和地位的象征。作为奢侈品的艺术品，其内在价值微不足道，而炫耀性的消费需求催生出了高昂的艺术品价格。

3. 艺术品作为投资品的特殊金融属性

艺术品的保值、增值及可交易流通的特点使艺术品成为可行的投资资产，从这一点看，艺术品具有类似于金融资产的金融属性。但艺术品又与普通的金融资产存在明显差别，艺术品具有特殊的金融属性，体现为艺术品的异质性和低流动性（交易不频繁性）。

1）异质性

艺术品不同于大批量生产的普通商品，也不同于标准化的金融资产。不同艺术品具有不同的特征，每一件艺术品都有其独特的属性，哪怕是仿制的艺术品也会与原作品存在差别。艺术品的异质性特点使艺术品不同于一般金融资产，其价值评估也不能像金融资产一样一概而论。对于每一件艺术品，都需要进行主观评价，没有一个客观的定价标准。

2）低流动性

这里所说的低流动性就是我们常说的艺术品交易的不频繁性。由于艺术品的价格相对高昂，与股票市场、债券市场相比，艺术品市场的规模相对较小（没有那么多的买方和卖方）；且一部分购买者出于收藏目的，不会再将艺术品出售。这些特点使得艺术品的流动性很低，一件艺术品可能需要 2~3 年甚至更长的时间才会进行第二次交易。与股票、债券和货币市场工具相比，艺术品是一种流动性很低的资产，低流动性必然会使艺术品投资面临无法变现的风险，从而减少人们对投资艺术品的兴趣。

上述提到的艺术品的两个特殊金融属性，使得艺术品对于投资者来说不是理想的投资资产。但是，对艺术品历史价格（销售价格或拍卖价格）和艺术品收益与风险的计量与分析，投资者对艺术品投资的实践探索以及艺术金融工具的开发与运用，使得艺术品的投资成为可能，且随着艺术品市场的发展，艺术品投资热开始出现。艺术品具有高风险和高收益的特性，其高风险可以通过合理的资产配置及艺术金融工具的运用来控制，且艺术金融工具的运用可以在一定程度上解决艺术品市场的低流动性和低效率的问题，使艺术品逐渐成为一些主流机构投资者（如银行、基金、信托等）的良好投资选择和资产配置的良好资产选择。

Pesando（1993）指出，艺术品交易的不频繁性使得人们很难追溯同一件艺术品的历史价格信息。Mei 和 Moses（2002）强调了艺术品异质性和交易的不频繁性对艺术品市场风险收益特征的影响。Worthington 和 Higgs

（2004）指出，艺术品通常具有低流动性、不可拆分性、交易成本高、决定销售和实际成交的间隔期较长等特点。艺术品区别于其他金融资产在于其唯一性和低流动性。

1.2　艺术品市场

艺术品进入市场是随着商品经济的历史进程而发生的，这一过程是有据可考的。研究中国古代美术史资料可以发现，中国艺术品市场雏形的出现早于唐代。其后在漫长的岁月中，随着城市以及商品经济的发展而逐渐形成、发展；而在商品经济很早就成熟的西方社会里，艺术与金钱结缘是普遍的现象。

1.2.1　艺术品市场的特性

关于艺术品市场，并未形成公认性的概念，基于艺术品与一般商品和资产的特殊性，本节认为，艺术品市场是基于艺术品的供求关系和运行机制的总和，艺术品市场既具备一般商品市场和金融市场的共性，又具有其独特的个性，这也是艺术品市场的魅力所在。

通常认为，艺术品的多重属性决定了艺术品市场具有如下显著特性。

1. 艺术品市场具有很强的分割性

艺术品市场具有很强的分割性，这种分割性显然源自艺术品的异质性（Candela et al., 2004）。目前全球的艺术品市场可以分为300多个不同的子市场。

2. 艺术品市场是高度专业化的垄断性市场，信息效率较低

投资艺术品需要有很高的专业性，艺术品市场往往被少数一些大的拍卖商和经纪商所垄断。较低的流动性以及市场中普遍存在的垄断性使得买卖双方的信息不对称，从而使艺术品市场的信息问题突出，这意味着艺术品价格并不能充分反映全部信息。

3. 艺术品市场的周期性十分明显

研究表明，艺术品市场的一个典型周期可以达到30~40年，这一方面是艺术品的低流动性决定的，另一方面是与艺术品买卖相关的成本费用通常较高所导致的。

4. 艺术品市场具有很强的"行为异象"

Frey 和 Eichenberger（1995）指出，在艺术品市场中，行为异象十分普

遍，它使得市场行为系统性地偏离了冯·诺依曼-摩根斯坦的理性行为原理以及主观期望效用最大化的假设。因此，要对艺术品市场中价格、收益和风险进行分析，有必要对以往的微观金融理论进行扩充。

5. 艺术品定价主观性较强，投资回报难以确定和预估

艺术品市场中的投资回报不仅包括金融收益，还包括心理上的回报（或称之为精神享受），这显著区别于其他金融市场。此外，艺术品与股票、债券不同，持有艺术品并没有可预期的未来现金流，也无法找到与该艺术品相近的风险资产来确定折现率，从而也就无从通过准确的金融模型来为艺术品定价（Baumol，1985）。而且，艺术品定价对专家评估意见有着较高的依赖性，定价中的主观性较强。

6. 艺术品市场具有较高的交易成本

艺术品市场的淡静特征、信息不对称，以及运输、保管、保险、税收等因素，都推高了艺术品的交易成本。虽然如此，艺术品市场仍然具有一般市场的基本特征，这使得大多数对市场规律的理论分析依然能够奏效（Velthuis，2003）。正如所有市场活动一样，艺术品市场中的供求买卖、价格决定以及风险收益特征，都是由市场中的微观行为主体的选择行为决定的，因此，对艺术品市场的结构分析以及交易主体的微观行为分析，对于深入理解艺术品市场中的一般性规律具有重要价值。

1.2.2　艺术品市场的结构

根据层级结构划分，艺术品市场可分为一级市场、二级市场和三级市场（图 1-1），这种划分类似于股票市场的概念。一级市场是艺术品的发行市场，主要经营首次公开露面的艺术品，一级市场主要包括画廊和由画廊聚集形成的艺术区等。二级市场类似于证券交易市场，是艺术品的流通市场，拍卖行和艺术博览会是两个主要的二级市场。在一、二级市场之外，一部分艺术品交易者选择在场外交易，我们将这部分市场称为三级市场。

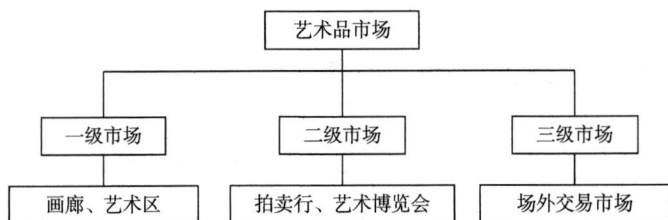

图 1-1　艺术品市场的层级结构

在成熟的艺术品市场中，画廊是一级市场的经营主体，是艺术品市场的基础市场，履行着画家推介和展览等职能；二级市场是艺术品的流通市场，凭借供求信息汇聚的优势，进行艺术品价值发现和资源配置；三级市场是艺术品交易的场外市场，是一、二级市场的重要补充。

1. 一级市场

一级市场是艺术品的发行市场，包括作为艺术品发行者的资金需求者以及作为艺术品购买者的资金供应者。不同于西方艺术品市场层次，我国以画廊为代表的一级市场不是居于艺术品市场主体地位，而是让位于二级拍卖市场。

画廊是指展览和销售美术作品的场所，也指展卖美术作品的商业企业。画廊的性质是中间商市场，或者叫转卖者市场，是艺术品交易的一级市场，是以营利为主要目的、购买艺术品再转卖出去的商业场所。画廊是艺术品一级市场中最典型的机构。

画廊起源于 16 世纪的欧洲，在法国诞生并迅速流行于整个西方世界。早期的艺术品买卖、收藏、品鉴的主要形式是艺术沙龙，这是由于早期的艺术品多流传于上流社会，平民和中下层人士还不具备艺术品收藏、品鉴的物质和专业条件。换句话说，早期的艺术交流和艺术品买卖形式是小众的，由主流的少数艺术家和上层社会艺术爱好者组成。由于圈子小、艺术作品少，沙龙模式就可以满足上流社会的艺术需求。然而随着 16 世纪中后期商品经济的发展，尤其是贸易和金融的发展，财富和权力新贵对艺术品的创作和购买需求迅速扩大，被主流艺术和官方艺术沙龙排除在外的艺术家也急需一个新的市场认可，并以出售自己的作品谋生，画廊作为新的艺术交流、交易商业场所，就在这样的市场需求下应运而生。

广义的画廊既包括那些档次较高、经常举办美术展览的画廊，又包括那些档次较低、出售行画或兼售工艺品的画店。狭义的画廊则只指前者。当然，两者的区分主要不是在店名上，而主要是在经营的实质上：第一类是画店和画铺。画店以销售价格较为低廉的"商品画"为主，不但包括绘画作品，还包括雕塑或艺术陶瓷等。这类作品大多都最大限度地降低成本，一般是为客户复制大师名作或常人较为熟悉的风景画，或模仿目前艺术品市场中正在流行的某种风格。这类画廊实际上就是画店或画铺，其特点是投入成本小、灵活性强、具有短期行为，它们在艺术品市场中不起决定性作用。经营作品的价格低廉造成了画店的利润空间较小，基本无力筹办艺术家的个人展览，更不可能通过长期合作提升艺术家的学术地位，因此也无力承担起推动当代艺术发展的历史作用。第二类是原创艺术作品的画廊。原创艺术作品是指作者的创造性能力与表现欲望充分地表现出来，艺术个性鲜明的作品。原创艺术作品一般具有较高的收藏价值，价格不菲，经营原创艺术作品的画廊也能从中获得较大的利润空间。经营原创艺术作品的画廊需要善于发现与培养具有特殊才华的艺术家，掌握艺术品的资源，不断向艺术品市场提供适销对路、风格鲜明、个性突出的艺术作品，才能最大限度地获得商业利润，同时形成自身的经营特色、商业个性与文化品位。因此，主营原创艺术作品的画廊需要与艺术家建立长期的合作关系，为他们的创作提供必要的后期保障，不断推出艺术家的个展或联合展，努力提升他们的学术地位。

画廊的作用主要体现在三个方面：中介职责、推介职责及教育职责。

（1）中介职责是指在艺术品市场中，画廊作为一个以营利为目的的中介机构，以合理的价格满足藏家购买艺术品需求，同时要满足艺术家希望自己的艺术作品得到市场肯定的需求。于是，对于画廊而言如何平衡这两种需求，正是画廊生存和发展的关键。一方面，画廊作为中介，就需要在艺术品市场中找出艺术家，然后通过画廊的经营和运作使他们逐渐被市场和社会认可，最终成为著名艺术家。画廊对艺术市场、商业运作更为了解，主要任务是推广、经营艺术作品，在寻求最大利益的同时会成就艺术家的创作。另一方面，消费需要引导。作为中介，画廊把好的作品介绍给藏家，引导消费，而且在藏家的投资过程中，画廊要让藏家感到从这里购买的艺术品至少是保值的，这样藏家才会对画廊有信心。

画廊与艺术家、藏家是一个系统的三个环节。对于画廊而言，能否照顾到三方的长远利益是其成功与否的关键。画廊能否很好地履行其中介职责也是整个艺术品市场能否健康、稳定发展的关键。

（2）推介职责就是对艺术家和艺术作品进行推广和传播。在这个过程中，画廊需要整合艺术品市场中的其他资源，包括艺评家、策展人、媒体等，在这些因素的相互配合下，画廊才能很好地完成推介职责。推介过程是一个发现价值并让更多的人认识价值的过程，这个过程能够导致价值的增值。推介活动对于销售画廊作品、打造自身品牌具有非常重要的作用。在整个市场中，画廊是拍卖公司、收藏家、美术馆的侦察者和推介者。因此，画廊必须具备前沿的眼光和敏锐的"嗅觉"，这样才能在艺术品市场中更早地发现艺术发展潮流，并通过推广，使真正有价值的艺术品进入市场，让人们了解作品的价值，最终走进藏馆、博物馆或美术馆。

（3）教育职责是指画廊具有进行艺术教育的作用。虽然不同于公益性质的美术馆和博物馆，画廊主要是对艺术品的商业运作，但画廊的主要经营方式之一是画展,这种方式不仅丰富了人们的文化生活,也普及了艺术知识,尤其让人们了解到当下艺术创作的情况。艺术本身是不断发展变化的,画廊处于艺术创作的最前沿,画廊的展览推介有助于树立和传播新的审美标准,推动艺术的发展。

中国的画廊产生于 20 世纪 50 年代,发展于 80 年代。到了 90 年代才出现了真正意义上的画廊。北京画廊协会首任会长程昕东先生介绍,在 90 年代,中国只有三家画廊,画廊的主人是国外来中国的留学生,一个是瑞士人,一个是澳大利亚人,一个是美籍华人,没有本土的。当时中国有上千家画店,画店是简单的交易平台,画廊超越了一般简单的画店,扮演着文化传播、交易、输出的角色。第一批中国本土画廊的经营者大多有海外留学或者海外背景。2001 年前后,程昕东从法国留学回国,还有一些人是从德国留学回来的,这些人完成了艺术知识的学习积累,回国之后创办了中国的第一批本土画廊。这是中国画廊第一批中坚力量,没有任何专业的系统知识,没有金融系统或者文化企业的支持,也没有相关文化政策支持,缺少美术馆的公共收藏(无论是公立的还是私立的),也缺少真正有实力的收藏家。

随着近年来我国艺术品市场的发展,中国画廊也随之有所发展。近些年来,我国规范的画廊发展势头比较稳定,在各地区已经出现了很多初具规模的画廊。2020 年上半年,国内画廊业整体处于冰封状态。根据雅昌艺术市场监测中心不完全的统计,全国(不含港澳台地区)画廊数量共有 4 045 家。北京市有 1 219 家,占比为 30.14%,居于首位;其次是山东省,其画廊数量为 486 家,占比为 12.01%;上海市位居第三,画廊数量为 404 家,占比为 10%。

从全球艺术品市场发展的经验来看,一级市场繁荣发展是健康市场的基础,也是市场发展的动力所在。目前中国艺术品一、二级市场错位扭曲的市场结构导致市场波动性大,容易形成阶段性的价格泡沫,不利于整个产业的长足发展。因此,必须提升一级市场的基础性地位。作为一级市场中主体的画廊(以书画为代表)承担了艺术品的价值发现者和孵化器的作用。画廊还是艺术创新的市场推广者和价格实现者,通过初始和重复的市场交易,实现了价值交换和价格生成,由此具有了市场价格标杆的意义。

2. 二级市场

艺术品二级市场交易主要是指艺术品拍卖公司通过前期征集的方式,将已经从一级市场售出的艺术品再通过拍卖会等形式进行二次销售。随着艺术品市场的不断发展,二级市场的主要构成除艺术品拍卖行外,还包括艺术博览会等形式。二级市场的主体是拍卖市场，同时拍卖市场是艺术品市场中非常重要的交易方式。

1）拍卖行

艺术品拍卖，是指以委托寄售为业的商业企业，用公开出价和竞拍的方式，将艺术品转让给最高出价者的买卖形式和商业行为。从事拍卖的商业或者公司叫作"拍卖行"或者"拍卖公司"，是艺术品交易的二级市场。拍卖行或者拍卖公司从拍卖成交的金额中抽取一定比例的金额作为手续费（佣金），一般买卖双方均需向拍卖行或者拍卖公司交纳手续费。

世界艺术品拍卖公司起源于 18 世纪，经过几百年发展演变，形成了国际化和具有极高知名度的拍卖行。类似于全球资本市场上著名的交易所，国际知名的艺术品拍卖公司如苏富比、佳士得，每年举办数场或者数十场拍卖会，成交金额巨大，是国际艺术品市场最为主流和最具知名度的两大拍卖行。

目前中国内地较有影响的拍卖行，主要是上海朵云轩拍卖有限公司、敬华（上海）拍卖股份有限公司、北京的中国嘉德国际拍卖有限公司（以下简称中国嘉德）、中贸圣佳国际拍卖有限公司、北京瀚海拍卖有限公司、杭州的西泠印社拍卖有限公司等；中国香港有香港拍卖行、协联估值及拍卖行有限公司、永成古玩有限公司等；中国台湾则有台北宇珍国际艺术有限公司等。1992 年 8 月，上海朵云轩拍卖有限公司最先成立。该公司是依托于百年老店——江南书画名苑朵云轩而成立的，拍卖标的涉及艺术的各个门类，每年实行春秋两季大拍的拍卖制度，拍卖业绩历年来稳中有升，为南方拍卖业的龙头。中国嘉德是我国第一家综合性的拍卖公司，成立于 1993 年，不仅拍卖中外艺术品，同时涉及土地、不动产、企业产权、知识产权、物品等，在广州设有分公司，每年实行春秋两季大拍，艺术品拍卖业绩居国内同行业前列。北京瀚海拍卖有限公司，成立于 1994 年，是一家艺术品专业拍卖公司，以其"专家集体鉴定，一票否决"的良好诚信体制，吸纳了大量买家和卖家，截至 2001 年，其拍卖年业绩有五次居同行之首，均超过亿元，北京瀚海与中国嘉德共同顶托中国内地艺术品拍卖的半壁江山。2005 年北京保利国际拍卖有限公司成立，全球艺术市场的地理格局被打破，开始重新划分，到 2010 年，这个格局更加清晰。2010 年中国首度问鼎全球艺术品拍卖市场，2012 年更是凭借 41.3%的全球份额使中国成为全球第一个连续三年夺冠的市场。

值得注意的是，我国拍卖行不论是成交规模还是行业影响力都占我国艺术品市场的主导地位，许多拍卖公司也参与艺术品收藏，可谓赚得盆丰钵满。然而繁荣的背后却布满隐患：假拍丑闻时常见诸媒体，天价拍品常遭质疑，拍卖行与洗钱联系在一起,拍卖行与艺术家、画廊共同炒作,等等。人们在感叹拍卖行职业道德缺失的同时,更加忧虑艺术品二级市场的巨大隐患。二级市场的强势使得拍卖行拥有了巨大的市场话语权、交易定价权,在一定程度上加剧了中国艺术品市场的乱象。

从交易流程上看,在拍卖开始之前,拍卖委托人必须提供能够证明委托人对即将拍卖的艺术物品享有所有权和处分权的证明材料。拍卖企业则会对被委托的标的物进行鉴定、分类、定级,尽量做到保真保值。拍卖正式举办前,一般都会对被拍卖的标的物进行预展活动。作为买方的交易者,应关注拍卖企业的一系列活动,并对拍卖标的物作者、数量、质量都要有详细的了解。拍卖企业则将大量的买方在相同的时间聚集在同一个场所,从拍卖成交额中向买卖双方同时收取手续费。在拍卖会上,艺术产品在大众面前公开竞价,其中有很多专业的人士,这样可以在一定程度上避免因为赝品交易而带来的风险。

在拍卖中,被拍卖艺术产品的成交价格由竞买人通过竞价来决定,即由买方定价,卖方即委托人只对被拍卖艺术产品的底价有决定权,而拍卖成交的标准必须达到或超过底价。正式开始拍卖后,整个过程是在公众的监督之下进行的,艺术品价格的竞争在买方即竞买人之间展开,交易价格通过群体竞价,出价最高者获得被拍卖艺术产品的所有权。

在拍卖会上拍卖成交后,拍卖机构和竞买人就要签订合约,其中包括艺术产品的名称、数量、质量、被拍卖艺术产品交付(转移)时间、交付方式、买卖双方违约的责任等。从交易主体来看,拍卖中有委托人、拍卖人和竞买人,三方缺一不可。其中拍卖人是买卖双方的中介人,由他来组织拍卖会,通过拍卖决定谁获得艺术产品的所有权。从交易条件这个层面来分析,拍卖的交易形态主要是佣金制交易,拍卖作为第三方促成艺术产品的交易,买卖双方必须向拍卖行支付佣金,同时拍卖行不承担交易风险。

在艺术品拍卖引入艺术品市场之后,中国的艺术品市场发生了根本性的变革。艺术品拍卖对于中国艺术品市场所起的作用主要有如下几个方面:①促进艺术品价值的发现。艺术品不同于其他的物品,其价值不容易确定,特别是作为一种文化的载体,其价值需要一种公平、公开和公正的方式才能得以确认。艺术品拍卖正是体现了其对艺术品价值发现的功能。在特定的时间召开公开的拍卖会,艺术品拍卖通过竞买的方式为艺术品找到了一个确定的价格,也体现出艺术品的价值。从这个意义上说,艺术品拍卖是发现艺术品价值的一种重要途径,也是价值规律的直观体现。②拓展艺术品的销售流通。艺术品是社会商品的重要组成部分,但并非普通流通企业所能够经营或有效经营的对象。这部分商品如果不参与到社会商品的流通中,整个社会商品流通体系就是不完整的。因此,拍卖是一种很好的销售方式,艺术品拍卖促进了艺术品的流通,扩大了市场流通领域。③降低交易成本、减少交易风险。艺术品拍卖将大量的竞买人在同一时间聚集到同一地点,这样就减少了为实现艺术品真正价值而不断寻找潜在买主所花费的时间与精力。同时,在艺术品拍卖会开始之前,拍卖企业会对被委托的艺术品标的进行鉴定、分类、定级,尽量做到保真保值。在艺术品拍卖会上,艺术品可以直接面对大量的客户,其中不乏专业的人士,这样也可在一定程度上减少因赝品而带来的交易风险。④艺术品不同于一般的物品,它凝结着艺术家的劳动,更体现了特定时期的历史文明。因此艺术品拍卖这种艺术品交易最主要的交易方式,有利于文化的交流与传播,促进不同地域、不同民族和不同国家之间的理解与合作。

2）艺术博览会

艺术博览会是指在某个场所定期举行的,由众多艺术家、艺术品经营机构、艺术品购藏者参与的,集展出、销售和交流于一体的艺术产品交易模式。艺术博览会是一种规模较大、品位较高、综合性较强的艺术品集中展示、交易和艺术交流的活动形式,属于艺术品市场中的二级市场。与画廊和拍卖行较为小众和高准入的特点不同,艺术博览会为艺术家、艺术作品、艺术爱好者、投资者、收藏家提供艺术交易和交流的平台,与市场经济的结合更为密切,扩大了大众美育的受众范围,并在呈现城市文化特色的功能上更为突出。

目前艺术博览会是世界上规模最大的一种艺术品展示和交易的市场形态与商业活动。从市场经济的角度看,作为艺术品交易二级市场的艺术博览会与一般的商品展销会不同。艺术博览会通常是由文化艺术组织机构(如文化部门或单位、文化艺术基金会、画廊协会等)、艺术商业机构、艺术经纪公司等多方合作构成的。同时艺术博览会作为艺术与市场的有机结合体,是随着商品经济的深入发展,市场进一步细分,从较早成熟的综合性市场运作模式——博览会中逐渐细分出来而形成的一个专业性的市场形态。艺术博览会以其庞大的规模、丰富的门类产品及独特且专业的展览展示方式对传统艺术品市场进行了补充与提升。它所具备的开放式、全景式的格局,以及全方位、多元呈现的市场模式无疑在社会效益和商业效益两方面产生双重效应,这也许就是其独具生命力的根源所在。

艺术博览会在第二次世界大战后西方经济高度发展的 20 世纪六七十年代出现了一次热潮,市场的专业化细分导致一些以“艺术博览会”命名的新兴形态的博览会应运而生。1967 年由联邦德国创办的世界上第一个艺术博览会——"科隆国际艺术博览会"正式在世界范围内拉开了艺术博览会的帷幕。此后的几十年里世界各地举办艺术博览会之势风起云涌，时至今日依然长盛不衰。这些艺术博览会以区别以往的综合性博览会运作方式的当代新型业态与模式出现；同时大多以20世纪70年代以来兴起的"当代艺术"为会展的主题，形成了一个意义上的重合，"当代艺术博览会"的称谓便约定俗成了。目前，世界各地举行的艺术博览会有数十家，其中，瑞士的"巴塞尔国际艺术博览会"、英国伦敦的"弗里兹国际艺术博览会"、德国的"科隆国际艺术博览会"、法国的"巴黎国际当代艺术博览会"、西班牙的"马德里国际艺术博览会"最为著名，有"世界五大艺术博览会"之誉。

由于一些历史的原因，国内艺术品市场发展起步较晚，首次艺术博览会是1993年在广州举办的，改变了以往由国家拨款举办展会的单一方式，通过众多参展机构的参与，以开放性、国际性博览会的形式把国内的艺术品推向市场。1997年，上海艺术博览会的开幕，标志着以北京、上海、广州为首的三大艺术博览会格局正式形成。到了1999年，国内的三大艺术博览会基本都已过渡到公司主办阶段。此后，一批具有现代经营理念的境外画廊机构也开始参加展览。艺术博览会逐渐同画廊、艺术品拍卖会一样，成为我国艺术品市场的重要组成部分。此后艺术博览会在我国蓬勃发展起来，其中最具规模的有中国艺术博览会(1993年、1995年)、广州国际艺术博览会(1996年)、上海艺术博览会（1997年），此外还有北京国际艺术博览会、中国杭州西湖博览会、大连国际艺术博览会、2004年创办的首届中国国际画廊博览会、2006年创办的"艺术北京"当代艺术博览会、2007年创办的香港国际艺术博览会、2008年创办的"艺术中国"——中国国际艺术品投资与收藏博览会等。2012年，全球四大顶级艺术博览会之一的瑞士巴塞尔国际艺术博览会完成了对中国香港艺术博览会的收购，中国香港艺术博览会也正式更名为"香港巴塞尔艺术博览会"，一跃超过北京、台北、东京、首尔等地，成为亚洲最具活力和影响力的艺术博览会。2012年9月，由中国文化部和北京市政府主办的首届"2012中国艺术品产业博览会"在北京市通州区宋庄艺术区拉开帷幕。艺术博览会在中国艺术品市场中的作用日益突出和增大。

目前国内艺术博览会呈现出的普遍特征如下：第一，展品数量多且品种丰富。以2012年第15届北京国际艺术博览会为例，会展上展出了来自16个国家和地区的5 000余件艺术作品，作品种类涵盖了中西绘画、当代艺术主题展、雕塑作品等，展览规模集体扩大化体现着中国博览业正快速发展的态势。第二，精品化趋势。顺应着人们对艺术快感的精神追求和对艺术品品质的追求，越来越多世界名家的作品亮相于国内艺术博览会，如2012年上海艺术博览会展出了毕加索、伦勃朗、莫奈、朱德群、赵无极、齐白石、张大千、傅抱石等的艺术真迹,这些作品在吸引着众多眼球的同时,促使国内艺术博览会中展品的艺术水准不断提升。第三,品牌化运作。打造城市名片已成为当今的潮流,如广州、深圳、成都等城市正通过大型艺术博览会深化自己的品牌效应。在不同城市举办的艺术博览会都不同程度地体现着自己的文化特色。例如,广州国际艺术博览会体现着这座城市在艺术领域深广的包容度,成都双年展则基于打造田园城市的理念而树立人与自然和谐共处的文化根基。第四,国际化、市场化趋势。"会展经济"这四个字是博览会作为第三产业发展到今天呈现出更加具有综合性、商业性的行业业态的概括。国内大型艺术博览会成交额轻松上亿元已成为常态,一场国际艺术博览会的成功运作给举办城市带来的边际效益是巨大的,如推动交通、旅游、餐饮、住宿、购物、文娱业的经济在会展期间的有效增长。同时,艺术博览会作为"触摸世界的窗口",发挥着国内与国外艺术群体交流信息及向民众普及艺术教育的积极作用。

每一场艺术博览会的成功举办都离不开政府对大型文化活动的大力支持。在中国政府对文化产业高度重视的大背景下,政府对文化事业的支持主要体现在两个方面:一是资金支持,这体现在博览会场馆等基础设施的建设方面;二是政策支持,获得如工商、公安、海关、外交、外汇等职能部门的支持和配合。当各级政府对艺术博览会提供以上两方面支持时,将会为此行业提供更加健康、有利的经济与政策环境,促进国内艺术博览会快速、良性地发展。

3. 三级市场

艺术品三级市场,是艺术品场外交易市场,是一、二级市场的重要补充。三级市场代表着我国艺术金融的发展方向,是艺术品市场与资本市场的有机结合。主要特点及趋势是艺术品金融化,即通过把艺术品作为金融资产纳入个人和机构的理财范围和将艺术品转化为金融工具等方式,试图对艺术品市场进行资本化规范操作的尝试。艺术品市场主体借助金融机构的专业运作,买卖艺术金融产品来获得投资回报,以金融业的理念与模式来运作,以金融资产的方式和程序来投资艺术品或其组合,并纳入个人或机构的理财范围。

1)文化产权交易所

近年来,我国艺术品三级市场发展迅速,文化产权交易所发展迅猛。但制度的不规范和交易规则的频繁变化,加剧了艺术品市场乱象。我国文化产权交易所发展条件主要有以下几个方面。

一是经济条件。人均收入的增长，是我国艺术品市场近年繁荣发展的经济动力。艺术品市场的繁荣离不开居民收入水平的提高。伴随着我国城乡居民收入的增加，我国的艺术品市场取得极快的进步，文化产权交易所交易也随之增加。

二是市场条件。金融市场的发育成熟，对艺术品金融化进程有推动作用。首先，金融市场较艺术品市场更加成熟、完善，艺术品市场的发展可以金融市场发展为指引，少走弯路；其次，在金融市场中培育起来的具有丰富投资经验的投资者，能够更轻松地迈入艺术品金融化的进程中；最后，金融市场的创新，可以直接或间接地影响艺术品市场。因此，稳定运行的金融环境，会促进并支持艺术品金融化的进程；反之，金融市场的动荡也会影响到艺术品市场。所以说，艺术品市场更要注重规避风险。

三是需求条件。一方面，艺术与资本"联姻"，促进了艺术品场外交易市场的发展，推进了艺术品金融化进程。随着全球经济危机的上演，市场运行风险加大，直接导致了艺术品市场参与者增加对艺术品投资风险的规避以及投资价值的保值、增值的需要。艺术品金融化以其灵活的参与形式及对艺术品投资风险的规避，吸引了广大参与者的加入。另一方面，世界市场上大部分高端艺术品价格高昂，让投资者望而却步，而艺术品金融化却可以让投资者"力所能及"地参与艺术品市场，满足其"多元化"需求。

2）艺术品份额化交易

艺术品份额化交易旨在建立不同于画廊和拍卖行的艺术品交易三级市场，在繁荣文化艺术品市场、创新我国艺术品价值发现平台和探索我国的艺术品投资交易模式上做出重要贡献。艺术品份额化，核心是将非标准标的物——艺术品进行集中等额拆分交易，让更多艺术品市场参与者关注艺术品、分享收益，满足艺术品流通的需要。艺术品份额化是中国艺术品交易方式的创新，具有鲜明的中国特色。

首先，中国文化产权交易所是艺术品份额化的交易场所。近年来，国内文化产权交易所如雨后春笋般发展起来，大致可分为两类：一类是文化艺术品交易所，如天津、郑州等，艺术品份额化多是公开、连续的"类证券化"的交易模式；另一类是文化产权交易所，艺术品份额化多是在产权层面面向特定投资者或会员内部的交易模式。虽然各文化产权交易所的交易模式和业务范围不尽相同，但其核心都是将艺术品权益拆分。

其次，艺术品权益拆分交易模式的发展对规范和完善我国艺术品市场有着十分重要的意义。艺术品的份额化，一方面满足了广大投资者的要求，为中小投资者参与艺术品市场赢得了进场的资格；另一方面对一件或者多件艺术品价值进行拆分，通过艺术品的相关性来有效降低个体风险。

1.2.3　艺术品市场的金融化动力

健康的中国艺术品市场是艺术品市场金融化的基础。政府的导向非常明确，2014 年，文化部、中国人民银行和财政部颁发了《文化部　中国人民银行　财政部关于深入推进文化金融合作的意见》。政府监管部门在全面放松管制的同时，细化了对艺术金融产品的规范条例。金融监管的出发点是保护投资者的利益，维护金融秩序和市场的公平竞争，对中国艺术金融的发展无疑是利好。

1. 艺术品消费是中国艺术品市场巨大的蓝海市场

2014 年中国的人均 GDP 超过 7 400 美元，在这个阶段，精神文化需求明显上升。中高收入人群大多处在感兴趣但没有入场的阶段，中国艺术品市场巨大的需求远没有被挖掘和释放出来。2015 年中国的人均 GDP 超过了 8 000 美元，人们对于精神消费的需求稳步上升，艺术品消费成为新蓝海。目前，中国艺术品市场需要突破瓶颈，将资金导入艺术品市场中。

年轻人是未来的希望，对艺术品产业和市场来说，也是得青年者得未来。当代艺术与时尚和设计相融合是艺术品市场的一个新趋势，也是能够击中年轻人喜好痛点和征服他们的地方。与当代艺术的理念和表达完全不同，当代艺术品进入日常生活时，就不再是一个批判的、颠覆的和反叛的工具。艺术设计作为一个融合艺术与应用的领域，更容易被大众特别是年青一代所接受。艺术进入生活，生活中无处不是精巧和设计感很强的艺术，艺术面前人人平等。随着民众审美趣味的提高，艺术收藏不再是富人的专属舞台。如果大家将眼光放到价格不贵但是极具艺术内涵的作品上，那么每个人都可以建立起自己的收藏体系。

2. 互联网和艺术品结合为市场的创新提供了空间

改革开放四十多年来，在中国所有的行业中，互联网行业与国际水平最为接近。阿里巴巴、腾讯、百度等企业无论在技术上还是在商业模式上的创新都是世界一流的。与传统行业相比，互联网行业的管制最少，这导致大量的资金和优秀的人才涌进这个行业，创新活跃，发展空间很大。

从艺术金融的角度来看，2003 年艺术品投资热开始兴起，并且迅速走上了高度繁荣之路。直到 2006 年开始进入调整期，部分资金撤出市场，以 2008 年北京奥运会的开幕式为契机，艺术品投资热依然在延续，但是市场的繁荣度无法与之前媲美，因此艺术金融亟须借助某些领域的力量，重新回到大众视野之中。此时"互联网+"的风起云涌，无疑成为艺术金融的治愈良药。互联网本身就拥有大量用户，并且当前越来越多的人开始以互联网作为其获取信息、社交等活动的主要场所。"互联网+"与艺术金融的融合，可以帮助艺术金融回归实现大众化，同时培养人们新的消费习惯，激发艺术品消费意愿。另外，目前艺术金融市场因为政策制度的缺失，缺乏引导，市场信息混乱，市场规律难把握，市场机会难捕捉，这就在潜在投资者面前形成了一道鸿沟，而"互联网+"带来的大数据、云计算等先进的技术能够提升市场的透明度，提高流动性和市场竞争性。

从"互联网+"的角度来看，互联网的诞生和发展已经有了很长的时间，特别是大数据、云计算技术问世，使得互联网产业如日中天。在互联网的经济学规则中，自我增强规则是排第一位的。互联网中新进入的每个节点与其他已存在节点都是相连接的。互联网的这一特性在为其新加入的部分创造了巨大价值的同时，也实现了自我增值，因此"互联网+"与艺术金融的融合是"你情我愿"的。由此延伸的另一个规则就是共享经济、协作共赢，互联网中每个节点都为彼此创造价值，实现双赢。前文述及了互联网带给艺术金融的优势，同时艺术金融为互联网提供了丰富、优质的信息资源，为互联网的平台运营商带来了丰厚利润，二者的融合更是"互联网+"的实践，丰富了"互联网+"理论。

3. 艺术品市场的国际化深度和广度远远不够

从 2009 年开始，中国艺术品市场的交易量就稳居世界前三，比肩美国、英国，成为全球最大的艺术品市场之一。文化艺术品是全世界的共同财富，象征着人类的文明程度，它的国际性特征非常明显。但是中国的艺术品和收藏家基本都是在本土化的领域里进行内部循环和流通，在中国的博物馆内看不到西方标志性的艺术品，缺乏与国际市场的流通。中国艺术品市场上所交易的内容几乎全是中国自己的东西，连亚洲艺术品都少得可怜。从拍品结构来看，内地拍卖市场的支撑结构主要集中在中国书画方面，集中度过高。中国艺术品市场较为封闭，包容性不够。毕竟经典的、值得收藏的书画作品数量并不多，一旦资源枯竭，市场将无法持续。与此同时，中国的艺术品除了瓷器外，其余艺术品在国际艺术品市场上的认可度也较低。

艺术品市场的国际化主要表现在两个方面：一是国内艺术机构、人员和作品走出去，二是国外的活动走进来。最近几年，借鉴国外的经验，截至2020 年 9 月，中国在上海、广东、福建、天津等各地建立了 21 个自贸区。

据不完全统计，目前在上海（上海自贸区国际艺术品保税仓库、上海西岸艺术品保税仓库）、北京（天竺综合保税区·文化保税园）、福建（厦门海丝艺术品中心与博乐德艺术品保税共享平台）、重庆（保税商品展示交易中心）、河南（开封国际艺术品保税仓）、四川（成都艺术品保税仓库）等地设立了艺术品仓库。另外，有大湾区国际艺术品保税产业中心、大连艺术品保税展示中心等自贸区多种形式。在免税自由港内设立了艺术品仓库，为中外艺术品市场提供了一个世界舞台，真正做到自由进出，鼓励艺术品投资人放手在国际市场上寻找有价值的艺术品，这些措施有利于国际买家租用这些仓库，既免除了税收压力，又为后续的市场运作提供了自由进出的保证，同时可以带来客观的收益。

总之，资本的逐利性、经济的调整变化和艺术品的自身发展决定了艺术品市场与金融市场融合的必然结果。这种融合搭建起了艺术品市场和广大普通投资者之间连通的桥梁，突破了限制艺术品市场发展的瓶颈，降低了艺术品市场的资金和专业门槛，提高了艺术品的流动性，极大地促进了艺术品市场的繁荣和发展；而艺术品市场的繁荣和发展，使得大量金融资本进入艺术品市场，反过来又促进了艺术品市场上金融机构、金融工具的发展和创新，从而两者的融合需求不断提升，艺术品的金融化持续深入。发展到今天，艺术金融已经取得了重大突破，艺术与金融的对接不再是零散的、点对点的，或者仅仅是产品级的，而是体系性、产业化的，这标志着艺术金融已经真正进入体系化、产业化的发展阶段。金融与艺术融合是艺术品行业发展的必经之路，艺术品市场只有在金融资本的助力下，才会有更大的发展空间。

1.3　艺术金融的内涵与特征

尽管理论界近年来关于艺术金融的讨论和探索已颇多，各种艺术金融论坛、讲座、培训此起彼伏，但至今仍未给出一个被理论界普遍认可的艺术金融概念。搞清楚艺术金融到底是什么，有哪些特征和内涵，对认知艺术金融本质、指导艺术品创新实践至关重要。

1.3.1　艺术金融的内涵

1. 艺术金融的基本概念

何为艺术金融？笔者认为，艺术金融是指各类围绕艺术品市场主体所进行的资金融通和与之相联系的信用活动的总称。狭义的艺术金融是指围绕艺术品市场主体所进行的投融资活动；广义的艺术金融则包括一切围绕艺术品市场主体进行的资金融通和信用活动，包括艺术品投资、艺术品融资、艺术品保险、艺术品托管、艺术品租赁等艺术品信用活动以及与之相伴的各种金融行为。

艺术金融与金融的归类相类似，也包括艺术基金、艺术信托、艺术银行、艺术品保险和艺术品股票等几个方面，其本质与根本就是建立在服务这一基石之上的规模化、社会化、大众化的发展核心点与基本趋向（西沐，2010）。

2. 艺术金融的基本内涵

艺术金融具有以下几方面的内涵。

（1）艺术金融是金融与艺术品市场融合而产生的金融行为和金融活动。艺术金融属于金融范畴，是一种特定行业、特定市场和特定领域的金融行为。

（2）艺术金融属于产业金融范畴。金融的本质是配置市场资源，因此，艺术金融的本质是围绕艺术品生产、传播和经营，以及其他市场行为进行资源优化配置的活动。与科技金融、农村金融、小微金融、互联网金融一样，金融与什么产业和行业融合，就会产生什么样的产业金融。当金融进入艺术品市场，进入艺术行业时，就产生了艺术金融，形成了金融与艺术融合发展的新业态。

（3）艺术金融是一种金融创新行为。金融永不停息地在不同产业、行业、产品、企业和地区间流动，寻找适合与之融合的主体，当它碰上艺术并与之结合时，就产生了一种美妙的东西——艺术金融。金融资本与艺术融合需要艺术品市场进行创新，更需要金融进行体制、制度、理念，以及技术层面的产品、服务模式创新，这样金融才能进入艺术里面，艺术才能拥抱金融。所以，艺术金融是一种不同资源、不同业态基于融合发展的创新行为和创新活动。

（4）艺术金融是一种新的业态。当金融与艺术品市场融合发展时，就会产生艺术金融，这种融合发展不是金融和艺术的简单相加，而是会发生裂变效应，催生新的业态和产业。金融与艺术品市场的融合发展，会按照一定规律经过艺术品商品化—资产化—证券化这样的轨迹，融合程度由浅入深，业态、层次日趋多样而丰富。所以，艺术金融也是一种区别于传统艺术产业和传统金融产业的新产业、新业态。

1.3.2 艺术金融的特征

与普通的、常规产业金融业态不同，艺术金融具有如下特征。

1. 非标准化

传统金融一般针对的是可以标准化、批量化生产和销售的商品和服务，这些商品和服务往往是严格按国家和某一行业、产业的标准和规范生产和销售的。但艺术金融所针对的艺术品及其生产过程、经营情况有很大的差异性。世界上没有两件相同的艺术品，同一个艺术品经营机构经营的艺术品也找不到两件完全相同的。一个艺术家不同时间、不同地点、不同情境下创作的艺术品，市场价值有很大的不同。不同的艺术消费者、投资者和收藏者面对同一件艺术品的态度、行为有很大差别，价值判断会有很大不同。这种差异性决定了与艺术品市场融合而产生的艺术金融，无论是投资、融资还是其他更多样的艺术金融行为，都很难像传统的金融产品和服务那样按统一标准、流程和规则大规模、统一性开展。

2. 高风险性

金融行为本身都具有风险性特征。但相对而言，艺术金融的风险性特征更加明显。这种高风险性特征主要是由艺术金融标的物的特殊性[①]以及艺术金融的非标准化、艺术品市场的复杂性所决定的。

首先，艺术品作为艺术金融标的，是一种极其特殊的商品。艺术品本身具有较之于不动产和其他动产更大的管理难度，主要体现在艺术品的真假识别难度大、估值难度大、保存难度大、出现违约后变现难度大方面。一个完整闭合的艺术金融风险控制方案必须同时解决鉴定、估值、保管、变现等一系列难题。

其次，艺术金融的非标准化特征使艺术金融风险管控较难。艺术金融是非标准化的，这种非标准化使艺术金融的风险点呈现多样化、不规则分布和多变特征，风险度量及监测困难，为此设计风险管理标准以及闭合的风险控制流程和控制措施较难，风险管理难以稳定进行。

最后，艺术品市场的复杂性决定了艺术金融的高风险性。艺术品市场是一个极度复杂、非理性、不规则的市场。艺术品市场生产、经营透明度较低，交易存在着严重信息不对称；我国对艺术品市场监管缺失，围绕艺术品生产、交易、授权、经营等各种市场行为的监管规则还不健全，市场主体权益保护较难；我国艺术品市场还存在诚信度不高、制假售假的情况；艺术品不是一种刚需商品，与传统产业和民生关联度较弱，市场主体行为受各种复杂因素影响，市场波动较大，发展不平稳。这些市场特征，使艺

---

① 艺术金融标的物是艺术品，关于艺术品的特殊性（特征）在 1.1 节中已做了详细的介绍。

术金融与成熟的产业金融相比风险大得多。

1.3.3 艺术金融的发展模式

中国艺术金融的发展进程可以分为商业与公益两种方向。其中,商业性艺术金融的进程为艺术赏品—艺术商品—艺术资产—艺术产业化;公益性艺术金融的进程为艺术活动—艺术行业—艺术产业—艺术产业化。比较受市场认可的传统艺术金融形式主要有拍卖、保险、信托、基金、典当、质押、艺术品财富管理等。艺术品作为另类投资的重要标的,具有反周期和风险对冲的功能,精品艺术市场、精神财富补涨和大消费升级构成了艺术金融联动的三个产业梯次。

艺术金融在中国出现后,沿着两个方向展开:一是以艺术品为载体,实现资本融通、保值和增值的艺术金融,即商业性艺术金融。商业性艺术金融的表现形态有艺术金融、艺术信托、艺术保险、艺术质押等银行艺术金融业务。这种类型的基本思路和追求目标是艺术的资本化。二是以资本为工具,扶持和促进艺术产业发展的艺术金融,即公益性艺术金融。公益性艺术金融的表现形态有国家艺术基金、各地政府扶持的文化艺术金融服务模式等。这种类型的基本思路和追求目标是艺术的产业化。

以上两种类型的艺术金融是相互促进的。艺术产业化的规模会影响艺术资本化的程度;反过来,健康的艺术资产化和资本化将为艺术品产业的发展提供动力。相比较而言,公益性艺术金融起步较晚,目前主要由政府推动,学界关于这方面的理论研究较为薄弱。商业性艺术金融的实践自 2005 年起,已经发展了十几年,主要由民间力量及金融机构推动。学界关于这方面的理论虽有一些研究,但是远远落后于实践的需求,分散、零散、不成体系。受艺术市场大环境影响,作为商业性的艺术金融会受到较大影响,但是受国家文化金融政策的鼓励,商业性艺术金融会有较多发展机遇。

1.4 艺术金融的理论梳理与实践伸张

1.4.1 艺术金融的宏观与微观理论梳理

1. 国内艺术金融宏观理论逐渐延展

从艺术品金融属性到艺术财富管理,从艺术经济学到文化经济学,再到宏观经济波动与艺术资产价格,本土艺术金融研究正从微观逐渐向宏观扩展。黄隽和李越欣(2020)验证了艺术品市场的顺周期性,认为其收益率受宏观经济影响较大。北京和香港作为中国最大的艺术品在岸和离岸拍卖市场相互联动，不同市场间财务收益和风险分散存在差异性。拉斯·特维德（2012）分析了经济周期中驱动收藏品市场的因素，认为中低价位的收藏品对经济周期更为敏感。

2. 国际艺术金融微观理论继续丰厚

中国艺术品市场研究在国际期刊中逐渐增多。例如，Bian 等（2021）认为，蓬勃发展的中国艺术市场的拍卖参与者的行为与成熟的西方艺术市场的同行相似。投标人锚定过去的拍卖价格（外部提供的锚定）。当同一拍卖行重新拍卖一幅画时，拍卖师会受到过去拍卖价格（外部提供的锚点）和拍卖师先前估计（自生成的锚点）的影响。如果同一幅画的两次拍卖之间的时间间隔相对较短，则锚定效应会更强。

国际艺术品市场研究微观视角更加细致和多元化。例如，Cameron 等（2019）、Farrell 等（2021）、Bocart 等（2021）分别从不同视角探讨了性别差异对画家画作销售量和价格的影响。Alejandro 等（2020）则分别探讨了艺术家死亡的供给约束、收藏者财富的背景风险及赝品的投资欺诈风险对预期周转率的影响。后两种对艺术品情感价值分别是负相关和正相关关系。诸多经济学 SSCI 期刊关于艺术金融的研究逐渐显现。

3. 新兴艺术金融市场研究崭露头角

最近几年，关于非洲艺术品市场的研究逐渐崭露头角，Binge 和 Boshoff（2021）使用南非艺术市场来考虑在相同艺术品的重复销售有限的情况下，不同的方法如何影响价格估计。重点是根据南非艺术品拍卖的综合数据库估算南非的艺术品价格，他提出了一种新的伪重复销售方法，以克服传统的特征价格法和重复销售方法面临的数据限制。这些方法虽然表明南非艺术品价格的趋势相似，但回报的水平和波动性差异很大，这取决于估计价格指数的方法。该论文还介绍了一种价格泡沫测试，该测试解释了与构建的艺术品价格指数相关的测量误差。与基于集中趋势方法的指数不同，基于回归的方法表明，在全球金融危机爆发之前，南非的油画和水彩画价格略有爆炸性增长。新的测试提出了类似的结论，但表明爆发性价格行为的时间较短。

1.4.2　艺术金融的国内外实践发展伸张

1.NFT 数字艺术品发展引人注目

2020 年的新型冠状病毒肺炎疫情加速了传统拍卖由线上到线下（online

to offline，O2O）的转型，而这次 NFT（non-fungible token，非同质化代币）拍卖更使拍卖行深度涉足数字艺术市场。从艺术品市场供给来说，艺术品范围从实体扩大到虚拟，拓宽了艺术品的范畴和来源。从需求来看，NFT 会吸引更多的作为互联网原住民的年轻人关注和进入艺术品市场。NFT 数字艺术品对艺术品市场产生冲击。无论是艺术品的生产流通、呈现方式，还是知识产权、收益分配等，NFT 数字艺术品都在很大程度上改变了原有艺术品市场的游戏规则，对现有艺术品市场造成冲击，促使人们思考未来艺术品市场的动能变化和发展方向。

2. 国际艺术市场是经济的重要部门

艺术品市场是经济的重要部门。例如，瑞银集团和巴塞尔国际艺术博览会最近报告称，与艺术市场相关的企业有 310 685 家，其中，画廊行业 296 540 家，拍卖行 14 145 家，截至 2017 年，直接雇用了约 300 万人。此外，艺术品是重要的替代资产，因为目前它们被用作获得外部资金的抵押品。例如，德勤报告称仅在美国，2016 年艺术抵押贷款市场估计达到 17 亿~200 亿美元，比 2015 年增长 13.3%。此外，艺术品是用作价值储存的重要替代资产，类似于黄金或其他商品。例如，瑞银集团和巴塞尔国际艺术博览会显示，全球艺术市场价值 637 亿美元。

3. 全球艺术品拍卖重心逐渐转向亚洲

根据佳士得发布的业绩报告，2020 年全球艺术品拍卖市场的成交额中有 34% 由亚洲买家贡献，美洲买家占 33%，欧洲、中东和非洲买家共占 33%，在份额上基本持平。到了 2021 年上半年，亚洲客户的成交额占到了佳士得拍卖总额的 39%（10.4 亿美元），其次是欧洲、中东和非洲（33%）和美洲（28%）。其中，在珠宝、手表和复古时尚类别里，亚洲客户的参与度更高。例如，以 2.26 亿港元成交的"樱花钻石"便是被亚洲买家所购得，以约 2 000 万港币之差刷新了由另一枚艳彩紫粉红钻"玫瑰花韵"创下的拍卖纪录。值得注意的是，亚洲地区各国对于疫情的严格把控使其得以率先从疫情中恢复，为亚洲地区艺术品市场的重新启动增添了动力。

参 考 文 献

布洛克 H G. 1998. 现代艺术哲学[M]. 滕守尧译. 成都：四川人民出版社.

胡静，昝胜锋. 2008. 论艺术品价格形成机制与投资策略[J]. 现代经济探讨，（2）：61-65.

黄隽，李越欣. 2020. 宏观波动、结构差异与艺术资产收益[J]. 金融评论，（2）：19-34.

马健. 2007. 关于艺术品的涵义、种类与价值的思考[J]. 中国资产评估，（11）：33-35.

马健. 2008. 艺术品市场的经济学：艺术品市场的魔鬼与天使[M]. 北京：中国时代经济出版社.

特维德 L. 2012. 逃不开的经济周期[M]. 董裕平译. 北京：中信出版社.

西沐. 2010. 中国艺术品市场概论[M]. 北京：中国书店.

西沐. 2011. 中国艺术品市场政策概论[M]. 北京：中国书店.

Alejandro B，Lorenzo R，Victor V. 2020. Speculative bubbles under supply constraints，background risk and investment fraud in the art market[J]. Journal of Corporate Finance，101746，ISSN 0929-1199.

Baumol W J. 1985. Unnatural value：or art investment as floating crap game[J]. Journal of Arts Management and Law，（3）：47-60.

Bian T Y，Huang J，Zhe S，et al. 2021. Anchoring effects in the Chinese art market[J]. Finance Research Letters，102050.

Binge L H，Boshoff W H. 2021. Measuring alternative asset prices in an emerging market：the case of the South African art market[J]. Emerging Markets Review，（47）：100788.

Bocart F，Gertsberg M，Pownall R. 2021. An empirical analysis of price differences for male and female artists in the global art market[J]. Journal of Cultural Economics，（9）：1-23.

Cameron L，Goetzmann W N，Nozari M. 2019. Art and gender：market bias or selection bias?[J]. Journal of Cultural Economics，（43）：279-307.

Candela G，Figini P，Scorcu A E. 2004. Price indices for artists—a proposal[J]. Journal of Cultural Economics，28（4）：285-302.

Farrell L，Fry J M，Fry T. 2021. Gender differences in hammer prices for Australian indigenous art[J]. Journal of Cultural Economics，45（1）：1-12.

Frey B S，Eichenberger R. 1995. On the rate of return in the art market：survey and evaluation[J]. European Economic Review，39（3/4）：528-537.

Mei J，Moses M. 2002. Are investors credulous？Some preliminary evidence from art auctions[R]. Department of Finance and Department of Operations Management，Stern School of Business，New York University.

Pesando J E. 1993. Art as an investment：the market for modern prints[J]. The American Economic Review，83（5）：1075-1089.

Stein J P. 1977. The monetary appreciation of paintings[J]. Journal of Political Economy，85（5）：1021-1035.

Velthuis O. 2003. Symbolic meanings of prices：constructing the value of contemporary art in

Amsterdam and New York galleries[J]. Theory and Society，32（2）：181-215.

Worthington A C，Higgs H. 2004. Art as an investment：risk，return and portfolio diversification in major painting markets[J]. Accounting and Finance，44（2）：257-271.

第 2 章　艺术与金融的融合

所有的艺术形式都具有一定的特殊性，都表达作者自己内心的一种感悟。艺术的形式多种多样，表达的内容也是种类繁多、各具特色，但都要具有时代的气息，具有时代的特征，同时具有丰富的内涵寓意和精神理念，更赋予积极因素的表现。资本是人类追求自由、自觉创造活动的产物，在每个创造行为里都有主观精神的原初自由的因素。21 世纪金融化的生存世界是个高度经济理性、高度世俗化、高度价值通约的世界。艺术与金融的通约具有一定的深层逻辑和发展空间。

艺术与金融的对接可分为三个层次：第一个层次是金融市场对艺术产业的资金支持。例如，艺术企业通过发行债券和股票来实现资金的融通。第二个层次是金融资本直接介入艺术产业。欧美国家的很多金融机构早就将艺术品作为企业资产配置的组成部分，从而一方面规避金融市场的系统性风险，另一方面借此文化优势塑造企业形象，甚至开拓私人银行业务中诸如遗产继承与合理避税之类的细分市场服务。第三个层次则是艺术金融产品与服务的创新。例如，通过互联网发行的电影众筹产品，不仅"测试"了市场，而且通过事件营销制造了话题，最终还实现了利用"粉丝经济"融资的目的，可谓一举多得。相比之下，艺术与金融在前两个层次上的对接都只是"量变"，第三个层次的对接才属于真正的"质变"。

本章从精神向度的角度，对艺术与金融的联结与融合进行了阐述。艺术与金融的勾连、嫁接与通约分别代表了艺术与金融融合发展的程度与状态。第一节从微观视角重点阐述艺术品功能、金融化以及价值变化；第二节从中观视角重点阐述艺术与金融行业景观；第三节力图从更宏观视角分析艺术、金融与整个宏观经济的内在公约精神。

2.1　艺术与金融的勾连

2.1.1　艺术品的功能扩展与价值发现

艺术品价值的形成依赖于价值发现，这是艺术资产区别于其他资产形式的重要特征，艺术资产的估值是一个更为特殊、更为专业的问题，也是艺术金融的核心环节。艺术品发展经历了从初级到高级功能拓展的历程，也推动了艺术品与金融的紧密结合。

1. 艺术品的功能拓展

艺术品具有四大功能，即欣赏、保值、财富、传承。在很长一段时间内，艺术品作为个人赏玩的对象，之后成为可以交换的商品，艺术品具有了一定的消费功能。后来，艺术品成为收藏的对象。这时，艺术品被看作社会地位和财富的象征。艺术品发展的高级阶段是作为投资对象的艺术品阶段。客观上讲，收藏本身已含有投资的功能，但是真正以投资为直接目的的艺术品交易活动出现比较晚。国际上，通常把 1961 年 Richard Rush 发表 "Art as an investment" 看作一个分界线。在西方，随着艺术品市场的发展，艺术品不再局限于充当满足个人爱好的收藏对象，而逐步发展成为投资资本追逐的目标，艺术品成为一种重要的资产。在中国，讲究的不仅仅是财富传承，更是文化、资本的传承，进一步讲，是精神的传承。随着中国经济发展水平的提高、人民生活水平的改善，精神传承逐渐被重视起来。

2. 艺术品的价值发现

价值发现是艺术金融发展的重要基石。艺术品的价值评估必然只有通过其发现来达成共识，才能对其量化和风控结构化，进而充分释放其金融属性。

1）艺术品价值发现的功能

无论是增量艺术品还是存量艺术品，其价值发现都立足于其蕴含的人文精神的升华。艺术品价值发现具有三方面的功能：首先是艺术品的人文精神得到充分释放；其次是巩固形成价值评估的共识区间；最后是能够非常精准地传播和建构高品质素质教育，让审美趣味的培养得以广泛普及。

2）艺术品价值发现的内在结构

艺术品材质的成本价差及其形式结构和所承载的母体精神，支撑了价值发现的内在结构。两者在人文精神方面虽然具有同等的效果，但是它们之间的媒材价格成本及形式结构相差非常大，形成了彼此间的差异。不同类别艺术品的价值发现定位要区别对待，有的注重精神性，有的注重物质性，有的可能是两者兼有。这三者既独立又相互融合。艺术品的物质性与价值发现的关系容易解读，但是精神性与价值发现却需要多维度考虑。随着时代发展，人们对艺术品的价值诉求更加趋于精神性，这种精神性发掘与文本解读具有明显导向性，这也导致了价值发现的多元化和立体化。

3）艺术品价值发现的外在场景转换

通过场景转换来认识艺术品价值发现，具有外在性。无论什么形式、内容及媒材的艺术品，都有其处置空间。当场景发生定向转换时，客观上就打破了原有的价值构成要素，一件艺术品在国家博物馆展出和在省级博物馆展出，所带来的价值发现差异非常大。根本原因在于场景转换中的参与者不同。参与者群体的阶层身份、文化修养、审美趣味等的差异，本身就对艺术品形成了价值发现的效应区分，并从客观上为艺术品注入了新的价值因素。

2.1.2　艺术品的内在化与价值养成

1. 艺术品价值养成的长期动态化

艺术品价值养成是动态过程，趋势在艺术品语境中是一种方向性引导，同时是影响艺术品评估的关键性因素。价值养成在艺术品和艺术金融生态圈中同时存在供给侧结构性调整。宗教、抗日战争、解放战争等题材，在当下语境中的价值评估非常不同，需要谨慎对待。随着趋势语境的变化，艺术品的核心价值即人文精神释放的角度有所不同，这种不同从源头上就注入了艺术品的价值评估框架内，客观上反映了"分类论质，等差效应"对价值发现与养成的贡献度。

2. 艺术品价值养成的四个维度

1）知识养成

对艺术品的欣赏，会启发当代人自然而然地关注作品视觉形象背后的"故事"。阅读和感受经典作品，可以引导人们补充作品"语境"性的社会历史、哲学思想等相关人文知识，对人们学习人文知识以及养成人文素养具有重要的方法指导和实践意义。

2）方法养成

艺术品蕴含了重要的人文认识方法和实践方法。艺术品的艺术创作涵盖了人文思想的产生及完整的形成过程，体现出艺术家独特的社会观察、人生观察和思考方法，以及独特的体验和表达视角。当代人在欣赏作品的过程中，在与创作者的对话过程中，联系作品特定的文化、时代背景，会对艺术作品产生独特体验，这必将极大地提高人们思考和解决问题的能力。

3）思想情感养成

经典艺术作品具有强烈的情感倾向和理想信念。"科学和人文，往往由情感牵手。"人的意识深处形成和建构的人文思想，具有一种持久的、强烈的人文关怀情感，是人文素养培育最为核心的标志。人文思想有鲜明的民族色彩、个性色彩和意识形态特征，其核心为基本的文化理念，支撑人文知识的基本理论及其内在逻辑。例如，李可染先生的《万山红遍》题材取自毛泽东诗词"看万山红遍，层林尽染"，颇具磅礴气势和豪迈情怀，以其人文思想的广度和深度，表现出人文情感的深度和强度，反映出鲜明的个性和主体性。

4）精神养成

当代人需要建构一种普遍的人类关怀，以及对人的尊严、价值、命运的自觉维护和关切，对人类遗留下来的美好品质和崇高文化精神的高度珍视，对一种无私无畏的理想人格的肯定和塑造。经典艺术作品传播的理想信念、救世悯人的关怀精神，能够有力夯实当代人文精神的基础。

2.1.3　艺术品的金融化与价值增长

1. 艺术品的金融属性

艺术品是特殊商品，具有多重属性。部分学者研究了它作为资产和消费品的特性。Bryan（1985）指出艺术品本身是货币与艺术的结合，可以演变为一种获利手段和投资工具。他的研究揭示了艺术品具有耐用消费品和投资资产的双重属性。Frey 和 Eichenberger（1995）也指出，拥有艺术品的回报不仅包括期望的价格升值，同时包括一种拥有者心理上的收益（满足感），艺术品这种作为资产和消费品的双重属性是其在本质上区别于其他金融资产的重要特性。McCain（2006）认为，艺术品本身具有的独特创造性加大了对艺术品价值的评估难度。

2. 艺术品本体的价值增长

功力体现了画之本法，而工夫则体现了创作者的画外功力，是一种天赋与勤奋共融的结果，再配合创作者的观念灵感，才让艺术品更加形神兼备、物我交融，最终传达高华境界，促成艺术品价值增长点。

1）以功力为主体

功力代表了创作者在艺术创作方面的先天及后天能力，创作者能否将自己的想法落实到艺术作品创作中全看功力。艺术创作者在创作艺术作品时所运用的功力是经过长期创作的经验积累、对生活的耐心观察而慢慢形成的，这种功力决定了创作者所创作作品的技巧难度和创意构思，而技巧难度和创意构思就决定了艺术品的质量和品位，再由质量和品位决定艺术品是否具有收藏价值。一部有收藏价值的艺术品才拥有其价值增长点。

2）以工夫为主体

画外工夫除基本的大量画作鉴赏分析和自我实践外，还包括创作者对艺术创作的理解能力。艺术家会以怎样的视角和态度来审视一部作品，发现其中的优点与缺点，摸清创作它所付出的功力与工夫，这是艺术创作者的一种能力，而这种能力多来自他们的天赋与灵感。所以说，优秀的艺术家必须具备超于常人的努力学习过程，当然他们也应该拥有超于常人的天赋，只有二者相结合，画外工夫才能与画之本法完美融合，形成艺术品的价值增长点。

3）以观念为主体

艺术家以情理之中的创作勾勒意料之外的内涵，体现了一种艺术创作的观念属性，这种观念就是创意，精彩的创意构思让艺术品拥有更大的价值增长点。艺术品是否具有收藏价值和价值增长点，可能不是由作品本身决定的，而是由外界因素共同决定的。例如，中国魏晋南北朝的宫廷纸画，这种创作如果拿到今天只相当于老年人的橱窗张贴画水准，可能毫无功力、工夫可言，但它们却拥有极高的收藏价值，而且它们的价值增长点会随着年代的久远而不断提高，这是因为它们拥有一定的历史价值，是那个时代的人留给后人的历史真迹。对于当时年代来讲，在创作条件并不优越的环境下创作出的少量摹本，代表了其珍贵性，是魏晋南北朝仅存的艺术成果，所以它们具备价值增长点，被国家博物馆所收藏。这种对绘画真迹历史价值的珍惜，使得艺术品被列入收藏之中，拥有了其难以被忽视的价值增长点。

3. 艺术品金融化推动艺术品价值增长

艺术金融发展的宗旨是将艺术的人民性与金融产品的普惠性充分结合，拓展艺术的受众面向，扩大金融的触达客群。通货膨胀、货币供给、全球流动性等因素均推动了艺术品金融化的进程。另外，金融对实体部门的挤出效应以及投资消费的再分配也是推动艺术品金融化的重要力量。

目前艺术品金融供给与需求完全不相匹配，供给远远满足不了需求：第一，经济的持续增长使人们物质水平大幅度提高，人们开始追求更高层次的文化精神生活享受，因此人们对艺术品就有了极大的需求，从而提升了艺术品金融的需求，这是艺术品金融化对其价值增长的内生驱动力；第二，当前一些企业和金融机构已经拥有了大批艺术品收藏，构成了他们巨额的表外资产，这些资产需要管理，对艺术品金融服务提出需求，这是艺术品金融化对艺术品价值增长的外在推动力；第三，个人和企业组织的上述需求形成一个庞大的艺术品交易市场，而其运行非常需要金融服务的支持，艺术品金融化对整个艺术市场整体的资本支持，宏观上推动了艺术品市场价值增长。

2.1.4　艺术品的价值回归与金融理性

1. 艺术品的价值回归

艺术价值与金融价值的不统一往往是艺术品金融发展的主要矛盾，中国艺术品金融市场要趋于理性发展，需要实现艺术价值与金融价值两个维度的价值回归。

1）艺术品艺术价值的回归

艺术价值是金融价值的根基，需要通过金融价值来体现，但是不能过度偏离其艺术价值。因为艺术价值的感受与体验都基于主观判定，艺术品价值的价格化，从来都是一个复杂的命题。例如，高端艺术品艺术价值的金融化，既有较为体系化的定价过程，又有智者见智的权威定价。艺术品艺术价值的变化需要社会大环境中多种多样的机缘巧合，宏观层面上有大众审美、社会文化、历史背景等，如唐代与宋代的审美差异就是大气磅礴之美与玲珑细致之美的差异；微观层面上是不同人对风格审美偏好的投资，如一位藏家青睐西方抽象派，另一位藏家则对宋代工笔情有独钟。艺术品的艺术价值从来不能以一个准确的数值体现，而是一个范围，抑或一种趋势。

与其他资产的类型不同，艺术品的价值是通过主观感受来实现的，因此稀缺性是艺术价值的支柱之一。稀缺性一方面从市场供给的角度体现了艺术品供给的稀有度，另一方面体现了其艺术创造的稀缺度，艺术家作品出现在市场上的频率，或艺术品在其特定职业生涯时期的数量。艺术家的离世也可能引起作品供应减少带来的市场价格预期。除去这一方面，艺术品能否被复制也是价值高低的标准。越是独一无二的、以艺术家为核心的艺术品，其价值也就越高。艺术家本身的价值在艺术品中可以得到直观的体现。影响艺术品价值的还有作家的名望、作家创作作品的时段、往年拍卖价格、社会偏好等。

2）艺术品金融价值的回归

艺术品金融价值的回归，旨在利用金融工具实现艺术品价值的保值与增值。目前艺术品金融工具在技术层面上已经比较丰富，但是我国艺术品金融的业态开放融合程度和创新流动程度都还较弱，以单件艺术品为资产标的的定式有待进一步释放其流动性。近几年，对艺术品金融工具的探索逐渐与财富管理、慈善信托、艺术品电商等结合起来，相对以前的热钱炒作，现在艺术品金融的价值传承与稳定增值的金融方案成为趋势。金融科技的发展也将有效地重塑艺术品金融的发展模式，区块链技术、大数据、云计算、第三方支付等金融科技的应用丰富了艺术品金融交易的场景，有助于打破艺术品难溯源、难估值、难交易的僵局，有助于其金融属性的进一步提升，也有助于推动艺术品金融价值的进一步回归。

2. 金融理性驱动艺术品价值回归

金融化将生活中所有不可量化的存在价值化为可计算的金融标的物，经济金融化驱动金融资本在人们的经济活动中成长壮大，它的精神蔓延于人们的日常生活之中，让金融系统的游戏规则成为人类生存世界中的隐性法则。每次理性认识活动之前，都有一个可评价的情感活动。因为只有注意到对象的价值，对象才表现为值得研究和有意义的东西。

人类的活动都受到一定价值观念的引导，是具有一定目的性的，人类的价值理性就体现在对自身活动有意识的选择上，因而金融理性必须关注价值理性，关注人的现实处境和前途命运。艺术品金融化把艺术品融入金融世界中，所有人都通过金融系统被联系起来，人们仍然处在对物的深度依赖之中。金融化世界仍然是以物的依赖性为基础的社会形式，人们还处于为个人的全面发展创造条件的历史阶段，人的自由而全面发展是人类永恒的价值取向，金融化生存世界不可一味推崇金融理性而漠视人自身的价值，金融理性驱动艺术品价值理性回归是艺术与金融融合发展的归途。

2.2　艺术与金融的嫁接

2.2.1　艺术里的金融景观

1. 金融与艺术收藏

金融与收藏的概念，早在 2004 年就有人提出。东方国际拍卖有限责任公司举行了国内首家以"金融与收藏"为主题的艺术品拍卖会，效果显著，拍卖总成交额为 3 103 万元，这对尚处于初级阶段的中国拍卖行业来说是一个创举，它预示着金融资本逐渐介入收藏及艺术品投资的拍卖时代即将来临。这种资本运作形式的优势，旨在推动和加强艺术品收藏与金融资本之间的有机结合，促进艺术品收藏与金融的融合与发展。从金融的视角来看，购买艺术品是一种不错的投资，艺术品也因此得以成为财富缓冲物，可长期持有并在合适的时机加以利用。

2. 艺术市场的金融景观

1）以"艺术品银行"方式出现

2007 年，北京一家美术馆推出了一项"艺术品租赁"业务。客户只要按规定支付租金，就可以从美术馆里租走作品，放置在家里、办公场所或会议现场等。它的性质类似于银行存贷业务，因此该项业务也被称为"艺术品银行"。

2）以"首付+保函"方式出现

2012 年 5 月，一家经营艺术品的公司在北京推出了"首付+保函"的业务模式。具体做法是，投资者如果想得到指定艺术家的作品，在该公司取得确认后，再与投资者签署艺术品订购协议，投资者只需支付 10%的首付款和 3%的手续费。投资者拿到作品以后有以下几个选择：一是委托公司进行代售，无须支付剩余 90%的款项，公司按升值部分收取 10%的佣金；二是选择持有，支付完剩余 90%的价款后，公司出具防伪证书，并承诺三年后回购；三是退订，退回首付款。

2.2.2　金融里的艺术世界

资本颠覆传统、进行创造的生命力来源于精神的驱动。因此，探究金融形成的内在机理，不应停留在物质实体的现象层面，更应该关注它的精神向度。

1. 金融的资本主观向度

资本是人类追求自由自觉创造活动的产物，在每个创造行为里都有主观精神原初自由的因素。资本的精神向度更趋主观性。导致这种主观性的原因在于以下几个方面。

1）金融资本的主观把握

金融资本所形成的垄断价格虽然可以根据经验确定，但是对它的水平却不能从理论上客观地去认识，而只能从心理上主观地来把握。客观的价格规律只能通过竞争为自己开辟道路。

2）从资本运作的精神向度分析

过度资本化与过度金融化的契合，内生着技术与心理、逻辑与直觉、实体与符号、实际与想象等工作原理的运用。虚拟资本的工作原理离不开意识论，衍生品的创意离不开意志哲学。资本的虚拟创意，从界面到网络空间，处处充满着追求虚拟实在的形而上学。通过形象和意义流通，而非通过简单的产品物质机理的描述。

3）资本运作离不开分析师、评估师的意识判断

以股票、汇率和利率期货等产品为代表的资本市场交易主体（以投资银行业务为主的金融公司），资本运作存在着严重的主观性、意志性和任意性。

分析师和评估师在特定环境下的精神状态、心理因素、情感反映等对评估及分析结论的影响是不言而喻的。另外，资本运作监督制度的不健全，导致不少衍生品的交易处在"任意叙事"的非理性状态中。由于资本市场虚拟经济的特点，信息成为人们进行买卖交易的主要依据，而电子数字化则是投资人的主要交易手段。

2. 金融本身具有艺术精神的体现

1）货币本身就是艺术品

就金融业而言，货币本身就是艺术品，有书法，也有绘画；有人物，也有山水。例如，交子本身就是一副精美的艺术作品。

宋代的交子是我国最早的纸币，也是世界上最早使用的纸币。文献记载：交子用钢版印刷，版画图案精美，三色套印，上有密码、图案、图章等印记。纸币的艺术元素就更突出了。以第五套人民币为例，人民币的色调是为主题服务的，并要保证不同面值之间不能混淆，要让人容易辨别。设计师选取景物、设计角度画出草图，有专人画出素描稿进行完善，还有雕刻师用点线从符合印钞工艺的角度去塑造景物。设计、绘画、雕刻的每一稿都会有不同，每经过一个环节，景色都可能会发生细微的变化。钞票因为有工艺限制和防伪要求，所以风景一定要经得起推敲，经得起挑剔。

2）现代金融业务融入艺术元素

（1）中国工商银行的艺术衍生品业务。围绕客户的艺术消费需求，深入挖掘艺术衍生品的市场潜力，将知名、高冷的传统艺术通过艺术衍生品的转化，为大众架起一座通达艺术殿堂的桥梁。以中国工商银行为例，其推出的故宫联名信用卡，短短两个多月发卡量已超 10 万张，每日申请量超 1 万人，其中通过互联网渠道申请占比超过 97%。除此之外，中国工商银行电子商务平台还设计了"故宫精品馆"。2018 年末，中国工商银行与故宫携手启动了以传承文化艺术为核心的合作项目"上线了，故宫"，故宫文化礼品专营店正式进驻中国工商银行"融 e 购"电子商务平台，广大用户可以在"融 e 购"上购买到最新、最热门的故宫文创产品。金融里的艺术从古到今均可追溯并追求创新。

（2）招商银行的"鉴赏+收购"业务。招商银行推出的模式十分新颖：客户可以从招商银行推荐的当代艺术品中选择其喜爱的作品，存入相应的保证金后，即可拥有该艺术品的鉴赏权。在免费鉴赏期内，客户可以将艺术品带回家。并且招商银行会满足客户想要深入了解艺术家的创作动机和思想表达的需求，帮助客户与艺术家面对面沟通。同时，招商银行的艺术鉴赏资金监管服务锁定了该艺术品一定时长的升值权益。鉴赏期满后，即使该艺术品升值，客户仍可按照原先的价格购买该艺术品。

（3）潍坊银行的艺术品质押业务。为了解决阻碍艺术品质押业务开展的质押艺术品的真伪判断、价值确定及变现的问题，潍坊银行创造了"预收购人"机制，即"契约治理"方式。"预收购人"机制是指潍坊银行在放款前会寻找一个对拟质押艺术品鉴定评估结果和质押价值认可的专业机构或艺术品投资业内人士作为该质押艺术品的预收购人，由预收购人与借款人签订"质押艺术品远期交易合约"。一旦借款人到期部分或全部违约，预收购人可以按照借款金额收购质押艺术品，代为偿还银行借款。由于银行放款时一般都要对艺术品有一定的质押折扣率，一旦借款人违约，预收购人就有可能以较低价格获得质押艺术品。银行在预收购人代为偿还后直接将质押品交预收购人，借款人不得拒绝。如果借款人正常履约，则预收购人就只能得到正常的担保费。

2.2.3　艺术金融与艺术品市场

目前影响艺术金融发展的主要因素与影响艺术品市场的主要因素是相同的，主要有确权、评估、鉴定、保险、税收。艺术金融与艺术品市场呈正相关关系。艺术金融的发展在很大程度上取决于艺术品市场的发展趋势。

1. 艺术品市场和宏观经济、其他资产市场的关系越来越密切

最近十年来，中国艺术品市场的属性正在发生根本的变化，正在从以收藏型为主导逐步向以投资型为主导转变，这种转变使得艺术品市场与宏观经济和其他资产市场之间的关联越来越紧密。

2014 年以来，我国经济下行压力增大，经济增速换挡期、结构调整阵痛期、前期刺激政策消化期"三期叠加"风险较大。经过全球经济危机的震荡，实体经济环境不佳，大量民间资本由股市和楼市进入艺术品市场。在当前社会投资的三大热点中，金融业的平均投资回报率约为15%，房地产约为20%，艺术品投资的回报率保守估计在30%以上。在经济稳定发展、其他资本市场出现问题时，中国艺术品市场就会成为投资人首选的领域。这些都直接影响到中国艺术品市场，使中国艺术品市场进入调整期。此外，这些变化为经济学、金融学全面介入艺术品市场的研究提供了可靠依据，也更便于探寻艺术品投资市场的规律。

艺术品越来越成为人们收藏、投资、保值增值的工具。研究显示，GDP、货币发行量、银行的存款利率、投资市场的变量、高净值人群数量等经济变

量都对艺术品市场有直接的影响。艺术品市场越来越受到人们的关注。

2. 艺术金融是艺术品市场发展的高级形态

金融与市场相伴而生，只不过针对不同层次的市场，金融的作用和表现形式不同。在艺术品市场发育的早期，艺术品市场金融化程度较浅，金融对艺术品市场发育发展的杠杆作用不强，民间金融和非主流金融是支持艺术品市场的主要金融力量，这时的市场谈不上艺术金融。随着市场规模的扩大和艺术发展对金融需求的增加，进入艺术品市场的金融资源越来越多，金融对艺术品市场的支撑作用越来越明显，艺术基金、艺术信托、艺术品质押、艺术品保险等多样化的货币金融工具甚至证券化以后的资本性金融工具进入艺术品市场，金融与艺术品市场深度融合，艺术品市场开始走向艺术金融的高级阶段。

3. 艺术金融、大数据与艺术品市场

艺术品电子商务的结构可以分为商城、社区和数据库等部分。通过各类社交媒体、线下活动等建立信任，培育客户，形成成交和有黏性的持续交易。商城不仅告知买家有关艺术家的详细信息，还可以教会他们欣赏艺术品。社区可以分为线上和线下两部分，线上以网站社区为主，微博、微信等各种社交媒体都可以启用。线下可以举办沙龙、讲座、展览等活动。

艺术品电子商务引导客户找到一个志同道合的圈子，以社交模式来建立一个艺术品生态圈。建立专业的艺术品市场数据库，查询艺术家、画廊、展览等实时信息，帮助客户分析判断艺术家的潜力，有利于导入和挖掘潜在的客户。画廊、博物馆、美术馆等可以通过这个平台分析访问数据，记录流量和流向。互联网通过对人们的行为模式留痕的记录，揭示数据中隐藏的客户消费偏好和情感特征，了解和掌握人们的消费取向和关注趋势。大数据营销的本质是打造定制化、差异化和体验化的产品。相比传统"狂轰滥炸"的盲目推广或等客上门的营销，大数据营销无论在主动性方面还是在精准性方面都有非常大的优势。

2.3　艺术与金融的通约

从表面看，书画表现的是汉字的书写和山川风景的描绘，实际上表现的却是人的世界观和内在的品质修养。它的艺术审美特点所呈现出的本质趋同性，无不体现着传统哲学美学思想引领下精神的物化再现。从这一层面来讲，

审美经济是精神内化的外在展现，精神经济更重内化培育，而信息经济也是艺术发展的外在强大推动力和牵引力。本节主要遵循外—内—外的思路，先分别从审美对艺术品价格的外在主导和精神经济对艺术品需求的内在牵引来展现，然后再从信息经济视角探析艺术金融对艺术品的供给侧影响。

2.3.1　艺术金融与审美经济

早在 18 世纪，欧美国家就经历了"工艺美术化"运动的洗礼，对审美在经济活动中的作用认识深刻，并不断付诸实践，建立了科技与艺术协作研发在产业中的核心地位。最新一轮的审美经济讨论开始于20世纪70年代末，代表人物——诺贝尔经济学奖得主 Kahneman 研究了经济审美化的内在动因，区分出两种效用：一种是主流经济学定义的效用；另一种是反映快乐和幸福的效用。Kahneman 把后一种效用称为体验效用，并把它作为新经济学的价值基础，其研究成果挑战了正统经济学的逻辑基础——理性人假定，并提出了著名的"前景理论"，为构建审美经济学提供了基础。

1. 审美对艺术品市场的经济学影响

德国学者 Bohme（2003）提出"审美经济"概念，将其作为使用价值与交换价值之外的第三种价值，即"审美价值"，从而描述出一种新的经济形态，引起了广泛的争论和探索。在审美经济时代，商家出卖的重点往往不是物质产品，而是一种情调或氛围、一种梦想。这些梦想的性质与时代科技联系密切。

审美经济活动呈现新常态，消费不仅仅在乎功能价格，更在乎造型、色彩、图案等审美因素；生产越来越重视包装、造型、色彩搭配、人机交互；围绕审美价值的艺术所创造的价值，占 GDP 和税收比重越来越高。"物质产品"和"精神产品"在使用价值和审美价值的分布比例及其变化方向方面存在明显差别。审美经济引起艺术品供求及价格向"反传统经济"方向变异：艺术品经济的需求表现为审美和情感的体验效用，供给表现为艺术与科技的有效结合，价格表现为审美占据主导地位。

2. 艺术金融与审美经济的交互

1）艺术品金融价值与审美价值

艺术金融就是艺术品价值的金融化配置。随着当代资本市场和金融界对艺术品市场的介入，人们希望使艺术品转化为"金融工具"，将艺术品作为金融资产纳入个人和机构的理财范围，将艺术品市场金融化，而不是像以往那样仅仅是进行艺术品的实物交易。这就推动了艺术品精神产品的属性进一步激发，精神产品价值的高低主要由审美价值决定。从经济周期看，经济衰落时期，物质产品、使用价值占据主导地位；经济繁荣时期，则精神产品、审美价值占据主导地位。从经济长期发展看，精神产品、审美价值占据市场的比重会越来越高。

2）艺术金融通过审美经济推动艺术价值资产化

审美经济引起艺术品供求及价格向"反传统经济"方向变异。第一，需求表现为审美和情感的体验效用，"边际效用递减规律"在审美效用面前失效，体现出边际效用递增特征。第二，供给表现为艺术与科技的有效结合，厂商出卖的重点往往不是物质产品，而是一种情调或氛围，一种"超功利"的梦想。审美经济确立了科技与艺术相结合的研发设计在整个工业中的"灵魂"地位。在精神产品供给方面，多媒体、网络等现代科技与艺术相结合，极大地促进了艺术产业的创新与发展。第三，价格表现为审美占据主导地位。对产品体验所形成的审美和情感依赖或价值认同，往往决定价格的高低不因供求数量的变动而变动，供给数量不断扩大，价格却不降反升，出现了"边际报酬递增"现象。

3）审美经济改变了金融资本单一的利润追求，同时追求审美和文化价值

Belfrage（2011）认为审美经济对商品价值的增值是一种审美转换，在这种转换中，审美的表现价值构造了资本的文化属性。金融是一种以货币为纽带基于现代市场体系的等价交换机制，可以让各种市场资源实现跨时间、跨空间的标准化交换与连续性流通。艺术金融就是要以现代资本市场为依托，推动艺术价值的标准化和资产化，实现艺术价值与生产性资本的顺畅转换和跨时空流通。例如，通常情况下一幅画的价值实现是按照当下彼此能接受的价格，买家用现金购买获得作品，卖家得到资金，而艺术金融则是让这幅画的价值可以在不进行实物交割的情况下转变为资本价值，通过诸如艺术基金这样的金融工具，买卖双方可以是跨时空的不确定主体，原本模糊难以流通的艺术品价值转化为明晰的可流通资产。

2.3.2　艺术金融与精神经济

资本的内在否定辩证法推动资本不断突破物质形态的限制，实现超越。资本的金融化取代传统产业资本的运作模式，成为 21 世纪资本的征候。从本质上看，资本颠覆传统、进行创造的生命力来源于精神的驱动。因此，探究金融化以及艺术金融化形成的内在机理，不应停留在物质实体的现象层面，而更应该关注它的精神向度。

1. 金融精神的"身体化"与艺术的"身体化"

现代人的生命活动和金融交易活动已经相互渗透,金融资本逻辑的运行规则反映到人们的大脑中逐渐被内化为人的思维方式。金融理性长期支配人类精神世界以致"身体化"。艺术资本作用于阶层认同的机制在于内聚的认同和外在的区隔。越具有优质的艺术资本的人们,其主观阶层认同就可能越高。这种内在认同和外在区隔的载体就是艺术资本的表现形式或者外显指标:"身体化"的艺术资本,如艺术品位、休闲文化;客观化的艺术资本,如所拥有的艺术品。可见,艺术与金融具有内在的统一性。

2. 物质经济与精神经济

精神经济是相对于农业经济、工业经济、资本经济而言的。根据西方社会发展的判断,农业经济是奴隶社会后期和封建社会的主流经济,工业经济是封建社会后期以来的主流经济,而资本经济又是资本主义社会的突出经济,精神经济是资本主义社会后期以及人类未来社会形态的主流经济。

非物质劳动的另一面则是人类交际和互动的情感性劳动,如健康服务主要依赖于关怀和感情劳动;娱乐工业也类似地聚焦于情感的创造和控制上。这种劳动是非物质的,是一种包含放松、幸福、满意、兴奋或激动的感觉。

非物质经济活动包括两大类:一类满足人们对信息和知识的需求;另一类满足人们的健康、情感、审美和精神需求。物质经济与精神经济是"水溶性"关系;人们对物质经济的需要是有限的,对精神经济的需要是无限的;精神经济的发展,是经济发展方式的转变合乎经济发展方向的新信息趋势。艺术品实物资产的存在,是对物质经济的需求,也是对精神经济的需求;艺术金融资产的崛起,是精神经济的内在表达。艺术与金融的结合,是集物质经济与精神经济于一身的时代发展的体现与刻画。物质经济的增长是有极限的,这个极限就是生态系统的承载限度。艺术金融在精神经济的发展则具有无限的增长空间。

3. 艺术品中的物质经济与精神经济信息

精神产品的易流动性、可复制性、影响的深刻性和可持续发展性以及其形成的精神经济产业,是发展中国家唯一可以后来居上的经济形式,其中尤以文化艺术产业、影视产业、旅游产业、民间工艺产业等为重,文化艺术产业是影视产业、旅游产业等的精神源头。

艺术品,其本质是信息态的存在,物质态功能的财富同符号(货币)信息态财富互感互生,如同电磁感应。两种形态财富频繁地在时间坐标、人际坐标和价值坐标构成的价值空间振荡。最终，以信息态而非物质态来决定其价值走向。

由于古董的交换往往以心理价值为度量标准，所以，古玩属精神经济范畴。

（1）收藏是一种超越社会形态、经济形态、生活形态、意识形态的文化生活方式。人类社会一经出现，便有了收藏。在原始社会，人的服饰、玉佩、耳环等个人佩戴的装饰品，便是私有制出现以前的"私有财产"。好的收藏品，就是一种财富标志物。这样一种文化传统，是人的天性，是精神的寄托，是精神的补充，是精神的满足。

（2）古董艺术品系历史文化遗产，不管是物质文化遗产还是非物质文化遗产，皆不可再生，不可复制，不可再生产（再生产或仿制便是工艺品），劳动的痕迹已随历史消逝，除法律禁止的以外，人们可以占有、让渡。例如，人们收藏的原始瓷往往非常粗糙，且多不完整，简直与现代瓷不可同日而语，但其价值趋势却与日俱增，是现代瓷无法比拟的。原始瓷本身虽非再生资源，但其文化、文物信息随着时间的流逝而堆积、释放，多元价值之和便构成了巨大的价值量。

（3）古董艺术品中有非常丰富的已发现的和未发现的文化信息。这些信息能满足收藏者"玩"的精神需要。高科技时代的许多工艺品的美观度是许多古董所不及的，但其价值却远不及古董。收藏古董能满足人们养生健身的精神需要。人们都希冀自己健康、长寿，这是最大的精神需要，许多古董的寓意多与养生健身有关，能给人有益的信息暗示（吴顺发和锺兴永，2011）。

4. 艺术金融与精神经济的产生与发展

1）精神经济的发展

20 世纪 90 年代，我国学者李向民在其著作《精神经济》中首先提出了"精神经济"这一概念。他认为，人类社会经历了农业经济、工业经济、资本经济三个阶段，以后会过渡到精神经济阶段。农业经济阶段以劳动力为主要生产要素，工业经济阶段以生产机器和技术为主要生产要素，资本经济阶段以资金为主要生产要素，而精神经济阶段则以智慧、知识、情感等精神性要素为主要生产要素。

人类进入后工业时代之后，新技术浪潮在世界范围内兴起，社会生产能力迅速发展，人们的物质需求得到极大满足。人类社会第一次进入一个新的时代：物质产品供过于求，物质财富相对过剩。此时社会的需求结构已发生深刻变化，人们迫切需要能够满足精神需求的产品。人们开始认识到，一切财富都是由物质和精神两个部分构成的，物质部分包括自然物和人的体力劳动，精神部分包括人的智慧、知识、情感、技术等形成的精神内容。随着人类社会的发展和需求结构的变化，财富中的物质部分所占的比例会越来越小，而精神部分所占的比例会越来越大，直至占据主导地位。智慧、知识、情感等精神因素在财富的形成过程中会越来越起到核心作用，因此人类社会会全面进入精神经济时代，而文化产业、信息产业、高新技术产业等新兴产业能够迅速发展正是精神经济的体现。作为文化产业中的核心组成部分，中国艺术产业发展正在或即将进入精神经济发展的快车道。艺术金融的发展，金融资本的介入，为精神经济的蓬勃发展提供了推动力和核心源。

2）艺术金融与精神财富

从艺术金融的本质来看，艺术金融属于产业金融范畴。艺术金融是金融与艺术融合发展的新业态，就是围绕艺术品生产、传播和经营以及其他市场行为进行资源的优化配置。传统财富的构成中，物质财富占比较大，精神财富占比较小，且精神财富寄生于物质财富内部或者悬挂于物质财富外部；现代财富的构成与传统财富相比发生变化，精神财富占比上升，物质财富占比下降，且物质财富寄生于精神财富或者悬挂于精神财富外部，精神财富在现代财富构成中所占比重更高，重要性更强。

3）艺术金融与投资和消费的精神化趋势相结合

精神经济时代，艺术产业及其衍生产业等精神性或脑力恢复性的投资与消费变得越来越火热。在物质极为丰富甚至出现相对剩余的时代，人们对物质的需求反而降低了，所有的投资和消费都关注到了精神产品上，这种相对的精神失落感使大笔的资金，大量的人力、物力一股脑儿涌向了精神产品。在这样的局势中，国民收入的构成由物质产品的投资和消费占主导转向由精神产品的投资和消费占主导是有其内在必然性的。精神经济与物质经济最大的区别就在于精神经济是可持续发展的优绩经济。

在精神产业当前的发展中，艺术品行业是市场化不完全的产业，在精神产业中属于中势精神产业；与广告业、医疗业、旅游业等市场化较成熟的强势精神产业相比，有较高的发展上升空间。文博业、民间工艺业等传统的公益性或事业性精神产业处于弱势精神产业层次，其市场化程度相对较弱。总体而言，艺术品行业的精神产业发展处在上升区间，艺术金融的发展在推动艺术行业发展的同时，必然对艺术品的精神产品发展有很大裨益，进而推动整个行业精神经济模式的发展。

2.3.3　艺术金融与信息经济

随着物联网、区块链、大数据、云计算、人工智能等为代表的现代信息技术的蓬勃发展,艺术金融产业出现了一系列变革。这轮新科技革命的兴起,集中体现出一些技术特征和优势,最大的优势就是扩展和延伸了人的信息功能,让人类的信息交流和传播在时间、空间上大大缩短。艺术品金融化不仅是为国家增加投资渠道和投资工具,更重要的是能提升全民的文化和审美素养。虽然艺术金融化已经提高了艺术品市场的流动性,降低了参与的门槛,但是由于艺术品的特点,其信息的透明度较低,流动性较弱,市场化的程度仍旧偏低。

1. 信息经济推动艺术金融向大众化发展

与现代信息技术结合后,互联网搭载微信、各种 APP 软件的移动端——艺术品电子商务的出现,增强了艺术品金融的大众化、平民化的趋势,线上拍卖、“线下展览+销售”层出不穷,从赵涌在线、亚马逊艺术、雅昌艺术网、嘉德在线,到 HiHey 艺术网、大咖拍卖。《Hiscox2017 艺术品网上交易报告》显示,2016 年全球艺术品网上交易总额达 37.5 亿美元。这不仅推动了艺术品的大众化发展和普及,还吸引了更多的艺术品爱好者主动加入艺术品电子商务的平台,同时使得艺术品金融化的全民化、大众化转化成为可能(何爽,2018)。

2. 信息经济推进艺术品金融实践模式的创新

在现代信息技术的快速发展中,互联网、区块链、物联网等技术先后与艺术金融结合,推动艺术金融资产化及其消费业态不断丰富、不断向纵深发展,出现了许多金融化实践模式,如艺术品互联网众筹融资、艺术品基金电子化交易、艺术品证券化交易模式、艺术品版权公盘交易、艺术品网络借款质押模式、艺术品电子商务交易模式等,并逐渐形成艺术品市场新的业态。

3. 信息经济帮助艺术品金融服务体系的完善

当前,艺术金融利用互联网、物联网、区块链、大数据、云计算、人工智能等现代信息技术形成了针对艺术品的特种金融服务。在互联网等现代信息技术的带动下,一种全新的交易、交流、展示、链接、沟通服务渠道已经形成,将突破传统艺术金融在数量、时间、空间、地域等方面的瓶颈,从传统重视融资、收益而轻视服务、体验向如今的重视用户体验、双向互动、快速便捷、交易规范的艺术金融服务功能转变。随着一些新技术的集成应用,交易渠道更为通畅多样，交易流程更加富有效率、公开、透明。

艺术是文化的"视觉形式"与"心灵镜像"，艺术品市场的核心作用不但在于促进消费、引导投资，而且在于实现优质艺术品跨越时空的传承，艺术金融发展任重道远。

参 考 文 献

成乔明. 2005. 精神经济时代的到来与政府对策[J]. 中国工业经济，（3）：37-43.

何爽. 2018. 浅析现代信息技术对艺术金融发展的推动作用[J]. 财经界，（34）：59-61.

任瑞敏，胡林海. 2016. 资本金融化的精神向度[J]. 北方论丛，（4）：149-153.

王彤玲. 2017. 论审美经济[J]. 西北师大学报（社会科学版），（4）：134-139.

吴顺发，锺兴永. 2011. 以信息态为基础的精神经济研究——以古玩经济为示例[J]. 广义虚拟经济研究，2（3）：72-80.

张雄. 2010. 财富幻象：金融危机的精神现象学解读[J]. 中国社会科学，（5）：29-43，220-221.

张雄. 2016. 金融化世界与精神世界的二律背反[J]. 中国社会科学，（1）：4-21.

Belfrage C. 2011. Facing up to financialisation and the aesthetic economy：high time for aesthetics in international political economy![J]. Journal of International Relations and Development，14（3）：383-391.

Bohme G. 2003. Contribution to the critique of the aesthetic economy[J]. International Journal of Technology Management and Sustainable Development，73（1）：71-82.

Bryan M F. 1985. Beauty and the bulls：the investment characteristics of paintings[J]. Economic Review，（1）：2-10.

Frey B S, Eichenberger R. 1995. On the rate of return in the art market：survey and evaluation[J]. European Economic Review，39（3/4）：528-537.

Kahneman D, Tversky A. 1979. Prospect theory：an analysis of decision under risk[J]. Econometrica，47（2）：263-291.

McCain R. 2006. Handbook of the Economics of Art and Culture[M]. Philadelphia：Drexel University.

Stein J P. 1977. The monetary appreciation of paintings[J]. Journal of Political Economy，85（5）：1021-1035.

第3章 艺术金融理论基础

艺术品市场的迅速发展使得艺术品投资热渐次兴起,而金融资本的介入又使艺术品市场越来越受到金融市场的影响。艺术金融是一个全新的概念,是随着艺术品金融化或艺术品市场金融化而产生的。国内外学者对艺术金融领域的探索,奠定了艺术金融学的理论基础。理论基础是指一门学科的基本概念、范畴、判断与推理等内容。艺术金融理论基础是由概念、范畴与范畴体系组成的学科逻辑体系,包括艺术经济学理论、金融学理论等内容。

本章对艺术金融的理论基础进行梳理与阐述,共三节内容,分别对艺术经济学、艺术金融理论的产生、特征、早期发展、范畴的形成与界定进行了详细的论述。

3.1 艺术经济学

3.1.1 艺术经济学背景

近几十年来,学者们将艺术和经济学放在一起探讨,通常称为艺术经济学。对于这个概念,有人认可、有人质疑,这取决于人们是否相信经济价值与艺术价值有联系。其实,艺术和经济学的关系比人们想象的更密切。经济学和艺术都包括理性、创造性、条理性、直觉和随意性等构成要素,两者的区别仅仅在于这些构成要素的优先性。

艺术经济学包含理论和应用部分,起源于经济思想史和艺术学学者的研究。从经济学鼻祖的理论中寻找艺术经济学的根源,可以从亚当·斯密(Adam Smith)开始,他在18世纪末已经开始写艺术方面的随笔。在1934~1938年,英国经济学家凯恩斯(Keynes)萌生了对绘画和芭蕾的兴趣。更近一些,John Kenneth Galbraith 开始对艺术经济学进行研究,Lionel Robbins 则着手研究艺术的公共资助问题(Candela and Castellani, 2000)。然而,首次系统分析艺术经济的著作是 William Baumol 和 Wiliam Bowen 的《表演艺术:经济的两难困境》(*Performing Arts*: *the Economic Dilemma*)(1966年)以及 Mark Blaug 的《艺术经济学》(*The Economics of the Art*)(1976年)。许多艺家已经用经济学的方式有效管理自己的作品，如安迪·沃霍尔（Andy Warhol）、杰夫·昆斯（Jeff Koons）、马克·科斯塔比（Mark Kostabi）和村上隆（Murakami Takashi），还有一些经济学家投身于艺术活动，将他们对政治经济学的热情投入艺术创作之中，如 Richard Muphey Goodwin 和 Hans Abing。直到 20 世纪 90 年代，艺术经济学才正式获得了在政治经济学中的一席之地。随着经济学家将艺术视作研究中的具体目标而非抽象的兴趣，艺术经济学已成为应用经济学的一个分支。

艺术经济学的传统主题涵盖了文化的许多方面，可以用以下几个概念间众所周知的差异加以描述，本节中将以美术品为艺术品主要概念进行论述。

（1）视觉艺术。意为所有用视觉形式来展示和欣赏的艺术，如源自绘画和雕塑的不同艺术形式。

（2）表演艺术。意为所有娱乐方式，不管是诸如摇滚、爵士乐或电影这类大众喜闻乐见的娱乐方式，还是诸如古典乐、歌剧或芭蕾这类更为高雅的娱乐方式。

（3）文化遗产。意为物质文化遗产和非物质文化遗产，是人类文化的表现和展示。

（4）美术品。意为所有可满足"利基市场"的审美需求，并具有象征功能的收藏品（如古董、珠宝、地毯、钟表、古董车）。

3.1.2　艺术品生产与营销

1. 艺术生产的经济特征

如果我们将艺术家视作运用自身才能并遵循其生产功能的企业家，则可以发现其与传统企业家不同的四个经济特征。

（1）产品（艺术品）来自创意工作，独特且原创，与发明类似；

（2）生产过程的不经济性（diseconomies）会束缚其生产力；

（3）产品的定价需要代理商组成合作团队；

（4）创新的动机并非经济因素。

艺术研究相关的生产和传播过程，也是需要运用创意来将思想转换为信息的过程。所以从经济学角度来看，创意可以视作一种知识型科技（a knowledge- based technology）。这一科技与其他科技相比独具特色。第一个显著特征是知识型科技，是生产过程中的主要科技类型，其中知识和人力资本是重要的输入和产出。绘画、摄影或者雕塑的生产需要可用的信息和知识，以及劳动力、实物资本或金融资本等其他因素或资源，这些经过创造性加工组织的信息和知识决定了一件艺术品的性质和品质。创意是艺术产品生产和传播中最基础和不可替代的投入：艺术产品的品质和经济价值，取决于通过对想法的加工和组织创新来创造附加值的能力。与创意相关的方面包括在创意过程中出现的确定性或限制性因素（且只能在长期内以不可持续的方式进行部分修改），如接受和加工信息的能力、凭直觉感知想法和目标间的联系的能力。从经济学角度来看，个人加工信息的有限能力不仅取决于感知和认知活动中的生理或心理约束，还取决于艺术家拥有的相关知识储备，如是否掌握视频编辑软件的使用方法或者摄影技术以及是否通晓艺术史，都是限制艺术家创造高品质艺术品能力的因素。这些确定性因素只会在长期内以不可持续的方式发生改变，限制了生产过程的总体生产力，使其服从于可变因素（投入创意工作的时间和努力）收益递减规律（the law of the diminishing returns），并影响了生产的成本结构。创意过程中规模不经济（diseconomies of scale）的假设，反映出生产力和总成本依旧受艺术家知识获取和创意加工能力的影响。因此，艺术生产的成本结构有如下特点。

（1）已有的限制因素（主要是创意，也包括知识储备和信息加工的能力）导致的高度不经济性限制了生产力；

（2）可变因素（投入创意工作的时间和努力）导致的收益递减；

（3）关系资本（relational capital）中的沉没成本（sunk cost）。

艺术家生涯的初始阶段——艺术家的展览活动，需要关系资本承担大量的负担和沉没的成本，这成为艺术活动发展的障碍或壁垒。同样，从经济学角度来看，艺术品在创造地（如艺术家的画室）时是不完整的，因为在这一阶段其只包含物理特性。事实上，只有在人们了解艺术品的无形特性后，也就是当人们销售、获取、评估、交易和评论艺术品时，艺术品的品质和价值才能真正体现。因此，艺术相关团队影响着艺术品的定价。

（1）艺术品的定价需要建立由代理人（艺术品经销商、批评家、收藏者和艺术家）组成的合作团队，每一成员都通过各自的活动为艺术产品提供价值。

（2）艺术品的定价是团队成员合作的结果，尤其与提供创意工作（艺术家）和推广工作（艺术品经销商、博物馆、收藏者）的团队成员有关。

（3）艺术品的定价也许不能通过定量的方式测算，即不可能决定每个代理人在艺术品定价中的贡献。

（4）将艺术家与传统企业区别开来的特点，在于其创新动机并非经济因素。艺术家不同于企业，他们是靠着内在动力去创新，哪怕无法获得经济利益。

2. 艺术生产的经济理论

1）生产要素与生产函数

生产要素是生产的投入，是生产产品和劳动所投入的各种资源的总称。经典微观经济学中将生产要素划分为以下几个大类：土地、劳动、资本、技术或技术进步、企业家才能。其中，土地不仅包括土地本身，还包括地表的森林、江河湖海及地下的矿藏等各种资源。劳动是指劳动者在生产中所付出的体力和脑力的活动，是人类专属的一种特殊能力。资本是指人类生产出来又用于生产的物质资料，主要包括厂房、机器设备、运输工具等。技术或技术进步是指生产物品的过程与劳务过程的改进，旧产品的革新或新产品的发明。企业家才能是指企业家运用其他生产要素组织生产、进行技术创新和承担经营风险的能力，可以把它看作职业化的从事高级管理的劳动。

现代西方经济学的生产要素主要是针对制造业企业。根据文化企业或者艺术品生产的特点，文化企业的生产要素投入主要包括资本、技术和劳动，并有其特殊性。具体而言：

资本不仅包括一般意义上的资本物品，还包括一种特殊的投入资本即文化资本或艺术资本。艺术资本是一种资本化的艺术资源，是艺术家或者文化企业研发新艺术产品的核心资源。技术是创作艺术品的支撑手段。艺术与技术的融合越来越高，艺术家通过不同的技术类型可以生产出不同的产品类型，丰富艺术品市场，满足消费者不同的消费需求。同时技术进步使得其创作或者生产效率得以提高。劳动由三类劳动者的劳动有机组成。这三类劳动者是指一般劳动者、艺术家和艺术企业家。一般劳动者主要包括艺术品价值创造过程中的辅助人员；艺术家是最核心的劳动者，这部分人负责艺术创意，或者他们本身就是艺术品的生产者；艺术企业家则是管理艺术品创作、运营等层面的高级人才，不仅有精明的头脑，还拥有艺术家的梦想。

从艺术品的生产要素组合来看，其具备着"轻资本"而"重人才"的显著特征。"轻资本"主要是指相对于制造业而言，艺术品生产过程中资产结构中固定资产比重偏低；"重人才"主要是指艺术品生产的核心竞争力是艺术家，艺术家的数量和质量决定着整个行业的发展。

在艺术品的创作过程中需要投入一定的生产要素，如劳动、资本等。生产出来的艺术品数量取决于投入生产要素数量的多少以及它们的组合方式。我们将在一定技术条件下生产要素投入与最终产出的关系用生产函数来描述。为简化起见，我们假设只投入两种生产要素，即劳动 L 和资本 K，则文化企业的生产函数可简写为 $Q = f(L, K)$。一般而言，企业投入要素 L 和 K

之间存在替代性。艺术品创作也存在类似情况但又有所差异。具体而言，艺术品创作中的一般劳动者的劳动与资本之间的替代性关系，与一般企业相一致。但艺术家的劳动与资本间在某种程度上不存在替代关系。

2）生产决策

根据艺术品创作过程和艺术家的特点，我们在 Thorsby（2011）的艺术家模型框架下描述艺术家对工作时间的分配决策。

假设艺术家能够从事商业导向的工作或非商业导向的工作，两种工作都能产生经济价值和文化价值，但是前者主要产生经济价值，后者主要产生文化价值。艺术家还可能承担只产生经济价值的非文化工作。艺术家的效用函数是经济价值和文化价值的加权函数，决策变量是分配给商业性工作、非商业性工作和非艺术工作的时间，这些工作时间的总和受到可利用工作时间的限制。简单地看，艺术家收入可由经营收入和非经营收入（如政府补贴、私人赞助等）两部分组成。经营收入是产生经济价值的函数，非经营收入是外生的。存在一个最小收入约束，用来维持艺术家生存并满足其一定的发展需求。所有变量都是在既定的时期内度量的。令 V_c=文化价值水平，V_e=经济价值水平，L_{ax}=商业导向的艺术工作时间，L_{ay}=非商业导向的艺术工作时间，L_n=非艺术工作时间，H=扣除一定闲暇时间后的可用工作时间，Y=总收入，Y_u=非劳动收入，Y_z=劳动收入，Y^*=必需的最低收入。

那么企业家的决策问题是

$$\text{Max}\,U = \left(wV_c, (1-w)V_e \right) \tag{3-1}$$

其中，

$$V_c = V_c\left(L_{ax}, L_{ay} \right) \tag{3-2}$$

$$V_e = V_e\left(L_{ax}, L_{ay}, L_n \right) \tag{3-3}$$

并且 $dV_c/dL_{ax} < dV_c/dL_{ay}$，$dV_e/dL_n > dV_e/dL_{ax} > dV_e/dL_{ay}$。约束条件是 $L_{ax} + L_{ay} + L_n = H$，并且 $Y \geqslant Y^*$，其中，$Y = Y_u + Y_z(V_e)$ 且 $dY_z/dV_e > 0$。

在 $w=1$（艺术家只关心艺术价值生产）和 $w=0$（艺术家只关心经济价值生产）的极端情况下，均衡条件是式（3-2）和式（3-3）的边际产出分别相等。可以得到推论：当 $w=1$ 时，均衡点产生于 $L_n=H$；当 $w=0$ 时，均衡点产生于 $L_{ay}=H$；在中间情形即 $0<w<1$ 时，结果取决于所假设的函数形式。

从这个模型可以看出，艺术家自身偏好和经济与文化价值的工作时间回报方式（V_c 和 V_e 函数的结构）影响着艺术家对工作时间的分配决策。对文化艺术价值更加偏好的企业家会倾向从事更多的文化价值单位时间回报率高的工作（如商业导向和非商业导向的艺术工作）。同时，在既定的偏好下，当单位时间经济回报率上升时，企业家会将更多的时间分配到文化价值单位时间回报率高的工作中。

3）生产成本

文化艺术的生产首先涉及机会成本。在经典的经济学教科书中，机会成本是指当把一定的经济资源用于生产某种产品时，所放弃的用相同的资源生产另一些产品所获取的最大收益。艺术品的生产同样面临机会成本的问题。经济学中的生产成本概念也适用于艺术品分析。受多种因素的影响，艺术品的创作过程可以分为短期和长期。短期生产是指部分生产要素不可改变的生产，长期生产是指全部生产要素均可以发生改变的生产。在短期生产中，艺术品的生产成本有固定成本和可变成本之分。固定成本是指短期内不会随着产出水平的变化而发生改变的成本。它包括创作的工具、工作室、合同等。这些成本会随艺术家知名度等变化而变化，一旦艺术家的相关要素进入变动的瓶颈期，这些成本在短期内不会发生变化。可变成本是指短期内随产出水平的变化而变化的成本。

因此，短期生产中，艺术品创作的总生产成本（TC）为总固定成本（TFC）和总可变成本（TVC）之和。平均成本则是总成本与同时期内的产出水平（Q）之比。还有一个不可或缺的概念就是边际成本（MC）。边际成本是指增加一单位的产出所产生的成本增加量，由于固定成本在短期内不会随着产出量的变化而变化，所以总成本的增加量等于边际成本的增加量。公式表示如下：

$$MC = \Delta TVC / \Delta Q \tag{3-4}$$

其中，Δ表示变化量。

艺术家或者文化企业进行生产决策时，有必要对成本的变化规律有明确的把握，才能做出更好的决策以获取更多经济利益。一般而言，艺术品生产创作过程中存在高固定成本以及低边际成本的特点。高固定成本是指艺术家有能力创作艺术品之前要投入相对较多的资金，形成了较高的沉没成本。一旦有了艺术品的产出，生产单个艺术品的成本就会较低。

3. 艺术品营销

为什么一些天赋相当的艺术家会比其他同行更成功？为什么市场估价和评论如此瞬息万变？有观点认为，任何产品都有其生命周期（life-cycle），无论周期长短，都会经历出生、发展、成熟和衰落等阶段。如图 3-1 所示，这些阶段可以用分成四部分的曲线表示：第一阶段是将产品引入市场并推广；第二阶段是产品在市场上成长，即需求增长；第三阶段是成熟期，对产品的需求达到峰值，潜在客户饱和；第四阶段是其他有竞争力的类似产品进入市场，满足同样的需求并提供同样的利益（Kotler，1976）。

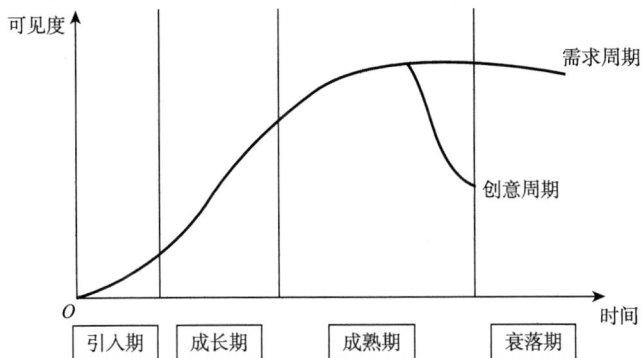

图 3-1　艺术品生命周期的阶段

　　如果将这一模型应用于艺术世界，会发现其与艺术运动的演替完美契合。在过去 50 年间发生的演替，包括持续 10~15 年的初级运动，也包括持续 2~3 年的次级运动，其中一个显著特征是艺术运动的生命周期正在变短：有的从生到死只持续几个艺术时期（artistic seasons），如 20 世纪 70 年代早期的超现实主义（hyperrealism），或者流行于 70 年代末期的图案艺术（pattern art），但艺术运动演替的模型是不变的。

　　第一阶段（1~2 年）：通常围绕一种引人注目的中心角色（可能是艺术家、批评家或艺术品经销商）聚集起一群艺术家。在这一阶段，艺术家群体依附于新兴的画廊，试图通过展览、自主出版物和杂志版面来增加知名度。

　　第二阶段（2~3 年）：艺术家需要细心的批评家介入，组织非正式的展览以阐释新风格并出版专门的学术期刊。

　　第三阶段（2~5 年）：会出现许多模仿者，主要是不成熟或缺乏创造性的艺术家开始跟随潮流；拍卖行开始推广艺术品，使其达到最高价格；图书和产品目录也开始出版；在生命周期的这个阶段，艺术家受邀参与最重要的常规展览和博物馆展览；博物馆也开始在艺术家的个人展览上购买和竞争展品。

　　第四阶段（可能持续很多年）：出现衰落的趋势。艺术家在周边的画廊举办展览，占领更广阔的市场。艺术家（特别是二线艺术家）的作品价格下降并出现越来越高的重复性。领军艺术家开始接触国际主流画廊，先锋媒体不再追随这一趋势，其杂志的覆盖面更广、专业性更强。

　　但产品并非都是注定消失的。事实上，有的产品会在某个特定时期复兴，开始新一轮生命周期。这一典型曲线图就像涅槃重生的凤凰，分为两个阶段：

在起初的成功和一段时间的混乱后，艺术家被艺术系统所"挽回"——也许他焕发了创作的第二春，也许大众品位和文化趋势改变了他的喜好。另一种情况是艺术家处于稳步发展的周期之中。也有的艺术家的艺术周期就像流星那样转瞬即逝，飞速地崛起并极快地陨落。这是由于艺术系统具有强烈的创新驱动力，批评家和公众可能狂热追捧，也可能转眼就失去兴趣，这些都极大地影响着艺术家。

3.1.3　艺术品需求与消费

1. 消费者需求的特征

人们购买与使用艺术作品，不仅仅因为其内在价值或满足物质需求的能力，更因为其在特定文化环境下蕴含的丰富含义。随着西方社会生活水平的提高，人们需要借助由物质形式体现出的艺术价值来确认自身个性，收藏艺术品的需求也随之兴起。此外，艺术品作为奢侈品，与收入和获得的财富密切相关，是资本主义成熟以及后工业社会的象征。艺术品作为奢侈品，其特征体现在以下方面：不仅满足人们的直接需要或物质需要，还满足人们的欲望——对顾客而言，这种欲望只有通过独一无二的艺术品才可以满足。原则上，消费者需求来自四类社会经济群体：收藏者、企业、公共机构和文化机构。根据艺术品需求的几个显著特点，可以定义四种消费模式，每一种消费模式对应一种类别的需要或需求。

（1）第一种模式：该模式与文化喜好（cultural-interest）的动机相关，来自纯粹内在的审美需求。消费者的情感主导该模式。

（2）第二种模式：该模式来自装饰需要，如打造一个令人愉悦的工作环境。功能作用主导该模式。

（3）第三种模式：该模式基于推测，为规避汇率波动以及财政风险，将对艺术品的热情以及储蓄投资的需要糅合在一起。经济准则是该模式的最重要因素。

（4）第四种模式：社会动机是收藏者行为的主要考量，其目的不在于艺术品本身，而是将其作为社会声望的体现。

因此，艺术被认为不仅能够满足人们文化和审美的需求，还可以满足企业和机构为后代保存当代创意的需求，甚至于向谈话对象展示声望，以及将部分储蓄投资于另类市场的需求。Capgemini Group 和 Merrill Lynch Global Wealth Management（2011）的数据证实了该趋势。该报告指出，22%的投资需求指向艺术，欧洲高净值人群的艺术投资比例略高（27%），拉丁美洲则是最高的（28%）。德勤（卢森堡）和 Art Tactic 对 140 名艺术顾问进行了调查，涵盖了艺术顾问公司、拍卖行、经销商和美术馆。据报道，84%的艺术顾问认为投资的主要驱动力是艺术的情感价值，61%认为是社会价值（身份、声望、关系网），60%认为是因为艺术品的稀缺性（排他性）。受调查者中有57%的艺术顾问将艺术视为一种投资，一种可行的资产类别。几乎一半（49%）的艺术顾问称其客户受潜在的投资回报驱动，39%认为是分散投资，29%认为是防范通货膨胀。25%的艺术顾问认为主要动机是将艺术作为经济前景不明时的"避风港"或"价值贮藏"。

对商品的需求可以用来解释商品消费。对艺术品的需求受一系列因素影响，这些因素在不同程度上影响着收藏者的偏好。首先是可支配收入的限制（预算的数额决定是否消费艺术品等奢侈品）以及替代物品的价格（其他艺术品，也包括珠宝、手表、汽车等），尤其是作为奢侈品的艺术品，对数量具有弹性需求，这一弹性高于收入变化。这意味着购买艺术品的数量会随着收入提高而增加，但是关于艺术和文化的知识也必须随之增加。这是由于除可支配收入外，教育水平也是关键因素，因为一个人的文化水平越高，就越经常参加展览或者展会，从购买艺术品中获利的可能性也就越大。最后，艺术品收藏需求也与金融市场密切相关。股票市场不仅影响着艺术品需求，也影响着绘画作品的价格走势。实际上，如果艺术投资的回报高于金融投资，艺术品就会成为金融工具的有效替代品。相对而言，可替代投资的回报率越高，艺术品需求就越低，艺术品的价格也就越低。

Stigler 和 Becker（1977）对文化产品的需求进行了专门的理论阐述。他们认为这一需求与将文化产品定义为"令人成瘾的商品"的学习机制和品位塑造有着本质联系。

2. 艺术商品消费理论与理性成瘾理论

根据经济理论，理性投资者根据稳定的偏好，将效用最大化，并尝试预测其选择会带来的结果。从属行为似乎与理性行为截然相反，然而 Becker 和 Murphy（1988）认为，成瘾行为包括最极端的行为，也能够认为是理性的，因为他们试图使某些固定习惯的机会最大化。人们不仅仅对酒精、可卡因、烟草这些物质成瘾，并且对工作、食品、艺术、生活水平、伴侣等活动或者现实成瘾。抽烟、喝酒、吃东西、在一段时间见一些人，会增加对这些商品和人的兴趣，消费也会随之越来越多。从经济学角度看，对于这些商品或人的边际效应会随时间的推移而增加。当阿尔弗雷德·马歇尔在谈及优质音乐的品位时，清晰地表达了这一假设。他声称需求会随着收听优质音乐（广义上指任何艺术形式）的时间增长而增加，因为一个人听到的好音乐越多，他的艺术品位就越高。

对于当代艺术的理解和欣赏取决于在艺术上投入的时间、品位（包括品位是如何形成的）以及人力资本。视觉艺术作品欣赏得越多，在这方面的品位越高，这是由于减少了要付出的代价（理解和欣赏艺术品的努力），并且获得了欣赏艺术所需的批判技巧及经验。换言之，花在欣赏艺术上的时间（如参观展览或展会）的边际效应会因为艺术资本的累积而增大。对艺术成瘾减少了理解艺术的代价，花在艺术消费上的时间效率也相应增加。花在理解艺术上的时间会令人上瘾（即欣赏得越多就越成瘾），理解艺术的需求曲线也更有弹性。

如 Gruber 和 Koszegi（2001）详细阐述的，理性成瘾的个人知道当前消费意味着权衡：一方面，当前消费的边际效应随着艺术品的增加而增加（即以往的消费）；另一方面，熟悉效应会导致艺术品收藏的边际效应为负值。以往大量艺术品消费并没有因为熟悉感而减少当前的消费，而是增加了后者的边际效应，因而促进了当前的购买。当前购买的增加反过来增加了艺术品的收藏数量，也随之增加了未来消费的边际效应。

习惯的概念与成瘾的概念相互关联。以往消费与未来消费两种常态行为是正相关的，用经济术语来说就是两者相互补充。如果未来效用递减引起当前消费增加，习惯可能会有害。同样，如果未来效用增加导致当前消费的增加，习惯是有益的，如文化消费和体育活动的增多。由此可见，成瘾可以被定义为一种非常强烈的习惯，以往消费或当前消费都足以对其产生动荡影响。因此，认识当前消费和过去消费间关系以及过去消费的数量，决定了众多商品的效用。

3. 收入与潜在需求

当代艺术作品的潜在收藏者应当是金融或者实业领域收入颇丰、财力雄厚的高端人士。他们通常受过中高等教育，追求享乐，品位兴趣转向文化消费。在精神层面，尤其是需求层面，可以对与艺术品形成竞争关系的其他产品进行颇为有趣的分析，如高档车、私人飞机、豪华游艇及名表。艺术品在奢侈品金字塔的顶端，在硬奢侈品（hard luxury，即最奢侈的种类）中占据突出位置。这些奢侈品单价极高，满足具有极强购买力的富豪客户的需求。这一阶层包括高净值人群，即资产超过 100 万美元的个人。

尽管近年来经济波动剧烈，高净值人群的数量和金融资产却一直在增加。这是一个积极的信号，意味着尽管很不平衡，但全球经济正在复苏。值得一提的是，高净值人群的家庭是经典艺术、当代艺术与先锋艺术市场的潜在客户，根据收入水平可分为三大类：一般富人、中等富人、超级富人。越往金字塔上层爬，宏观经济波动产生的负面影响就越小。因此，宏观经济走势对艺术品需求的影响较小，我们甚至可以认为其影响着不完整的、逆循环的需求。从数量和整体财富分析高净值人群的演变，对于评估艺术市场的潜力至关重要。具体而言，在一个特定的地理区域，艺术市场取决于这些人的数量和财产。这些人数量越多，拥有的财富越多，一个国家艺术市场的潜力就越大，这一点是确定无疑的。

4. 需求与消费分析

根据消费的理由，可以将收藏者分为两类。第一类收藏者只专注于一种或几种市场，且纯粹是出于对艺术品本身的渴望而收集藏品，他们往往有较高的知识水平和鉴赏水平，喜好购买及收藏，却不愿出售。对于这些收藏者而言，通过拥有艺术品所获得的"美感红利"远胜于投资艺术品所带来的资金盈亏。

第二类收藏者包括那些基于彰显自身地位需要，或为获得升值回报而购买艺术品的人。这些收藏者大多更为年轻，且腰缠万贯。他们一方面活跃了市场，另一方面却让市场价格不断波动，无法预测。这些收藏者的知识与经验往往相对匮乏，购买时基于审美及投资双重考虑，且藏品范围广、种类多。尽管不少收藏者仍然是为艺术品本身而收藏，但近十年来，人们对艺术品所带来的投资效益越来越感兴趣，收藏者也越来越倾向将艺术品看作资产。第二类收藏者还包括那些将艺术品视为"地位商品"的人，他们的特点是利用藏品提升其依据现状以及消费能力所决定的相应社会地位。根据德勤（卢森堡）和 Art Tactic 在 2011 年所做的调查，情感因素仍是收藏者购买艺术品最为重要的动机。参与调查的收藏者中，有 97% 认为情感因素是首要动机，但我们也不能忽视仍然有 49% 的收藏者受投资利润的驱使，更有 39% 的收藏者将艺术品视为分散投资战略中的关键组成部分。

需求还可以根据消费行为分类。一方面，一些收藏者大量购入那些不再年轻但也不甚出名的艺术家的艺术品，从而确立自身决定性的地位。意大利的 Marco Rivetti 在其国际地位确定前就开始购买贫穷艺术运动的艺术品，他不仅进行了大笔投资，且自 1988 年起就开始管理意大利 Castello di Rivoli 博物馆，这个博物馆为贫穷艺术运动的艺术家做出了很大贡献。另一方面，一些收藏者将收藏艺术品视为诠释艺术史的方法。这些收藏者在一个艺术家尚未被杂志刊登，未办个人展览，或未获任何奖项前就买下他的作品，他们自诩为批评界、艺术品经销商以及博物馆馆长们的意见领袖。

还有一种是投机性需求。过去 20 年强劲的市场增长，证明了艺术对收藏者的巨大吸引力。画廊在全球各地开张，拍卖会成交额攀升，交易会和双年展随处可见，若没有极大的利润可图，这些也就不会发生。另外，艺术品又与其他形式的投资完全不同，且通常很难判断其价格变动的决定性因素。通过品质来判断是不可能的，不仅因为美学价值具有主观性且每一时期都在变化，还因为许多因素都影响着艺术品的价格，包括流行趋势、经营艺术家的美术馆的声望、艺术品的产量，以及作品在巡回拍卖会上的受关注程度。

艺术是一个极为特殊的资产，对不同的人价值未必相同。用更广阔的视角看待这一问题，即如何评价一位艺术家，需要分析其在整个艺术史上的地位。这样可以帮助购买者避免投资失败，但并不保证投资必然会有收益。从长远来看，价格的决定性因素包括对艺术家及其艺术品的正确选择，艺术家在艺术史上的开拓作用，是否有能力创造出影响其他艺术家的全新艺术语言、原创性及独创性。这些因素有利于敢于冒着无人欣赏风险进行投资的、有远见的收藏者，而不利于只追随当下趋势的收藏者。此外，购买时机及购买渠道也极大地影响着价格，并从根本上改变投资的性质。一笔好的艺术品投资，需要一位个性鲜明且具有创新精神的艺术家，需要艺术家的价值承受考验，更需要考察对其进行评价的人的严肃性及个人声誉。在决定进行艺术投资时，需要考虑以下三个足以定义艺术家市场的变量。

（1）同等艺术品的平均价格；

（2）艺术家的市场广度，即在拍卖会上所提供的作品数量；

（3）艺术品的流动性，即售出艺术品在供给艺术品总量中的份额。

显然，流动性最好的艺术家往往在市场上也最受欢迎。这意味着在其他条件都相同的情况下，最受欢迎的艺术家，谁的吸引力更大（假设其都没有产能过剩），谁就更有市场。其他人即使在艺术史上有着举足轻重的地位，也只能为少数专家或者资深收藏者所欣赏。

投机性需求源于银行、养老基金，以及一些近年来既有意向将自身形象与艺术挂钩，又意图通过此领域回笼资金的企业收藏者等。根据其客观需求和投入时间长短，可以分为投资者和投机者。

投资者具有中长期规划，其目标是增加资产类别的多样性，因此他们会着眼于艺术品的价值贮藏功能上资产类别的多样性，投资者会在艺术家市场成熟时选择购入，这意味着其投入这一购买需求中的具体金额会以国内外拍卖中的结果为基准。投资者通常是守旧、传统、专注于已成名艺术家的富人。

投机者活跃于短期市场：他们会在艺术家市场即将成熟前购入作品。投机者会关注一些附加因素并依此确定买入价格，如此类艺术作品在市场中的稀缺程度，艺术家是否具有国际影响力，艺术家及其作品是否经常入选主流艺术展。由于投机者并不希望维持固化的大额交易，他们总会在艺术品"失宠"前设法脱手。投机性需求具有最高的可替代性，这是由于投机者总热衷于寻找最有价值的投资项目，即具有最大价格上涨空间和一定时间内上涨幅度最快的艺术品。

投机性需求的决定性因素是金融市场的收益趋势、其他领域（如房地产业或证券交易）可用的流动资金以及供求集中的市场结构（如房产拍卖）。

投机性需求主要包括以下四类动机。

（1）分散投资。每一个投资者的目标，都是在投资中获得可观收益，并承担无限趋于零的可能风险。然而，收益越高的投资往往风险越大，极有可能在短期内效益不佳甚至为负数。因此那些力图获得可观收益的投资者必须不断变化其投资项目，并评估其长期收益性，避免做出草率的决策。

（2）收益性。经济分析显示，截至目前，当代艺术中决定需求的最主要因素是艺术品的金融价值走向，而这一走向可以从拍卖成交清单中窥知一二。为了对价格变化进行分析，经济学家就当代艺术市场和证券交易市场的相似趋势提出了建议，甚至尝试进行证券化的预测（Trimarchi，2004）。然而，这项经验主义的研究结果却引起了很大争议：一些经济学家展示了一项艺术品投资的年真实收益率（扣除通货膨胀），从 0.6%（Baumol，1986）到1.4%（Frey and Pommerehne，1989），再到 3.9%（Candela and Scorcu，1997）。Renneboog 和 van Houte（2002）的分析证实了艺术品市场的投资回报低于证券市场。这两位经济学家对 1970~1997 年在纽约和欧洲主流市场上流通的一项艺术品投资产生的 7.6%的平均收益率和同样条件下一项股票投资中产生的 8.7%的平均收益率进行了对比，结果显而易见。

（3）税款。相较于金融市场或房地产业的投资者，艺术品投资市场具有更大的赋税优势。事实上，个人无须为艺术品投资中获得的资本收益缴纳税款，同时投资于艺术品的份额并不按常规方式缴税。此外，艺术品的所有权与占有权并不需要列入所得税申报表中。更重要的是，艺术品被视作一项可继承的遗产，却不需要缴纳遗产税和赠与税。若所有的艺术品和古玩（包括所有属于自然人的货币、珠宝及家具）都被视为遗产，其数量相当于一份遗产中应纳税净额的 10%。

（4）乐趣。相比任何一种传统投资方式，艺术更能给投资人带来美感享受，如将一幅画作挂在房间的墙上，静静注视而沉醉其中的快乐。

3.2　艺术金融中的金融理论应用

经济学家运用经济学和金融学的理论，试图解释艺术品定价、估价、市场效率、投资行为问题，计算投资回报率、回报风险，从而发生了艺术与传统金融、行为金融和科技金融的理论融合。本节主要介绍艺术与金融理论的融合与应用。

3.2.1　艺术与传统金融理论融合

1. 价格指数理论

目前主要有两种基础方法构建艺术品价格指数：一种是重复销售回归（repeat sales regression，RSR）方法；另一种是特征价格回归（hedonic price regression，HPR）方法。两种方法均源自房地产市场的价格指数构建。

重复销售回归使用在两个不同时间点交易的单个对象的价格。如果一个对象的特性没有改变，那么异质性问题就可以被忽略。这种方法在房地产研究中得到了广泛的应用。Anderson（1974）、Baumol（1986）、Goetzmann（1990，1993，1995）、Pesando 等（Pesando，1993；Pesando and Shum，1996，1999）、Locatelli-Biey 和 Zanola（1999）、Mei 和 Moses（2002a，2002b）将其应用于艺术品市场。

特征价格回归方法的基本思想是对物品的各种属性（维度、艺术家、主题等）进行价格回归，并利用回归的残差（可以认为是"无特征价格"）来计算价格指数。这种方法被 Frey 和 Pommerehne（1989）、Buelens 和 Ginsburgh（1993）、Chanel 等（1994）使用，并在 20 世纪 90 年代中期变得非常流行。特征价格回归方法的好处在于，该指数是由所有销售构成的，而不是重复交易的小子集。它的缺点是依赖于用来描述对象的特征，以及方程的函数形式。

此外，Locatelli-Biey 和 Zanola（2005）建立了艺术品混合指数。Kräussl 和 Elsland（2008）运用两步特征回归方法建立艺术品价格指数，好处是有一个更大的样本可供研究，它相对传统的特征回归（hedonic regression）方法和 RSR 方法降低了选择偏见。Chanel 等（1996）使用靴襻法（bootstrapping techniques）证明使用特征回归方法比 RSR 方法更准确。

2. 投资组合理论

Markowitz（1952）的分散投资与效率组合投资理论第一次以严谨的数

理工具为手段向人们展示了一个风险厌恶的投资者在众多风险资产中如何构建最优资产组合的方法。但是在实践中应用马科维茨的理论仍然是一项烦琐、令人生厌的高难度工作；或者说，与投资的现实世界脱节得过于严重，进而很难完全被投资者采用。资本资产定价模型（capital asset pricing model，CAPM）是由美国学者夏普（William Sharpe）、林特尔（John Lintner）、特雷诺（Jack Treynor）和莫辛（Jan Mossin）等于 1964 年在资产组合理论和资本市场理论的基础上发展起来的，主要研究证券市场中资产的预期收益率与风险资产之间的关系，以及均衡价格是如何形成的，是现代金融市场价格理论的支柱，广泛应用于投资决策和公司理财领域。Bryan（1985）运用CAPM，考察了 1971~1984 年绘画市场的投资和消费特征。Hodgson 和Vorkink（2004）考虑标准 CAPM 可以在多大程度上解释加拿大绘画市场的价格变动。Agnello（2016）研究结果表明，CAPM 在应用于美国绘画时并没有得到强有力的支持，尽管对艺术家和高端艺术类别的分类有一些支持。Mandel（2009）指定并校准了一个基于消费的 CAPM。

3. 期权理论

期权理论（option theory），又称选择权理论，是在期货的基础上产生的一种衍生性金融工具的理论。期权又称为选择权，是一种通常可交易的衍生金融工具，根据某项资产（如股权、股票指数或期货）在未来某一时间段的价格，确定期权交易中买家的权利和卖家的义务。期权的基本功能是通过对冲操作减少风险带来的损失。Ulibarri（2009）应用永久期权定价模型（perpetual option-pricing model）研究绘画的历史收益。该文的一个关键进展是将理性投资决策与艺术品所有权的历史回报率之间的结构性关系正式化。在这方面，期权的框架产生了选择——对风险、艺术品所有权带来的便利收益和投资者"门槛价格"之间关系的理论暗示艺术品在拍卖会上买卖的价格。该方法提供了关于历史艺术回报和无风险收益之间的调整动态关系的可测试的含义。Kräussl 等（2016）引入艺术品指数的看涨期权，该期权允许投资者优化对艺术品的敞口。

4. 基金绩效评价标准化指标

基金绩效评价标准化指标应用于艺术品市场领域主要有夏普比率和特雷诺比率。在现代投资理论研究中，夏普比率表明，风险的大小在决定组合的表现上具有基础性的作用。风险调整后的收益率就是一个可以同时对收益与风险加以考虑的综合指标，以期能够排除风险因素对绩效评估的不利影响。夏普比率是可以同时对收益与风险加以综合考虑的三大经典指标之一。投资中有一个常规的特点，即投资标的的预期报酬越高，投资人所能忍受的波动风险越高；反之，预期报酬越低，波动风险也越低。所以理性的投资人选择投资标的与投资组合的主要目的如下：在固定所能承受的风险下，追求最大的报酬；或在固定的预期报酬下，追求最低的风险。特雷诺比率是由美国经济学家 Jack Treynor 发明的测算投资回报的指标，用于在系统风险基础之上对投资的收益风险进行调整，该指标反映基金承担单位系统风险所获得的超额收益。指数值越大，承担单位系统风险所获得的超额收益越高。Worthington 和 Higgs（2008）使用了投资组合 β、夏普比率和特雷诺比率度量澳大利亚艺术品的风险和回报特征。

5. 有效市场理论

有效市场假说（efficient market hypothesis，EMH）是金融市场理论的一个重要部分，它主要研究信息对证券价格的影响。根据对信息集大小的分类，有效市场假说又可进一步分为三种：弱型有效市场假说；半强型有效市场假说；强型有效市场假说。Goetzmann（1995）将信息效率的两种衡量方法应用于绘画市场。第一种是市场效率的衡量方法，即通过对回报的连续依赖来衡量；第二种是"价格风险"，即艺术品立即转售价值的瞬时不确定性。

还有很多学者发现了艺术品市场为弱型有效市场的证据。Baumol（1986）讨论了艺术品锚定和非锚定价格，并首次使用经济学视角的艺术品市场信息价值。Hong 等（2015）估计了按价值排序对苏富比和佳士得连续艺术拍卖收入的影响。他们利用一个预先确定的轮换，确定这两家拍卖行中的哪一家在纽约的拍卖周举行第一个拍卖。他们发现，当第一个卖出的房子有相对较贵的画作时，当周的销售溢价比平均销售溢价约高出 21%，当周卖出的画作比例约高出 11%。他们提供的证据表明，这是由于锚定效应。Ashenfelter（1989）研究了红酒和艺术品拍卖中的一价定律。Mei 和 Moses（2002a）发现了"杰作效应"的有力证据，这意味着昂贵的画作往往低于艺术市场指数。Mei 和 Moses（2002b）同样发现了艺术品拍卖中存在的一价定律。Mei 和 Moses（2005）发现了"赢家的诅咒"的存在，尤其是印象派绘画未来的艺术回报与过度支付负相关。Kräussl 和 NasserEddine（2018）在考虑交易成本后，对艺术品的公平收益进行了估计。他们表明，在计算这些成本时，使用的大多数方法变得不切实际。根据最新最大的艺术品重复销售数据库，他们发现艺术品投资的平均年回报率受到 20 世纪七八十年代异常回报率的显著影响。将艺术品纳入最优投资组合在很大程度上取决于样本期。他们进一步发现了有力的证据，支持"杰作效应"的存在。

6. 泡沫理论

泡沫理论是一种经济理论，可以定义为某种价格水平相对于经济基础条件决定的理论价格（一般均衡稳定状态价格）的非平稳性向上偏移。泡沫理论分为理性泡沫理论和非理性泡沫理论。理性泡沫理论以市场有效性为前提，认为在理性行为和理性预期的假定下，金融资产的实际价格除反映其市场基础价值之外，还包含着理性泡沫的成分，这种泡沫并不是错误定价的结果，而是理性预期和理性行为允许的资产价格对基础价值的偏离，即反映了未来。非理性泡沫理论是经济学家运用行为金融学及博弈论等进行研究而得出的股票泡沫理论。和投机性泡沫理论不同的是，该理论更多的是从交易者个体心理和外部因素结合这一角度研究如何导致了股票泡沫，而不是像投机性泡沫理论那样更多的是从获得资本利得的交易动机出发。

Kräussl 等（2014）应用一个右偏的单位根检验向前递归回归测试（sup augmented dickey-fuller test，SADF 测试）来检测爆炸行为，他们选取了 1970~2013 年四个不同的时间序列的艺术市场（"印象派和现代""战后和当代""美国""拉丁美洲"）。他们发现了两个历史上的投机泡沫，并发现在"战后和当代"和"美国"美术细分市场的爆炸性运动。

7. 计量理论

应用到艺术品市场的计量理论有向量自回归（vector auto regression，VAR）、格兰杰因果关系分析、分组回归、相关关系分析、SADF 测试等。Ginsburgh 和 Jeanfils（1995）使用 VAR 模型研究了 1962~1991 年在纽约、伦敦和巴黎举行的公开拍卖会上，三组画家（印象派现当代欧洲大师、其他欧洲小画家和当代美国画家）的作品价格之间的稳定关系。Chanel（1995）通过 VAR 模型来寻找艺术和金融市场之间的关系，结果显示：滞后的金融变量有助于预测艺术品价格，即使这种滞后不考虑系统性利润。Munteanu 和 Pece（2015）通过调查拍卖行获得的收益，为艺术品的研究增添了新的内容。他们对市场效率进行了多次检验（Lo 和 MacKinlay 检验、Joint Wright 检验、Automatic Variance Ratio 检验）。

3.2.2　艺术与行为金融理论融合

行为金融理论是在对现代金融理论（尤其是 EMH 和 CAPM）的挑战和质疑的背景下形成的。行为金融理论在博弈论和实验经济学被主流经济学接纳之际，对人类个体和群体行为研究的日益重视，促成了传统的力学研究方式向以生命为中心的非线性复杂范式的转换，这使得我们看到金融理论与实际的沟壑有了弥合的可能。行为金融理论将人类心理与行为纳入金融的研究框架。

Mei 和 Moses（2002b）发现投资者是容易轻信的，实证结果证明投资者对昂贵画作的估价倾向向上倾斜，而在购买时的高估价与未来的低异常回报有关。Beggs 和 Graddy（1997）研究了艺术品拍卖的顺序问题，发现排序靠后的艺术品拍出的价位更低。Baumol（1986）表示，人们购买艺术品并非出于经济原因。他发现收益的分布是正态分布，平均每年 0.55%，远低于风险厌恶型投资者在同一时期从债券中获得的 2%的收益。Baumol 将 1.5%的差异归因于审美愉悦带来的效用。Frey 和 Eichenberger（1995）探讨了精神收益的决定因素。Atukeren 和 Seçkin（2009）遵循 Hodgson 和 Vorkink（2004）的建议，使用 CAPM 中的 α 参数捕获净精神回报的程度。

3.2.3　艺术与科技金融理论融合

近几年，科技金融的迅速发展也带动了艺术品市场研究的进步。高频与算法交易、金融风险管理、保险精算越来越依靠大数据（如实时、海量、高维和非结构化数据）、人工智能前沿技术及区块链技术来解决问题或重构原有金融业务逻辑、产品设计流程、监管监测控制环节。

Aubry 等（2020）收集了 2008~2015 年拍卖的 110 万幅画作的数据库。他们使用一种流行的机器学习技术——神经网络来开发一种基于非视觉和视觉艺术品特性的价格预测算法。他们的样本外估值对拍卖价格的预测明显好于基于标准特征定价模型的估值。此外，它们还有助于解释价格水平和销售可能性，即使是在拍卖商对拍卖前估价有所调整的情况下。机器学习对与较高的事前价格不确定性相关的资产尤其有用。

3.3　艺术金融发展

艺术品金融化是作为实物资产的艺术品转换为虚拟金融资产的过程。在艺术品金融化的过程中，随着艺术品市场和金融市场的逐渐融合，艺术品投资巨大的利润空间及其高增值率不仅吸引了众多的普通投资者，更得到了各类金融机构的关注。金融机构不断介入并渗透艺术品市场，艺术品市场越来越受到金融市场的影响。金融与艺术融合是经济发展的必然结果，也是艺术品市场本身发展的必然趋势。经过历史的沉淀与近几十年的飞速发展，艺术金融逐渐形成了理论基础，成为一门值得研究和探索的新兴领域。

3.3.1　艺术金融发展的背景

经历了艰难的 20 世纪三四十年代后，战后的经济繁荣和货币限制的解除，使得"货币和艺术的自由流动"成为可能，艺术品市场在 20 世纪五六十年代末强劲反弹。此外，苏富比的彼得·威尔逊（Peter Wilson）等拍卖商将以往只有艺术品交易商参加的拍卖会变成了一场上流社会活动，在那里，"战利品"可以公开"赢得"。历史学家和经济学家都开始对艺术品的投资潜力表现出兴趣。例如，Richard Rush 的畅销书 *Art as an Investment*（1961年），明确地采用了投资者的视角。

学者们对艺术市场和艺术投资的日益关注，伴随着对其度量和计量的探索。尽管关于艺术品拍卖价格的书籍从 19 世纪 80 年代就开始出版，但仍需要大量工作将这些数据整理出来并描述总体趋势和价格走势。虽然私人画廊的价格不易获取并存在偏误，但书籍的作者们克服了困难，以系统的方式收集了尽量可靠和有代表性的价格数据（Coslor，2016）。创建艺术品价格指数非常关键，因为它是艺术品估价和纳入计算的关键指标。在金融市场中，指数是一种统计指标，常常被转化成图表，代表一项资产（或一篮子资产）的货币价值趋势。由于艺术品或房屋等有形资产具有异质性，其指数很难构建。Rush 的书中使用加权公式为不同的艺术流派绘制了图表索引。图表中也包含股票信息，这强调了绘画和金融投资可以直接进行比较（Rush，1961）。1967 年，伦敦《泰晤士报》开始出版《泰晤士报-苏富比指数》。该指数由统计学家 Geraldine Keen 创建，基于被认为具有同等内在价值的一篮子艺术品价值变化的估计，并且是将艺术品价格聚合成整体市场趋势的量化基础。

20 世纪 60 年代艺术品价格的暴涨引起了大众媒体对艺术品投资话题越来越多的关注（Horowitz，2011），并且越来越多的人相信艺术品是一项优秀的投资。

英国铁路养老基金（British Rail Pension Fund，BRPF）是第一个购买艺术品进行投资的大型投资机构。它从 1974 年开始与苏富比合作购买艺术品和古董。该基金转向艺术品，使整体投资组合进一步多元化，实现了合理的长期资本增值，至少可以抵御通货膨胀。当时对冲通胀非常困难，因为与指数挂钩的证券并不存在，而且"没有大宗商品、对冲基金或国际债券的选择"。这些收藏品最终包括 2 400 多件艺术品，包括绘画、书籍和手稿、中世纪艺术和雕塑以及中国陶瓷。尽管英国铁路养老基金只将其全部资金的

2%用于艺术，但这一投资为该基金赢得了"自美第奇家族以来欧洲最伟大的艺术赞助者之一"的美誉。

其他专注于艺术品的投资者出现在 20 世纪 60 年代末和 70 年代初，如阿尔蒂米斯（Artemis）、莫达科（Modarco）和美国独立艺术公司（Sovereign American Arts Corporation）（Horowitz，2011）。这些新成立的企业通常被称为"基金"，但它们主要以财团的形式运作，持有期较短，与经销商没什么不同，但其营利商业模式更为明确。例如，卢森堡的 Artemis 将自身比作"艺术投资银行公司"（Horowitz，2011），并计划购买高质量的作品，借给博物馆，然后出售。由三家欧洲银行于 1970 年建立的 modarco.com 在巴拿马注册，无须缴纳公司税，在伦敦和日内瓦设有办事处。1970 年，美国独立艺术公司上市时，其总裁在一次采访中表示，该公司的理念是"以非常有利的价格购买价格足够便宜的作品，以便立即出售"。该公司在招股书中承认，其中一个投资风险是大多数基金经理都不是艺术品方面的专家。

基金和公司的收购刺激了早期对艺术品投资的认知群体，为尽职调查和艺术品市场研究提供了资金。例如，一旦英国铁路养老基金进入艺术品市场，就需要工具、测量方法和基准来量化其投资，这突出了该领域发展理论知识的必要性。为了满足这一需求，苏富比于 1979 年聘请统计学家杰里米·埃克斯坦（Jeremy Eckstein）为英国铁路公司提供艺术品市场信息，并跟踪其投资。

艺术在这一时期也开始受到更多金融经济学家的重视（Anderson，1974；Stein，1977），这也体现在 1973 年《文化经济学杂志》的创办和 1979 年的第一次会议上。此外，估价工具和实践也更广泛地应用于其他收藏品。例如，在 1961 年出版的 *The Spirit of Rush's Art as an Investment* 一书中，投资分析师罗宾·杜塞（Robin Duthy）的"Alternative investment"和"The successful investor"不仅收录了艺术品的价格指数，还收录了葡萄酒、邮票和其他类别的价格指数。

随着 20 世纪 70 年代的过去，投资企业纷纷倒闭，其中包括美国独立艺术公司（Horowitz，2011）。Artemis 也很快从一家私人艺术投资公司转型为一家上市的、更传统的艺术品经销商。1979 年，英国铁路养老基金也决定停止购买艺术品。当英国媒体发现该基金用退休人员的钱进行"投机"时，争议就出现了。顾问们认为艺术投资是有风险的，而且与高成本有关。1971 年，由于有关原因的传言，泰晤士报-苏富比指数也被取消。一种说法是，这是由于指数的形式发生了变化：也许苏富比主席彼得·威尔逊不希望将该公司与一个缺乏强劲增长的指数联系在一起。另一种说法是，这是对指数创造者 Geraldine Keen 的一篇文章的报复性举措。不管是什么原因,我们可以看到,虽然拍卖行是新的有用的知识工具的潜在来源,但是这些工具也很容易因为制造者的利益冲突而失败。

3.3.2 艺术金融发展的动因

金融与艺术融合是艺术品市场自身发展的需要,是艺术品价值得以更好体现的需要,是满足普通投资者投资需求的需要,是金融资源得以高效利用的需要。

1. 经济发展是金融与艺术融合的基础动力

"盛世收藏,乱世黄金",历史的发展无数次证明,经济的发展往往会带来艺术品消费的大幅增长。以亚洲为例,首次艺术金融风暴出现在 20 世纪 90 年代的日本,当时日本在全球收购的名画的市场价值超过了 33 亿美元。这一现象之所以产生,是因为 80 年代日本经济发展迅速,一跃成为世界经济大国,日本国内纷纷收藏或者投资具有传世意义的西方艺术品。进入 21 世纪,我国经济持续稳定高速增长,超越日本成为世界第二大经济体,随后国内艺术品市场快速发展繁荣,成为全球艺术品消费大国。《TEFAF 全球艺术品市场报告 2015》显示,2014 年中国艺术品拍卖市场成交额达到 75.6 亿欧元,虽不及 2011 年的 98 亿欧元,但仍是 2004 年 6.9 亿欧元的 10 倍之多。

经济的发展促进了艺术品市场的繁荣,根本原因是经济的发展带来了国民收入的快速增长和人们生活水平、思想方式的转变。一方面,稳定的政局、丰富的物质、安逸的生活使人们产生了对文化、艺术的强大消费需求;另一方面,高净值人群的数量及其拥有的财富大幅增长,产生了极大的社会地位和个人品位被认同的需求。对此,中国文化产权交易所董事局主席丁晓飞认为:"改革开放以来,国家经济取得长足发展,人均 GDP 不断攀升,家庭资产猛增,诞生了许多新高净值人群,他们大多文化水准较高、品位较高,参与艺术品投资的愿望更加强烈。"

随着经济的飞速发展,现有的金融产品已越来越无法满足人们日益增长的投资需求,造成大量流动性资金沉淀,其中也包括大量的金融资本,通过直接或者间接方式涉足艺术品市场。艺术品也是一种物品,它具有类似于金融产品的稀缺性、增值性和流动性,同时它具有原创性、共享性、增值性和典范性这些特殊属性。当资本市场与艺术品市场互相分享发展带来的成果时,艺术品由单纯地用于欣赏或收藏转为投资产品时,它成为新的金融投资产品的趋势越来越明显,艺术品市场金融化成为必然。总之,经济发展带来的这些需求正是艺术品市场繁荣并逐步金融化的基础动力。

　　2. 资本的逐利性是金融与艺术融合的直接动力

　　金融的核心和本质是资本的融通，而资本的天然逐利性是任何金融活动的动力之一。因此，资本的逐利性也是金融与艺术融合的动力。经济发展引起国民收入增加，社会资本流动性增加，资本的逐利性使其在市场中自发地寻找套利机会，而艺术品在某个合适的时机便成为这种套利的工具和载体。以我国为例，艺术品市场最繁荣时期出现在2011年，当年交易总额达到2 108亿元，其中拍卖市场成交额为975亿元。在此形势下，包括艺术基金、艺术信托、艺术品典当、艺术品证券化等形式的艺术金融发展迅猛，仅艺术基金就突破了50亿元的水平。这一现象的产生源于2009年，我国出台了宽松的货币政策以缓解金融危机的影响，从而导致货币供应量大幅增长。货币的大量投放一方面使得市场流动性充足；另一方面，伴随着通货膨胀的压力，投资者急于在市场上寻找套利机会。受国际艺术金融投资风潮的影响，敏锐的金融资本越来越多地通过直接或间接的方式涉足艺术品市场，从而直接推动了艺术品市场的繁荣和艺术金融的发展。

　　3. 艺术品市场的自身特性为其与金融的融合提供了强大的内生动力

　　艺术品是商品，但又不同于普通商品，艺术品是蕴含历史文化并以艺术形式表现的特殊的、稀缺的商品。艺术品投资有三个门槛：流动性低、投入资金巨大、鉴别和评估等专业需求较高。金融与艺术的融合则为普通投资者和艺术品市场架起了连接的桥梁。首先，金融与艺术融合带动了一批专业的投资顾问公司和中介机构为投资艺术品的投资者提供服务，投资者无须专业的艺术品鉴别和评估水平便可实现对艺术品的投资，从而极大地降低了进入艺术品市场的门槛。其次，金融与艺术融合可以引领市场资本进入艺术品投资市场，从而大大降低了投资者进入的资金门槛。最后，金融与艺术融合可以有效地解决艺术品的变现和融通问题，从而改变了艺术品单纯收藏的属性，艺术品流动性的门槛也会大大降低。

3.3.3　艺术金融发展的意义

　　全面提升中华民族软实力，加快文化产业繁荣发展，必须将发展艺术品市场放在重要位置。艺术品市场的健康发展和提升层次，必须重视金融的作用。金融是市场经济的血液，是现代经济的核心，是国家重要的核心竞争力。金融是市场经济条件下配置资源的主要力量，产业吸附金融资源的能力是度量产业发育发展程度的重要标志。就像一个人没有营养成分充足的新鲜血液很难存活一样，一个缺失金融杠杆支撑的产业是不完整的，其市场也很难成长、很难做大做强。艺术品市场要取得较大发展，艺术与金融必须相互融合。在今天，实现金融与艺术的深度融合发展，无论是对促进艺术品市场健康快速发展还是金融转型发展，都具有重要意义。

1. 优化金融资源配置，提高市场运行效率

金融与艺术融合，其价值首先体现在资源的高效利用方面。一般来说，金融资本往往会流向成长性和发展趋势较好的市场或行业。过去股票市场、房地产市场以及传统制造业和服务业的迅速发展，使得大量资金涌入这些市场或行业。如今随着股市、房市的相对低迷，传统制造业、服务业的相对饱和，这些产业不再对金融资源具有强大的吸引力，金融资源的过度集中势必会造成资源配置的效率低下。艺术品市场这样的成长性行业近年来表现出良好的发展态势，亟须得到金融的支持，以促进其良性发展。金融与艺术融合可以实现将其他产业过多的金融资源配置到艺术品市场，既可支持艺术品市场的发展，又可避免资源浪费，实现金融资源的高效利用，提高市场的运行效率。

2. 打破体制与政策瓶颈，规范艺术品市场健康发展

当前我国艺术品市场存在着市场透明度差、信息不对称、赝品泛滥、鉴定和估值体系不完善、退出机制缺失等一系列问题，从过去几十年的发展来看，依靠现有的体制与政策是无法从根本上解决这些问题的。金融与艺术融合使得大量资本介入艺术品市场。资本的介入一方面为艺术品市场的发展带来了新的活力；另一方面，资本的力量有利于打破艺术品市场上传统体制与政策的瓶颈，冲破文化艺术长期不完全市场体制运作过程中的层层壁垒，重新构建更为市场化的运作体制与政策，从而改善我国艺术品市场发展的现状，促进艺术品市场健康、规范和可持续发展。

3. 顺应市场要求，促进艺术品市场多样化发展

我国艺术品市场既有的运行形式主要是画廊、拍卖行和艺术博览会。然而，无论是画廊、拍卖行还是艺术博览会，这些传统的艺术品投融资渠道因为艺术品本身的特殊性而具有不可避免的局限性，如市场缺乏透明度、投资门槛和专业性较高、鉴定估值体系不完善、保管和运输要求高、流动性或变现能力较差、制假售假现象严重、价格指数可信度不高等。金融与艺术融合产生的众多艺术金融形式，如艺术基金、艺术信托、艺术品典当、艺术品保险、艺术品股票等，能够在一定程度上打破传统交易模式存在的瓶颈，实现艺术品市场的多样化发展。

4. 降低艺术品投资门槛，满足普通投资者投资需求

金融与艺术融合一方面降低了艺术品投资的专业门槛，另一方面降低了艺术品投资的资金门槛。在专业方面，中国绝大多数的投资者不具有很高的艺术欣赏和鉴别能力，因此对艺术品的真伪、价值和增值空间很难自己做出评价。金融与艺术融合使得投资者可以依靠专业的鉴定评估机构对艺术品进行鉴定评估，从而大大降低了艺术品投资的专业门槛。在资金方面，艺术品市场的迅速发展使得艺术品的价格不断攀升，高昂的艺术品让普通投资者望而却步，而金融与艺术融合可以为普通投资者提供广阔的投资平台。通过金融工具的运用，艺术品成为一种新的金融投资产品。投资者可通过艺术基金、艺术信托、艺术品股票等形式实现对艺术品的投资。

3.3.4　艺术金融发展的形态演变

金融创新从来没有平坦的道路，艺术金融的创新与发展更是如此。艺术金融不是金融与艺术的简单叠加，其内涵包括以下内容。

第一，艺术金融属于金融范畴。艺术金融是金融与艺术品市场融合发展的产物，更确切地说，是艺术品市场为实现自身发展而进行金融化的产物，其与农村金融、互联网金融、科技金融类似，都是一个新兴市场与传统金融的结合，其本质都是利用金融市场特定的金融工具实现自身发展，因此都属于金融范畴。

第二，艺术金融又不同于传统金融。艺术金融是以传统金融为基础，围绕艺术品市场所进行的投融资等信用活动，针对的是艺术品市场。

第三，艺术金融是艺术品市场发展的高级形态。金融与艺术的融合是艺术品市场自身发展的产物，同时这种融合会促进艺术品市场的发展；艺术品市场本身流动性低、投资门槛高的特点限制了其发展，而金融工具的运用可以很好地解决这些问题，并有效地促进艺术品市场的发展。

第四，艺术金融不是艺术品市场与金融的简单结合。金融与艺术的融合是一个循序渐进的过程，金融与艺术只有相互适应、恰到好处才能实现艺术金融的良性发展。

艺术金融发展的路径即艺术品价值形态发育、变革的过程。价值既有哲学的概念，也有经济学的概念。在艺术品市场范畴，按照马克思给出的定义，价值是指凝结在商品中的无差别的人类劳动，是商品交换的依据。如图 3-2

所示，基于经济金融视角分析，艺术品价值形态的演变经历了四个重要的阶段，分别是艺术产品、艺术商品、艺术资产和艺术金融资产。这些变化是一个缓慢的过程。艺术品的价值被逐步认可、放大，艺术品的属性也发生重要的演进，与金融的融合也愈加广阔与深入。这些变化背后最终的力量是经济发展和人们对艺术品价值的普遍性认同。

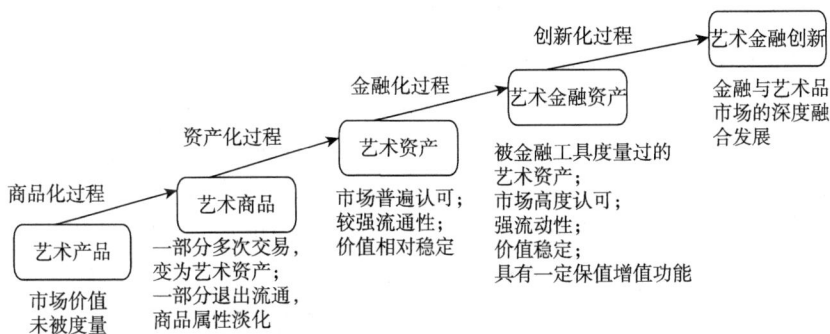

图 3-2　艺术金融发展的路径

1. 艺术产品

第一阶段是作为艺术产品的艺术品。

一个艺术家在他尚未成名的时候，不断学习，提高自己的艺术修养，提高艺术品的创作水平，不断创造或生产艺术品。某先生年轻的时候画了许多画，这些画是他的习作。但由于他的艺术成就还不被外界所认可，他的作品还不被人们所认知和接受，这时没有人愿意花钱购买他的艺术品，他也没有通过其他形式实现艺术品的交易。在这个阶段，尽管这位艺术家画了许多作品，消耗了大量的时间和精力，但艺术品没有实现交易，也就是没有进入流通领域，没有进入市场。按照马克思的理论，这个阶段他生产艺术品消耗的个人劳动时间还没有转化为社会必要劳动时间。他的艺术品可能送给别人，挂在了他们的办公室或家里，美化了家庭，让人赏心悦目；还可能参加了艺术品展览，获得了不错的评价，具有一定的使用价值。但是，只要这位艺术家的艺术品还没有真正交易过、没有人花钱买过，也就是它的市场价值还没有被度量过，我们就可以认为这些艺术品没有市场价值或者在经济学意义上没有价值，只能将这些堆在他创作室的艺术品称为艺术产品。

2. 艺术商品

第二阶段是作为艺术商品的艺术品。

随着艺术家的成长，他的艺术品开始被人们认可，他的朋友愿意买他的画去装饰新家，还有个别喜欢他的画的人把他的作品买了送给别人，举办一次展览，他的作品可能被人们选购。这一阶段，艺术家的艺术品交易量可能很少，但其中已经有一小部分实现了交易，也就是有人愿意用货币等价物来交换他的艺术品，他的艺术品价值得到了一定程度的市场认可，转化为市场价值，这时就由艺术产品形态转化为艺术商品。艺术家的艺术产品通过交易，离开艺术家创作室转化为艺术商品的这个过程，可称为艺术品商品化过程。

艺术品进入市场是随着商品经济的历史进程而产生和发展的。中国古代美术史料证明，古代艺术品市场的出现远早于唐代。它随着城市和商品经济的发展而逐渐形成、发展、完善、壮大，各类艺术品交易活动也随封建社会经济的发展而愈发频繁与普遍，并在不同时期显示出不同的特点。商品经济是一个历史范畴，它是在社会生产发展到一定的历史阶段产生的。原始社会晚期发生的两次社会大分工进一步提高了劳动生产效率，人们的劳动产品除了维持自己的生存以外还有剩余，于是商品交换开始出现并逐渐活跃。艺术品被当作交换的商品可以上溯到新石器时代后期，兼具实用功能的手工艺品不可避免地首先进入艺术品市场。

改革开放以来，艺术品市场迎来了新的春天，进行了一系列探索性的改革，取得了一定的成效。艺术品市场规模越来越大，但其发展过程中出现的诚信机制、定价机制与退出机制不完善等问题，却没有随着市场规模的扩大而得到有效解决，相反，这些问题呈现出不断扩大和积累的趋势。中国艺术品市场的发展进入瓶颈期，需要寻求新的发展动力。

西方的艺术品市场可以追溯到西方文化的启蒙期——古希腊、古罗马时期。文艺复兴以前，漫长的中世纪使得西方的艺术品市场一直处于宗教神学统治下的"休眠期"。此后，随着意大利南部经济水平的提高和资产阶级的萌芽，油画开始成为一些贵族和新兴起的资产阶级竞相购买的商品。市场经济的复苏推动艺术品的交易逐渐规模化，随之而来的是西方同行业工会的成立。行会组织的建立，也预示着艺术品的生产、交易逐渐走上组织化、规模化、市场化的发展道路。

随着工业化浪潮迅速席卷欧洲大陆，艺术家为了维持生计便将自己的作品委托给专业的艺术品经销商进行销售。艺术品专营商店的出现，也为近代西方画廊代理制的流行奠定了基础。画廊作为艺术品一级市场的代表，起源于欧洲。画廊主要是指收藏、陈列及销售艺术家作品的特定场所。早在16世纪初，西方的一些贵族便习惯于将自己收藏的艺术品陈列于住所内的回廊边，这也成为"画廊"一词的直接由来。到了19世纪，大量寄售制的画廊逐渐在西方涌现，并成为收藏家购买艺术品的主要光顾之处。同时画廊承担了部分近代美术馆的职能,成为代理艺术品公开展览的场所。为了更好地培育艺术家的市场,也为了获得艺术家作品的垄断性经营地位,艺术商店也从委托代售转变为与艺术家合作的艺术代理机构,这便是西方画廊形成的经过。

西方当代的画廊除少数由二级市场交易商(指不直接从画家手中购买作品)经营的艺术画店外,多数均采用艺术家代理制运营,他们通过为艺术家举办展览成为其艺术品的全权代理者,负责为艺术家选择合适的收藏家,同时随时防控代理艺术品在二级市场上可能出现的风险(如被恶意炒作等),从而保护自己所代理的艺术家及画廊自身的利益。现今,此类画廊的代表有专门从事现当代艺术交易的美国佩斯画廊(Pace Gallery);囊括近五十年所有知名当代艺术家作品的美国高古轩画廊(Gagosian Gallery);由英国艺术协会建立的蛇形画廊(Serpentine Gallery)以及最受英国人喜爱的白立方画廊(White Cube Gallery);等等。目前它们也都是国际艺术品市场上有一定影响力的顶级画廊。

艺术品经画廊进行代理经营后,便会流向两个途径。一个是个人收藏家群体,此类人也是画廊最重要的客户。此外,西方的画廊也会将一些长期代理的知名艺术家(多数已故)的作品送交艺术品拍卖会进行拍卖。时至今日,西方最为知名的艺术品拍卖公司便是英国的佳士得和苏富比。

纵观国内外艺术品作为艺术商品进行交易的历史可以得出,通过商品化过程转换为艺术商品的艺术品一部分可能被多次交易,并且不断流通,转化成了艺术资产;另一部分可能只是作为买家喜爱的艺术品收藏在家中,成为一种艺术消费品,永远不再流通,商品属性逐步淡化。艺术品进入市场流通交易并实现商品化的过程是艺术家和艺术品价值转换十分重要的阶段。艺术家的艺术品进行商品化转换受许多复杂因素的制约,除了艺术家修养和艺术品水准外,也受人们的审美水准和价值观以及市场发展情况等因素影响。

3. 艺术资产

第三阶段是作为艺术资产的艺术品。

商品化以后的艺术品有一部分随着艺术家的成长和市场的发育,开始被多次交易,于是市场开始追捧这位艺术家,他为此创造了更多的艺术品并被一些人作为投资品或收藏品买走,又在适当时机实现二次、三次重复销售。这一时期,这些艺术品已经由艺术商品演变为一种人们愿意普遍认可并持有的艺术资产。一些知名艺术家的艺术品可能成为某些财富人群资产形态的一部分。在近 200 年来西方发达国家中,一些成功的商业巨贾都不约而同地进行艺术品收藏与投资,其中既有私人家族如洛克菲勒家族、罗斯柴尔德家族等，也有顶级机构如宝马、梅赛德斯·奔驰、万宝龙、大众、路易威登、古驰、普拉达、斯沃琪、马爹利、雨果博斯、卡地亚、IBM、三星等，更有如瑞士银行、德意志银行、花旗银行等一大批金融机构参与艺术品赞助与收藏。近15年以来，国内一线企业家及企业也都纷纷加入艺术品的收藏投资行列，如大连万达集团股份有公司、侨福集团有限公司、新世界发展有限公司、中国民生银行、中国建设银行、新疆广汇实业投资（集团）有限责任公司、苏宁易购集团股份有限公司、湖南广播影视集团、复星国际有限公司、万科企业股份有限公司、宝龙集团发展有限公司等。配备艺术资产成为许多企业的战略性选择，甚至艺术资产在关键时刻能救企业于水火之中。

作为艺术资产的艺术品具有市场普遍认可、流通性较强、可以被多次交易、市场价值相对稳定的特点。由艺术商品向艺术资产演化这个过程，可称为艺术品的资产化过程。在浩瀚的艺术品中，只有极少数的艺术品能够成为艺术资产。到底哪些艺术品才会被金融追逐？金融选择艺术品的标准是什么？从艺术金融实践来总结，作为金融资产的艺术品主要有六大特征。

一是真实性。金融资源配置到艺术品上首要的问题是确保作为金融资产标的的艺术品的真实性不存在问题。由于我国艺术品市场普遍存在真伪难辨的混乱现象，金融资源围绕艺术品进行配置时，必须获得权威鉴定或有证据证明无伪才能进行。

二是高市场认可度。金融机构一般不会选择初出茅庐的年轻艺术家或不成名的艺术家的作品。因为市场认可度是流动性的前提，金融通过关注市场认可度来控制流动性，只有具有高知名度的艺术家的艺术品才能与金融融合，进而转化为金融资产。

三是强流动性。艺术品的流动性与艺术家影响力、艺术品档次、尺幅、整体市场流动性等因素紧密相关。金融化的艺术品要求具有较强的流动性，这主要是由艺术金融资产的风险控制、变现管理要求决定的。

四是权属清晰。艺术品金融化的过程主要通过契约来实现，是一个契约治理的过程。金融行为的整体过程都要通过法律协议来约定。这决定了金融交易各主体必须对资产标的拥有充分的处置权。来源不明、权属不清晰的艺术品容易产生争议，风险处置变现也因此会受到影响。

五是价值稳定。价值是艺术品市场认可的体现，这种体现主要表现在市场价格及交易量上。价格剧烈波动的艺术品风险也较大，因此在艺术金融领域一般会选择较长时间区间内价格稳定增长的艺术品。

六是容易保管。作为艺术金融资产标的的艺术品一般会托管在金融机构指定的艺术品仓库，这些艺术品必须具有容易保管性。装置艺术品、大型雕塑、极易破损的丝织艺术品，即使普遍被认可，价值很高，但可能受制于保管难度，也难以金融化。

4. 艺术金融资产

第四阶段是作为艺术金融资产的艺术品。

艺术金融资产是金融与艺术品市场融合的产物。随着艺术品市场的不断发育，金融的资源配置和逐利职能延伸到艺术品市场领域，在艺术品市场寻找可以与之融合的艺术品。那些经过若干年市场孕育的顶尖艺术品成为金融追逐的目标。这些艺术品具有极高的市场认可度、很强的市场流动性，其市场价值与学术价值都得到普遍一致的认同、经过长时间的市场洗礼市场价值较为稳定等特征。越来越多的人愿意将此类艺术品作为资产配置的对象和财富的一种存在形态。

金融逐利的本性发现了这些艺术品的价值，通过艺术基金、艺术信托、艺术品质押融资、艺术品租赁融资、艺术品理财计划等方式，将艺术品作为金融资产的标的。投资者可以通过购买基金、信托实现对艺术品的投资，而不是像以往那样进行艺术品的实物交割。金融资本与艺术品融合生成的资产，或者说以艺术品为资产标的的金融资产，我们通常称为艺术金融资产。此时的艺术品作为一种金融资产满足了普通投资者的投资需求，艺术品或艺术品市场实现了金融化。由艺术资产到艺术金融资产的演化过程，我们称为艺术品的金融化过程。

艺术品的金融化过程是艺术品价值的重要升华，也是艺术品价值演进的高级形态。那些能够被金融认可并与之融合的艺术品，在数量众多的艺术品中是更为稀有的一部分。金融的介入，往往与这些艺术品相得益彰。金融杠杆使一部分金融资本配置到这些艺术品上来，推动了艺术品价值的展现，推高了艺术品的市场价值；艺术品与金融资本融合，也往往为金融资本创造了高额的利润。

从艺术产品到艺术商品的演变，更多的是基于艺术品消费，这个过程中较少使用金融杠杆；从艺术商品到艺术资产的演变，主要是基于艺术品投资、收藏、交易和财富资产配置，这个过程往往要使用金融杠杆；从艺术资产到艺术金融资产的演变，主要是基于艺术品投资、融资和以艺术品为标的的金融化操作，这个过程本身就是金融与艺术品市场融合发展的过程，必须使用金融杠杆。从商品化到资产化再到金融化，在艺术品价值形态的这个演化过程中，艺术品交易复杂度不断提升，交易风险也越来越大。

金融与艺术品市场融合发展的过程，既是金融对艺术品市场价值筛选、判断的过程，也是金融围绕艺术品市场风险识别、控制与管理的过程。金融对艺术品市场具有巨大的作用，这种作用主要体现在金融是艺术品市场价值的发现者和推动者上。金融的本质是发现并追逐市场价值。金融像猎人一样在艺术品市场中寻找那些极具潜力的艺术家和艺术品，然后将其变为金融资产，再卖出去，赚取金融资本追求的利润。金融是海水，艺术品是砂石。大浪淘沙，艺术品在金融力量的冲刷下展现自己的品质。艺术品拍卖、艺术基金以及林林总总的艺术金融交易形式，都是艺术品市场价值的竞争，也是围绕艺术品的金融资本角逐。金融发现并抽出艺术品的价值，让艺术品在更大更自由的平台上流动。金融化的艺术品主要体现在艺术金融资产的频繁交易上。金融碰到艺术，让一部分资本围绕艺术品进行重新配置，最终一部分资本凝固在艺术资产上，形成艺术金融资产。

5. 艺术金融创新

金融是高度理性的，而艺术是十分感性的；金融关注物质价值，而艺术关注精神价值；金融是追求标准的，而艺术是讲究变化与不同的；金融追求批量与规模，而艺术强调独特与唯一。金融与艺术有着天壤之别，这注定了二者相互融合的难度较大。其实，艺术金融创新的真正困难，不是针对复杂多变的市场设计闭合的风险控制缓释机制这种技术层面的难题，而是需要跨越理性的金融与感性的艺术之间天然的、认识和理念上的鸿沟。

艺术金融创新的本质是金融与艺术品市场的深度融合发展，如果双方的态度不明，难以实现真正融合，就难以实现创新突破。在艺术金融创新的问题上，金融机构掌握着绝大部分主动权，金融机构不能被动等待艺术品市场的成熟，应该主动寻求与艺术品市场融合的机会，进而相互促进、发展，才能生长出艺术金融的禾苗，结出艺术金融的果实。

金融的担当还体现在主动认识和尊重艺术品市场发展规律上，只有这样才能找到艺术金融创新的起点。如果将艺术金融发展中存在的问题、金融与艺术品市场融合发展面临的困难归罪于艺术品市场本身，那将永远找不到艺术金融创新的出路。艺术金融滞后发展的根本原因不在于艺术品市场，而在于金融围绕艺术品市场的创新不足。这与几年前讨论中小企业融资难时的情形完全一致。谈到中小企业融资难，社会上普遍性的认识是中小企业财务不透明、不健全、信息不对称，规模小，管理不规范，所以银行无法给它们提供信贷支持。由于有这种认识误区，围绕中小企业的金融创新很难迈出实质性步伐，中小企业融资难的问题难以找到根本出路。事实上，这种不透明、不对称、不健全、不规范，正是中小企业特定生命阶段的基本特征，离开这些特征，中小企业就已不再是中小企业，而是大型企业了。中小企业的融资难，源于人们特别是掌握金融资源的金融机构对中小企业根本特征认识不到位，颠倒了金融与市场"谁适应谁"的关系。艺术金融创新与此如出一辙。推动艺术金融创新，谋求金融与艺术品市场的深度融合，金融界必须认识艺术品市场的发展规律和本质特征，根据艺术品市场的运行规律改革现有金融制度、产品、流程，这样才能找到创新的起点。

艺术品市场方面，各类主体应该诚信、合法、透明经营，也应主动研究金融进入艺术品市场的路径与方式，搬开金融资源进入艺术品市场的绊脚石，寻求与金融融合发展的机会，利用金融杠杆加快发展，促进市场本身更快走向健康、走向成熟。并且艺术金融是一种市场行为，不能靠政府及其他市场之外的力量，只有用市场的力量，才能破解艺术金融创新的难题。

参 考 文 献

TEFAF. 2016. 2016 全球艺术品市场报告[R]. 上海文化艺术品研究院.

Agnello R J. 2016. Do U.S. paintings follow the CAPM? Findings disaggregated by subject, artist, and value of the work[J]. Research in Economics, 70（3）: 403-411.

Anderson R C. 1974. Paintings as an investment[J]. Economic Inquiry, 12（1）: 13-26.

Ashenfelter O. 1989. How auctions work for wine and art[J]. Journal of Economic Perspectives, 3（3）: 23-36.

Atukeren E, Seçkin A. 2009. An analysis of the price dynamics between the Turkish and the international paintings markets[J]. Applied Financial Economics, 19（21）: 1705-1714.

Aubry M, Kraeussl R, Manso G, et al. 2020. Machines and masterpieces: predicting prices in the art auction market[R].

Baumol W J. 1986. Unnatural value: or art investment as floating crap game[J]. The American Economic Review, 76（2）: 10-14.

Becker G S, Murphy K M. 1988. A theory of rational addiction[J]. Journal of Political Economy, 96（4）: 675-700.

Beggs A, Graddy K. 1997. Declining values and the afternoon effect: evidence from art auctions[J]. Rand Journal of Economics, 28（3）: 544-565.

Bryan M F. 1985. Beauty and the bulls: the investment characteristics of paintings[J]. Economic Review, Federal Reserve Bank of Cleveland, （1）: 2-10.

Buelens N, Ginsburgh V. 1993. Revisiting Baumol's "art as floating crap game" [J]. European

Economic Review, 37（7）: 1351-1371.

Candela G, Castellani M. 2000. L'economia e L'arte[J]. Economia Politica, 17（3）: 375-392.

Candela G, Scorcu A E. 1997. A rice index for Art Market Auctions. An application to the Italian market of modern and contemporary oil paintings[J]. Journal of Cultural Economics, 21: 175-196.

Capgemini Group, Merrill Lynch Global Wealth Management. 2011. World Wealth Report[R].

Chanel O. 1995. Is art market behaviour predictable? [J]. European Economic Review, 39（3/4）: 519-527.

Chanel O, Gérard-Varet L A, Ginsburgh V. 1994. Prices and returns on paintings: an exercise on how to price the priceless[J]. The Geneva Papers on Risk and Insurance Theory, 19（1）: 7-21.

Chanel O, Gérard-Varet L A, Ginsburgh V. 1996. The relevance of hedonic price indices[J]. Journal of Cultural Economics, 20（1）: 1-24.

Coslor E. 2016. Transparency in an opaque market: evaluative frictions between "thick" valuation and "thin" price data in the art market[J]. Accounting, Organizations and Society, 50: 13-26.

Frey B S, Eichenberger R. 1995. On the rate of return in the art market: survey and evaluation[J]. European Economic Review, 39（3/4）: 528-537.

Frey B S, Pommerehne W W. 1989. Art investment: an empirical inquiry[J]. Southern Economic Journal, 56（2）: 396-409.

Ginsburgh V, Jeanfils P. 1995. Long-term comovements in international markets for paintings[J]. European Economic Review, 39（3/4）: 538-548.

Goetzmann W N. 1990. Accounting for taste: an analysis of art returns over three centuries[R]. Columbia University, New York.

Goetzmann W N. 1993. Accounting for taste: art and the financial markets over three centuries[J]. The American Economic Review, 83（5）: 1370-1376.

Goetzmann W N. 1995. The informational efficiency of the art market[J]. Managerial Finance, 21（6）: 25-34.

Gruber J, Koszegi B. 2001. Is addiction "rational"? Theory and evidence[J]. Quarterly Journal of Economics, 116（4）: 1261-1303.

Hodgson D J, Vorkink K P. 2004. Asset pricing theory and the valuation of Canadian paintings[J]. Canadian Journal of Economics/Revue Canadienne D'économique, 37（3）: 629-655.

Hong H, Kremer I, Kubik J D, et al. 2015. Ordering, revenue and anchoring in art auctions[J].

The RAND Journal of Economics, 46（1）: 186-216.

Horowitz N. 2011. Art of the Deal: Contemporary Art in a Global Financial Market[M]. Princeton: Princeton University Press.

Kotler P. 1976. Competitive strategies for new product marketing over the life cycle[C]//Funke U H. Mathematical Models in Marketing. Berlin: Springer: 321-324.

Kraeussl R, Logher R. 2010. Emerging art markets[J]. Emerging Markets Review, 11（4）: 301-318.

Kräussl R. 2015. Art as an alternative asset class: risk and return characteristics of the Middle Eastern and Northern African art markets[C]//Velthuis O, Curiono S B. Cosmopolitan Canvases: The Globalization of Markets for Contemporary Art. Oxford: Oxford University Press: 147-169.

Kräussl R, Elsland N. 2008. Constructing the true art market index: a novel 2-step hedonic approach and its application to the German art market[R]. CFS Working Paper.

Kräussl R, Lehnert T, Martelin N. 2016. Is there a bubble in the art market? [J]. Journal of Empirical Finance, 35: 99-109.

Kräussl R, Nasser Eddine A. 2018. The fair return on art as an investment: accounting for transaction costs[R]. Available at SSRN 3304873.

Kräussl R, Thorsten L, Martelin N. 2014. Is there a bubble in the art market? [R]. SSRN Working Paper.

Locatelli-Biey M, Zanola R. 1999. Investment in paintings: a short-run price index[J]. Journal of Cultural Economics, 23（3）: 211-222.

Locatelli-Biey M, Zanola R. 2005. The market for Picasso prints: a hybrid model approach[J]. Journal of Cultural Economics, 29（2）: 127-136.

Mandel B R. 2009. Art as an investment and conspicuous consumption good[J]. The American Economic Review, 99（4）: 1653-1663.

Markowitz H. 1952. Portfolio selection [J]. Journal of Finance, 7（1）: 77-91.

Mei J, Moses M. 2002a. Art as an investment and the underperformance of masterpieces[J]. The American Economic Review, 92（5）: 1656-1668.

Mei J, Moses M. 2002b. Are investors credulous? Some preliminary evidence from art auctions[R]. Department of Finance and Department of Operations Management, Stern School of Business, New York University.

Mei J, Moses M. 2005. Beautiful asset: art as investment[J]. The Journal of Investment Consulting, 7（2）: 45-51.

Munteanu A, Pece A. 2015. Investigating art market efficiency[J]. Procedia-Social and

Behavioral Sciences, 188: 82-88.

Pesando J E. 1993. Art as an investment: the market for modern prints[J]. The American Economic Review, 83（5）: 1075-1089.

Pesando J E, Shum P M. 1996. Price anomalies at auction: evidence from the market for modern prints[J]. Contributions to Economic Analysis, 231: 113-134.

Pesando J E, Shum P M. 1999. The returns to Picasso's prints and to traditional financial assets, 1977 to 1996[J]. Journal of Cultural Economics, 23（3）: 181-192.

Peter W. 1992. From Manet to Manhattan: The Rise of the Modem Art Market[M]. London: Hutchinson.

Renneboog L, van Houte T. 2002. The monetary appreciation of paintings: from realism to Magritte[J]. Cambridge Journal of Economics, 26: 331-357.

Rush R. 1961. Art as an Investment[M]. Englewood Cliffs: Prentice Hall.

Stein J P. 1977. The monetary appreciation of paintings[J]. Journal of Political Economy, 85（5）: 1021-1035.

Stigler G J, Becker G S. 1977. De gustibus non est disputandum[J]. The American Economic Review, 67（2）: 76-90.

Throsby D. 2011. Economics and Culture[M]. Cambridge: Cambridge University Press.

Trimarchi M. 2004. Regulation, integration and sustainability in the cultural sector[J]. International Journal of Heritage Studies, 10（5）: 401-415.

Ulibarri C A. 2009. Perpetual options: revisiting historical returns on paintings[J]. Journal of Cultural Economics, 33（2）: 135-149.

Worthington A C, Higgs H. 2008. Australian fine art as an alternative investment[J]. Accounting Research Journal, 21（1）: 55-66.

第4章 艺术金融理论发展

艺术金融正快速成为金融学的一个新兴领域。艺术金融是随着艺术品金融化或艺术品市场金融化而产生的。Anderson（1974）最早考察了艺术品作为投资品的特征。Bryan（1985）的研究揭示了艺术品在经济上具有耐用消费品和投资资产的双重属性。Baumol（1986）被公认为将艺术品市场研究带入经济学领域的奠基人。Coslor（2016）认为艺术金融是将传统艺术市场与金融市场结合在一起，创造艺术与金融融合的一种合法模式。艺术金融研究的内容包括艺术金融的工具与运作、艺术金融的风险与防范以及艺术金融与其他市场的关系。艺术金融风险理论是艺术金融研究的基础，也是艺术金融理论发展的重要分支，是研究艺术金融资产配置、艺术金融工具应用以及艺术金融市场运作的前提和保障。

4.1 第一阶段：艺术金融的学术萌芽

Reitlinger（1961）的三卷本《品味经济学》是对绘画投资的第一项重要研究。第一卷是关于 1760~1960 年绘画价格的涨跌，第二卷和第三卷是关于其他艺术品的。虽然该研究是对图片价格涨跌的定性调查，但 Reitlinger 的结论是，艺术品价格的走势是随机的。Reitlinger 的贡献还在于对数据的整理。艺术金融领域两篇极具价值的论文 "Unnatural value：or art investment as floating crap game"（Baumol，1986）、"Revisiting Baumol's 'art as floating crap game'"（Buelens and Ginsburgh，1993），数据均来自 Reitlinger（1961）。除此以外，Anderson（1974）将绘画作为 1780~1970 年的一项投资，发现近期的价格涨幅远远高于长期平均回报率。他对影响画作实现价格的某些因素进行了量化，并对年度收益的方差进行了估计。与其他投资选择相比，经过风险调整后，绘画似乎不是很有吸引力的投资，除非还包括艺术品的消费价值。

Stein（1977）试图量化并分析绘画作品随时间的货币增值。他的研究认为投资于绘画并不是特别有利可图，收益率每年只有 1.6%。他还提到，收藏或者投资艺术品的优越性在很大程度上归因于观赏乐趣，而非投机价值。

他首先使用美国和英国 1946~1968 年的去世画家作品价格构造了艺术品价格指数，然后使用 CAPM 估计艺术品的收益和风险。他使用 CAPM 的方法为后续艺术金融学者提供了重要思路。Bryan（1985）、Hodgson 和 Vorkink（2004）、Atukeren 和 Seçkin（2007）、Seçkin 和 Atukeren（2009）、Hodgson 和 Seçkin（2012）以及 Candela 等（2013）均使用 CAPM 方法对艺术品的收益和风险进行计量。

4.2 第二阶段：艺术金融的学术繁荣

随着泰晤士报-苏富比指数的取消，以及英国铁路养老基金的重新调整，艺术品投资似乎已经失去了吸引力。然而，从灰烬中出现了一个新阶段，其特点是加强研究和进行新的冒险活动。这些发展与 20 世纪 80 年代末艺术市场前所未有的繁荣同步，当时的繁荣受到华尔街新资金流入、日元走强和拍卖行积极营销的推动。

在该阶段，文化经济学家越来越关注艺术市场，他们[包括 Baumol（1986）、Frey 和 Eichenberger（1995）及 Goetzmann（1993）]主要利用 Reitlinger 在 *The Economics of Taste* 一书中汇编的数据集。学者们量化了艺术投资的潜在利润，并与其他类型的金融资产相对比。在房地产经济学的创新之后，更先进的指标构建技术得到了应用。方法是使用交易数据估计阶段性的回报，以便更好地控制交易的艺术品质量之间的方差。这段时间的学术辩论展现了关于艺术品作为一种投资品的发展。有人声称，艺术品投资可以实现巨额利润，但这种说法受到了批评者的质疑。他们指出，从历史上看，艺术的平均回报率很低（Baumol，1986；Frey and Pommerehne，1989）而风险却比较高（Goetzmann，1993），并且投资者需要承担较高的交易成本。投资组合多元化的理念自 20 世纪 70 年代以来变得越来越重要。其他人则认为，艺术品可以成为一种另类投资或对冲工具。例如，Bryan（1985）指出，艺术品作为一种耐用的商品，有助于保护所有者免受意料之外的通货膨胀。Coffman（1991）认为，主要中心以外的艺术市场信息滞后，仍然存在"捡漏"现象。虽然缺乏明确的共识，但我们确实看到了学者们定义和计算艺术品投资资产所付出的努力。

4.2.1 Baumol 的奠基之作

普林斯顿大学（Princeton University）的 Baumol（1986）用金融市场的

方式看待艺术品市场。他在文章中讨论了艺术品锚定和非锚定价格，从经济学视角观察艺术品市场的信息价值，对艺术品投资回报进行了描述和统计并阐述了关于通过知识获利的可能性。Baumol（1986）指出，人们购买艺术品并非出于经济原因，艺术品市场不太可能拥有长期均衡价格。他计算了在1650~1960 年 650 幅画作经通货膨胀修正后的年价值增长率。他的结论是，就像金融市场一样，艺术品价格走势是不可预测的，"以任何程度的可靠性来选择购买日期和艺术品的组合是不可能的，因为它们的回报率将超过投资的机会成本"，并且艺术品收益的分布是正态分布（平均每年 0.55%），远低于风险厌恶型投资者在同一时期从债券中获得的 2%的收益。Baumol 将1.5%的差异归因于审美愉悦带来的效用。

4.2.2 同时期的学者与代表作

1986~2002 年的研究主要集中在艺术品拍卖、指数的建立与选择上。除了 Baumol 外，做出突出贡献的学者还有 Ashenfelter、Frey、Goetzmann、Pesando、Ginsburgh 及 Chanel。Goetzmann（1990）建立了艺术品重复销售指数，Pesando（1993）建立了现代版画重复销售指数，Chanel 等（1996）建立了艺术品的特征价格指数。

Orley Ashenfelter 对于艺术品拍卖具有系统性研究，他在 1989~2011 年先后发表三篇论文研究艺术品拍卖的价格问题，他还撰写了 *Handbook of Arts and Culture* 的 "Art auctions" 这一章。Ashenfelter（1989）的 "How auctions work for wine and art" 是第一篇研究拍卖商的估价是否会影响艺术品的价格的论文。Ashenfelter 和 Graddy（2003）在发表的论文中回顾了过去十年来迅速增长的关于阐明艺术品拍卖系统实际运作方式、价格形成以及拍卖市场表现的新研究，并发现杰作的表现低于市场平均值，阐述了流拍风险，而且认为艺术资产或许可以纳入分散的投资组合中，但是关键变量难以估计，因此尚未被证实。Ashenfelter 和 Graddy（2011）研究了艺术品拍卖中拍卖价格与价格随时间变化的关系。他们利用当代和印象派艺术的数据，验证了虽然销售率似乎与当前价格没有什么关系，但销售率与意想不到的总价格变化之间存在着很强的正相关关系。

Frey 和 Pommerehne（1989）的研究涵盖了比 Baumol、Anderson 和 Stein 时间更长、范围更广泛的（包括法国、德国等）拍卖数据。他们将 Baumol 的分析扩展到更多的数据和更长的时期（1935~1987 年），他们发现画作的年回报率为 1.5%，而最好的政府债券的年回报率略高于 3.0%。Frey 和 Eichenberger（1995）讨论了精神收益的决定因素，并建议将租金和支付研究的意愿作为分析和评估艺术的精神收益的一种可能的方法。他们认为艺术带来的精神上的回报，在极少数情况下被认为是来自与其他市场的财务回报的差异。

Goetzmann 对艺术品重复销售价格指数（RSR index）具有更深入的研究，并发现了艺术品指数与股票指数的关系，以及量化了艺术品市场价格风险与房地产市场风险的关系。具体的论文贡献如下：Goetzmann（1993）发现了艺术品市场与股票市场之间的显著相关性，并将其相关性解释为投资者的财富从股票市场向艺术品市场的溢出。Goetzmann（1995）发现艺术品市场信息效率的两种衡量方法。第一种是通过对回报的连续依赖来衡量；第二种是"价格风险"，即艺术品立即转售价值的瞬时不确定性。他们发现自绘画市场诞生以来，价格风险一直在下降，说明信息效率在不断提高。他们还试图通过"价格风险"来量化信息效率，据估计，艺术品市场的价格风险是美国房地产市场的 5~10 倍。Goetzmann 和 Peng（2002）对 RSR 价格指数估计方法进行了修正，他们分析了横截面异方差对 RSR 指数的影响，使用最大似然法估计回归结果，从而改进了 RSR 价格指数。模拟结果表明，这些估计值对时变截面方差（time-varying crosssectional variance）具有较稳健的回归结果，可能比其他几种 RSR 价格指数更精确。Goetzmann 和 Milad（2018）研究探讨了区域经济和社会条件的变化对艺术支持贷款活动的影响。研究表明，当经济衰退、流动性需求高时，对艺术品贷款的需求会增加。他们还比较了艺术品担保贷款和房屋净值贷款的需求，并检验了高净值个人借款的优先顺序理论。这一结果表明，当房屋净值贷款难以获得时，越来越多的人将艺术品作为替代抵押品。

Pesando 同样检验了艺术品市场与证券市场的回报率关系，并检验了艺术品市场的信息效率。他的成果对后世研究具有较大影响。Pesando（1993）使用 RSR 方法估计了 1977~1992 年现代版画拍卖的半年期价格指数。研究结果表明，虽然艺术品的整体回报率低于证券市场，但是杰作的回报率更高；排名前两位的拍卖行苏富比和佳士得的回报率高于其他拍卖行。Pesando 和 Shum（1999）更新了 Pesando（1993）的研究，他们利用 1977~1996 年毕加索版画作品的全球拍卖价格，确定艺术品市场的确在 20 世纪 90 年代中期出现了复苏，但相对于其风险，这部分艺术品市场的实际回报率仍然较低。实际上，实际回报率低于美国国债的回报率。Pesando 和 Shum（2007）用毕加索的画作价格检验一价定律，但发现不符合一价定律，因此他们推断艺术品市场存在"非理性繁荣"（irrational exuberance）。前期文献 Pesando（1993）、Pesando 和 Shum（1996）也都发现了现代艺术品市场和毕加索版画对一价定律的不适用性。

Buelens 和 Ginsburgh（1993）认为，Baumol（1986）关于债券回报率高于绘画回报率的结论过于悲观。他们为近 200 年来的画作构建了价格指数，发现在长期（20~40 年），市场中有一些部门的收益明显高于债券和股票的收益。Barre 等（1994）利用公开拍卖的结果，为印象派、现当代绘画在过去 30 年里构建了回报率和数量指标。他们孤立了 20 世纪 80 年代末价格的大幅波动之后，从对个别艺术家的研究结果中发现，一旦知道总体市场的行为，价格的随机性是非常有限的。Ginsburgh 和 Jeanfils（1995）运用 VAR 模型研究了印象派现当代欧洲大师、其他欧洲小画家和当代美国画家的作品价格之间的相关性。研究结果显示，不同的市场紧密地联系在一起，甚至在纽约，都是由欧洲大师杰作所主导的，它们的价格不受其他价格的影响。Ginsburgh 和 Jeanfils 指出，在伦敦、巴黎和纽约这三个重要的艺术品市场中，知名画家和不太知名画家的价格有协整关系。他们的结论是，投资者可能对这两组画家的差别漠不关心。Flores 等（1999）证明情况并非如此，因为知名画家的风险较小，而且尽管回报可能是可比的，但知名画家在一组画作中所占的比例可能高达 90%。Flores 等（1999）还构建了长期和短期的投资组合，并证明它们可能非常不同。这些短期投资组合有助于描述这三个市场的特征。Bauwens 和 Ginsburgh（1994）通过对佳士得和苏富比拍卖的约 1 600 件英国银器的样本进行无偏性测试发现，评估有轻微或显著的偏差，原因是专家在做出评估时不会使用所有可用的信息。

Chanel 的最大贡献在于发现艺术品市场与金融市场之间存在滞后关系，并发现金融市场影响艺术品市场滞后期为一年，这对于艺术品市场的预测具有重大意义。Chanel（1995）通过计量经济学的方法来寻找艺术和金融市场之间的关系。主要结果表明，金融市场影响艺术品市场，滞后约一年。VAR 模型显示，滞后的金融变量有助于预测艺术品价格，即使这种滞后不考虑系统性利润。Chanel 等（1996）建立了艺术品的特征价格指数，并将其与各种金融市场的指数进行了比较。他们讨论了艺术品的价格是否与金融市场相关，艺术品市场的效率是否较弱，艺术品市场的风险是否大于或小于金融市场。Chanel 等（1996）认为，对于交易不频繁的异质商品，如绘画，价格指数使用特征价格回归法可以运用到所有销售结果中，而非仅是重复销售的数据。为了支持这一结论，他们为印象派画家及其追随者的画作构建了一个对数特征价格指数（hedonic log price index），并使用靴襻法比较了各种估计值。

4.3　第三阶段：艺术金融的学术新浪潮

20世纪90年代艺术市场暴跌后，新一轮的财富创造和全球化浪潮为艺术市场专业化的发展提供了背景，并在21世纪初出现了新的支持产业，如艺术咨询服务和艺术商业教育项目。该领域的学术和产业研究也得到了进一步的发展，起初发展缓慢，后来发展迅速。

在20世纪和21世纪之交，从Mei和Moses（2002a，2002b）开始，出现了一股新的学术浪潮。根据苏富比和佳士得的新销售数据，他们构建了1875~2000年的价格指数。报告显示，与债券相比，艺术品的回报率更高（尽管在很大程度上不受股市波动的影响）。Mei和Moses将指数商业化，他们的发现经常被记者和艺术市场参与者引用。艺术品价格信息效用的增长和计算能力的提高，推动了学术研究的发展。Renneboog和Spaenjers（2013）基于一个在线艺术品价格服务100多万笔交易的数据库，指出顶级拍卖行的收益并不代表整个艺术品市场。类似地，评估艺术品投资的真实收益也会因为观察到的拍卖销售中潜在的样本选择偏差而变得复杂，从而影响价格（Korteweg et al.，2016）。甚至艺术作为投资组合多元化工具是否有用的问题也被重新审视。例如，Hiraki等（2009）和Goetzmann等（2011）指出艺术品价格与股票回报和财富创造存在显著的一致性。

当下，艺术作为一种投资的概念得到了更广泛的接受。越来越多的研究结果有助于向机构投资者提供概念证明。Horowitz（2014）认为，经济学家最近对艺术品作为一种资产的属性所做的研究"具有分水岭式的能力，能够向一个现代的全球金融世界开放艺术品市场，而这个世界与艺术品市场早已截然不同"。

4.3.1　梅摩的学术贡献

Mei和Moses（2002a）研究拍卖师预估拍卖价格与艺术品长期表现之间的关系。他们的结论是在过去30年的时间里，对昂贵画作的估价有一个一致的向上偏倚。购买时的高估值与随后的不良异常回报有关。此外，个别画作的估计误差往往会随着时间的推移而持续存在。这些结果与拍卖行的估价受代理问题影响的观点相一致，一些投资者容易轻信各种信息。Mei和Moses（2002b）使用了Pesando（1993）的重复销售指数方法建立新的指数，发现了艺术品市场的杰作效应和一价定律的有力证据，并发现了"赢家的诅咒"

的存在，这意味着未来的艺术回报与过度支付负相关，尤其是印象派绘画。Mei 和 Moses（2002b）还建立了模型对艺术品系统性风险进行估计。Mei 和 Moses（2005）使用美国拍卖会上艺术品的重复销售数据来估计 1955~2004 年的年度价格指数。与之前的研究相反，他们发现艺术品作为一种投资比政府债券要好，尽管艺术品的表现略逊于股票。Graddy 等（2015）估计了按价值排序对苏富比和佳士得连续艺术拍卖收入的影响，并验证了锚定效应的存在。

Mei 和 Moses 的主要贡献在于利用新的数据集建立了艺术品重复销售指数，并在艺术品市场信息效率和艺术品投资行为经济学方面进行深入研究，发现了杰作效应、一价定律、锚定效应和"赢家的诅咒"的有力证据。

4.3.2　同时期的学者与代表作

2002 年至今的研究特点是学者们运用多种先进的经济学、金融学甚至最新科技等工具和方法，对投资收益、组合、风险等诸多问题进行深入探讨，所涉猎的领域更加广泛、探讨的内容更加深入。代表学者有 Worthington、Higgs、Agnello 及 Kräussl。

Worthington 和 Higgs 善于运用多种金融实证方法考察艺术品市场与金融市场之间的关系。Worthington 和 Higgs（2003）考察了 1976~2001 年主要艺术品市场和股票市场之间的短期和长期价格联系。采用多元协整方法、格兰杰因果关系检验、VAR 模型和基于误差修正的广义方差分解分析，分析了这些市场之间的短期和长期关系。结果表明，不同绘画市场之间、股票市场与绘画市场之间存在着稳定的长期关系与显著的短期和长期因果关系。无论是艺术品投资组合，还是包含艺术品与证券市场的投资组合，相比传统金融资产组合收益都更低、风险都更高。Worthington 和 Higgs（2006）根据 50 位著名的现当代澳大利亚艺术家在 1973~2003 年拍卖的 30 227 幅画作来构建一个特征价格指数。特征回归模型中包含的属性包括艺术家的姓名、年龄和生活状况、售出作品的数量、画作的大小和媒介、拍卖行、画作售出的月份和年份。结果表明，澳大利亚现当代艺术的平均回报率在这一时期接近 5%，标准差为 16%。研究结果还表明，澳大利亚股市 10% 的涨幅与艺术品市场 3.4% 的涨幅有关。Worthington 和 Higgs（2008）的论文是第一篇研究澳大利亚艺术家个人构建风险、回报、投资组合 β、夏普和特雷诺比率的文章。

Richard J. Agnello 的贡献在于他首次发现艺术品价格回报服从对数线性回归。Agnello 和 Pierce（1996）使用特征价格回归法对美国 1971~1992 年销售的艺术品价格回报做回归分析,发现服从对数线性回归。Agnello(2016)研究结果表明,CAPM 在应用于美国绘画时并没有得到强有力的支持,尽管对艺术家和高端艺术类别的分类有一些支持。

Kräussl 是关注艺术品领域现代经济学者中最活跃的一位,他在艺术金融方向写有诸多文章。他关注艺术品价格指数的建立,并建立两步特征回归方法,而且他与众多学者合作,从多视角对艺术金融研究做出研究和贡献。Kräussl 和 Logher(2010)分析了俄罗斯、中国、印度三大新兴艺术市场的表现和风险收益特征。Kräussl 和 Elsland(2008)运用两步特征回归方法建立了艺术品价格指数。两步特征回归方法使研究人员能够使用每一个单独的拍卖记录,而不是只使用那些属于选定艺术家子样本的拍卖记录。它结合了特征回归法和重复销售法计算价格指数的优点,相对于重复销售法可以提高样本利用率和样本选择偏误,相对于特征回归法可以降低特征回归法的主观性。Kräussl 和 Wiehenkamp(2012)提出通过引入艺术品指数的看涨期权来克服这些问题,该期权允许投资者优化他们对艺术品的敞口。Kräussl(2015)分析了 2000~2012 年样本期间中东和北非地区艺术家投资的风险和回报特征。通过特征价格回归模型,他创建了一个年度指数,该指数基于中东和北非地区 663 位艺术家创作的 3 544 幅画作。实证结果证明,中东和北非的艺术品具有较高的财务回报。Kräussl 等(2016)应用 SADF 测试来检测1970~2013 年六个不同的艺术品分类市场是否存在泡沫。他们发现在此期间"印象派""战后和当代""美国""拉丁美洲"这四个分类市场存在明显高于其他市场的价格泡沫。Korteweg 等(2016)通过对 1960~2014 年重复销售的 32 928 幅画作的样本分析,发现了销售概率与回报之间的不对称 V 形关系,说明了在投资流动性交易较低的资产时,修正样本选择偏误的重要性。Aubry 等(2020)研究人工智能的准确性和实用性,并对非流动性和异质资产进行估值。他们首先运用神经网络技术对艺术品图像进行细节采集,并对艺术品的文字描述进行自然语言分析,从而得到特征值;然后通过机器学习算法对艺术品价值指数进行估计。

参 考 文 献

Agnello R J. 2016. Do U.S. paintings follow the CAPM? Findings disaggregated by subject, artist, and value of the work[J]. Research in Economics, 70(3): 403-411.

Agnello R J, Pierce R K. 1996. Financial returns, price determinants, and genre effects in

American art investment[J]. Journal of Cultural Economics, 20（4）: 359-383.

Anderson R C. 1974. Paintings as an investment[J]. Economic Inquiry, 12（1）: 13-26.

Ashenfelter O. 1989. How auctions work for wine and art[J]. Journal of Economic Perspectives, 3（3）: 23-36.

Ashenfelter O, Graddy K. 2003. Auctions and the price of art[J]. Journal of Economic Literature, 41（3）: 763-787.

Ashenfelter O, Graddy K. 2011. Sale rates and price movements in art auctions[J]. The American Economic Review, 101（3）: 212-216.

Atukeren E, Seçkin A. 2007. On the valuation of psychic returns to art market investments[J]. Economics Bulletin, 26（5）: 1-12.

Aubry M, Kräussl R, Manso G, et al. 2020. Machines and masterpieces: predicting prices in the art auction market[R]. Working Papers, HAL.

Barre M D L, Docclo S, Ginsburgh V. 1994. Returns of impressionist, modern and contemporary European paintings 1962-1991[J]. Annals of Economics and Statistics, 35: 143-181.

Baumol W J. 1986. Unnatural value: or art investment as floating crap game[J]. The American Economic Review, 76（2）: 10-14.

Bauwens L, Ginsburgh V A. 1994. Do art experts make rational estimates of pre-sale prices? [R]. Université Catholique de Louvain, Center for Operations Research and Econometrics （CORE）.

Bryan M F. 1985. Beauty and the bulls: the investment characteristics of paintings[J]. Economic Review of the Federal Reserve Bank of Cleveland,（1）: 2-10.

Buelens N, Ginsburgh V. 1993. Revisiting Baumol's 'art as floating crap game' [J]. European Economic Review, 37（7）: 1351-1371.

Candela G, Castellani M, Pattitoni P. 2013. Reconsidering psychic return in art investments[J]. Economics Letters, 118（2）: 351-354.

Chanel O. 1995. Is art market behaviour predictable?[J]. European Economic Review, 39（3/4）: 519-527.

Chanel O, Gérard-Varet L A, Ginsburgh V. 1996. The relevance of hedonic price indices[J]. Journal of Cultural Economics, 20（1）: 1-24.

Coffman R B. 1991. Art investment and asymmetrical information[J]. Journal of Cultural Economics, 15（2）: 83-94.

Coslor E. 2016. Transparency in an opaque market: evaluative frictions between "thick" valuation and "thin" price data in the art market[J]. Accounting, Organizations and

Society, 50: 13-26.

Flores R G, Ginsburgh V, Jeanfils P. 1999. Long-and short-term portfolio choices of paintings[J]. Journal of Cultural Economics, 23 (3): 191-208.

Frey B S, Eichenberger R. 1995. On the rate of return in the art market: survey and evaluation[J]. European Economic Review, 39 (3/4): 528-537.

Frey B S, Pommerehne W W. 1989. Art investment: an empirical inquiry[J]. Southern Economic Journal, 56 (2): 396-409.

Ginsburgh V, Jeanfils P. 1995. Long-term comovements in international markets for paintings[J]. European Economic Review, 39 (3/4): 538-548.

Goetzmann W N. 1990. Accounting for taste: an analysis of art returns over three centuries[R]. Papers fb_90-11, Columbia-Graduate School of Business.

Goetzmann W N. 1993. Accounting for taste: art and the financial markets over three centuries[J]. The American Economic Review, 83 (5): 1370-1376.

Goetzmann W N. 1995. The informational efficiency of the art market[J]. Managerial Finance, 21 (6): 25-34.

Goetzmann W N, Milad N. 2018. Art as collateral[J]. Yale ICF Working Paper No. 2018-01.

Goetzmann W N, Peng L. 2002. The bias of the RSR estimator and the accuracy of some alternatives[J]. Real Estate Economics, 30 (1): 13-39.

Goetzmann W N, Renneboog L, Spaenjers C. 2011. Art and money[J]. The American Economic Review, 101 (3): 222-226.

Graddy K, Loewenstein L, Mei J, et al. 2015. Empirical evidence of anchoring and loss aversion from art auctions[J]. Brandeis University Working Paper No.73.

Hiraki T, Ito A, Spieth D A, et al. 2009. How did Japanese investments influence international art prices? [J]. Journal of Financial and Quantitative Analysis, 44 (6): 1489-1514.

Hodgson D J, Seçkin A. 2012. Dynamic price dependence of Canadian and international art markets: an empirical analysis[J]. Empirical Economics, 43 (2): 867-890.

Hodgson D J, Vorkink K P. 2004. Asset pricing theory and the valuation of Canadian paintings[J]. Canadian Journal of Economics/Revue Canadienne D'économique, 37 (3): 629-655.

Hong H, Kremer I, Kubik J D, et al. 2015. Ordering, revenue and anchoring in art auctions[J]. The RAND Journal of Economics, 46 (1): 186-216.

Horowitz N. 2014. Art of the Deal: Contemporary Art in a Global Financial Market[M]. Princeton: Princeton University Press.

Korteweg A, Kräussl R, Verwijmeren P. 2016. Does it pay to invest in art? A selection-corrected returns perspective[J]. The Review of Financial Studies, 29（4）: 1007-1038.

Kräussl R. 2015. Art as an alternative asset class: risk and return characteristics of the Middle Eastern and Northern African art markets[C]//Velthuis O, Curioni S B. Cosmopolitan Canvases: The Globalization of Markets for Contemporary Art. Oxford: Oxford University Press: 147-169.

Kräussl R, Elsland N. 2008. Constructing the true art market index: a novel 2-step hedonic approach and its application to the German art market[R]. CFS Working Paper.

Kräussl R, Lehnert T, Martelin N. 2016. Is there a bubble in the art market? [J]. Journal of Empirical Finance, 35: 99-109.

Kräussl R, Logher R. 2010. Emerging art markets[J]. Emerging Markets Review, 11（4）: 301-318.

Kräussl R, Wiehenkamp C. 2012. A call on art investments[J]. Review of Derivatives Research, 15（1）: 1-23.

Mei J, Moses M. 2002a. Art as an investment and the underperformance of masterpieces[J]. The American Economic Review, 92（5）: 1656-1668.

Mei J, Moses M. 2002b. Are investors credulous? Some preliminary evidence from art auctions[R]. Department of Finance and Department of Operations Management, Stern School of Business, New York University.

Mei J, Moses M. 2005. Beautiful asset: art as investment[J]. The Journal of Investment Consulting, 7（2）: 45-51.

Pesando J E. 1993. Art as an investment: the market for modern prints[J]. The American Economic Review, 83（5）: 1075-1089.

Pesando J, Shum P M. 1996. Price anomalies at auction: evidence from the market for modern prints[J]. Contributions to Economic Analysis, 237: 113-134.

Pesando J E, Shum P M. 1999. The returns to Picasso's prints and to traditional financial assets, 1977 to 1996[J]. Journal of Cultural Economics, 23（3）: 181-190.

Pesando J E, Shum P M. 2007. Investing in art: a cautionary tale[J]. The Journal of Wealth Management, 9（4）: 80-87.

Reitlinger G. 1961. The Economics of Taste: The Rise and Fall of Picture Prices, 1760-1960[M]. London: Barrie and Rockliff.

Renneboog L, Spaenjers C. 2013. Buying beauty: on prices and returns in the art market[J]. Management Science, 59（1）: 36-53.

Seçkin A, Atukeren E. 2009. Investment characteristics of the market for paintings in Turkey:

1990-2005[J]. Investment Management and Financial Innovations, 6（2）: 7-14.

Stein J P. 1977. The monetary appreciation of paintings[J]. Journal of Political Economy, 85（5）: 1021-1035.

Worthington A C, Higgs H. 2003. Art as an investment: short and long-term comovements in major painting markets[J]. Empirical Economics, 28（4）: 649-668.

Worthington A C, Higgs H. 2006. A note on financial risk, return and asset pricing in Australian modern and contemporary art[J]. Journal of Cultural Economics, 30（1）: 73-84.

Worthington A C, Higgs H. 2008. Australian fine art as an alternative investment[J]. Accounting Research Journal, 21（1）: 55-66.

第5章 艺术金融理论前沿

谈及艺术品金融化，有必要从"文化""艺术""金融""经济"这些范畴开始。艺术与金融、文化与经济都是并列关系下的永恒命题，从艺术人类学、艺术经济学、文化经济学等视角可以解析两者共生、共荣、共赢的一体化进程。学者们沿着艺术与金融这两个维度，在历史脉络中通过种种途径寻求两者融合发展的轨迹。艺术品金融化可以描述为一个以艺术性为系统工具和参照系，以金融活动为变量和研究对象的金融学或艺术学分析，其中有两个较为核心的问题：一是艺术品或者艺术品市场如何通过金融化的过程实现自身的发展与结构转型升级；二是如何最大化地通过金融的手段与方法提供艺术品、有效配置其资源的问题。

5.1 艺术资产定价研究

艺术品是一种特殊的商品，早在 20 世纪六七十年代，众多学者的研究就将艺术品定性为包含两大属性——投资属性与审美属性的金融产品。此外，除去在金融层面的理解外，艺术品也可以作为一种普通的商品在市场上进行流通、交换。艺术品的价值载体有时是十分简单的。以国画为例，其载体虽是普通的纸张，但是价格却十分昂贵，这就需要我们深思其背后的经济学意义。在本节中，我们主要围绕着艺术金融在当下阶段如何应用现代经济学领域中的理论与计量工具进行资产定价分析。国外学者从 20 世纪 80 年代开始，就已经对艺术品市场的运行规律和艺术品的价格机制进行探究，艺术品市场运行规律俨然已成为金融学研究领域的重要补充。但是与中国艺术品市场迅猛发展形成鲜明对比的是对艺术品市场定量分析的文章较少，大多数文章都是从宏观层面定性探讨艺术金融的发展。基于中国艺术品市场的微观金融数据对其运行规律进行的定量分析有助于更好地阐释中国的艺术品市场，吸引更多的中产收入人群进入艺术品市场，促进艺术品市场的理性发展与繁荣。

5.1.1　基于特征价格模型的定价研究

特征价格模型被广泛应用于艺术品指数的计算中，最先在艺术品市场应用特征价格模型的是 Anderson（1974），他主要将绘画作品的属性分为美学、装饰、经济三个方面，并且其研究结论表明了对于艺术品价格指数的显著变量是艺术家名望、作品的尺寸和出售的年份。Worthington 和 Higgs（2006）选择了 1973~2003 年 50 位艺术家的三万多幅作品的拍卖数据进行实证研究，用艺术家的姓名、年龄、作品销量和尺寸、拍卖场所等变量的对数进行回归分析，发现当尺寸超过一定的程度时，拍卖价格会随之下降，并且苏富比和佳士得两大拍卖公司在每年的七八月拍卖价格较高。在国内，王艺（2011）利用雅昌的拍卖数据，通过构建特征价格模型分析了 36 位国画艺术家与 22 位油画艺术家作品价格的影响因素。另外，陆霄虹（2009）选择了 7 个艺术品特征的维度，对国画和油画构建特征价格模型，对比分析了两者之间的价格表现出的市场差异。李艳（2015）选择了作品年代、艺术家是否知名、拍卖季度、拍卖行等几个不经常出现在特征价格模型中的变量，编制了 2003~2013 年我国的国画价格指数。

艺术品的价格是由艺术品的需求与供给共同决定的。艺术品几乎没有物质价值，但是艺术品的审美价值、文化价值及历史价值确实是巨大的，所以对艺术品的需求也就取决于艺术品不同的特征属性。不同的艺术品具有不同的特征，这些特征影响艺术品消费者或者投资者的效用函数，艺术品作为内在特征的集合来出售。设 $\boldsymbol{X}=(X_1,X_2,\cdots,X_n)$ 为艺术品的 n 个特征属性构成的特征向量，Y 为除了该商品以外的所有复合商品集合的价值，$P(\boldsymbol{X})$ 为特征价格函数，M 为消费收入，当市场达到均衡时，$P(\boldsymbol{X})=P(X_1,X_2,\cdots,X_n)$，$M=P(\boldsymbol{X})+Y$。

设 U 为艺术品消费者或者投资者的效用函数，θ 为消费者或者投资者的出价函数，出价函数其实在效用函数之中，故笔者认为 $U=(\boldsymbol{X},M-\theta)$，从而得到 $\theta=\theta(\boldsymbol{X},M,U)$。保持除 X_i 以外的特征属性不变，可以得到出价曲线（需求曲线）函数 $\theta_i=\theta_i(X_i,M^*,U^*)$，其中，$M^*$ 和 U^* 是确定收入水平下效用最大化的解。消费者或投资者效用最大化的条件：

$$\begin{cases} \max U(\boldsymbol{X},Y) \\ \text{s.t.} M=P(\boldsymbol{X})+Y \end{cases} \tag{5-1}$$

故构造拉格朗日函数:

$$L(\boldsymbol{X},\lambda)=U(X_1,X_2,\cdots,X_n,Y)+\lambda\Big[M-P(X_1,X_2,\cdots,X_n,Y)-Y\Big]$$

$$（5\text{-}2）$$

一阶导数条件可得

$$U_i\Big/_{U_Y}=P \qquad\qquad （5\text{-}3）$$

其中，$U_i=\partial U\Big/_{\partial X_i}$，$U_Y=\partial U\Big/_{\partial Y_i}$，$P_i=\partial P\Big/_{\partial X_i}$。

P_i 为 X_i 的特征价格。当消费者或者投资者的效用最大化时，消费者的出价曲线与特征价格模型的曲线相切，如图 5-1 所示。

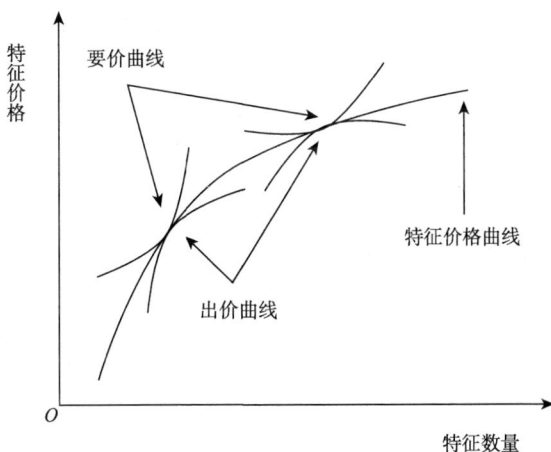

图 5-1　市场均衡时的价格决定

上面仅仅考虑到艺术品的需求面，同样需要从供给角度去看，市场的均衡条件为消费者或者投资者的价格与艺术品的持有者的价格相等；艺术品的持有者可能很多，但是从源头来讲，还是艺术家。从艺术家创作艺术品的角度来看，虽然艺术品几乎没有物质成本，但是艺术家在创造艺术品时付出的时间成本及脑力成本确实是巨大的。假设不同艺术品的成本是由不同特征属性向量的集合决定的，那么不同艺术品的成本函数是不同的，对艺术品的利润函数进行转换，可以得到艺术品的供给函数 $\varphi_i=\varphi_i\big(X_i,X_w,\pi^*\big)$，其中，$X_w$ 是除了特征属性 X_i 以外的所有的特征属性，π^* 是艺术品的供求者可以获得的最大利润。令成本函数 $C=C(\boldsymbol{X},Q)$，其中，$\boldsymbol{X}$ 为特征向量，Q 为艺术品的数量，其他商品的参数为向量 $\boldsymbol{\gamma}$，则生产者的利润 $\pi=$

$P(X)Q-C(X,Q,\gamma)$。其中，生产者利润最大化：$\max \pi = P(X)Q-C(X,Q,\gamma)$，由一阶导数条件可得 $P_iQ=C_i$。由此可知，对于处于市场均衡状态的生产者来说，其供给函数与特征价格模型的曲线相切，在切点处，特征属性的隐含价格与该特征属性的边际成本相等，当竞争市场达到均衡状态时，需求与供给相等，从而得出出价曲线、要价曲线和特征价格曲线相切，如图 5-1 所示，可以得到艺术品的均衡价格和均衡数量。并且可以得到由均衡价格和均衡数量决定的特征价格模型曲线的方程为

$$\ln(P_i) = \beta_0 + \sum_{k=1}^{K}\beta_k \ln(x_{k,i}) + \sum_{m=1}^{M}\beta_m \mathrm{dum}_{m,i} + \sum_{w=1}^{W}\beta_w \ln(1+x_{w,i}) + \varepsilon_i$$

（5-4）

其中，P_i 表示艺术品成交价格；$x_{k,i}$ 与 $x_{w,i}$ 表示影响艺术品价格的定量特征；$\mathrm{dum}_{m,i}$ 表示影响艺术品价格的定性特征，为虚拟变量，具备该特征时取 1，否则为 0。经济学中的要素禀赋是指一个经济体拥有的各种生产要素的构成及在此基础上所形成的一种比较优势。同理，笔者把要素禀赋理论引入艺术学中，不同的艺术家就体现出最基础的要素禀赋差异。不同的艺术家具有不同的禀赋，艺术家在创造艺术品时，其创造性的绘画技法、迥异的创作情怀及独特的象征寓意淋漓尽致地展现了禀赋，并且将这种艺术家禀赋融入了自己的作品中。从供给的角度来看，艺术家禀赋已经成为艺术家创作艺术品的标签，形成类似品牌效应的作用，具有一定的垄断竞争力，艺术家特质 X^* 已经成为特征向量 X 的属性变量，对均衡的艺术品价格具有重要的影响。

此外，艺术品市场存在较强的锚定效应，即一件艺术作品的历史成交价格将不可避免地成为该作品拍卖时的参考价格。艺术品具有较低的流动性，那么与该艺术品相似的作品也将成为重要的锚定作品，同时艺术家的平均价格成为艺术品的重要锚定参照物，艺术家的平均价格是由艺术家特质的品牌效应综合形成的，这也间接证明了艺术家的特质对艺术品均衡价格的影响。由此时均衡价格和均衡数量决定的特征价格模型曲线的方程为

$$\ln(P_i) = \beta_{\mathrm{author}} + \sum_{k=1}^{K}\beta_k \ln(x_{k,i}) + \sum_{m=1}^{M}\beta_m \mathrm{dum}_{m,i} + \sum_{w=1}^{W}\beta_w \ln(1+x_{w,i}) + \varepsilon_i$$

（5-5）

按照艺术家组内固定的方法，消费者或投资者对不同艺术家特质的偏好引起的艺术品价格变化的值为 $e^{\beta_{\mathrm{author}}}$。由此得到的 2000~2019 年我国艺术品特征价格指数如表 5-1 所示。

表 5-1　艺术品价格指数（重复交易法）（一）

时间	指数	时间	指数	时间	指数	时间	指数
2000 年春季	1 000.00	2005 年春季	1 206.83	2010 年春季	1 277.62	2015 年春季	836.94
2000 年秋季	866.75	2005 年秋季	1 311.28	2010 年秋季	1 077.88	2015 年秋季	865.02
2001 年春季	1 043.94	2006 年春季	931.46	2011 年春季	1 374.38	2016 年春季	905.74
2001 年秋季	1 172.34	2006 年秋季	844.51	2011 年秋季	1 253.58	2016 年秋季	1 011.06
2002 年春季	820.37	2007 年春季	938.94	2012 年春季	891.37	2017 年春季	1 099.66
2002 年秋季	1 051.27	2007 年秋季	1 060.78	2012 年秋季	994.02	2017 年秋季	1 063.96
2003 年春季	1 044.98	2008 年春季	1 015.11	2013 年春季	1 143.39	2018 年春季	848.74
2003 年秋季	1 070.37	2008 年秋季	956.00	2013 年秋季	984.13	2018 年秋季	973.36
2004 年春季	1 262.38	2009 年春季	843.66	2014 年春季	983.14	2019 年春季	918.51
2004 年秋季	1 355.27	2009 年秋季	1 217.74	2014 年秋季	1 007.02	2019 年秋季	1 069.30

5.1.2　基于重复交易法的定价研究

重复交易法是以交易两次或两次以上的样本作为研究对象来控制艺术品的异质性和主观设定偏差带来的系统性偏差的方法，是艺术品市场实证研究计算市场收益率应用最为广泛的方法（Mei and Moses，2002；Renneboog and Spaenjers，2013；石阳和李曜，2013；黄隽等，2017）。重复交易法的基本思想是艺术品资产 i 在时期 t 的对数收益率 $r_{i,t}$ 等于艺术品市场的对数回报率加上随机扰动项，可以表示为

$$r_{i,t} = \mu_t + \varepsilon_{i,t} \tag{5-6}$$

其中，μ_t 为艺术品市场在时期 t 的整体对数收益率；$\varepsilon_{i,t}$ 表示对数收益率的扰动项。进一步对式（5-6）进行变形，艺术品资产 i 的对数回报率 r_i 可以表示为持有期内对数平均回报率的加和形式，即

$$r_i = \ln \frac{P_{i,s}}{P_{i,b}} = \sum_{t=b_i+1}^{s_i} r_{i,t} = \sum_{t=b_i+1}^{s_i} \mu_t + \sum_{t=b_i+1}^{s_i} \varepsilon_{i,t} \tag{5-7}$$

其中，b_i 表示艺术品 i 的买入时间；s_i 表示艺术品的卖出时间；$P_{i,b}$ 和 $P_{i,s}$ 表示艺术品买入的价格和卖出的价格。对于某一个艺术品资产 i，其艺术品资产的总回报率等于其持有期中各个时期的对数收益率的加总。在时刻 t，所有的 μ_t 组成了 T 维列向量 $\boldsymbol{\mu}$ 的元素，通过两次或两次以上的重复交易数据我们可以得到艺术品市场的整体收益率 $\boldsymbol{\mu}$ 的估计量 $\hat{\boldsymbol{\mu}}$：

$$\hat{\boldsymbol{\mu}} = \left(\boldsymbol{X}^{\mathrm{T}} \boldsymbol{\Omega}^{-1} \boldsymbol{X} \right) \boldsymbol{X}^{\mathrm{T}} \boldsymbol{\Omega}^{-1} \boldsymbol{r} \tag{5-8}$$

其中，$\hat{\boldsymbol{\mu}}$ 表示 $\boldsymbol{\mu}$ 的估计量，为 T 维列向量；$\boldsymbol{X}$ 表示 $N \times T$ 维的向量矩阵，表示 N 个不同重复交易的 T 列时间虚拟变量，对于任意的在 b_i 买入而在 s_i 卖出的艺术品资产 i，如果 $b_i < j < s_i$，则时间虚拟变量 $X_{i,j}=1$；否则 $X_{i,j}=0$。

我们采用 Case 和 Shiller（1987）提出的三阶段最小二乘法（3-stage least squares，3SLS）对式（5-8）进行估计：第一步将权重矩阵 Ω 看作单位矩阵对式（5-8）进行普通最小二乘法（ordinary least square，OLS）回归，并获得残差 e；第二步将残差的平方 e^2 对艺术品的持有期（s_i-b_i）进行一个包含截距项的 OLS 回归得到 e^2 的拟合值；第三版将 e^2 的拟合值作为权重矩阵 Ω，重新对模型（5-8）进行回归。通过 3SLS 的回归可以得到艺术品投资市场各时期的收益率；通过对系数的简单计算，即可转化为艺术品市场价格指数，并得出相应的市场年化收益率。由重复交易法得到的 2000~2019 年我国艺术品价格指数如表 5-2 所示。

表 5-2 艺术品价格指数（重复交易法）（二）

时间	指数	时间	指数	时间	指数	时间	指数
2000 年春季	1 000.00	2005 年春季	1 008.11	2010 年春季	1 160.40	2015 年春季	824.03
2000 年秋季	1 138.99	2005 年秋季	1 090.26	2010 年秋季	1 036.11	2015 年秋季	1 014.87
2001 年春季	812.86	2006 年春季	995.08	2011 年春季	1 150.76	2016 年春季	982.53
2001 年秋季	1 162.74	2006 年秋季	856.92	2011 年秋季	928.90	2016 年秋季	945.37
2002 年春季	944.26	2007 年春季	1 032.20	2012 年春季	909.28	2017 年春季	1 153.61
2002 年秋季	990.38	2007 年秋季	1 029.99	2012 年秋季	957.91	2017 年秋季	937.05
2003 年春季	901.79	2008 年春季	959.58	2013 年春季	1 044.75	2018 年春季	935.91
2003 年秋季	1 309.53	2008 年秋季	877.60	2013 年秋季	923.68	2018 年秋季	1 048.03
2004 年春季	1 042.43	2009 年春季	1 085.57	2014 年春季	1 098.65	2019 年春季	872.18
2004 年秋季	1 006.35	2009 年秋季	1 085.85	2014 年秋季	945.51	2019 年秋季	1 053.79

5.1.3 基于灰色系统理论的定价研究

灰色系统理论是一种研究数据量较少及信息不确定性问题的有效方法。灰色系统理论以"部分信息已知，部分信息未知"的"小样本""贫信息"不确定性系统为研究对象，主要通过对"部分"已知信息的生成、开发提取有价值的信息，实现对系统的运行行为、演化规律的正确描述和有效监控。灰色关联度分析是指对一个系统发展变化态势的定量描述和比较方法，其基本思想是通过确定参考数据列和若干个比较数据列的相似程度来判断其联系是否紧密。通过对灰色关联度的分析，我们可以得到各个变量之间的关联关系。GM（1，N）模型是以灰色模块为基础，用微分拟合法建立的模型。该模型具有所需实验数据少和能有效考虑不确定性的优点，被广泛用于对多个输入因素之间进行相关性分析和对系统输出因素进行中短期前景预测中。

针对中国艺术品市场的特点，部分学者提出了基于灰色系统理论的艺术品定价方法。运用灰色关联度方法，分析各因素的灰色关联度，引入 GM（1，

N）对中国艺术品定价模型进行构建。通过对中国绘画艺术品价格的研究说明，GM（1，N）模型方法很好地解决了少数据、信息匮乏的问题，有效地对艺术品进行价格估计，能很好地解决中国艺术品市场定价问题。

灰色关联度反映了曲线间的关联程度，通常有斜率关联度、相对速率关联度和面积关联度等。斜率关联度可以处理数据中的负数或零值问题，并且其关联度的分辨率较高，因此被经常使用。本节采用斜率关联度计算艺术品影响因素与艺术品价格之间的关系，具体分析步骤如下所示。

灰色 GM（1，N）模型通过研究系统影响因素之间与艺术品价格的动态变化关系，来分析系统的运行结构和预测艺术品价格的变化趋势。影响因素 $x_i^{(0)}(k)$ 的一阶累加生成序列为

$$x_i^{(1)}(k) = \sum_{j=1}^{k} x_i^{(0)}(j)，\quad i = 1,2,\cdots,n \tag{5-9}$$

价格的一阶累加生成序列为

$$y_i^{(1)}(k) = \sum_{j=1}^{k} y_i^{(0)}(j)，\quad i = 1,2,\cdots,n \tag{5-10}$$

那么系统影响因素和价格之间的 GM（1，N）灰微分方程为

$$y^{(1)}(k) + az^{(1)}(k) = b_1 x_1^{(1)}(k) + b_2 x_2^{(1)}(k) + \cdots + b_N x_N^{(1)}(k) \tag{5-11}$$

其中，$z^{(1)}(k) = \dfrac{y^{(1)}(k) + y^{(1)}(k-1)}{2}$；$a$ 为系统发展系数；b_i 为系统驱动系数。对灰微分方程来说，其响应的白化方程为

$$\frac{\mathrm{d}y^{(1)}(k)}{\mathrm{d}t} + ay^{(1)}(k) = b_1 x_1^{(1)}(k) + b_2 x_2^{(1)}(k) + \cdots + b_N x_N^{(1)}(k) \tag{5-12}$$

白化方程的解为

$$y^{(1)}(k) = \mathrm{e}^{-ak}\left(y^{(1)}(0) - k\sum_{i=1}^{N} b_i x_i^{(1)}(0) + \sum_{i=1}^{N} \int b_i x_i^{(1)}(t)\mathrm{e}^{ak}\mathrm{d}k \right) \tag{5-13}$$

若影响因素的时间数据序列 $\left\{ x_i^{(0)}(k) \right\}$ 在时间序列$[t_k, t_{k+1}]$上的变化很小，则灰微分方程的近似时间响应式为

$$\hat{y}^{(1)}(k+1) = \left(y^{(1)}(0) - \frac{1}{a}\sum_{i=1}^{N} b_i x_i^{(1)}(k+1) \right)\mathrm{e}^{-ak} + \frac{1}{a}\sum_{i=1}^{N} b_i x_i^{(1)}(k+1) \tag{5-14}$$

其中，$y^{(1)}(0) = y^{(0)}(1)$，$\hat{\boldsymbol{a}} = (a, b_2, b_3, \cdots, b_N)^{\mathrm{T}} = \left(\boldsymbol{B}^{\mathrm{T}}\boldsymbol{B} \right)^{-1}\boldsymbol{B}^{\mathrm{T}}\boldsymbol{Y}$，矩阵 $\boldsymbol{B}$ 以及向量 $\boldsymbol{Y}$ 由以下公式给出：

$$B = \begin{bmatrix} -z^{(1)}(2) & x_1^{(1)}(2) & \cdots & x_N^{(1)}(2) \\ -z^{(1)}(3) & x_1^{(1)}(3) & \cdots & x_N^{(1)}(3) \\ \vdots & \vdots & & \vdots \\ -z^{(1)}(n) & x_1^{(1)}(n) & \cdots & x_N^{(1)}(n) \end{bmatrix}, \quad Y = \begin{bmatrix} y^{(0)}(2) \\ y^{(0)}(3) \\ \vdots \\ y^{(0)}(n) \end{bmatrix} \qquad （5-15）$$

由式（5-9）和式（5-14）得到还原式：

$$\hat{y}^{(0)}(k+1) = \hat{y}^{(1)}(k+1) - \hat{y}^{(1)}(k) \qquad （5-16）$$

对于式（5-14），通过分析价格估计值的残差和平均相对误差即可检验其关联度模型的拟合度。价格估计值的残差 $\varepsilon(k)$ 为

$$\varepsilon(k) = \hat{y}^{(0)}(k) - y^{(0)}(k) \qquad （5-17）$$

价格估计值的平均相对误差为

$$e_r = \frac{1}{m} \sum_{k=1}^{m} \frac{|\varepsilon(k)|}{|y^{(0)}(k)|} \qquad （5-18）$$

故而灰色系统理论进行艺术资产定价的主要步骤可以概括如下：

（1）收集艺术品价格和影响因素等方面的数据，考虑数据的准确性等因素，对数据进行筛选；

（2）分析影响艺术品价格的因素，并将其按定量因素和定性因素进行划分；

（3）根据筛选得到的数据和影响因素，分析各影响因素与艺术品价格的灰色关联度，同时排列关联序；

（4）构建基于 GM（1，N）的艺术品价格模型，分析选取不同影响因素时模型的相对误差，选择拟合度和可靠性均较好的模型。

5.1.4　基于未确知测度模型的定价研究

未确知测度理论是一种不同于模糊数学、灰色理论和随机信息等理论的新的不确定性理论。未确知测度模型被广泛应用于工业、环境和企业绩效评价等领域，在经过十多年的改进和完善后，该模型已经发展得较为成熟。该模型处理艺术资产定价问题的步骤如下。

1. 对艺术资产的历史成交价格进行预处理

统计艺术品 x_i 的作者在不同时期交易的 X 件艺术品的成交价格，得到价格交易区间 $[r,q]$。经济学中，对于不同时期成交的商品价格通常会剔除通货膨胀影响，使各期价格更具可比性。但是艺术品作为一种异质商品，交易价格不仅受到通货膨胀的影响，还会受到市场审美偏好转移、市场炒作及本身

增值溢价等因素的影响。简单地剔除通货膨胀因素而不对其他因素进行处理会导致艺术品价值计算产生偏误，但其他因素对价格的影响是难以测度的。因此，为了更加全面反映艺术品的市场价值，成交区间将通货膨胀因素纳入计量范畴，保留通货膨胀率对艺术品价格的影响。此外，考虑到艺术品成交价格中异常值干扰，选取艺术品成交价格活跃的区间段降低极端值的干扰，得到具有代表性的成交价格区间 $\left[\hat{r},\hat{q}\right]$。

2. 确定价格组距

将价格区间 $\left[\hat{r},\hat{q}\right]$ 与等级评价向量 $=(c_1,c_2,\ldots,c_z)$ 的等级逐一对应，以历史成交价格中的最低价与最低评价等级 c_1 相对应，最高价与最高评价等级 c_z 对应，确定基于评价等级区间的价格组距：

$$g=\frac{\hat{q}-\hat{r}}{z-1} \tag{5-19}$$

3. 艺术资产定价公式

由以上可知，价格区间的划分与评价区间是相对应的，因此：

$$P_i=\hat{r}+\left(T_i-1\right)g \tag{5-20}$$

式（5-20）为在未确知测度模型下艺术资产的定价公式，它的内在含义是艺术资产价格以专家的综合评价等级为基础，以价格组距为衡量标尺，以调整后的价格区间作为定价参考。在艺术资产定价中，还存在如市场炒作、行情变化等影响艺术品价格的因素，把这些随机因素作为随机误差项纳入定价公式，得到一个更为全面的艺术品定价公式：

$$P_i=\hat{r}+\left(T_i-1\right)g+h \tag{5-21}$$

需要指出的是，模型是现实的简化，如果要让模型完全拟合现实，那么模型就会变得难以处理，以致失去任何实际的用处。根据奥卡姆剃刀定律[①]，模型描述应该尽可能简单，只要不遗漏重要信息即可。所以在实际的定价应用中，选取式（5-21）作为可运用的艺术品定价公式。

4. 艺术资产价格区间的确定

基于未确知测度模型，通过一组专家对艺术品 x_i 的评级，计算艺术品的单个综合等级评价，然后转化为艺术品的价格。但是其中不可避免地会存在定价误差，为了减小误差的影响，需要进行多次评级。由多组专家对艺术品

---

① 奥卡姆剃刀定律是指"如无必要，勿增实体"，即简单有效原理。

评级，测度艺术品的多个综合评价，从低到高，依次记为

$$T = \left(T_i^1, T_i^2, \cdots, T_i^n \right) \qquad （5-22）$$

其中，T_i^1 表示专家对艺术品的最低评级；T_i^n 表示专家对艺术品的最高评级；式（5-22）表示艺术品的综合等级评级区间。因此，测度对应等级的艺术资产价格区间为 $P = [P_u, P_d]$。

5.2　艺术财富管理研究

　　作为一种具有历史、文化、审美、学术和经济等多维价值的新兴投资资产，艺术品已经成为投资者优化资产配置、稳定投资收益、规避市场风险的重要选项。艺术品投资具有投资资产和精神消费品的双重特征。从 20 世纪 80 年代开始，伴随着欧美艺术品市场的繁荣，艺术品金融逐渐成为金融学学者关注的新兴领域，不少国外学者对此进行了较为深入的讨论。当前我国已有大量机构投资者开始关注并涉足艺术品投资领域，大众投资者也通过艺术品投资基金、信托产品等参与到艺术品投资中。随着艺术品市场的发展，艺术财富管理活动有扩大的趋势。

5.2.1　艺术品财富管理概述

1. 艺术品财富管理的概念与特点

　　艺术品财富管理或者说是艺术品资产配置，是指在艺术品资产化、金融化的基础上，根据投资偏好与目标把投资分配到不同种类艺术品资产并实现其投资目标的活动与工作的过程，即艺术品资产结构化的过程，其目的在于取得理想的回报或收益并且降低投资风险。由于艺术品的异质性，艺术品财富管理具有独特的特点：①艺术品资产非标准化；②艺术品资产化价值形成需要一个过程，这个过程依赖于发现，即发现价值，价值发现是不断运动的过程；③艺术品资产计量更为复杂，它需要复杂的鉴定和评估过程；④配置过程更加多元、复杂；⑤风险识别与收益过程特殊。

2. 艺术品财富管理的核心

　　（1）价值结构化。即不要只盯着一个鸡蛋，这是"鸡蛋理论"。就是指在特定时空条件下，要追求艺术品资产配置价值的结构化，一定要形成多元化、多极化，这个结构化就是结构的选择，是投资倾向，不要只盯着一个鸡蛋。特定时空是指我们进行艺术品投资的时候，它的价值变化不是一个特别

稳定的状态，在这个时候我们要选择不同时空下的价值的不同结构。如果我们现在选择的资产配置要在十年以后变现，那么我们就要根据对风险和收益的综合考量来进行结构化的配置。

（2）风险结构化。即不要把所有的鸡蛋放在一个篮子里，一定要把风险结构化。我们知道投资都有风险，风险结构化就是要根据时间和对风险的预期来选择风险多极化的产品或选择风险关联度不高的产品进行配置。不要选择关联度高的艺术品进行配置，若一个艺术品出了问题，其他都会出问题。所以，风险结构化就是选择风险关联度不高或者相反的艺术品作为配置产品或配置选择。

（3）价值管理。即要看管好放在篮子里的鸡蛋，要做好价值管理。要通过资产组合多样化保证收益率，保证收益率的过程就是做好价值管理的过程。价值发现也是价值管理的重要方面，有些作品要根据情况和机会抉择，能著录的就著录，能多展示、推广的就要多展示、推广，这就是价值管理的过程，所以要多做价值管理。

（4）价值判断框架。即价值判断的架构必须要清楚。这种价值判断的架构主要体现在两个方面：一方面是长期性与灵活性的统一，就是指在架构和选择时要注重长期性和灵活性的统一。长期性主要是战略上的配置，如果重视长期性，那么这是战略上的设置；如果重视灵活性，那么这是战术性的设置。另一方面，这种分析的架构必须要清楚，这决定了我们的策略。我们的配置不是一拍脑袋的事情，一定要讲求策略。这个策略主要就是长期性和灵活性的统一，战略配置和战术配置要进行一个分割。

（5）价值发现的系统性和过程性。价值发现是一个过程，这个过程尽量要做到系统性，因为只有系统性的价值发现才能真正做到价值的最大化。所以，在进行艺术品资产管理的时候，价值的发现是最核心的东西。在价值发现过程中必须树立两个理念：第一，价值发现是一个过程，是一个持续的过程；第二，系统性，如研究某个艺术家的时候，他的整个人生轨迹、艺术思想、创作及意识，都可能推动艺术价值资产化的规范化。系统性的研究，是艺术品资产配置中最重要的。

（6）资产关联度低。即艺术资产与其他金融资产关联度较低，非常适合进行参与性的资产配置。做系统性资产配置时，要注意选取不同艺术家的作品，尽量通过分散化投资降低风险。

3. 艺术品财富管理的困境

第一，市场不规范，艺术品市场配置需求需要进一步培育与挖掘。目前市场氛围与市场存在的问题使艺术品市场资产化的潜在需求难以显化,所以需要在如何显化、如何培育与挖掘需求上认真地做文章。第二,支撑体系缺乏,资产价值量化困难。目前在艺术品市场中,我们反复强调的确权、评估、鉴定等支撑体系都是欠缺的,因此很难做到对艺术品资产价值的量化。第三,要素市场发育滞后,配置渠道单一。目前艺术品资产要素市场非常缺少,只有拍卖行、文化产权交易所等交易的平台,能够作为配置渠道的少之又少。第四,风险管控手段缺失,金融体系介入障碍较多,退出机制建立困难。当前在艺术品资产配置中对风险控制的方式、方法非常有限,银行、保险、信托、证券等金融体系介入的障碍较多,而金融体系无法介入也导致退出机制的建立困难很大。第五,资产配置的路径与平台缺乏。以前,有资产配置能力的人群、企业或机构进行艺术品资产配置的路径只有三种,即拍卖、画廊、私下交易,而这几种方式是在艺术品资产化发展非常不完善情况下的原始路径,缺乏系统的风险规范与管理。在艺术品资产化发展阶段,需要资产化的平台和资产化配置中平台化的支撑。第六,人才缺乏,服务体系的发育能力有限。在艺术品资产化阶段,人才的培养不足、人才的缺失严重。现在很多艺术品市场的参与者对一些理念性的东西存在很大的认知差异,因此在资产配置的方式、方法、理论、服务体系的建立方面存在大量问题。

5.2.2　包含艺术品的投资组合理论概述

西方国家对艺术品市场的研究较早,并且将艺术品纳入投资组合也已经有四十多年的历史。1974 年,在英国居高不下的通货膨胀压力下,英国铁路养老基金的管理者认为应将基金的一部分资金用于实物资产的投资,并且认为被投资的实物资产所带来的长期回报应能跑赢通货膨胀。艺术品的异质性和交易不频繁性的特点决定了艺术品是一种有别于其他投资品的非主流资产。从艺术品投资的收益角度看,艺术品的投资回报高,但投资艺术品需要大量的资金支持,艺术品投资的进入门槛高。同时高投资回报的背后存在着高风险的可能性。将艺术品纳入投资组合,则为银行、保险公司、基金公司等机构投资者提供了一种良好的投资选择。在学术研究方面,国外对艺术品投资的研究已有很长的历史,将艺术品纳入投资组合的研究也是不胜枚举,而国内在这方面的研究仍然相对较少。

1. 将艺术品纳入投资组合的有效性研究

Tucker 等（1995）利用苏富比艺术品指数,考察包含艺术品、普通股、小盘股、长期债券、中期债券和短期国库券的投资组合,得出最优投资组合中艺术品应占 55.62% 的比重。Barre 等（1994）分别从长期和短期考察投资组合，得出长期投资组合中"老大师"作品应占 92% 的比重，短期投资组合中仍是"老大师"作品占比最高。Campbell（2008）利用梅摩指数，考察包含艺术品的投资组合，得出在投资组合中加入 23.11% 的艺术品，能使投资组合的收益率提高 0.55%，而风险降低了 1%，剔除通货膨胀的影响，而用实际收益率进行测算时，发现投资组合中艺术品的比重增加，表明投资艺术品可以抵制通货膨胀。Renneboog 和 Spaenjers（2013）考察艺术品市场的价格与收益，并将其纳入投资组合中，同样得出将艺术品纳入投资组合是有效的结论。

国内关于将艺术品纳入投资组合的研究相对较少。贺雷（2010）分析了艺术市场指数、股票指数和黄金指数的收益风险状况及相关性，对比包含和不包含艺术品的投资组合之间的收益与风险差异，得出在相同收益水平下包含艺术品的投资组合的风险较低，且随着艺术品所占比重的增加，风险降低幅度提高，从而得出将艺术品纳入投资组合可以有效改善投资组合质量的重要结论，并计算出包含艺术品的投资组合应配置 0.1% 的股票、84.6% 的黄金和 15.3% 的艺术品。李艳（2015）利用 2003~2013 年的中国画拍卖数据，构建了国画特征价格指数，在考虑无风险利率的情况下，构造包含国画指数、深圳证券交易所成分股价指数、深证综合指数、上海证券综合指数（以下简称上证指数）和沪深 300 指数的投资组合，得出在投资组合中加入国画指数后，投资组合的预期收益降低，但风险也大幅度降低，而且在组合中国画占了 86.4% 的比重，投资组合的风险收益效果得到了很大的提升。

2. 艺术资产与传统投资品的相关性研究

笔者选取股票市场、债券市场、黄金市场、外汇市场及房地产市场的相关变量与艺术品价格指数构建 VAR 模型，通过协整检验及格兰杰因果检验对其相关性进行分析。表 5-3 显示了变量的选择和处理。

表 5-3　变量的选择和处理

变量	变量名称	变量处理	数据来源
AWP	国画指数	由前文特征价格模型得到并进行频率转换	特征价格模型构建
SSH	上证指数	各月份日收盘价的平均值作为当月指数值	Wind 数据库
EBD	企债指数	各月份日收盘价的平均值作为当月指数值	Wind 数据库
XAU	黄金价格	各月份日收盘价的平均值作为当月黄金价格	Wind 数据库
USD	人民币对美元中间价	各月份日中间价的平均值作为当月人民币对美元中间价	中国外汇交易中心
REP	商品房销售价格	用商品房销售额除以销售面积得到商品房平均销售价格	国家统计局

在 Johansen 协整检验之前，首先构建基于变量序列 LAWP、LSSH、LEBD、LXAU、LUSD 及 LREP 的 VAR 模型，然后利用该 VAR 模型进行 Johansen 协整检验，以探究序列 LAWP、LSSH、LEBD、LXAU、LUSD 及 LREP 是否存在长期稳定的相关关系。VAR 模型构建如下：

$$y_t = \left(\text{LAWP}_t,\ \text{LSSH}_t,\ \text{LEBD}_t,\ \text{LXAU}_t,\ \text{LUSD}_t,\ \text{LREP}_t\right)$$

确定该 VAR 模型的滞后期数，根据"多数原则"选择多数判断准则指向的滞后期数，选择滞后 2 期。在上述 VAR 模型的基础上进行 Johansen 协整检验，检验结果如表 5-4 所示。

表 5-4　Johansen 协整检验——迹检验结果

协整的原假设个数	特征值	迹统计量	5%临界值	概率
无*	0.355 401	156.089 00	103.847 300	0
至多 1 个*	0.257 170	88.463 48	76.972 770	0.005 1
至多 2 个	0.112 223	42.681 21	54.079 040	0.343 3
至多 3 个	0.085 811	24.349 95	35.192 750	0.440 4
至多 4 个	0.408 430	10.533 34	20.261 840	0.577 5
至多 5 个	0.026 345	4.111 54	9.164 546	0.395 8

*表示在 5%的显著性水平下拒绝原假设

迹检验结果表明在 5%的显著性水平下存在两个协整关系，即由变量序列 LAWP、LSSH、LEBD、LXAU、LUSD 及 LREP 组成的 VAR 模型中存在两个协整关系。将变量间的协整关系以标准化形式表示，可写出如下的协整方程：

LAWP=16.37+0.92LSSH+8.55LEBD+1.19LXAU−1.29LUSD−9.38LREP

对于上述协整关系，笔者认为，关注的重点应在系数的符号上，而非绝对值的大小，这是因为系数的符号决定了变量间的正负相关关系，这正是本书要研究的内容。在协整方程中，LUSD 和 LREP 的系数符号均为负，表明国画指数与人民币对美元中间价和商品房销售价格在长期均存在稳定的负相关关系。与此相反，LSSH、LEBD 和 LXAU 的系数符号为正，说明国画指数与上证指数、企债指数和黄金价格之间存在长期正相关关系。协整检验表明，艺术品市场、股票市场、债券市场、黄金市场、外汇市场和房地产市场存在长期的均衡关系，协整方程的系数符号表明，艺术品市场与外汇市场和房地产市场存在长期稳定的负相关关系，与股票市场、债券市场和黄金市场存在正相关关系，至于相关程度的大小，从协整关系中无法得知。

格兰杰因果检验结果如表 5-5 所示。结果表明，DLSSH、DLEBD、DLXAU、DLUSD、DLREP 均不是 DLAWP 的格兰杰原因，DLAWP 也不是

DLSSH、DLEBD、DLXAU、DLUSD、DLREP 的格兰杰原因，说明国画指数收益率与上证指数、企债指数、黄金价格、人民币对美元中间价和商品房销售价格收益率不存在统计上的因果关系。检验结果说明股票市场、债券市场、黄金市场、外汇市场和房地产市场的当期变动不会对未来艺术品市场造成冲击，而艺术品市场的当期变动也不会对未来五个市场造成冲击，在一定程度上可以表明艺术品市场与传统投资市场之间的相关关系很弱。

表 5-5　格兰杰因果检验结果

原假设	F 统计量	概率
DLSSH 不是 DLAWP 的格兰杰原因	1.325 953	0.515 3
DLAWP 不是 DLSSH 的格兰杰原因	1.665 295	0.434 9
DLEBD 不是 DLAWP 的格兰杰原因	0.197 768	0.905 8
DLAWP 不是 DLEBD 的格兰杰原因	0.948 069	0.622 5
DLXAU 不是 DLAWP 的格兰杰原因	0.381 702	0.826 3
DLAWP 不是 DLXAU 的格兰杰原因	0.703 892	0.703 3
DLUSD 不是 DLAWP 的格兰杰原因	3.707 851	0.156 6
DLAWP 不是 DLUSD 的格兰杰原因	2.609 156	0.271 3
DLREP 不是 DLAWP 的格兰杰原因	3.613 261	0.164 2
DLAWP 不是 DLREP 的格兰杰原因	3.853 707	0.145 6

3. 有效组合边界的比较

为了能够清晰地比较两类投资组合的收益和风险，并考察艺术品在投资组合中的作用，表 5-6 列出了在相同期望收益率水平下两类投资组合的风险差异。由表 5-6 可知，在相同期望收益率水平下，包含艺术品的新投资组合的风险要低于不包含艺术品的投资组合的风险。由给出的风险降低幅度可以看出，随着艺术品在投资组合中所占比重的增加，新投资组合的风险降低幅度越来越大。由此可见，将艺术品纳入投资组合能够实现分散风险的目的，证明了包含艺术品的投资组合的有效性。

表 5-6　两类投资组合有效边界的比较

艺术资产所占比重	期望收益率	不包含艺术资产组合的风险	包含艺术资产组合的风险	风险降低幅度
0.014 2	0.000 0	0.004 3	0.004 3	0.000 1
0.026 3	0.000 8	0.004 6	0.004 4	0.000 2
0.041 0	0.001 7	0.005 5	0.005 1	0.000 4
0.055 9	0.002 7	0.006 6	0.006 1	0.000 6
0.070 6	0.003 6	0.008 0	0.007 2	0.000 8
0.085 6	0.004 5	0.009 4	0.008 5	0.000 9

艺术资产所占比重	期望收益率	不包含艺术资产 组合的风险	包含艺术资产 组合的风险	风险降低幅度
0.140 2	0.005 5	0.013 5	0.010 3	0.003 2
0.240 7	0.006 4	0.021 2	0.014 6	0.006 6
0.347 2	0.007 4	0.030 0	0.020 3	0.009 6
0.451 7	0.008 3	0.040 2	0.026 5	0.013 7

此外，为了能够更直观地比较两类投资组合收益与风险的差异，将两类投资组合的有效边界绘制在同一坐标平面中，如图 5-2 所示，包含艺术品的新投资组合的有效边界位于不包含艺术品的投资组合的有效边界的上方，从而在相同风险水平下，能够获得更高的收益；或在相同收益率水平下，能够面临更低的风险。

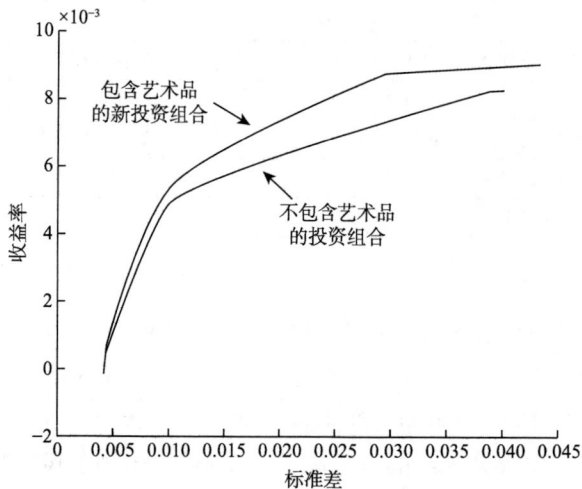

图 5-2　两类投资组合有效边界的比较

5.2.3　艺术品投资周期研究

2000 年我国艺术品市场才开始出现较为完整、系统的市场交易数据，随之雅昌艺术品指数、梅摩艺术品指数相继而至。自此，针对我国艺术品投资的研究终于有了数据分析的基础。有学者从中国艺术品市场的发展历程、现状与特点出发，从金融行为的角度来研究艺术品投资者的收益率与持有行为。再进一步通过微观数据分析，考察艺术品投资持有行为对艺术品投资收益率的影响，更深入地从研究结果出发给艺术品投资者提出适当的投资建议，以期望能提高艺术品投资者收益率、规范投资者行为、促进投资者的理性投资、维护艺术品投资市场的秩序，形成艺术品投资市场良性循环发展态势。

1. 艺术品投资持有期效应的理论分析

（1）从行为与预期的角度分析持有期决策及对收益率的影响。艺术品持有期的决策是指在艺术品投资过程中决定持有艺术作品的时间长短，从何时持有，到何时决定结束持有行为的问题。事实上，艺术品投资市场参与者的投资行为，构成了一种博弈状态。所有投资参与者的收集信息、认知、决策的过程都是类似的，区别在于不同的情绪、预期、认知导致了不同的持有决策。市场整体的投资决策就决定了市场的走向、价格的波动及投资收益。

如图 5-3 所示的艺术品投资决策过程图，以市场价格、相关事件为出发点，在这个阶段中投资者敏锐地捕捉到投资市场中的信息，包括近期市场价格的变化、相关的其他消息。随后，这些信息成为投资者进行分析市场的基础，但在这个过程中，投资者可能会受到自身情绪的影响，出现锚定效应、过度自信、羊群效应等问题。随后在投资者预期的未来投资形势的基础上，投资者会形成自己对投资的认知评估，投资者认知评估后会做出自己的投资决定。有些投资者会急于出手；也有些投资者会"再等等，以后再投资"，结果丢失了积累财富的契机。市场内所有投资者的投资决定构成了投资市场的情绪，此时的市场情绪又会给投资者们一个反馈，影响其他投资者的认知评估行为。在这个决策过程中，由于艺术品投资市场的流动性较低，作品具有唯一性，即使同一作者的作品也存在差异，当市场情绪反映出市场行情时，投资者们的反应可能会比较强烈，导致对某一艺术家艺术作品的追捧，随之艺术品价格的变动增大，而艺术品价格的波动就影响了投资者们的投资收益率。因此，市场形势、个人投资者与市场整体行为的博弈行为会导致艺术品市场价格波动，这种价格波动的结果决定了投资者的收益，并对下一次投资决策产生影响。

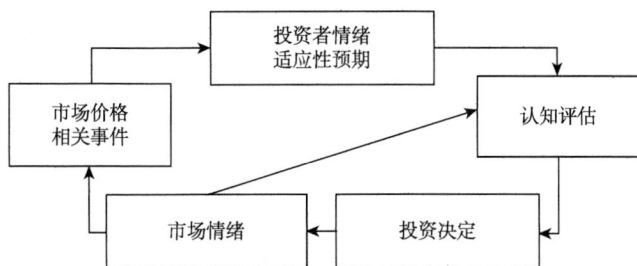

图 5-3　艺术品投资决策过程图

这种循环往复的收集信息、评估、进行决策的过程，就构成了一次次的艺术品投资行为。所有市场参与者的投资决策集合就形成了市场的走向，决定了所有参与者的投资收益。

（2）从时间成本的角度分析持有期决策及对收益率的影响。投资持有期可以理解为投资过程中时间成本的消耗，从成本的角度出发论述持有期对收益率的影响。首先，为了正确理解时间成本投入的含义，我们对时间成本与资金成本进行一个类比分析。资金成本与时间成本之间的相同点是两者都是为取得收益而进行的投入行为，并且都属于机会成本的范畴。两者的不同之处如下：其一，资金成本是投资过程中资本现实的投入，是投资者可见的；而时间成本则是投资过程中隐形的投入，是投资者不容易意识到的；其二，如果把资金成本的投入当作以点投入的方式进行，那么时间成本的投入就是以线的方式进行的。

如图 5-4 所示，以第一次资金投入作为投资开始的标志，到取得收益为投资截止，这段时间的耗费就是时间成本的投入，线段的长度即持有期的长度。对于艺术品投资而言，时间成本的投入就是艺术品投资标的的持有期，即艺术作品重复拍卖的时间差。

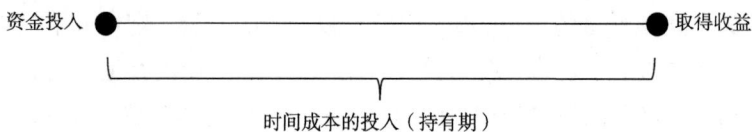

资金投入 ●━━━━━━━━━━━━━━━━━━━━━━━━● 取得收益

时间成本的投入（持有期）

图 5-4　时间成本投入分析图

在艺术品的投资过程中，作为投资目标的艺术品的选择、交易艺术品所需的资金成本的大小至关重要，因为投资目标、资金成本可能会成为左右一次投资活动收益率的重要部分。类似地，时间作为一种成本的投入，它的起始点与延续时间也会是影响投资结果的因素之一，即对艺术品投资收益率构成影响。与线段相对应，这个影响也是沿着持有期这一时间段进行的，本节所研究的持有期效应就是指的这个影响。首先，投资目标的选择对艺术品投资持有期间收益率的影响毋庸置疑；其次，在持有期覆盖的这段时间内，与投资目标相关的信息都可能是影响因素，不仅影响着持有期长度的选择，还影响着持有期内的收益情况。持有期内可能是经济形势的持续向好、市场交易频繁、投资者积极参与，也可能出现突发事件。总之，所有相关事件的发生都会左右持有期的长度与影响持有期内收益率的大小。如果该影响导致收益率变动幅度增大，就可以表述为持有期效应的增强；反之，如果变动幅度减小，则为减弱。

2. 持有期效应的模型设定

在持有期效应的研究中,通常通过构建门限回归模型分析艺术品投资收益率持有期效应的过程,主要考虑了综合性、全面性、可得性、实用性、谨慎性与重要性。变量名称及含义如表 5-7 所示。

表 5-7　变量名称及含义

类别	指标名称	变量名
被解释变量	艺术品投资收益率	ReturnR
解释变量	艺术品投资持有期	HoldingP
	成本	Cost
	是否估价	Evaluation
	作品尺寸	Size
	作品历史	History
	著录、展览次数	Record
	国内生产总值指数	GDP
门槛变量	持有期	HoldingP′
	作品历史	History′
	投资期	Year

其中,艺术品投资收益率由前文所述的重复交易法计算得来,并利用消费者物价指数(consumer price index, CPI)剔除了通货膨胀因素的影响。艺术品投资持有期即艺术品重复拍卖的时间差值。通过考察该变量系数的变化,研究门限回归模型下持有期效应的变化。考虑到艺术品拍卖市场每年分为春秋两季,且同一拍卖季的艺术品价格相对较为稳定,将持有艺术品期间经历的拍卖季数作为持有时间,除以 2 得到以年为单位的持有期变量。

因此,艺术品投资持有期的计算过程如下:

$$HoldingP = \frac{S_i - S_i'}{2} \qquad (5-23)$$

其中,S_i 为重复拍卖作品的本期拍卖季数据;S_i' 为重复拍卖作品的上期拍卖季数据。

作品历史:作品存世的年数。

$$History_i = 2017 - Create_i \qquad (5-24)$$

其中,$Create_i$ 为重复拍卖作品的创作年代。

3. 数据来源

本节选取雅昌拍卖统计数据中 2000~2017 年的书画艺术品拍卖市场中

成功交易的数据。为研究书画作品的属性对持有期效应的影响，进一步筛选出标明创作日期的 10 501 对重复拍卖数据进行研究。利用艺术品交易记录中重复拍卖交易作品的成交额计算投资收益率指标，利用重复拍卖作品两次的时间差值计算持有期指标。

4. 实证结果

本节采用门限回归模型的 crosstm 命令来进行门槛值的估计与门槛检验，结果如表 5-8 所示。

表 5-8　持有期对持有期效应的门槛估计值和置信区间表

模型	门槛估计值	95% 置信区间
单一门槛：（g1）	6.50	[6.00，6.50]
双重门槛：Ito1（g1）	5.00	[1.00，8.50]
Ito2（g2）	6.50	[6.00，7.50]
三重门槛：（g3）	7.50	[1.00，10.00]

表 5-9 的门槛估计结果显示，该门限回归在建立双重门槛时 F 值在 5% 的水平上显著，说明以持有期为门槛变量的门限回归模型存在两个门槛值。又根据表 5-8 所示的门槛估计结果可以看出该门限回归模型应当以持有期 5 年、6.5 年为界分割样本数据，进行门限回归。

表 5-9　持有期对持有期效应的门槛效果自抽样检验表

模型	临界值					
	F 值	P 值	BS 次数	1%	5%	10%
单一门槛	38.938[***]	0.000	300	6.029	3.608	2.660
双重门槛	4.887[**]	0.030	300	6.857	3.813	2.473
三重门槛	2.785[*]	0.073	300	6.658	3.755	2.416

*、**和***分别表示在 10%、5%和 1%的水平上显著

根据门槛值划分持有期进行持有期对自身效应影响的门限回归，回归结果如表 5-10 所示。

表 5-10　持有期对自身效应影响的门限回归结果

变量	HoldingP<5	5≤HoldingP<6.5	HoldingP≥6.5
HoldingP	2.328[***]（7.85）	4.729[**]（2.57）	8.139[***]（11.06）
History	0.431[***]（6.92）	0.399[**]（2.06）	−0.057（−0.22）
Cost	13.994[***]（6.99）	9.917[***]（4.50）	12.949[***]（4.73）

续表

变量	HoldingP<5	5≤HoldingP<6.5	HoldingP≥6.5
Size	−3.475*** （−3.46）	−4.178* （−1.79）	−14.004*** （−3.08）
Evaluation	0.879*** （7.03）	1.194*** （3.42）	1.736*** （5.07）
Record	−0.593 （−0.66）	−0.317 （−0.18）	11.838*** （4.17）
GDP	0.458*** （4.87）	1.191*** （4.41）	5.010*** （11.32）
_cons	−0.625*** （−4.75）	−1.766*** （−2.93）	−5.187*** （−9.06）
N	7 932	1 018	1 551
r2_a	0.030	0.025	0.142
F	35.590	4.787	37.702

*、**和***分别表示在 10%、5%和 1%的水平上显著

从表 5-10 中可以看出，无论持有期长短，投资收益率的持有期效应均
显著为正方向。并且持有期越长，持有期对艺术品投资收益率的影响越呈逐
渐增大的趋势，即持有期效应逐渐增加，这说明较长持有期的艺术品投资倾
向能够获得更高的投资收益。当艺术品投资持有期大于等于 5 年时，艺术品
投资收益率与持有期、GDP 的关系变得更加紧密，当艺术品投资持有期大
于等于 6.5 年时，这一现象更加明显，投资收益率的持有期效应、投资收益
率与宏观经济环境的关系更加突出。因此，长期持有艺术品时更应该注意国
民经济发展环境的走势。

5.2.4 艺术品财富管理风险研究

经济学理论中的投资风险，是指为获得具有不确定的预期收益，在投资
中可能会遭受收益或者本金损失的风险。具体而言，投资风险是从投资主体
做出投资决策开始，经历投资对象的市场发展到投资期限节点的整段过程
中，由于自然、社会、经济、个体等综合因素影响，实际投资收益与做出投
资决策前的预期收益之间形成偏差。在不同的投资阶段，风险的类型、性质
及其导致的后果都有所不同，并且呈现出难以预测、可补偿性差、盈亏波动
幅度大、多种风险类型交叉或并行存在等的特点。投资风险反映到艺术品市
场中，有着更复杂的行业意义，是指具有营利动机的艺术品收藏者、投资者
及投资机构，在艺术品或艺术品组合的选择、购买、收藏、交割等过程中会
遇到的不确定性因素，从而导致其相关利益损失的风险。

1. 艺术品市场的风险

（1）艺术品真伪风险。基于艺术品自身属性的特殊性，艺术品存在着临摹、仿制品等次类艺术品现象，所以艺术品鉴定问题一直成为艺术品投资过程中需要面对的头号难题。特别是近几年，艺术品市场中充斥着各类高仿作品，这些作品来源不明、渠道复杂、真伪难辨，给艺术品收藏者和投资者带来很多困扰。在银行进行质押贷款过程中，不乏有用艺术品进行抵押的现象，而这类抵押品如果是赝品，对银行乃至整个金融行业都会产生极大的负面影响，给市场经济带来巨大波动。

（2）艺术品保管风险。艺术品作为一种具备双重属性的金融资产，加之其自身的特殊属性，对艺术品的保管就显得尤其重要。艺术品投资中的保管风险是指在艺术品的运输、贮藏过程中，由偶然因素或者不正确的保存方式等导致艺术品丢失、破损等而带来的风险。艺术品进入买方手中后，会经历运送、装卸、贮藏过程，而这三个过程都有风险存在。这类风险对艺术品的价值影响往往是致命性的。美国联邦物流保险公司的调查显示，艺术品保管风险损失大约有 40% 是发生在运输与装卸过程中，而不正当的保存方式则占 50% 左右。最经典的案例就是伦敦艺术品保管仓库 Momart 在 2004 年遭遇的火灾，有一百多件稀有藏品被烧毁。对于书画类作品、古藏品来说，适宜的温度、湿度、酸碱度都会影响其光泽和质量，正确的保管方式和适宜的贮藏环境尤为重要。

（3）偏好转移风险。由于受社会主流意识形态、社会审美取向、政治导向等因素影响，不同时期的人们往往有不同的兴趣和情感偏向，从而导致对艺术品偏好的频繁转移，进而诱发艺术品投资过程中的偏好转移风险。所以很多投资专家所提出的中长期投资收益属性更优越的结论往往会受到公众的质疑，许多民间投资者往往会选择收益低但风险也相对较低的短期艺术品投资组合，就是为了避免由社会整体艺术品偏好转移带来的巨大风险。

（4）价格波动风险。艺术品自身价值是由创作成本、沉没成本、保存成本综合决定的，而艺术品的成交价格则是由宏观经济环境、金融市场状况、消费者偏好与投资预期、市场信息的不对称及其他负面因素合力影响决定的，而且这种影响有时候甚至会超过艺术品自身价值的影响。艺术品价格形成因素的复杂性导致艺术品最终成交价格往往会在其自身价值上下剧烈波动，甚至背离价值规律。投资者在做出投资决策之后，往往会面临着以高价买入艺术品却不得不以低价卖出的局面。这种由于艺术品价格剧烈波动给投资者带来的损失就是艺术品价格波动风险所致。

（5）艺术品交割风险。艺术品交割风险主要发生在艺术品卖出阶段，具体是指艺术投资者未能在预期时间卖出藏品或者未能按照预期价格完成交割，从而导致其投资收益损失的风险。投资者在持有藏品一定时期后，由于交易渠道限制、信息不对称等，通常不能按照预期时间和预期价格将藏品售出，从而带来交割风险。另外，伴随着艺术品投资的国际化趋势，我国有实力的收藏和投资者开始把艺术品投资视野拓展到国外艺术品市场。因为不同国度的艺术品市场主流审美取向和偏好往往不同，投资者通过拓宽视野可以将由时间导致的偏好转移风险横向分散到国际市场中，躲避一部分偏好转移风险。

2. 艺术品市场风险的成因

（1）艺术品投资者不够成熟。纵然我国艺术品市场成交额已跃居世界首位，但在国民艺术文化修养、艺术品整体鉴别水平等方面却不尽如人意。鲜有民间收藏者会静心去学习专门的艺术品历史背景、文化渊源，往往只是依靠一些市场流传的经验；对国家整体而言，也没有类似国外那种专门的艺术品鉴别人才培养机制，只是汇集市场上被普遍认可的行业专家组成专门的专家鉴别团队作为权威鉴定机构代表。纵使是国家级的权威鉴定专家，对某些艺术品的鉴别意见也会差别很大，所以现存古典藏品中，仍有部分尚未定格。

（2）市场信息的不对称性。艺术品的特殊属性导致了艺术品市场的三种信息不对称现象，信息的不对称经常会诱发艺术创作者、鉴别专家、拍卖方的道德沦陷，从而造成艺术品市场中的造假、鉴别作假和拍假现象。主要有以下表现：①买卖方信息的"刚性差异"。多数收藏或投资者都不具备专业的艺术鉴别能力和经验，所以当他们面对市场上琳琅满目的艺术展品时，很难做出真伪鉴别；而艺术品市场中的卖方一般具有多次艺术品销售经验、对所售艺术品有较多的了解，且多数卖方机构内有较为成熟的鉴别专家团队。这种现象就造成了艺术品市场中买卖方在艺术品真伪、市场行情等方面有"刚性差异"，形成第一类信息不对称现象。②买方信息获取的时滞性。一般而言，在拍卖会前，投资者都会对竞拍作品进行信息收集整理，以提前了解待拍作品的艺术背景、以往成交情况、市场估价等信息，从而筛选出自己中意的或适合竞拍的艺术作品。但由于信息获取时间和渠道限制，往往难以对拍品有充分了解，最后只能凭借不完全信息去参与竞拍，从而形成了信息获取的时滞性。③信息传输过程中的失真。在艺术品投资市场中，经常会有关于拍品的各种信息在流传，多数都是拍卖机构故意散播或是部分投机者为钻市场空当而误导其他竞争对手的市场行为。那些真实的信息，往往是投资市场中尽人皆知的或过时的信息，对投资者的购买决策没有多大参考价值。这种艺术品市场中关于拍品信息的传输失真现象极易导致拍品成交价的剧烈波动。

（3）艺术品的异质性。艺术品的多重属性决定了其价值不能简单地由一般商品的使用价值属性来衡量。此外，作为投资品，其价格在投资市场的交易过程中，还会受多种因素影响而形成价格波动，如艺术家创作环境、社会主流审美情趣、艺术品保管等，所有这些影响艺术品价格形成的因素都会诱发风险产生。艺术家创作的基调往往是其所在时代的主流审美取向，在其所在时代有较好的市场。时过境迁，社会主流审美情趣也在不断变化，艺术品的这种特性就导致了艺术品的偏好转移风险。此外，艺术品的交换价值实现方式并不像一般的商品那样便捷，投资者必须借助特定的市场通道才能完成艺术品的交割。多数情形下，势单力薄的投资个体并不能按照预期时间和预期价格将藏品售出，从而引发艺术品的交割风险。

3. 艺术资产风险的计量

现代金融风险度量常用的标准方法是风险价值（value at risk，VaR）方法，基于 VaR 方法简洁且便于理解的特点，在现阶段艺术金融风险管理的前沿研究中，大多数学者采用了 VaR 方法来研究艺术品投资的金融风险。主要步骤如下：首先，构建我国的艺术品价格指数，通过指数计算得到收益率序列；其次，对收益率序列进行研究和检验，保证其在平稳性和序列相关性上符合模型的要求；再次，结合条件异方差、自回归条件异方差（auto regressive conditional heteroskedasticity，ARCH）效应的检验及广义自回归条件异方差（generalized auto regressive conditional heteroskedasticity，GARCH）模型的原理拟合艺术品的收益率序列；最后，对我国艺术品投资收益率进行实证研究，分析 GARCH-VaR 模型或者其他 VaR 模型的适用性。

5.3　艺术品投资的精神收益研究

党的十九大报告提出："我国社会主要矛盾已经转化为人民日益增长的美好生活需要和不平衡不充分的发展之间的矛盾。"[①]在马斯洛需求层次理论中，社会需求在物质性需求基础上形成，心理性需求涵盖了价值观、伦理道

---

① 习近平：决胜全面建成小康社会 夺取新时代中国特色社会主义伟大胜利——在中国共产党第十九次全国代表大会上的报告. http://cpc.people.com.cn/19th/n1/2017/1027/c414395-29613458.html，2017-10-27.

德、民族精神、理想信念、艺术审美、获得尊重、自我实现、追求信仰等。随着中国特色社会主义建设进入新时代，人们的物质性需求不断得到满足，开始更多追求社会性需求和心理性需求，如期盼更丰富的精神文化生活等，这就对文化艺术产业的充分发展提出了新的要求，以便实现人们日益增长的美好生活的需求。党的十九大报告同时提出："使人民获得感、幸福感、安全感更加充实、更有保障、更可持续。"①获得感、幸福感并列提出体现了满足人民美好生活需求的整体性揭示。艺术资产配置是人民参与更高水准文化生活、取得获得感、感知幸福的重要途径，是使人民获得感、幸福感更加充实、更有保障、更可持续的重要情感表达窗口与承载体。

5.3.1 艺术品精神收益的研究综述

Baumol（1986）指出艺术品市场与金融市场类似，价格变动是不可预测的。为了支持这个观点，Baumol 计算出在 1650~1960 年至少两次售出的 650幅画作的剔除通货膨胀因素的年度价值增长（前提是超过 20 年的销售与转售分开，避免考虑到投机销售）。数据来自 Reitlinger（1961），他收集了该时期拍卖（主要是伦敦苏富比和佳士得）的约 6 000 幅油画价格。Baumol 发现，收益是正态分布的，平均每年 0.55%，远低于规避风险的投资者在同一时期从债券中获得的 2%的回报。Baumol 将 1.5%的差异归因于审美愉悦的效用。

情感在决策中是很重要的，并且已经被证明会影响决策。Loewenstein 等（2001）研究了影响决策的因素。他们利用临床心理学研究表明，对危险情况的积极情绪反应往往与对这些风险的认知评估不同。他们发现积极情绪状态的人倾向做出更乐观的判断。Kuhnen 和 Knutson（2011）在金融市场环境中测试了这一假设，并找到了支持性的实验证据，即积极情绪状态诱导人们承担风险。它的作用机制是积极影响降低了主观概率分布的收益。积极情绪状态的人倾向对预期的收益分配做出乐观的判断。de Silva 等（2012）研究了在 1990~2007 年情绪的变化如何影响主观风险，并进而影响伦敦艺术品的拍卖价格。他们发现，一个人对艺术品价值的判断与情绪的变化密切相关。

5.3.2 精神红利的本质

影响拥有一件艺术品所获取的非金融效用的个人喜好会表现为不同的形式，包括视觉享受、对艺术技巧或天赋的欣赏等。但是仿制品不会如原创

———————
① 习近平：决胜全面建成小康社会 夺取新时代中国特色社会主义伟大胜利——在中国共产党第十九次全国代表大会上的报告. http://cpc.people.com.cn/19th/n1/2017/1027/c414395-29613458.html，2017-10-27.

作品的价格一样高：与艺术家归属不同，价格会有差异（Renneboog and Spaenjers，2013）。他们发现"艺术品作为独一无二的原创作品的估价（作品表现）及与原作者接触的程度（熏陶）"都会对艺术品的估价产生影响。

　　一个有趣的现象是，与艺术品所有权相关联的自豪及享受比艺术品爱好者观赏一件他们喜欢却不属于他们的艺术品时的享受要强很多。Frey 和 Eichenberger（1995）研究发现"拥有而不仅仅是租用一件艺术品会带来额外的收益，因为其光环随之被分享"。艺术品潜在买家完全可以预见到这种所有权效应的重要性，而且这种所有权效应位于标准"禀赋效应"（拥有艺术品比没有时评价高）的顶端，可以对艺术品租赁市场发展不好给出解释。

　　艺术品购买者不只是要为拥有一件艺术品的个人满意度付款，社会效应也会起作用。一个人喜好的公众认知度会决定其社会地位。在这方面，一位艺术品收藏家的内在喜好并非必须与公众品位一致，但是出于社会地位考虑，收藏家的行为会与公众类似行为标准基本一致。艺术品不只作为一种消费品，也是财富的收藏及展示。如果财富能提供社会地位，那么它就会径直成为经济主体效用功能的一部分。在这种"资本主义精神"面前，富人会为艺术品内在的消费服务支付额外费用。Mandel（2009）创建了一个资产定价模型，该模型引入了一个作为艺术品价格函数的显著性效用红利，介绍了艺术品价值的私有价值与共同价值元素之间的关系。

　　拍卖场上的社会竞争会很重要。拍卖参与者能从"胜出者"中获得好处。即使鲜有实例说明这种效应，但当全球精英为赢得一件"战利品"而争夺时，这种效应会起到重要作用。艺术品的所有权是获取完全享受和社会认同的前提条件，这两个条件可能会影响招标的行为，也暗示了在价格决定方面，供应量的重要性。将仍在个人手中的艺术作品数量定义为供应量，供应量随着时间肯定会缩减，因为博物馆持续从个人手中买入艺术品却很少卖出。此外，还存在再次归属的问题。对许多早期的绘画大师来说，随着对作品真伪关注度的提升及技术的进步，大师亲笔完成的作品数量慢慢减少。如果供应量过度紧张，竞标者会面临一次甚至可能是唯一一次获得的机会，而这恰恰强化了必须中标的思想，进而导致了超高的需求量。

5.3.3　精神收益的其他研究

　　如果情感红利随时间变化能够表现出一个实质性的系统元素，艺术品总体价格指数就会更准确地抓取每位艺术家或每件艺术作品的价格动态。如果个人喜好在一段时间内相对稳定的话，艺术品价值的平均趋势会变化很小。但是对艺术品喜好的多维特点使得价值评估变得困难。例如，炫耀性消费需求是如何随着时间变化的，这种变化又如何影响对艺术品的需求。近期研究表明，至少主要艺术家的相对受欢迎程度会持续较长时间，即使从更长的时间段来看，亦是如此。

当然，不同流派或媒介流行的程度随着时间会慢慢变化。另外，变化的财富结构会令某些群体的喜好或多或少受到影响。所以，尽管全球财富的总体情况与艺术品价值的相关性密切，但地区性的财富结构与当地文化品位的关系也值得关注。艺术品交易商约瑟夫·杜维恩有名的一句评论："欧洲有大量的艺术品，而美国有大把的金钱。"Hiraki 等（2009）发现日本收藏家对艺术品的需求与日本的股票价格之间有很大相关性，而这导致 20 世纪 80 年代后期（日本经济泡沫时期）印象派及后印象派艺术品价格的大幅上涨。近来，新兴经济体的艺术品价格上涨幅度很大（Kräussl and Logher，2010）。与这些发现相一致的是，Renneboog 和 Spaenjers（2013）发现一个国家的股票市场发展状况有助于揭示该国艺术品收益的情况，但是与最负盛名的艺术家作品关系不大。

有证据表明艺术与长寿之间及艺术与健康之间有关系。相关研究人员探索表演艺术对非临床环境中年轻人健康和幸福的影响，发现了表演艺术实践带来积极影响的证据。为评估参与式艺术项目对有精神健康问题患者的影响，Konlaan 等（2000）进行了为期 14 年的纵向研究，调查了参加各种文化活动或参观文化机构的影响。研究发现，那些很少去电影院、音乐会、博物馆或艺术展的人与那些经常去看电影的人相比，死亡率更高。Lally（2009）对基于歌唱的参与式艺术举措进行定性评估，结果表明，其对参与者的身体、社会福祉及创造性活动产生积极影响。McCarthy 等（2001）将艺术收益划分为社区收益、经济收益、认知收益和内在收益四类，他认为精神收益（如愉悦身心、扩大移情能力和建立社会联系）一直被忽视。然而，正是这些内在的好处似乎与幸福感关系最密切。

Michalos（2005）研究了休闲活动与生活满意度之间的关系，发现艺术对主观幸福感的影响非常有限，使回归的解释力提高了一个百分点。然而，这是基于一个已经积极对待艺术的样本。Michalos 和 Kahlke（2010）研究了戏剧和生活满意度之间的联系，以及与艺术接触的频率和对生活质量的满意度之间的弱相关性。Grossi 等（2012）在意大利样本中发现了文化获取与心理健康之间的强烈关联。艺术参与对幸福感的作用建立在以前的研究基础上。Wheatley 和 Bickerton（2017）研究了艺术给予人们的四种幸福感：整体幸福感、生活满意度、休闲满意度和工作满意度，参加艺术活动的频率越高，幸福感就越高。

5.4　艺术金融的宏观层面研究

纵观中国艺术品市场的发展历程，不难发现其繁荣景象在很大程度上依赖中国经济的快速发展，也充分说明艺术品市场的周期波动与宏观经济增长有着密切的联系。2008 年的金融危机使我国的经济开始下行，艺术品市场也进入寒冬，随着金融危机影响的不断深化及宏观政策作用的持续扩展，中国宏观经济增长速度呈现出上升和下降的阶段性变动，艺术品市场也出现相应的高峰与低谷。大量流动性资金进入股市、房地产市场和艺术品市场，此前的数据显示艺术品市场价格也是水涨船高，艺术品市场的表现使其成为投资者预防通货膨胀的有效工具。此外，在当下的艺术金融领域研究中，基于宏观层面的艺术金融理论化、计量化是其重要的发展趋势。

5.4.1　宏观经济波动与艺术资产价格

1. 艺术资产价格对经济增长的影响

投资对总需求的变动具有内在推动力，也是实现经济资源配置的具体形式，而总需求的变动相应地会引起经济增长的变动。在一定时期内，投资质和量的变化会显著促进或抑制一国的经济增长。笔者从投资的角度认为，中国艺术品市场投资对经济增长主要具有拉动效应，这种拉动效应主要由以下两个渠道传导：一是直接增加 GDP，促进经济增长。根据增长核算方程式，资本存量的增加会促进经济增长。资本的累积是靠投资和储蓄推动的，投资和储蓄的增加会导致资本存量的增加。艺术品投资的高收益率会吸引大量闲置资金进入艺术品市场，对艺术品投资的增加会形成资本累积，直接带动经济增长。二是通过乘数作用及加速原理刺激产生更多的投资和消费，带来经济增长。艺术品投资数额的增长会通过乘数作用使收入增加，人们倾向购买更多的商品，从而使整个社会的商品销售量增加。根据加速原理，销售量的增加会推动艺术品投资增速的提高，进一步增加国民收入，销售量又随之上升。如此循环往复，社会便随着国民收入的持续增加而走向经济扩张阶段。这种扩张并不会一直持续下去，经济扩张最终会因为供求约束导致直接和间接需求的萎缩，经济增长也就会出现波动，经济会产生相应的衰退阶段。

随着工业化、现代化和城镇化水平的不断提高，中国的投资率也不断上升，中国经济逐渐形成典型投资驱动型经济。为了说明投资对经济增长的重要性，美国经济学家曼昆整理了 1960~1991 年 15 个国家的经济增长率，并按从低到高的顺序排序，后又统计了每个国家投资量占其 GDP 的百分比，发现投资占 GDP 比重大的国家往往有高的增长率，增长和投资之间虽然并不完全相关，但也密切关联。我们有理由相信，高投资可以带来更快的经济增长。尽管我国的艺术品投资市场受到发展年限及相关政策不完善的影响，在各个时期，艺术品投资对经济增长的影响程度不同，作用大小也不同，但是艺术品市场价格的波动即艺术品的投资收益率终究是影响我国经济增长的重要因素，从理论上，这种影响方向应当是正向的。

2. 经济增长对艺术资产价格的影响

现如今的中国经济正处于经济结构调整和转型升级的关键时期，其中，艺术品市场扮演着越来越重要的角色。中国经济的快速发展给艺术品市场投资带来了不容忽视的机遇：一方面，经济发展方式的转变拉动内需，个人收入增加，吸引越来越多拥有闲置资金的投资者把目光投向艺术品市场。另一方面，产业结构优化升级要将文化产业发展成为国民经济的支柱产业，中国艺术品市场作为文化产业的重要组成部分必然得到更多的关注，其价值将进一步被释放。

研究一个国家的经济增长水平，从宏观角度能够预测国家整体的发展状况，从中观角度能够预判艺术品行业的发展趋势，甚至能从微观角度对具体的拍卖公司或某件艺术品最终的成交价格产生影响。经济增长的变动影响着艺术品市场价格的涨跌，笔者尝试从经济增长的下降和上升两个阶段具体探讨经济增长对艺术品市场价格的影响机制。

（1）经济增长下降时对艺术品市场价格的影响分析。通常情况下，当经济增长处于下降阶段时，艺术品市场的成交额会下跌，艺术品市场的价格也会伴随着经济不景气而呈现下降趋势。这种关联性的原因如下：对于机构和个人投资者而言，其作为艺术品市场的主要参与者，在经济增速放缓时，企业的产品会出现滞销，成本增加，利润减少，工人工资下降，失业率上升。企业通常根据自己的适应性预期决定生产规模，当出现上述情况时，企业会在后期缩减产量，甚至选择抛售艺术品来解决资金运转问题，导致其价格下跌。个人投资者由于薪资和分红的下降，可支配收入减少，投资能力下降，这也会造成艺术品市场的不景气。企业缩小投资规模，个人减少投资投入，这些都会促使经济进一步衰退，甚至导致经济危机的爆发。这不仅会对实体经济造成威胁，还会传导至金融系统，导致坏账的堆积，使整个经济运行困难。艺术品投资者对经济形势的消极预期会带入艺术品市场中，大量抛售艺术品导致其价格下降，从而使艺术品市场陷入萧条。

（2）经济增长上升时对艺术品市场价格的影响分析。经济在经历大萧条之后，政府会采取一系列的措施刺激经济，通常会实行宽松的货币政策和财政政策，货币供应量增加，利率下降，经济形势进入复苏阶段。在经济增长的上升时期，艺术品价格会出现回升，艺术品市场逐渐呈现繁荣景象。分析原因如下：在国家支持政策的作用下，投资者容易产生市场触底反弹的预期，经济形势向好，机构投资者和个人投资者都会扩大投资。在社会总需求增加的刺激下，企业的生产经营逐渐步入正轨，产品销售情况得到改善，利润增加，就业率上升，个人投资者获得的工资薪酬及股息红利增加，可支配收入随之上升，拥有足够的资金可以用来投资。由于艺术品具有比较显著的保值和增值特征，其收益率在市场繁荣的情况下能够保持稳定增长，势必会吸引大量资金，艺术品市场的关注度上升，带动艺术品价格的新一轮上涨。除此之外，随着金融创新的发展，艺术品可以作为一种新的理财产品推向广大投资者。目前，中国民生银行、渤海银行、潍坊银行等都推出了关于艺术品的另类投资理财产品，年化收益率超过10%。在经济快速增长的阶段，艺术品与金融的融合也会使艺术品市场吸引投资目光，从而使市场实现自身的繁荣。

综上所述，艺术品市场投资对经济增长具有拉动效应，能够通过乘数作用和加速原理对经济增长的变动产生影响，经济增长则主要是通过改变投资者的可支配收入及预期来影响艺术品市场的价格，艺术品市场价格和经济增长之间相互影响。艺术品市场价格与经济增长的相互影响机制如图5-5表示。但是在经济的实际运行中，由于艺术品市场作为独立的投资市场时间不长，自身的运行规律存在波动，并不稳定，因此在研究其与经济增长的运行时可能并不总是一致，可能出现二者不同步甚至背离的现象。

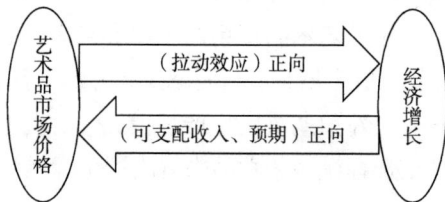

图 5-5　艺术品市场价格与经济增长的相互影响机制

5.4.2　通货膨胀与艺术资产价格

1. 艺术资产价格对通货膨胀的影响

资产价格的变化与通货膨胀的关系一直以来受到学者们的密切关注，两者之间存在着千丝万缕的联系。胡卫兵（2010）收集了中国 2002~2007 年 35 个城市的房地产销售价格指数及 CPI 数据，论证中国房地产市场价格和通货膨胀之间存在长期均衡关系。他认为通货膨胀会受到房地产价格的影响，这是由于房地产价格上涨导致的财富效应使人们增加了未来的收入预期，导致消费增加。同理，艺术品市场自兴起以来迅速发展成为十分重要的资产市场，其价格波动在一定程度上会影响到通货膨胀。笔者认为，依据相关理论，艺术品市场价格影响通货膨胀的机制主要分为两类：一类是通过影响总需求进而对通货膨胀产生影响。艺术品价格的上涨会引起总需求增加，在总供给不变的情况下，物价水平会上升。这种作用机制可以由财富效应、信贷效应、托宾 Q 效应及替代效应来解释。另一类是预期效应。艺术品市场价格的波动涵盖了人们对未来收益的预期，这种预期也会对通货膨胀的变动产生影响。具体解释如下。

（1）财富效应。根据相关消费理论，艺术品作为一种资产，其价格变化必然会引起社会财富和财富预期的变化，进而影响消费者的消费倾向和消费决策，支出的变动导致社会总需求的变化。当艺术品价格上升时，拥有艺术品的投资者的财富会增加，消费需求也会增加，加大社会的通货膨胀压力；当艺术品价格下降时，同理，在一定程度上会减轻通货膨胀压力。

（2）信贷效应。目前银行在对机构或个人发放贷款时，贷款对象要抵押一定价值的资产作为担保，该资产价格的变化会对信贷的发放产生影响，从而引起总需求的变动。就艺术品而言，机构或个人投资者资产价格提升，其获得信贷资源的可能性就会增大，借贷能力增强，这时整个国家的投资和消费需求也会随之增加，带来通货膨胀压力；当艺术品价格下降时，同理，减缓通货膨胀压力。

（3）托宾 Q 效应。根据詹姆士·托宾（James Tobin）的 Q 理论，当艺术品价格持续上涨时，只要艺术品价格和投入成本的比率即托宾 Q 比率大于 1，艺术品市场就会形成套利空间，投资艺术品会产生更高的利润，促使资金流向艺术品市场，从而推动艺术品投资支出的增加，总需求相应增加，使得社会通货膨胀的压力加大；当艺术品价格下降时，结果相反，会使社会通货膨胀的压力减缓。

（4）替代效应。根据经济学原理，当艺术品市场收益率上升（即艺术品价格上升）时，在当期进行消费的机会成本就会增加，即人们如果选择将资金用于消费而不是投资艺术品，其在艺术品市场的投资收益就会减少，这会促使人们减少当期的消费。资本的逐利性会使投资者将资金投入艺术品市场以期获得高收益，进而整个社会的消费需求会下降，通货膨胀的压力减弱。

与其他效应的作用效果不同,替代效应会使艺术品价格对通货膨胀产生负向的影响。

（5）预期效应。由于艺术品价格包含了关于未来经济条件的有效信息,所以艺术品作为一种资产,其价格的变动在一定程度上代表了人们对于未来经济预期的变动。当艺术品价格高涨时,人们就会增强对经济上行趋势的预期,相应地,通货膨胀的预期也会增强,根据预期能够自我实现的特点,预期的通货膨胀最终会导致产生真实的通货膨胀。如果艺术品市场价格下跌,则反之。

艺术品市场价格变动对通货膨胀的影响机制可以由图 5-6 表示。

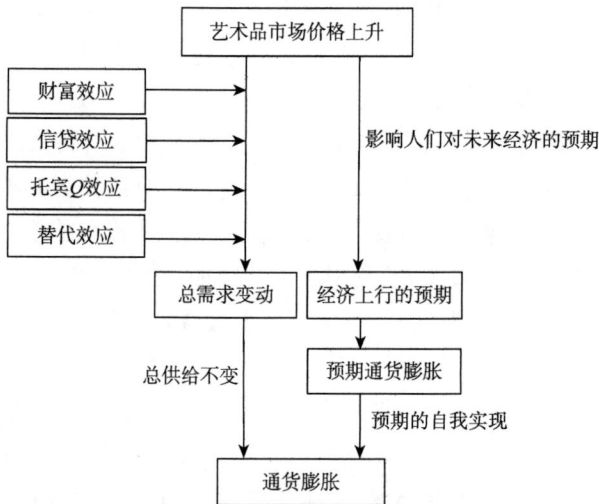

图 5-6　艺术品市场价格变动对通货膨胀的影响机制

2. 通货膨胀对艺术品市场价格的影响机制

通货膨胀本质上是对一个国家的居民消费的物价水平的考量,对于我国的艺术品市场而言,无论是现期的通货膨胀还是未来的通货膨胀预期都会带动艺术品的投资需求。依据相关理论,通货膨胀对艺术品市场价格波动的影响机制可以从以下两点说明。

（1）成本效应。一件艺术品从完成创作到最终拍卖成交的过程需要投入大量的人力、物力,不同于股票市场,艺术品需要经过对艺术家的包装和宣传才能增强其流动性。通货膨胀会推动整个过程中原材料、劳动力等生产成本和中间成本的上升,从而对艺术品价格的上升产生直接的推动作用。

（2）费雪效应。根据费雪（Fisher）提出的"费雪效应",在名义利率不变的情况下,通货膨胀会降低实际利率。当物价水平高到一定程度时,通货膨胀使存放在金融机构的资金实际利率为负值，意味着资产价值的损失。在通货膨胀的情况下，货币贬值，人们更愿意选择将资金用作投资以期达到保值增值的目的。在能够抵御通货膨胀的投资品的选择上，艺术品凭借自身稀缺性及双重属性的优势，成为投资者的不二选择。对我国而言，近年来房价高涨，房地产市场泡沫化严重，政府一直在出台相关政策来抑制房价的过快增长。受政策调控的影响，从房地产市场抽离的部分富余资金需要寻找新的投资渠道。股票市场一直是我国吸收资金的最大"蓄水池"，但金融危机之后的表现始终不尽如人意，尤其是 2015 年的股灾，极大地挫伤了人们的投资信心。就目前看，艺术品市场规模还不大，未来有很大的发展空间和可能性，尤其是艺术品在与金融融合后创造出的一系列理财产品得到了广泛关注，艺术品投资势头日益强劲，艺术品市场的价格也会因为投资需求的增加而上涨。此外，根据"费雪效应"在资产市场的推广应用，在艺术品实际收益率不变的情况下，通货膨胀预期可以直接带动艺术品名义收益率的增加，同时意味着艺术品价格的上升。

通过本节的理论分析可知，艺术品市场通过两种机制、五种效应对通货膨胀产生影响，作用方向有正有负，不能确定。通货膨胀则主要通过成本效应和费雪效应作用于艺术品市场价格，作用方向较为确定，表现为正向影响。艺术品市场价格与通货膨胀的相互影响机制如图 5-7 所示。

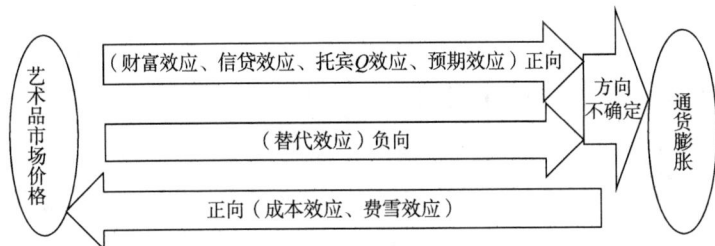

图 5-7 艺术品市场价格与通货膨胀的相互影响机制

5.4.3 金融周期与艺术资产价格

近年来，我国一直致力于金融体制、体系的改革，并且伴随着改革的进行，我国各个金融市场的周期性开始凸显出来。虽然改革开放以来我国金融市场发展只有四十多年的历程，但已经成为最大的新兴金融市场。从银行业层面来看，在我国国有商业银行重组上市、自负盈亏之后，各项指标的周期性明显增强；从证券市场来看，我国的证券市场规模在逐步扩大，在投资者行为、预期等多重因素的影响下，周期性波动也越来越明显；利率市场化改革和外汇体制的变更取得初步成效，伴随而来的是更频繁的周期性波动。在我国金融体系周期性波动的大环境中，艺术资产价格将会面临怎样的考验？艺术资产价格是"顺势而为"还是"逆流而上"？未来我国艺术品金融化的道路将如何进行？这些都是值得关注的问题。

1. 基于"资产短缺"假说的模型推导

"资产短缺"假说是指在新兴的经济体中，资本的产出能力会受到经济发展、体制等因素的影响。这些产出转化为可交易的金融资产的能力较弱，使得大量的财富积累无法转化为有效投资。它的基本分析框架为新兴经济体的资产需求主要来源于价值贮藏需求和抵押需求，其中价值贮藏需求取决于储蓄水平，抵押需求取决于金融业的发展水平。基于此，我们来阐述金融因素对艺术资产价格的影响。

艺术资产的价格主要由两部分构成：一是艺术资产的内在价值；二是艺术资产的偏离价格。即

$$P_t = \hat{P}_t + \Delta P_t \qquad (5\text{-}25)$$

其中，P_t 表示艺术资产的价格；$\hat{P}_t$ 表示艺术资产的内在价值；ΔP_t 表示艺术资产的偏离价格。同时，我们用 AS_t 来表示资产的短缺程度：

$$\mathrm{AS}_t = \frac{A_t^{\mathrm{d}} - A_t^{\mathrm{s}}}{A_t^{\mathrm{d}}} \qquad (5\text{-}26)$$

其中，A_t^{d}、A_t^{s} 分别表示 t 时期资金的需求和供给。我们假定 ΔP_t 是 AS_t 的函数，即 $\Delta P_t = \varphi(\mathrm{AS}_t)$，从供需原理可得，资产价格的偏离程度与资本短缺水平应该成正比，故 $\varphi' \geqslant 0$。此时，我们继续假设如果经济体中第一期的产出为 1，增长率为 g_t（$g_t > 0$），则第 t 期的产出可以表示为

$$y_t = \prod_{i=1}^{t} (1 + g_t) \qquad (5\text{-}27)$$

其中，产出由消费 c_t 和投资 i_t 两部分组成，消费受产出的影响，即 $c_t = \beta y_t (0 < \beta < 1)$。此外，我们假定 t 时期的资本总量为 a_t^f，其主要取决于 t 时期的金融发展 F_t 与利率水平 r_t，故 a_t^f 的表达式可以写作：

$$a_t^f = f(F_t, r_t), \quad f_1 > 0, \quad f_2 < 0, \quad f_{22} < 0 \qquad (5\text{-}28)$$

从现实层面我们很容易理解，金融发展会提高市场的成熟度，降低金融市场的摩擦，因此利率与金融发展水平应该是负相关，即 $r_t = \varphi(F_t)$，$\varphi' < 0$。根据公式，资产短缺可以表示为

$$AS_t = \frac{y_t - c_t - a_t^f}{i_t} \qquad (5\text{-}29)$$

继续整理可得

$$AS_t = 1 - \frac{f(F_t, r_t)}{(1-\beta)\prod_{i=1}^{t}(1+g_t)} \qquad (5\text{-}30)$$

根据公式，我们对 ΔP_t 关于 F_t 求偏导：

$$\frac{\partial(\Delta P_t)}{\partial(F_t)} = \frac{\partial(\Delta P_t)}{\partial(AS_t)}\frac{\partial(AS_t)}{\partial(F_t)} = -\varphi'\frac{f_1 + f_2\varphi'}{(1-\beta)\prod_{i=1}^{t}(1+g_t)} < 0 \qquad (5\text{-}31)$$

从式（5-31）可得，随着金融的发展，资产价格的偏离程度逐渐减小。但是，艺术资产是一种特殊的文化产品，伴随着经济增长和金融发展，人们的需求层次和审美水平逐渐提高，故而赋予其的内在价值会逐步提升，因而资产价格的总体变动方向取决于两者的大小。但是我们不难得知，金融的周期性波动一定会对资产价格产生一定的影响。

2. 金融周期与艺术资产价格相关性的理论分析

（1）财富效应。从需求方来看，在艺术品市场中，需求方主要是指艺术品的消费者和投资者，伴随着金融的周期性波动，在金融处于上行阶段时，传统的金融市场发展过热，人们持有的相关资产价格就会升高，根据相关的消费理论和生命周期理论，这会导致消费者或投资者产生财富幻觉，从而刺激其消费。在此需要注意的是，每当人们的财富水平上升一个档次时，人们对于消费的追求也会上升。1943 年马斯洛提出了著名的"需求层次理论"。该理论认为人们的需求是层级式、阶梯式的，在最基础的生理需求被满足后，才有可能出现像自我实现需求这样的高层次追求。在此过程中，人们的消费可能一方面直接流入了文化艺术品的消费投资中，另一方面可能会用于"自身的充电"，提高自身的文化素养，自身相应的审美水平、受教育水平也会得到提升，美育素养的提升同样会刺激对艺术资产的需求。

从供给方来看，艺术品的供给主要源自中介，但是追根溯源还是艺术家。我们从艺术家的层面来分析，一方面，金融上行周期使得艺术家在财富效应的作用下会更多地选择做自己热爱的事情——艺术创作，这就会带来艺术品供给的增加；另一方面，美育素养的提升及对自我实现的追求，可能会使得部分业余爱好者真正踏进艺术创作的行业，成为具有职业水准的艺术作品供给者，即艺术家。因此，从供给来看，一方面是原有艺术家有更大的机会选择艺术资产创作，另一方面是部分业余艺术爱好者踏入行业中。

综合上述分析，我们从供求曲线很容易理解，在金融的上行周期，由于财富效应的存在，艺术品的供给和需求增加。但是，要明确的一点是，相比于需求方，供给方的增加幅度是比较低的。

（2）信贷效应。在金融周期的上行阶段，由于金融市场较热，人们的投资热情高涨，市场泡沫在一定程度上会被放大，此时资产的价格就会被推高，银行放贷的主要模式是抵押贷款，因此投资者持有的抵押物价格的升高会提高银行的放贷水平，银行会创造更多的信用货币，换言之，市场中的流动水平会增加。加之投资者投资热情的高涨，不管是出于资产配置还是投机的动机，都会有部分资产流入艺术品市场，增加艺术品的需求。此外，艺术品具有不可分割性和高门槛性，即艺术品只能作为一个整体出售且艺术品市场的门槛较高，只有部分的高净值人群才有机会参与其中，因此这部分流向艺术品市场的资金规模应该不小。回归到经济学的基本理论上，在金融上行过程中，信贷效应导致市场中的流动性水平增加，部分资金流入艺术品市场，增加了艺术品市场的需求，从而使得该时期的艺术资产价格高涨。

（3）羊群效应。羊群效应是指在信息不对称的条件下，人们的行为和判断会受到舆论或周围人的影响，并对这种影响产生一定的依赖甚至是过度依赖，从而不再考虑自身所获取的信息和自身情况，对他人行为进行简单的模仿，这种现象在人群中相互影响，彼此传染。艺术品与生俱来的高门槛性使得具有"虚荣心"的投资者跃跃欲试，在金融发展状况良好的阶段，财富积累到一定的水平，金融创新的迫切要求又在一定程度上降低了艺术资产的参与门槛，由于锚定效应及炫耀性心理的存在，人们会跟随小部分的理性投资者进入艺术品投资市场，羊群效应使得投资者之间的投资策略逐渐趋同。金融发展态势良好，投资者情绪高涨，艺术资产被大举买入，从而使得艺术资产价格持续走高。

5.5　"科技+艺术金融"的融合理论

艺术产业是全球公认的"朝阳产业"，已经成为全球范围内的一个新兴产业。相对于资源密集型、资本密集型等传统产业，艺术产业具有显著的知识密集、智力密集和劳动力密集的特点，这些特点使其在美国、英国等西方发达国家特别受重视，并在全球掀起了文化产业蓬勃发展的浪潮。艺术产业已经成为当今最具发展潜力的行业，并成为全球产业结构升级的一个代表性产业，国际文化艺术产业竞争日趋激烈。文化产业已经是大多数发达国家经济发展的一个支柱产业，特别是美国，其 GDP 总量的 1/4 以上来自文化产业。目前，我国的产业结构正在转型升级，文化行业也理应成为我国经济发展的支柱产业之一。

在此背景下，我国需要充分把握全球文化产业发展趋势，不断探索文化艺术产业发展路径，推动文化艺术产业跨越式发展，从而实现推动文化艺术产业成为国民经济支柱性产业的目标。艺术金融与科技的融合将在未来成为"主角"。艺术金融在科技的助推下，将传统艺术产业赋予"创意""创新"内核，向具有时代活力和创新力的新兴文化业态转变，实现文化产业发展方式的转变和升级换代。

5.5.1　"科技+艺术金融"的内涵

科技的内涵可以从以下几个方面理解：首先，"科技+"是在科技创新的基础之上，结合现有的大数据、云计算、人工智能等技术的新一轮技术革命，因此"科技+"仍然是在科技的范畴内，是科学技术发展的高级形态。其次，"科技+"的特点在于取长补短、深度融合，与传统产业各自发挥特长，共同发展，最终在实践中建立起合理完善的共同发展模式，带动全行业的新一轮繁荣。最后，也是很重要的一点，要注意区别"科技+"与"+科技"。传统行业与科技进行融合是"+科技"，可以促进行业一时的繁荣，但仍有被颠覆的风险，而"科技+"则是抛开原来产业定位的束缚，重新建立新秩序、新繁荣。"科技+"是一个平台、一个跳板，更是一种思维，传统行业可能被颠覆，潜在的新模式也可能被挖掘。因此，提出"科技+"的深层次含义就是提升实体经济的活力和创造力，实现产业结构升级和经济转型。

根据马斯洛的需求理论，人们在满足了基本的需求后，才会追求更高一级的需求。经济的增长使得人们生活水平与思维方式产生了变化，刺激了人们对于艺术品消费的强烈需求。另外，我国经济发展进入了新常态，文化创意拉动经济发展也受到越来越多人的认可。艺术金融本质上就是艺术品与各种金融工具融合的结果。在股票市场与房地产市场大热之后，资本的逐利性驱使金融资本介入艺术品市场。金融是实现稀缺资源的跨时空配置，艺术金融则是以艺术品市场为中心，涉及货币与信用等所有经济行为的总和。因此，艺术金融仍然在金融的范畴之内，是新兴市场与传统金融相融合的产物。艺术金融提高了艺术品市场的流动性，降低了其参与门槛。当然，艺术金融领域仍然存在一些亟待解决的问题：一是相关法律法规缺失，艺术金融市场的诚信机制发育不良；二是艺术品金融市场的信息流通性弱、完整性差，致使市场化程度低，业务的规模化难以成型；三是艺术品金融市场缺乏合理的引导，可能导致过度投机；四是目前我国艺术金融的创新单一，艺术金融的产业链条尚未形成，在艺术与金融的融合过程中不时还有不和谐的音符出现。

"科技+艺术金融"是指利用科技这一层面高效的信息传输能力、便利的信息共享功能及快捷安全的支付手段实现艺术品市场与金融资本更加流畅的衔接。它的本质就是科学技术与艺术金融市场的深度融合，同科技与其他传统产业的对接一样。以互联网产业为例，互联网发展到今天，已经形成其特有的体系，产业链也比较完整，互联网再想依靠技术突破实现发展难度很大。基于此，互联网技术与新兴的艺术金融市场的衔接并不突兀：一方面，可以使成熟的互联网技术的价值再一次得到提升，互联网技术介入艺术品金融化的过程中，能够"补短板"，帮助降低艺术品金融市场的运营成本，打破市场信息不对称，使更多的人能够参与到艺术品金融市场，形成线上、线下两条互为补充的渠道，推动科技与文化的融合和发展；另一方面，艺术金融市场借助互联网技术也为其提供了丰富的信息资源，为各平台的运营商带来了丰厚的利润，丰富了互联网理论。因此，科技与艺术金融的深度融合是双赢的。

5.5.2　"科技+艺术金融"的融合机制

科技、艺术品和金融三者的融合不是偶然，艺术品市场发展到一定阶段需要迈向更高级的形态，产生了艺术金融这一形态，而艺术金融发展到一定阶段想要跨向新阶段、新产业形态，就自然地与科技融合。现阶段科技的发展需要拓宽技术的应用，增创科技服务的价值，提升科技创新的内涵。二者之间一拍即合，融合趋势是不可逆的，并且互为补充。科技体系聚集了社会资本、企业本身、金融机构和政府等多方面的力量来给科技创新提供资本上的支持，进而推动科技进步与发展。随着科学技术的突飞猛进，科技与文化、科技与艺术的结合程度越来越高，科技已经被不知不觉地广泛应用于艺术产品的创造、生产、流转、管理和消费的各个流程。科技创新对艺术产业发展的支柱作用已成为其推动艺术产业发展的要点。

（1）科技创新使得信息的获取更加便捷高效，有助于艺术金融的大众化与全球化。科技创新的高速发展使得信息资源爆炸性增长，且形成其特有的信息传播优势——多元的渠道、低廉的成本、跨区域性，使得信息获取足够便利，为艺术金融从小众化、精英化逐步走向大众化、全球化提供了可能。首先，任何对艺术金融感兴趣的人都可以借助如互联网、增强现实等信息资源去了解、学习艺术金融相关的知识。其次，信息传播的广泛性也有利于培育、扩大潜在的收藏家和消费群体。最后，移动互联网、5G 等新技术在生活中的普遍应用，使得碎片化时间得到运用，信息分享更加便捷，可能出现艺术金融的脱媒化。

现阶段，业务小众化、信息流通性差是阻碍艺术金融发展的瓶颈。"科技+"与艺术金融的融合使得许多传统模式难以覆盖的潜在消费者被挖掘出来，艺术金融市场中的信息共享更加便捷，有利于正确引导参与者，也有助于加速艺术金融市场化的进程和业务规模化的成型。若在这一过程中实现艺术品市场脱媒，便有机会使全球都参与到艺术品金融化的过程中，打造出中国的艺术品金融中心。

（2）科技创新带来的低门槛与高透明度，有助于增强艺术金融市场的流动性和竞争性。科技创新与科技手段大大降低了我们的生活成本，社交成本变得越来越廉价，人们的交往方式产生了巨大变化；服务成本较低，如人工智能技术可以将数据信息商业化变现，实现价值；信息的提供成本降低，供过于求的信息市场上数据的交换、更新更加迅速。成本的降低与信息的便捷获取使得互联网经济高透明度的特点凸显。

目前，艺术金融领域市场信息不对称、流动性低等问题还没能很好地解决，这也成为制约艺术金融发展的一个重要因素。如果把艺术金融比作血液中的红细胞，只有血液循环流动，红细胞中的养料才能源源不断地供给到身体各处，流动性有问题，资源的配置也会相继出现问题。因此，流动性对于艺术金融的重要性不言而喻。一方面，低廉的市场分析成本与低门槛使得更多的个人、企业去考察分析该市场、进入市场，"科技+"与艺术金融的深度融合，使得传统模式中流动性低的问题得到解决。另一方面，在高透明度的经济环境中，市场信息的共享程度高，信息不对称性有效降低，资本在看清艺术金融市场后，进入该市场的概率提高。资本的强势介入与流动性问题的解决，使艺术金融市场中资源得到有效配置，市场的竞争性就会逐步提升，自身的稳定性与抗风险能力也会不断增强。

大数据、云计算、人工智能、5G 等的应用，有助于艺术金融市场规律的研究和机会的捕捉。大数据能在海量的数据信息中迅速解读、整理、筛选、分享，能在第一时间抓住事件的发生信息，快速分析反映，为决策服务，即"一秒定律"。云计算则能在投入少量管理工作之下得到指数倍增长的交互收益。二者彻底改变了互联网领域的用户体验方式、业务处理和经营管理模式。

艺术金融市场中服务的同质化、市场机会捕捉的高难度等问题，目前仍然是艺术金融领域的痛点。通过大数据、云计算技术的应用，对互联网平台上的庞大用户量与数据信息进行深度挖掘，并进行关联性分析，精准预测投资者对于艺术金融市场中产品和服务的反应，提高客户的转化率。"科技+"与艺术金融的融合有助于精准把握艺术金融市场的规律。同时，对用户产生的浏览、交易等数据进行分析，研究客户行为，有助于精准捕捉市场机会。

（3）艺术金融为科技创新带来丰厚的利润回报。平台化是科技发展的重要成果，平台化的信息传播为艺术金融市场带来大量消费者和潜在消费者，甚至实现艺术金融的全球化。艺术金融市场中信息的浏览、交易的完成大都是依靠互联网平台实现的，庞大的用户群与交易量可以为平台运营商带来许多商机，并以此来赚取丰厚的利润。艺术金融之所以能为科技创新带来丰厚利润，是因为艺术金融提升了科技的服务增值，二者的融合使得互联网的服务人群更广、业务需求增加、服务水平提升。

5.5.3　"科技+艺术金融"的实现路径

1. 打造大数据应用下以垂直搜索为核心的艺术金融服务平台

在现代科技创新中，信息是指数倍增长的，要想做到优质服务就必须保证用户获取信息的精准性和翔实性，此时就需要垂直搜索技术。垂直搜索是对搜索的精分和细化，能准确、迅捷地找到需要的信息。目前，垂直搜索技术的一个发展方向就是向交易平台拓展，第三方服务平台具有独立性和信用性高的特点。对于传统行业来说，第三方服务平台的出现不但扩大了销售范围，而且有利于增强行业的整体实力。

艺术金融与科技的融合，离不开大数据的支持。要在此基础上为艺术金融的发展搭建一个以垂直搜索服务为核心的第三方服务平台，为艺术金融的发展构建牢固的基础。依托大数据技术，在艺术金融领域构建一个产业联盟性质的第三方服务平台，汇集艺术金融市场中的各种产品和服务，并且向消费者提供垂直搜索功能，让消费者自己去对比选择。构建艺术金融服务平台最大的价值在于其渠道的价值，消费者可以在平台中获取全面的行业信息、需要的产品和服务；深度挖掘并定制个性化的用户需求，降低乃至消除信息的不对称，实现资金供需双方的信息交流和互利共赢。

2. 抓住痛点，实现艺术金融领域的 O2O 模式

当今消费者在享受网络购物带来的便利性的同时，也一直忍受着网络购物的弊端和商家的不诚信行为带来的痛苦。鉴于此，O2O 模式应运而生。O2O 模式是指消费者在消费之前可以在网上在线对商家进行对比、选择，然后去实体店中真切地感受商品、享受服务，最后再决定是否购买。"互联

网+"纵使"三头六臂"也总有触及不到的角落，也就是说，在艺术金融领域总有某些部分是不能够互联网化的，聪明的人会寻找合适的场景将实体经济某部分与互联网融合，但是睿智的人更要懂得线上与线下的结合，即打造艺术金融领域的 O2O 模式。

艺术金融中很重要的一部分在于对艺术品的鉴赏。因此，缺失了线下部分是很难使链条完整的。O2O 模式将线上、线下两个渠道同时发展、取长补短。O2O 模式的优势体现在营销和成本两个方面。在营销方面，首先，依托网络拓宽了艺术金融市场中商品和服务销售的渠道；其次，在商品和服务的购买过程中增加了与消费者的互动交流，提高消费者对艺术金融的认识，激发投资热情；最后，网络中交易数据的分析有利于为消费者定制个性化服务，培养投资者艺术金融市场的消费投资习惯。在成本方面，首先，网络中指数倍的信息流大大降低了艺术金融市场上商品和服务的宣传成本；其次，降低了线下艺术品鉴赏场所对于地理位置的依赖程度，降低了租金成本；最后，中间渠道的缩短降低了中间成本。

3. 丰富第三方支付平台的业务，打造"移动互联网+艺术金融"

近年来，第三方支付平台也不断拓宽自身的业务，探索与其他领域的合作。第三方支付平台具有操作简便、参与人群广、透明度高等特点。以支付宝为例，首先，支付宝用户只需通过手机或者平板电脑即可完成对理财产品的购买；其次，平台自身拥有了大量的固定用户群和海量的交易数据；最后，用户愿意分享自己的理财经历来提升个人信用。在艺术金融与互联网的融合过程中，如果能够 搭载第三方支付平台这一便车——与第三方支付平台合作，在平台开放对艺术金融产品和服务的购买，无疑在短时间内拥有了海量的潜在用户，并且用户的信用评级已经有了数据支撑；第三方支付平台的移动客户端更加贴近用户生活，容易培养黏性用户。

"移动互联网+艺术金融"的打造是基于移动通信技术及移动支付的发展，人们经历了 2G、3G 和 4G 的网络时代，并即将迎来新的 5G 网络时代。移动互联网技术的进步，使移动支付成为可能。移动支付实质是将移动网络和传统的金融支付系统连接起来，通过移动通信实现金融服务。移动支付的产业链涉及广，应用的场景也比互联网支付多，有利于艺术金融大众化的实现。移动互联网与移动支付的技术保障，辅之以与第三方支付平台合作，能够有效推动艺术金融产品和服务投资消费的普及，激发投资热情，激励人们了解、学习艺术金融的相关知识，实现资产配置的多样化，进而帮助艺术金融实现大众化的目标。

4. 基于海量数据信息的分析，构建完善的信用评级机制

在互联网的数字经济时代，信用评级好比交易双方的名片，信用评级机制的建立为交易双方传达了信用风险信号。信用等级越高，在市场中收益越多，最终实现良性循环。因此，信用评级的完善至关重要。征信体系不完善、诚信机制发育不良是制约艺术金融发展的瓶颈。因此，要保证艺术品金融市场的良性发展，就需要构建起完善的信用评级机制。一方面，信用评级机构要依赖大数据平台——互联网中有消费者的大量数据，以大数据平台为支撑，采集目标用户的多元信息，既要继承传统征信体系中的决策变量，如信贷历史，又要将其他影响参与者信贷水平的因素考虑在内，如用户的社交信息、账号申请信息等。另一方面，大数据平台要推动信用数据的标准化——统一格式、统一接口，避免因数据异构性而增加分析成本。基于以上两个方面，依靠大数据技术进行深度与广度的数据挖掘，依靠互联网先进的预测分析模型决策，提高信用评级的决策效率、降低风险违约率，最终形成科学完备的信用评级体系。市场经济也是信用经济，信用评级的建立能提高艺术金融市场的投资安全性，优化投资者的投资选择，使投资者更容易进入艺术金融市场。

5. 借鉴互联网金融中的风险防控技术，实现多元化风险的把控

艺术金融与互联网融合后，艺术金融市场中的活动大多依靠网络中的虚拟身份账号完成，因此对风险的把控显得尤为重要。首先，要健全、完善相关的法律法规，明确个人责任。加快对"互联网+艺术金融"领域的法律法规建设，在法律中明确行为主体的责任范围，强化个人的责任意识。其次，构建艺术金融自身的数据库，收集用户的网络痕迹，依靠数据分析，计算高风险行为与某些潜在的有关联的特征活动的关系，构建数学模型，利用云计算技术对数据集合进行实时的测算，进而寻找到合适的确定风险的临界值和权重。最后，加强网络交易中资金流向的监管，每一笔交易的金额都要进行追踪监管，依靠互联网对设备的识别、IP 地址风险的识别等进一步实现准确判断、降低风险。在"互联网+艺术金融"的融合过程中，要注重借鉴和学习国外的风险管理经验，对于暴露的问题进一步寻找解决的办法，对于可能出现的问题要进行及时预测并制订相应的解决方案。投资的风险与收益是成正比的，但是要严格把控可控的风险，实现低风险、高收益，使艺术金融市场得到越来越多投资者的认可。

参 考 文 献

贺雷. 2010. 中国艺术品在资产组合管理中的应用及实证研究[D]. 浙江大学硕士学位论文.

胡卫兵. 2010. 中国房地产价格波动与通货膨胀——基于 35 个大中城市面板数据的实证检验[J]. 东方企业文化，（4）：178.

黄隽，李越欣，夏晓华. 2017. 艺术品的金融属性：投资收益与资产配置[J]. 经济理论与经济管理，（4）：60-71.

李艳. 2015. 艺术品的收益特性及其投资问题研究[D]. 北京邮电大学硕士学位论文.

陆霄虹. 2009. 中国当代绘画艺术作品特征价格研究[D]. 南京航空航天大学博士学位论文.

石阳，李曜. 2013. 中国艺术品投资收益——整体特征与杰作效应[J]. 金融研究，（12）：194-206.

王艺. 2011. 中国艺术品市场[M]. 北京：文化艺术出版社.

Anderson R C. 1974. Paintings as an investment[J]. Economic Inquiry，12（1）：13-26.

Barre M D L，Docclo S，Ginsburgh V. 1994. Returns of impressionist，modern and contemporary European paintings 1962-1991[J]. Annals of Economics and Statistics，35：143-181.

Baumol W J. 1986. Unnatural value：or art investment as floating crap game[J]. The American Economic Review，76（2）：10-14.

Bollerslev T. 1986. Generalized autoregressive conditional heteroskedasticity[J]. Journal of Econometrics，31（3）：307-327.

Campbell R. 2008. Art as a financial investment[J]. The Journal of Alternative Investment，10（4）：64-81.

Case K E，Shiller R J. 1987. Prices of single family homes since 1970：new indexes for four cities[J]. New England Economic Review，（9）：45-56.

David G，Oosterlinck K，Szafarz A. 2013. Art market inefficiency[J]. Economics Letters，121（1）：23-25.

de Silva D G，Pownall R A J，Wolk L. 2012. Does the sun 'shine' on art prices？[J]. Journal of Economic Behavior and Organization，82（1）：167-178.

Engle R F. 1982. Autoregressive conditional heteroscedasticity with estimates of the variance of United Kingdom inflation[J]. Econometrica，50（4）：987-1007.

Frey B S, Eichenberger R. 1995. On the rate of return in the art market: survey and evaluation[J]. European Economic Review, 39（3）: 528-537.

Grossi E, Blessi G T, Sacco P, et al. 2012. The interaction between culture, health and psychological well-being: data mining from the Italian culture and well-being project[J]. Journal of Happiness Studies, 13（1）: 129-148.

Hiraki T, Ito A, Spieth D A, et al. 2009. How did Japanese investments influence international art prices? [J]. Journal of Financial and Quantitative Analysis, 44（6）: 1489-1514.

Konlaan B B, Bygren L O, Johansson S E. 2000. Visiting the cinema, concerts, museums or art exhibitions as determinant of survival: a Swedish fourteen-year cohort follow-up[J]. Scandinavian Journal of Public Health, 28（3）: 174-178.

Kräussl R, Logher R. 2010. Emerging art markets[J]. Emerging Markets Review, 11（4）: 301-318.

Kuhnen C M, Knutson B. 2011. The influence of affect on beliefs, preferences, and financial decisions[J]. Journal of Financial and Quantitative Analysis, 46（3）: 605-626.

Lally E. 2009. The power to heal us with a smile and a song: senior well-being, music-based participatory arts and the value of qualitative evidence[J]. Journal of Arts and Communities, 1（1）: 25-44.

Loewenstein G F, Weber E U, Hsee C K, et al. 2001. Risk as feelings[J]. Psychological Bulletin, 127（2）: 267-286.

Mandel B R. 2009. Art as an investment and conspicuous consumption good[J]. The American Economic Review, 99（4）: 1653-1663.

McCarthy K F, Ondaatje E H, Zakaras L, et al. 2001. Gifts of the Muse: Reframing the Debate About the Benefits of the Arts[M]. Santa Monica: Rand Corporation.

Mei J, Moses M. 2002. Art as an investment and the underperformance of masterpieces[J]. The American Economic Review, 92（5）: 1656-1668.

Michalos A C. 2005. Arts and the quality of life: an exploratory study[J]. Social Indicators Research, 71（1/3）: 11-59.

Michalos A C, Kahlke P M. 2010. Arts and the perceived quality of life in British Columbia[J]. Social Indicators Research, 96（1）: 1-39.

Reitlinger G. 1961. The Economics of Taste: The Rise and Fall of Picture Prices, 1760-1960[M]. London: Barrie and Rockliff.

Renneboog L, Spaenjers C. 2013. Buying beauty: on prices and returns in the art market[J]. Management Science, 59（1）: 36-53.

Tucker M, Hlawischka W, Pierne J. 1995. Art as an investment: a portfolio allocation analysis[J]. Managerial Finance，21（6）：16-24.

Wheatley D，Bickerton C. 2017. Subjective well-being and engagement in arts，culture and sport[J]. Journal of Cultural Economics，41（1）：23-45.

Worthington A C，Higgs H. 2006. A note on financial risk, return and asset pricing in Australian modern and contemporary art[J]. Journal of Cultural Economics，30（1）：73-84.

中篇　艺术金融：资产与收益

第6章 艺 术 资 产

资产是指由企业过去的交易或事项形成的、由企业拥有或控制的、预期会给企业带来经济利益的资源。虽然资产是一个使用广泛的概念，但在不同学科和场合却有不尽相同的定义。总体而言，经济学中的资产概念强调资产的价值性和收益性；会计学中的资产概念则更强调资产的可计量性和资源特性。随着中国艺术品市场的迅猛发展，艺术品成为第三大投资热点，艺术资产也随之成为一个热门概念。

本章首先从艺术资产的概念及属性入手，将艺术资产划分为艺术实物资产和艺术金融资产两大类，并详细介绍了艺术资产的运作工具：艺术品拍卖、艺术基金、艺术信托、艺术品典当、艺术银行、艺术品证券、艺术品保险。其中，艺术品拍卖、艺术品典当是艺术实物资产的运作工具；艺术基金、艺术信托、艺术银行、艺术品证券、艺术品保险是艺术金融资产的运作工具。

6.1 艺术资产的概念

艺术资产可以定义为"由过去的艺术品交易或事项形成的、由特定主体拥有或控制的、预期会给特定主体带来经济利益的艺术品资源"。由于艺术品与普通资源有很大差异，艺术资产具有多重属性：①艺术资产具有有形资产、无形资产的双重属性。艺术品除了是实物形态的物品，还具有著作权等无形权利，二者都可以带来增值。②艺术资产具有非流动资产、流动资产的双重属性。通常艺术品的流动性很弱，特别在传统的收藏过程中，可能会保有数十年，但以投资和融资为目的的艺术品金融化过程中，流动性很强，如在艺术品文化产权交易所推出的艺术品产权份额化交易中、在银行或典当行的艺术品质押融资中等。③具有非货币性资产、货币性资产的双重属性。在大多数情形下，艺术品属于非货币性资产，但在艺术品金融化过程中，艺术品可以直接与货币挂钩，如前几年比较火爆的艺术品信托，以及前几年非常普遍的艺术品雅贿行为中，艺术品都成为可以以确定金额的货币收取的资产。因此，艺术资产的样态极为多样，它几乎关联到所有被涉及的艺术管理环节。管理的目标是效益最大化,艺术管理的目标就包括经济收益的最大化,在艺术管理中意识到艺术品的资产属性无疑十分重要。

由于金融资产具有区别于实物资产的特殊风险性质,可将艺术资产分为两类:一类是以艺术品实物形式存在的艺术实物资产,另一类是以艺术品为标的物的艺术金融资产。其中,艺术品资产化之后成为艺术实物资产,艺术品金融化之后所产生的金融资产,如艺术基金、艺术证券等,为艺术金融资产。

6.1.1　艺术实物资产

艺术实物资产本质上是具有流通价值和变现能力的艺术品。艺术品主要是指以物质形态存在的物品,强调包括文化价值、收藏价值等组成的内在价值。艺术实物资产是以艺术品实物形式存在的可以变现的资产,强调以价格来衡量的资产价值。艺术实物资产主要包括绘画作品,书法、篆刻作品,雕塑、雕刻作品,艺术摄影作品,以及上述作品的有限复刻品,等等,艺术实物资产的相关机构主要有拍卖行、画廊、典当行等。

6.1.2　艺术金融资产

艺术金融资产是指以艺术品或者以艺术金融产品为标的物,可以进行投资或者投机的一种资产形式。艺术金融资产是艺术品金融化的产物。艺术品金融化是以金融业理念为指导,运用金融业的经营模式来运行艺术品市场,就是在艺术品市场与金融市场相结合后,把艺术品当作一种金融资产,并使其成为个人或机构投资者的"金融工具"。艺术品金融化有两个重要特征:一是艺术资产是投资标的,二是艺术资产是信用评级和资产定价的标的。

如表 6-1 所示,艺术金融资产主要包括艺术证券、艺术基金、艺术信托、艺术按揭或抵押合同等。相应地,艺术金融资产的相关机构主要有证券公司、基金发行机构、信托投资公司、艺术银行等。

表 6-1　艺术实物资产、艺术金融资产及其相关机构

艺术实物资产	艺术实物资产相关机构	艺术金融资产	艺术金融资产相关机构
绘画作品 书法、篆刻作品 雕塑、雕刻作品 艺术摄影作品 上述作品的有限复刻品	拍卖行 画廊 典当行	艺术证券 艺术基金 艺术信托 艺术按揭或抵押合同	证券公司 基金发行机构 信托投资公司 艺术银行

6.2 艺术实物资产的运作

艺术实物资产的运作工具主要包括艺术品拍卖、艺术品典当，本节将从运作工具的内涵、运作机制、运作流程等角度分别详细剖析这两种运作工具，并根据统计数据详细分析我国近年来艺术品拍卖和典当行业的发展现状及未来趋势，另外结合国内外案例对其进行深入探讨。

6.2.1 艺术品拍卖

拍卖是专门从事拍卖业务的拍卖行接受货主的委托，在规定的时间与场所，按照一定的章程和规则，将要拍卖的货物向买主展示，公开叫价竞购，最后由拍卖人把货物卖给出价最高的买主的一种现货交易方式。艺术品作为一种特殊的商品，其价值与劳动强度、劳动效率等并无逻辑上的直接因果关系，而是与购买者对自身的审美与精神享受的评价及购买者对其他竞争者估价的预期有关。因此，同一件艺术品对于不同购买者，往往拥有差别较大的价格预期。艺术品的这一特性，正符合拍卖商品的要求，因此在拍卖市场上，艺术品往往占据相当大的份额。可以说，艺术品为拍卖提供了最稳定的商品来源，推动了这一交易形式的发展；而拍卖也为艺术品的增值和流转提供了最有利的交易方式，二者是相互成就、相互促进、不可分割的。

1. 艺术品拍卖的方式

艺术品拍卖的方式有很多，不同的拍卖方式适用于不同的商品和不同的拍卖场合。标准拍卖的主要类型有以下几种。

1）英国式拍卖

拍卖中最为流行的竞价结构形式是英国式拍卖。英国式拍卖中，拍卖主持人公布起叫价和最低叫价增幅后，竞拍者依次报价，每次增幅必须高于最低的增价幅度，直到没有更高的报价产生时，报价最高者支付报价，获得竞拍品。卖方希望有尽可能多的买方参与以获得更高的利益，基于此，英国式拍卖一般是公开拍卖。由于是口头拍卖，每位投标人可以获取其他投标人对拍品估价的消息。大多数情况下，投标人必须以亲自出席或以授权代表的方式参与拍卖，这种拍卖易于合谋。

2）荷兰式拍卖（降价拍卖）

另一种形式的拍卖称作荷兰式拍卖，它的名字起源于荷兰，当时荷兰人用它来销售干酪和鲜花。在这种拍卖方式下，拍卖人先以一个较高的价格起拍，然后逐步降低价格，直到某个投标人愿意接受这个价格为止。只要出售者对买主愿意给出的价格有较好的预期，荷兰式拍卖的进程会非常迅速，这是它的一个主要优点。

3）首价密封拍卖

第三种拍卖形式是密封拍卖。在这种形式的拍卖中，每个投标人都将出价记录在一张纸上，并密封在一个信封中。最终所有的信封都集中在一起，出价最高的人将获得商品，他要向拍卖人支付他出的价格。如果所有出价都低于保留价格，拍卖将不会成交。

4）第二价格密封拍卖（维克里拍卖）

第二价格密封拍卖类型同首价密封拍卖相似，拍品归属于出价最高者，不同之处在于，中标者支付的不是他本人的投标价格，而是仅次于他的第二高的价格。这种机制确保了投标人不会因为害怕自己的投标价格过高而自我约束（这种情况存在于首价密封拍卖）。

5）网络拍卖

艺术品交易平台和艺术品拍卖形式结合产生一种新型艺术品拍卖交易模式——网络拍卖。网络拍卖将成为一种艺术品拍卖的趋势和潮流。艺术品网络拍卖具有以下优点：成本低，保证金和艺术品交易费用低；交易便捷，不受时间和空间的限制；买家覆盖广，二、三线城市的买家较以前增多。但是由于艺术品受品相、瑕疵、鉴真等特点的限制，艺术品拍卖的网络交易不如传统交易方式受到更多业内专业人士的认可，而且艺术品的拍卖交易缺乏完善的法律监督。但艺术品网络拍卖的缺点并非无法解决，只要得到恰当的解决，艺术品网络拍卖必会成为艺术品拍卖交易的主流方式。

2. 艺术品拍卖的运作流程

拍卖业务的一般流程分为三个阶段。

1）准备阶段

卖主把艺术品运到拍卖地点，然后委托拍卖行进行挑选、分批和编号，再由拍卖行编印目录并招揽买主。参加拍卖的买主可以在规定时间内到仓库查看货物，了解品质并拟定自己的出价标准，做好拍卖前的准备工作。拍卖行一般会提供各种书面资料，以宣传来扩大影响。

2）正式拍卖

正式拍卖是在规定的时间和地点，按照拍卖目录的规定次序喊价成交。

拍卖过程中，买主在正式拍卖的每一次叫价，都相当于一项发盘，当另一竞买者报出更高的价格时，该发盘失效。拍卖者以击槌的方式代表卖主表示接受后，交易即告达成。

3）成交与交货

拍卖成交后，买主即在《成交确认书》上签字，拍卖行分别向委托人和买主收取一定比例的佣金，佣金一般不超过成交价的 15%。买主通常以现汇支付货款，并且在规定的时间内按仓库交货的条件到指定仓库提货，由于买主拍卖前可以事先看货，也可以事后看货，所以，事后索赔的现象很少。但如果拍品有瑕疵，或拍卖人、委托人不能保证其真伪的，必须事先声明；否则，拍卖人要负担保责任。

3. 拍卖市场的发展现状

1）拍卖行业发展稳中向好

2016 年以来，我国拍卖企业数量逐年增长，年成交规模整体上升。但由于行业准入门槛不高，拍卖企业数量多、规模小的现象明显。一些企业经营困难，拍卖企业收入、利润持续下降。2020 年春节期间，新冠肺炎疫情迅速蔓延，以线下拍卖为主的拍卖业务也受到了严重影响。得益于疫情有效控制和企业复工复产节奏加快，成交额出现补涨，2020 年达 8 387.05 亿元。图 6-1 显示了 2016~2020 年全国拍卖行业年成交总额情况。

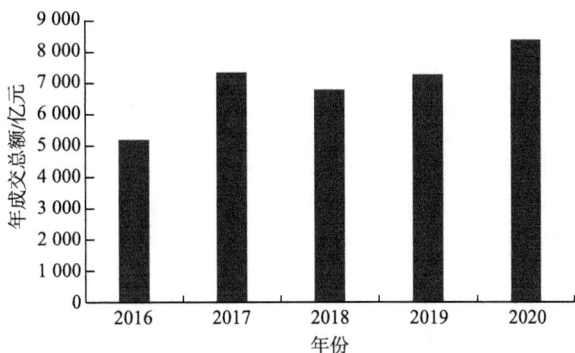

图 6-1　2016~2020 年全国拍卖行业年成交总额情况

2）艺术品拍卖市场转型

（1）中国艺术品拍卖市场"缩量增质"现象显著。2019 年中国纯艺术品拍卖市场的上拍量达到 151 490 件，成交量为 6 106 件，同比分别下降了

14.08%、18.41%，成交总额为 41.02 亿美元，同比缩水 8.54%。与西方纯艺术拍卖市场相比，2019 年，西方市场上拍了 73.08 万件，成交量为 48.35 万件，成交总额达到 92.21 亿美元，同比缩水 16.46%。

2019 年度，从量价层面来看，尽管中国纯艺术拍卖市场呈持续下行趋势，但在诸多方面释放出积极的信号：我们从过去连续八年的成交率变化情况来看，2019 年，中国纯艺术拍卖市场成交率为 43.64%，比 2012~2018 年的平均成交率高出 1.74%，这缘于拍卖市场连续几年的结构调整、增质减量的策略有效提升了拍品的品质，稳定了市场交易的信心，获得了更多新藏家的信任，从而降低了流拍率。图 6-2 展示了 2010~2019 年中国纯艺术拍卖市场成交量情况，图 6-3 展示了 2010~2019 年中国纯艺术拍卖市场成交总额情况。

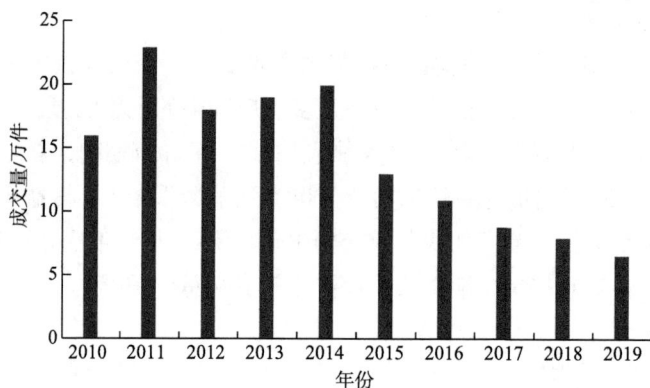

图 6-2　2010~2019 年中国纯艺术拍卖市场成交量情况

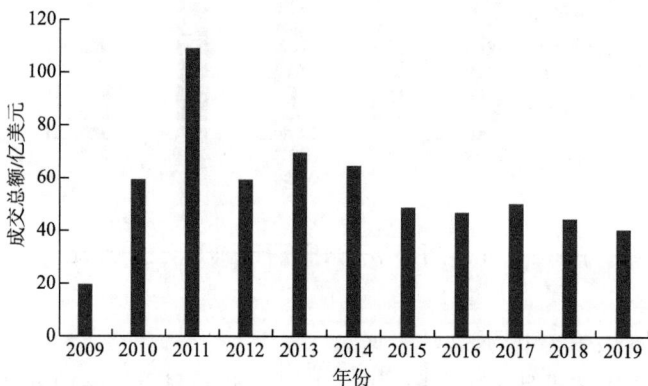

图 6-3　2009~2019 年中国纯艺术拍卖市场成交总额情况

从地域分布上来看，2019年中国书画板块成交额 TOP3 的分别是北京、香港和广东，这与2018年的排名一致。北京地区中国书画2019年的成交总额为14.67亿美元，位居首位；香港地区中国书画总成交总额达到4.59亿美元；广东地区中国书画板块在成交量减少37.8%的情况下，创下3.2亿美元的成交总额，同比上涨了23.75%。需要特别注意的是，2019年珠江三角洲地区中国书画拍卖市场逐渐发力的趋势愈加明显，尤以广东为首，该地区未来发展潜力可期。

（2）中国油画及当代艺术规模不断增长，再创历史新高。2019年，中国艺术市场的内、外部环境仍不乐观，但中国油画及当代艺术板块依旧延续了2018年的增长势头，在稳步发展中，其市场规模进一步提升。2019年，油画及当代艺术板块共成交 7 062 件，成交额为 12.87 亿美元，同比上涨3.29%，成交额再创历史新高。这得益于香港市场的贡献。2019年香港地区局势复杂，社会骚乱致使香港地区本季秋拍总成交额下降7.85%。但香港地区油画及当代艺术板块却依然坚挺，共成交 2 223 件，成交额为 8.19 亿美元，同比上涨9.9%。当代热门艺术家刘野在2019年的成交，有 7 件作品闯进了刘野 TOP10 榜单中，且都在香港市场中成交。反观内地，本年度油画及当代艺术板块成交额为 3.94 亿美元，同比下降9.42%，与香港市场的拍卖结果进一步拉开了差距。另外，无论是主推的艺术家名单，还是作品的审美趣味上，两地的选择都截然不同。香港市场的"国际化"与内地市场的"本土化"特点，在本年度的二级市场中尤为凸显。

4. 艺术品交易新模式"微拍"的利与弊

改革开放四十多年来，伴随中国经济的腾飞，中国艺术品市场也出现了前所未有的活跃局面。各大拍卖行、画廊雨后春笋般出现，形成以一、二线城市为主要阵营的艺术市场；近二十年来，互联网在中国的普及，使得艺术市场由线下向线上拓展；而近年来移动互联网通信技术的快速发展，又使艺术品消费的重心从一、二线城市向三线及以下城市进行倾斜，艺术消费的阶梯性也不断被弱化，逐渐走向"大众化消费"。尤其近年来以微信为平台的在线艺术品拍卖模式异军突起，使当代中国的艺术收藏呈现一种前所未有的"大众化消费"现象（王冬松，2019）。

1）"艺术品微拍"方兴未艾

对于绝大多数中国人来说，以智能手机为主要终端的移动互联网通信技术的发展，将普通老百姓全面推向了无所不在的网络世界。尤其是 2011 年"微信"社交软件的推出，"朋友圈""微信公众号"等服务也给人们的现实生活带来极大的便利。由此，"微信"迅速登上中国社交软件的主导地位，用户群体超过 10 亿，覆盖两百多个国家，超过 20 种语言。截至目前，"微信"已经成为中国自媒体家族中最有"威信"的一位。

移动互联网通信技术的快速发展和普及，使信息、知识第一次在大众面前变得"平等"起来。尤其是数据传输的便捷与廉价趋势，为主要依托图像进行传播交流的"艺术品微拍"交易模式的出现，提供了天然的土壤。

近年来，传统艺术品拍卖市场一再缩减，在线艺术品拍卖和交易却日渐红火。众多的艺术品投资群体，面临的主要问题是如何快速、简单、便捷地进行竞拍。这些问题的产生与传统拍卖的交易方式有关：门槛高、竞拍难、距离远。因此，如何找到合适的交易平台就成了投资者亟待解决的问题。需求催生了市场，自 2016 年起，线上艺术品拍卖全面爆发，中国嘉德国际拍卖有限公司、北京保利国际拍卖有限公司及国际拍卖行佳士得和苏富比等均开展网络竞拍，争夺新拍卖渠道。同时一批新的拍卖平台在崛起，艺术品微拍平台就是其中之一。

微信平台上艺术品拍卖的爆发，与其交易的优势——成本低和买家基数大有关。一大批原来投身置业、股票的消费者开始有了艺术品投资的需求。对这批毫无经验又财力雄厚的买家来说，可信赖的艺术品微拍平台是最合适的角力场。目前，一些比较受欢迎的艺术品微拍平台开拓了简单、快捷的交易方式，不管是藏家或是投资者，抑或是参与其中的普通参拍者，本人不需要去外地寻找拍卖公司或者艺术品交易公司，在家就可以轻松竞买喜欢的拍品或者出售自己的藏品获利，同时有些交易平台推出了"拍品收到不满意可三天内退货"的措施，这些周到的售后服务也越来越多地被大众认可和信赖。

"艺术品微拍"使艺术品消费走向了"大众化"，但其中乱象也值得我们深思。

2）参拍艺术品真假难辨

"艺术品微拍"之所以呈现"大众化消费"的特征，一个更为直接的因素是拍品自身的"大众化"属性。近一二十年来，随着中国主流媒体中收藏鉴宝类节目的风靡，人们对文物和艺术品的市场意识普遍增强，但凡家里有些老物件，首先想到的一定是能不能拿到拍卖行去拍卖，若上不了拍卖行的台面，才会退而求其次选择"微拍"平台。这也使得"微拍"的拍品整体上要比拍卖行低一个乃至好几个层次，这也为很多低端仿制的艺术品进入"微拍"市场提供了机会。

目前，"艺术品微拍"已深入人们的生活。相较于普通的拍卖，"微拍"有着极为方便的特点，无须占用人们更多的时间和精力，故而得到了大家的追捧。艺术品微拍主要有以下三种方式：公众号拍卖、群拍卖及朋友圈拍卖。然而，微拍有捡漏的，更有不少"打眼吃药"的。自古以来，古玩行都是以目鉴为主，其他鉴定方法为辅，不能见到拍品的真实情况，仅凭微拍平台上的几幅图片和寥寥无几的文字介绍，很难辨别出藏品的真伪。另外，由于拍品征集困难，微拍中多普品、大路货，很难见到精品，即便偶尔出现一两件精品，也很难拍得上价，很难吸引高档藏家参与。所以，"艺术品微拍"营造了一个面向大众的在线拍卖平台，也为低仿乃至伪艺术品入侵艺术市场打开了方便之门。如何针对这一现象进行全面有效的监管，目前在制度层面还有很多空白。

3）拍卖过程"拍托"难防

与传统艺术拍卖主要采取线下的交易方式不同，"艺术品微拍"是基于移动互联网平台开展的线上拍卖模式。一般而言，"微拍"的大致流程如下：拍卖人进行拍卖活动的策划并在微信平台进行宣传（征集拍品）→委托人对拟送拍品进行拍照后通过公众号平台与拍卖人沟通并达成拍卖协议→拍卖人将拍品图片与相关信息上传到微信平台进行线上预展→竞买人在微信平台进行线上竞拍→成交后买受人、拍卖人、委托人三者之间完成拍品的交割。

不同"艺术品微拍"平台的拍卖流程在具体环节上可能有所增减，但基本大同小异。从业态发展来看，"艺术品微拍"是在其之前发展起来的网络拍卖模式的"微"型化，即向着更为便捷、高效、移动的方向发展。由于取消了纸本图录的印刷发行、现场预展的布置监管，以及媒体广告的投放宣传，等等，"艺术品微拍"大大节约了拍卖成本（尤其是拍卖人的成本），降低了竞拍者和委托人的参与门槛，在一定程度上也改写了富有"精英"色彩的传统收藏模式。无论是官方博物馆等公共机构收藏，还是资本雄厚的企业（家）收藏，抑或家底殷实的私人收藏，都带有很强的"精英"属性，而"艺术品微拍"恰恰体现出收藏主体的"大众化"特征。

但"微拍"的拍卖人对外呈现的就是一个微信公众号，其身份家底、拍品来源、专家团队等详细情况，往往并不对外公开。因此，无论对于竞拍人还是委托人来讲，都可能处于知情权被剥夺的被动处境。此外，传统拍卖活动中的"恶意串通"等不法现象，在"微拍"中则可能变得更为泛滥且难以监管，这也构成"微拍"乱象中的一个重要方面，尤其是竞拍时"托儿"的存在，让人无从甄辨，防不胜防。

总之，近年来各种"艺术品微拍"平台的出现，在很大程度上改写了中国当下艺术收藏的生态，其中可圈可点者甚多。例如，拉动了艺术品消费内需，拓展了艺术品市场，推动了艺术传播，增强了文化自信，等等；但其弊端也同样不容忽视，如拍品质量参差不齐，拍卖平台不够专业，交易环节不够透明，物流平台不够安全，以及虚拟拍卖造成现场感的缺失，等等。但总体来看，"艺术品微拍"的发展有助于活化当前中国相对疲软的艺术市场，有助于在全民范围内推广中华优秀传统艺术，因此无疑是利大于弊的。只是目前它还不够成熟，还需要政府和社会的进一步规范和引导，对其未来发展，我们应该保持积极的心态和开放的态度。

6.2.2　艺术品典当

随着社会经济的发展和人民生活水平的不断提高，一些有文化的商人逐渐成为典当业的主要经营者。典当业的金融与商业特性得到了极大的体现，艺术品典当也逐步走入人们的视线。艺术品典当行为或这种融资活动的概念可归纳如下：艺术品典当人以艺术品作抵押，从典当行获取一定数额的货币，在约定的期限内，艺术品典当人还本付息，赎回艺术品，逾期未赎或未续的，则根据艺术品典当协议，典当行直接取得艺术品的所有权或以折价、变卖质押的艺术品而优先受偿。

1. 艺术品典当的性质

1）金融中介是艺术品典当的最根本属性

典当行为是金融行为，经营典当业务的典当行同样也是金融机构。作为发放质押贷款的金融中介，典当行可以满足人们的短期融资需求，将资金从富余闲置者（由于不能吸收存款，这里的富余资金只是典当行的自由资金）手中转移到需求者手中，实现金融资源的有效配置。只不过相比正规银行性金融机构，典当行的资金来源不包括吸收存款，只能是典当业主的股金和有限制的贷款，而且，以取得所当物品的占有权为前提的融资只能算作一种特定的融资方式。因此典当行实际上是一种正规非银行性金融机构。

2）商业销售是艺术品典当的重要辅助属性

艺术品典当的金融性质体现在典当双方的债权债务关系上，但艺术品典当的债权债务关系与一般的债权债务关系不同，债权人典当行在典当合约上订立了一个附加条款，即当物到期不赎回，债权人有权处理质押物。因此，该债权债务关系是一个附加了质押担保的关系，具有二元性。在典当物"绝当"（典当术语：即当掉后不再赎回）之后，典当行的金融性质就转化为商业性质，可对绝当物品进行变卖、拍卖处理，直接参与商业活动。在这个过程中，典当行完全以一般企业的身份进行运作，变现当品，收回本息。国外艺术品典当的商业性还体现在典当行可以进行寄售和零售等业务上。典当行的商品销售对象虽以绝当艺术品为主，但也开展其他艺术品的零售和寄售业务。例如,零售可以批发或购进新旧货物赚取商品差价为目的,而寄售则以为客户代理销售旧货为主,典当行赚取的是服务费。

3) 艺术品典当还具有资产置换和商品保管属性

典当行通过以物抵押来缓解企业、家庭暂时的货币收支困难。产生这种困境的原因一般不是企业、家庭资产负债结构产生赤字,而是资产缺乏流动性。为了解决资产流动性问题,将一定的艺术品质押在典当行取得现金,实际上是一种资产置换,即将实物资产置换为货币资产。

艺术品保管性质是进行艺术品典当行为的又一附加性质。典当行从事艺术品财产权利质押,客观上必须对各类当物进行短期妥善保管。这使得国内外有许多客户利用典当行的当物保管功能,专门在典当行内存放贵重物品。他们的目的不为融资,只为保管。

典当行的多种属性表明典当行作为金融业的特殊性。这种特殊性表明它的活动既有别于银行借贷,又有别于一般工商企业的拆借,更有别于民间信用。也就是说,它是金融业和商业中的边缘业种,是主流商业和金融业的补充。

2. 艺术品典当的运作模式

1) 艺术品典当的常规模式

这种模式是最常见的艺术品典当模式。2001 年,北京华夏典当行就在国内率先推出了艺术品典当业务,但由于市场和专业人才等原因,该业务在运营两年多后被迫暂停。艺术品融资之所以长时间空白,主要是受到艺术品真伪鉴定和价值评估方面的制约。2009 年,北京华夏典当行卷土重来,与一批博物馆和鉴定机构合作,再次开展艺术品典当业务,所涉及的艺术品包括陶瓷、字画、油画和古玩杂项。北京华夏典当行艺术品典当的额度主要根据评估价值而定,一般不超过评估价的 90%。在典当息费方面,艺术品典当与民品业务的典当息费保持一致,为每月 4.7%,并采用"息费五天一计"的模式。值得一提的是,与许多典当行收取 200~500 元/件鉴定费的做法不同,北京华夏典当行为客户提供免费鉴定服务。但总的来看,北京华夏典当行的艺术品典当同传统的艺术品典当及常规典当的区别都不大。

2) 艺术品典当的"拍典通"模式

"拍典通"的借款额度最高可达评估价的 90%。显而易见,这一新模式的最大优势在于藏家可以盘活艺术品,同时参加拍卖和典当,从而避免了艺术品由于质押在典当行而错过拍卖行"春秋大拍"的机会。但艺术品"拍典通"对拍卖行和典当行要求很高，尤其对业务流程和风险控制的要求更高。

　　3）艺术品典当的"典拍通"模式

　　虽然"拍典通"与"典拍通"在名称上只有字眼的顺序之别，但同以拍卖行为主导的"拍典通"模式不同，"典拍通"模式的特色在于涵盖了典当、拍卖、交流、融资的"一条龙"创新式服务，重点在于典当融资。

　　艺术品"典拍通"的整个业务流程涉及鉴定、评估、典当和拍卖等环节，每个环节都会有相应的专业机构提供专业服务。为了保障规范和诚信运营，由云南文物艺术品"典拍通"承接的艺术品典当业务，会指定并委托云南省文物博物馆协会鉴定评估中心进行鉴定和评估。需要指出的是，其给出的评估价会略低于当时的市场平均价。由于艺术品"典拍通"模式能够在更大范围内整合相关资源，因此有可能更好地控制艺术品典当的风险。

　　4）艺术品典当的"寄卖"模式

　　在北京及其周边的一些地区，典当行开启了一种不同于以往的"寄卖"模式，甚至直接把店铺开进了古玩城、商场，除了传统的典当业务之外，又开设了诸多新的业务，这些业务拓展迅速，有的已经占领了当地商场、百货大楼、古玩市场。另外，寄卖物品的种类变化也比较明显。从原来的绝当品，逐渐延伸至手表、贵金属、珠宝玉石、书画古董等物品的销售，而且有固定的商家合作。选择这一门类的初衷比较明确，这类物品受众群体比较广，容易促成交易。"寄卖"是从典当行的绝当品销售衍生出来的，不再是典当的概念，而是从典当脱离出来的一种新业态。因为绝当率有限，典当行又有鉴定和评估的优势，所以通过绝当品延伸做了一种创新，就是"寄卖"。这类典当行有寄卖公司的单独牌照，也不全是客户的绝当品，也有合作商家的物品在典当行的平台上进行销售。典当行承担鉴定和赔付责任，既有品牌背书来保真，又比市场便宜。可以说，这种模式有很大的发展空间。

　　3. 典当业的发展现状

　　1）资产总额上升，业务结构保持稳定

　　截至 2017 年 12 月底，全国共有典当企业 8 483 家，分支机构 950 家，注册资本 1 722.2 亿元，从业人员 4.9 万人。企业资产总额 1 668 亿元，同比上升 1.3%；负债合计 123.2 亿元，同比上升 8.7%；所有者权益合计 1 544.8亿元，资产负债率 7.4%。图 6-4 显示了 2010~2017 年中国典当行业企业数量变化。

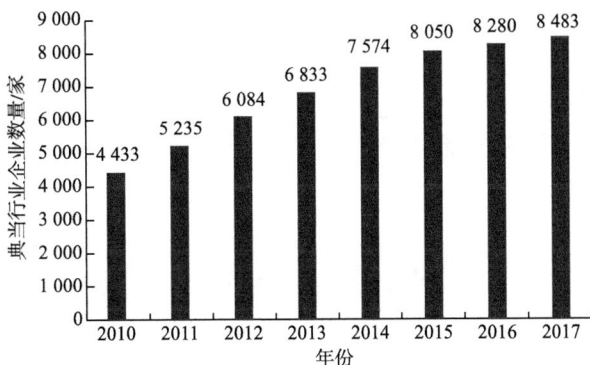

图 6-4 2010~2017 年中国典当行业企业数量变化

在实体经济增速放缓的背景下，典当行业依然保持着相对较快的发展，反映出实体经济对以典当为代表的小额、短期、快速的融资服务需求旺盛。由图 6-5 可见，2017 年，全行业实现典当总额 2 899.7 亿元，与上年相比减少 276.3 亿元，降幅约为 8.7%。其中，动产典当总额 950.8 亿元，同比降低约为 15.9%；房地产典当总额 1 516 亿元，同比降低约为 4.8%；财产权利典当总额 433 亿元，同比降低约为 4.5%。

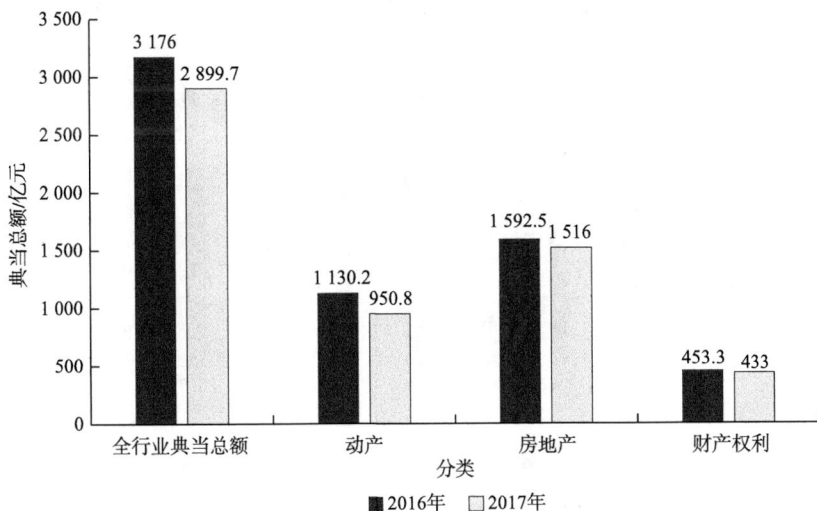

图 6-5 2016 年、2017 年中国典当行业典当总额情况

由图 6-6 可见，从业务结构来看，2017 年房地产典当占全部业务的 52.28%，动产典当占 32.79%，财产权利典当占 14.93%。与上年业务结构比较，动产典当业务占比有所下降，房地产典当业务和财产权利典当业务占比略有上升，房地产典当仍是行业主要业务。不过，房地产典当业务占过半比

重造成行业集中度过高，未来楼市价格波动对典当业的影响值得关注。

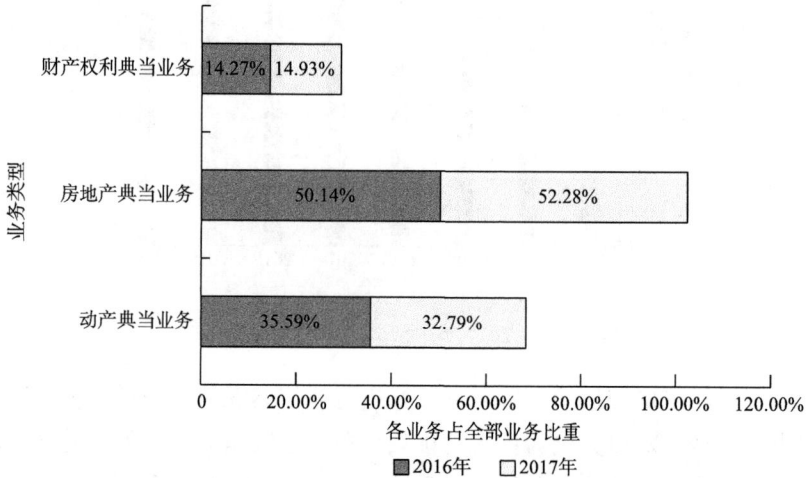

图 6-6　2016 年、2017 年中国典当行业业务结构图

另外，由图 6-7 可以看出，截至 2017 年 12 月底，典当余额 963.7 亿元，与上年相比增加 6.4 亿元，同比增长约为 0.67%。典当余额约占行业全部资产总额的 57.8%，行业的业务量、资金利用率都有进一步提升的空间。

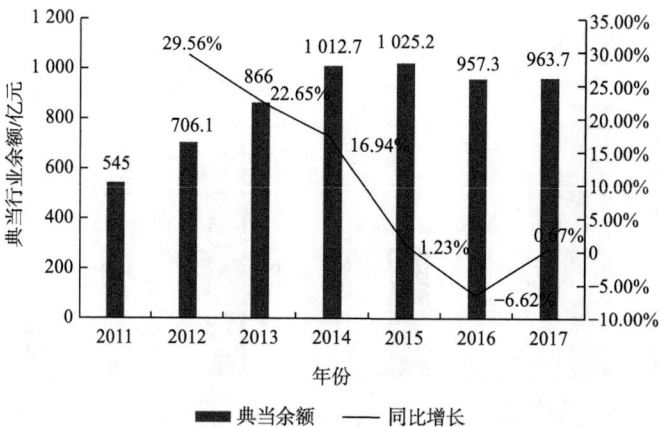

图 6-7　2011~2017 年中国典当行业余额及增速变化

2）营业收入下滑，总体营利能力上升

2017 年，典当行业全行业实现营业收入 91.2 亿元，同比降低 5.1%。其中，主营业务收入（利息及综合服务费收入）79.6 亿元，同比降低 8.2%。

虽然营业收入有所下降，但总体营利能力上升。2017 年，全行业实现营业利润 17 亿元，同比上升 8.6%；净利润 10.4 亿元，同比增长 3%。

但随着利率市场化改革加速推进，银行信贷结构正积极向小微企业倾斜，加上小贷公司等类金融机构发展迅猛，典当业在内外竞争压力下，行业亏损面与亏损额较上年有所上升。其中，出现亏损（营业利润为负）的企业有 3 100 家，亏损面 36.5%，较上年上升 6.8 个百分点；所有亏损企业的累计亏损额共 10.4 亿元，同比上升 4%。

3）平均单笔业务金额较上年有所上升

由图 6-8 可以看出，2017 年典当行业平均单笔业务金额 17.7 万元，同比增长约 6.6%。其中，动产典当平均单笔业务金额 6.5 万元，同比降低约 1.5%；房地产典当平均单笔业务金额 103.1 万元，同比增长约 7.5%；财产权利典当平均单笔业务金额 173.2 万元，同比降低约 0.6%。

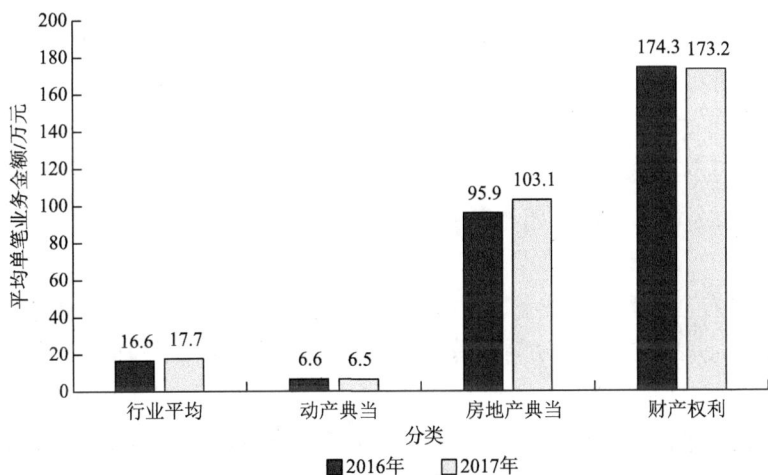

图 6-8　2016 年、2017 年中国典当行业平均单笔业务金额

4）典当行业发展展望

典当是快速实现小额融资的最高效、便捷的制度安排，与银行、小贷公司等相比有独特的优势，是主流金融体系必要而有益的补充，不会积聚系统性风险。不过，在宏观经济发展阶段、市场竞争加剧的背景下，加之社会上存在误解与偏见、管理法规依然悬而未决、政策环境不断趋紧，典当业生存和发展的空间受到较多限制。尤其是立法效率的低下和现行监管规定的滞后、低效与缺失，不仅导致典当行在业务经营、司法诉讼时面临的政策法规障碍甚多，也给行业自律和维护正常经营秩序带来困难，阻碍了行业健康发展。

要解决当前行业面临的各种挑战，今后必须加强顶层设计。一是建议主管部门立足典当功能，从制度设计、行业发展、监管思路等多个维度切实转变观念，落实国务院的一系列指导意见，把典当纳入为中小微企业和个人服务的金融体系，明晰长期发展战略和阶段性建设目标，为可持续发展奠定基础。二是围绕如何更好发挥典当的作用推出支持政策，为行业争取宽松的发展空间和更公平的竞争环境，更好地为客户服务。

4. 案例分析——艺术品典当悄然兴起，变现快、可赎回是最大优势

对于一些观众来说，有一个场景一定不会陌生：电视剧《乔家大院》就是从乔家将祖传的翡翠玉屏风送至当铺典当 3 000 两纹银开始的。后来在乔致庸生意陷入困境之时，乔家媳妇陆雨涵也为了生意周转，将镇宅之宝"翠玉白菜"送去典当，得到 30 万两白银支援丈夫，才使得乔家几次转危为安。剧中当铺的作用通过剧情演绎，表现得淋漓尽致。

尽管以上仅仅是戏中故事，但在现实中，艺术典当已经伴随着全民收藏热一同发展。特别是当收藏者急需资金周转时，由于近几年一直热炒的"艺术银行"并未形成气候，而国内一部分典当行看准商机，适时推出了艺术典当业务，几年下来，虽然涉及藏品业务的典当行并未形成爆炸式发展，但总体规模已经不容小觑，艺术品典当，已经成为艺术市场生态中不可或缺的一环。

业内人士认为，传统上，艺术品典当一直是典当行业的主要业务，然而如今的艺术品典当属于"闻着香吃着麻烦"类的生意，与其他典当业务相比，艺术品典当在定价、利率、鉴定、保存、回购等方面具有极强专业性，而业务的生意周期长短不一，使得这项业务在国内发展并不顺利。不过，记者在采访中发现行内人士和专家都一致认为，艺术品典当从长远发展来看依然乐观，随着艺术品交易整个链条的完善和专业化提高，艺术品典当必定会迎来复兴的一天。

1）行业现状：涉足艺术品业务的典当行不足 5‰

在古代小说中，文人墨客每逢生活过不下去，拿些祖传书画、宝剑送至典当行换些银两的情节并不少见。但如今，你如果哪一天抱着书画想去换点钱出来，可能会发现无人接受。2014 年，文化部市场中心做过统计，目前在全国近 7 000 家典当行中，从事艺术品典当业务的只占 5‰，而真正开展相关业务并具有一定规模的典当行大概只有 20 家。

在艺术品市场繁荣的今天，艺术品典当却为何少人问津？上海亿通典当行首席执行官裘海说："其实道理很简单，举个例子来说，如果有人拿黄金来典当，我们只要确认黄金是真的，就完全可以按照当日的黄金价格进行处理，'有法可依'。可是艺术品不同，每件艺术品由于所处历史时期、作者的

知名度、收藏价值等原因，市场价格都不尽相同，这就很难得出一个统一的价格评估体系。"

裘海的困惑在典当行业极为普遍。上海东方典当有限公司董事长王福明说："尽管我们的艺术品业务开展还算不错，但绝大部分送货至柜台的客户也很少能抵押借出钱来。原因在于我们两个鉴定评估小组每天要面对的赝品数量远超真品，有时候一天下来，也只能有一两件被评估为'送专家处鉴定'。我的一位老客户，房子、车子都在我这儿抵押过，有一次请我们的评鉴小组组长去他家看，一屋子的'宋代五大名窑'和'元青花'，他想打包抵押出 5 000 万元，周转两个月，可我们的专家认为，他一屋子的东西最多值一辆奥拓，还是友情价。"

2）业务瓶颈：人才和艺术品鉴定体系缺失

在典当行业有个默认的说法："艺术品的典当融资范围直接决定了典当行的实力。"这句话其实也道出了很多典当行无法分食艺术品典当这块诱人大蛋糕的主因：缺乏艺术品鉴定的专业人才——鉴定师。

上海著名文物专家蔡国声曾针对艺术典当行业人才匮乏感慨道："艺术品鉴定涉及的知识面很广，不仅要求鉴定师要饱览群书，还需要有一定的深度。就一幅字画来说，鉴定师需要对这个画家有很透彻的了解，如画家所处时期的绘画特点，画家人生不同时期的绘画风格，画家不同时期的字画市场价值，等等。现在具备这种素质的鉴定人才在整个上海乃至全国，都寥寥无几。很多典当行鉴定艺术品都需要请专家帮忙把关。"

"举个例子来说，有顾客带着一件'永乐青花'去典当，行里人都知道，在市场上，不仅产地在景德镇官窑的青花被称为永乐青花，那些景德镇民窑产的，同为明代时期仿造的，甚至清代、近代乃至现代后仿的永乐青花层出不穷，这就到考验我们鉴定师功力的时候了，看准了成本，给对了典当金额，这笔买卖才划算，否则风险就得我们典当行承担。"王福明说。据他的介绍，通常来说，店里的员工从试用期到真正上手大约需要三年的时间，还只能接手一类业务，因此人力培养成本相对较大。

也曾有人建议，国内那么多专家，为何不请专家直接给出权威鉴定呢？王福明分析说，请专家鉴定，有权威性，但需注意的是，通常一位专家的鉴定结果难以使经营者信服，而多个专家鉴定就存在甲乙认为是真、丙认为是假等意见不统一的情况，可能最终因为没有一个统一的答案，这笔买卖就告吹了，但典当行还不得不面对支付高额专家鉴定费的尴尬局面。

在采访过程中，几位业内人士不约而同地认为，现在各家典当行对艺术品典当业务鉴定师的要求都很高，其中一个重要的原因就是市场上假货横行，高仿真赝品时常现身，稍不留意，典当行就需承担较高的风险。

3）发展前景：艺术品典当融资或成行业主流

如此看来，在艺术品市场鱼龙混杂的背景下，艺术品典当融资并没有得到完全认可。不过目前看来，小额艺术品典当业务正逐渐发展壮大。上海云台典当总经理梁博明表示，这两年艺术品市场较前几年低迷，正是低价吃进艺术品的好时机。云台典当从 2013 年开始就以拍卖成交价 10%~50%的金额提供短期抵押资金周转业务，由于月息不高，梁博明的生意颇受那些几年前冲进拍场想捞一笔但如今出货无门的买家欢迎。这部分买家中，有相当一部分会"绝当"，这样梁博明的当铺也成为圈内人士淘宝的好去处。梁博明表示，一般来说，只要"收货"时控制得当，低价吃进的"绝当"艺术品并不难"高抛"。

梁博明表示，开办典当行十多年来，他对于艺术品典当有三个原则：①不碰当代艺术；②不碰来历不明的文物；③无论多值钱的物件，都不能占用超过公司 10%的资金。

对于行业发展前景，裘海认为，除了艺术品转售生意外，艺术品典当融资应该是以后本行业得天独厚的优势，因为与艺术品拍卖相比，对于半年以内的短期融资，艺术品典当在成本及时间上更具优势。与拍卖相比，一般来讲，艺术品典当可以拿到当品市场价值 10%~50%的当金。尽管比市场价格少很多，但可以赎回，这就不同于拍卖，一件东西可以"失而复得"，并且还能够拿到应急资金，而代价仅仅是每月 4%左右的佣金（拍卖行佣金多为15%~20%）。他说："典当变现快等行业特点正日益成为很多收藏家所需要的艺术品变现渠道。"

美欧资本金融控股的合伙人李旭东表示，在艺术品市场繁荣的大背景下，艺术品典当在国内作为一种新兴的艺术品变现方式在未来可能会成为主流。国外艺术品市场已经给出很好的例证。艺术品变现的渠道将会日益多样化，除去拍卖，人们还有很多选择。典当作为艺术品市场中的一部分，也是常见的融资方式，一般可占到整个艺术品市场份额的 10%左右。在美欧和日本，拍卖、抵押、典当等融资方式即使不能说分庭抗礼，但也呈多足鼎立的态势。

6.3　艺术金融资产的运作

艺术金融资产的运作工具主要包括艺术基金、艺术信托、艺术银行、艺术品证券、艺术品保险。针对每种艺术金融资产的运作工具，本节首先紧密围绕其内涵、功能特点、运作机制详细介绍，其次探究其在我国的发展现状及趋势、发展中的瓶颈及相关对策，最后通过分析国内外典型案例进行深入探讨。

6.3.1　艺术基金

近年来，艺术基金开始悄然进入人们的视野中，并且受到越来越多人的关注。艺术基金以投资艺术品为目的，将艺术品视为衍生性金融商品操作，具有收益性和增值潜能的特点。在西方国家，艺术品投资基金起步较早，发展相对成熟，已经具有比较完善的政策、法规和监管机制。在中国，艺术基金才刚刚起步，正处于"摸着石头过河"的阶段，但是势头迅猛，呈几何式膨胀。

1. 艺术基金的特点

艺术基金是指按照共同投资、共担风险、共享收益的基本原则，运用现代信托关系的机制，将投资者的分散资金集中起来投资于艺术品市场以实现预期投资目的的一种独立核算的投资组织。艺术基金不同于一般基金，因为艺术品所具有的特别属性需要投资者区别对待，艺术基金主要有以下五大特点。

第一，长期性。中国过去对于艺术品投资的时间描述如下："土地 5 年涨 1 倍，古董 10 年涨 6 倍。"这说明投资艺术品不同于买股票，可以朝买夕卖。从目前的情况来看，艺术品市场已经过了价格高速增长期，指望短期内获得高额回报的可能性不大，所以更应注重长期运作，通过长线的投资计划来管理艺术品。

第二，非暴利性。其实艺术品投资的回报率并非人们想象中那么高，艺术品投资也不是什么暴利产业，一些看似天价的作品，在除以其漫长的投资期限后，平均下来的回报率也就属于正常了。此外，艺术基金为了分散风险，通常会投资多个艺术品类，所以对艺术品类的整体把握更为重要。最为知名的英国铁路养老基金在除以近 25 年的投资周期后，收益率为 13.1%，在基金行业中并不算太高。

第三，规模性。世界经济的发展史表明，任何一个产业没有金融资本的进入，是发展不起来的，艺术品同样也不例外，况且艺术品由于难以变现的特殊属性，更需要大量资金的支持。金融与艺术品投资的融合已经成为发达国家艺术品市场的主要推动力。在国外，艺术基金早已是司空见惯的经济现象，其种类也呈多样化形态，并且有不断创新趋势。

第四，复合性。艺术基金是横跨艺术品和金融两个领域的产物，所以需要的是同时具备艺术品和金融两种知识的复合型人才。复合型的人才并不等同于复合型的人才队伍，因为复合型团队中成员由于专业知识的不同理念难免会有分歧，对艺术品的理解更会产生较大出入，影响其投资选择。

第五，严谨性。众所周知，艺术品市场很难形成公认的价值标准。如果没有严谨的投资计划，就会使艺术基金的管理规则较为混乱，这也是大量原本可以进入艺术品市场的资金始终徘徊在市场之外的原因，阻碍了市场发展和繁荣。另外，艺术潮流一般是无法预测的，没有任何数据或者模型可以准确预测艺术品市场的热点方向，这就更需要艺术基金管理者对此有严谨计划以规避可能出现的种种风险。

2. 艺术基金的运作方式

基金的运作方式是指基金在运行和操作过程中所应具有的工作方式。简单来说，艺术品投资基金的运作是由基金经理人游说投资人提供资金，选择需要购买的作品，把它们合理保存起来，等待作品升值的若干年后出售作品，兑现获利。目前国外艺术基金的运作模式主要有四种：艺术品组合投资模式、艺术品对冲投资模式、艺术家共同信托投资模式和文化产业发展引导投资模式。在国内，近些年则存在文化产业发展引导基金——艺术基金的模式。

1）艺术品组合投资基金

艺术品组合投资基金基于资产组合理论。资产组合风险管理的主要原则是将资产组合内的各项资产分散化并进行有效的配置。配置相关性较低的资产，就有可能使资产组合的整体风险低于单个资产的风险。对于艺术品来说，不同类型的艺术品、差异化的艺术市场板块、风格各异的艺术家通常也不会以相同的速率或涨或跌。构建出艺术品的资产组合，可以使其整体风险低于单个艺术品或艺术家的风险，并获得较高的整体收益率。正是不同资产之间、不同资产内部及不同门类之间的弱相关性，促进了艺术行业共同基金的发展，这类共同基金从市场上募集了大量的资金，通过持有不同艺术门类的艺术品建立一个分散性较强的投资组合。

2）艺术品对冲投资基金

对冲就是投资者为了规避或减少风险，在衍生品市场建立与其标的资产（underlying asset）市场相反的操作，以达到以一个市场的盈利来弥补另一个市场亏损的目的。对冲需要创造源于标的资产的衍生品，衍生品和标的资产的价格变化存在同一性，这样才能通过买入标的资产、卖出衍生品，或卖出标的资产、买入衍生品的方式进行风险对冲、套期套利的活动。

3）艺术家共同信托投资基金

艺术家共同信托基金是直接针对艺术家的艺术基金,如美国的艺术家共同信托（artist pension trust）和艺术经纪人基金（art dealer fund）。当然,在这类艺术基金中,最有创意的还属艺术家共同信托。艺术家共同信托是世界上第一家专门针对新生代艺术家和著名艺术家,以实物作为资本投入为特征的中长期信托投资计划。艺术家共同信托由总部设在纽约的共同艺术公司（Mutual Art）创办。艺术家共同信托参考了社会保险的运作模式,将艺术与金融有机地结合在了一起。

4）文化产业发展引导投资基金——艺术基金

文化产业发展引导基金是指由省级政府出资设立,不单纯以营利为目的,并按市场化方式募集运作的政策性基金。文化产业发展引导基金主要来源于省级财政预算安排用于支持文化企业发展等方面的专项资金,其他政府性资金,以及引导基金运行中产生的收益,等等。引导基金参股设立的子基金应主要投资于行政区域内的文化企业,主要投资领域为新闻出版、广播电影电视、演艺娱乐、印刷发行、网络动漫、广告会展、文化旅游、文化艺术及艺术品等产业,重点投资于文化创意、数字出版、移动多媒体、动漫游戏等新兴文化产业和种子期、初创期中小微文化企业。

3. 艺术基金的发展现状

（1）完善的艺术品投融资体系。艺术品市场与金融市场的进一步对接,会给艺术品创作提供更好的环境。建立完善的艺术金融服务体系对中国的艺术品市场进一步发展以及中国艺术品市场的国际化都具有重要的意义。在符合国家相关规定的前提下,多带动社会资本参与艺术品市场投资,在不断完善整个金融产业链的同时,为艺术品市场提供更多的安全保障,并给艺术基金市场带来源源不断的活力。

（2）规范运作模式,透明监管体制。因为艺术品估值问题的存在使艺术基金中成本价与实际价格之间往往存在着差异,有些基金管理团队更是将这种差异作为潜在的盈利空间。为此,必须建立起透明的监管体制,规范基金的运作模式,完善信息披露制度,使艺术基金的运作透明化、规范化,在保护投资者利益的同时给予投资者足够的信心。

（3）多样化的退出模式。艺术基金的退出问题一直是困扰众多基金管理者和投资人的首要问题。艺术基金的退出不难,难在有盈利的退出。成熟的艺术基金会在发售之时就对退出的方案和路线做出预案。目前,艺术基金面临着集中退出、线路单一的问题。开拓有效退出渠道，更好地运用现有的市场资源是使艺术品安全退出并获得合理投资回报需要特别关注的。此外，权益协议转让、被其他基金并购或新成立基金整体收购等都可以成为未来艺术基金的退出方式。

4. 案例分析——"熊皮"俱乐部艺术投资基金

"熊皮"俱乐部艺术投资基金（以下简称熊皮基金）是历史上第一只艺术品基金，它不仅仅创造了艺术价值增值的神话，更为重要的是它生动再现了 20 世纪初先锋艺术的发展：市场，并非阻力，恰恰相反，因与官方艺术赞助相抗衡，从而具有某种"民主"的意味，承载并助推了先锋艺术的发展，以商业价值为艺术价值做了有力备注与佐证。纵观熊皮基金 1904~1914 年的价格水平，不难发现，尽管如凡·高、高更等的作品在 1914 年那场拍卖会上表现不俗，但仍属当时这类作品的正常价格。与此形成鲜明对比的恰恰是十年前价格低廉的毕加索、马蒂斯等的作品，如毕加索的《杂耍者》（1905 年），"熊皮"俱乐部以 1 000 法郎购入，1914 年拍卖会上以 11 500 法郎成交，此类价格暴涨的艺术家作品成为"熊皮"投资标的资产增值的关键部分（袁玥，2016）。

（1）兴起。熊皮基金的兴起得益于当时的大环境土壤。19 世纪王权文化让位于现代精英文化的趋势仍在蔓延，以咖啡馆、画廊、酒馆为代表的社会新兴公共空间中公众与民众同时存在，从而成为现代精英文化向公共文化的过渡地带。与之相伴，发轫于 19 世纪下半叶的现代主义艺术运动，至第一次世界大战前，已形成若干代表性的艺术流派。种种流派混杂着新旧世纪之交的复杂情绪，新的阶层逐渐酿成特定"场域"，以及新的商业模式与手段。19 世纪后期，商业画廊开始崛起，打破了官方艺术沙龙的绝对垄断。熊皮基金就是在这样的土壤中孕育而生。

（2）基金的人员构成。从人员构成来说，"熊皮"俱乐部共由 13 人组成，以列维为中心，其他大部分人是彼时法国律师界和商界的精英青年，如埃米勒、杰奎斯、毛利斯、埃德蒙等，这些人大部分来自新兴的资产阶级家庭。列维在其中扮演了三层身份：首先，他是一名资深的收藏家；其次，他是熊皮基金的投资人；最后，他还是熊皮基金的管理人。前两层的身份带给了他关于艺术市场的丰富经验。

（3）基金的募集。熊皮基金的募集在今天看来非常简单且稳定：包括列维在内，"熊皮"俱乐部有 13 名成员，原则上每人每年投入 250 法郎，但实际上，每年共有 11 份等额资金（250 法郎）投入俱乐部，从 1904 年开始，持续十年，共募集 27 500 法郎购买艺术品。对于他们而言，每年在艺术品的购藏与投资上投入不到总收入的 15%或更低，既不会有什么负担，又会平添审美与冒险的双重乐趣。对照今天，高净值人群通常在艺术上投入资产总额的 10%左右，"熊皮"俱乐部成员的投入显然不高。

（4）基金标的的购买。熊皮基金选择的主要藏品是当时的先锋艺术而非 19 世纪末法国艺术，后印象主义占一小部分，野兽派和毕加索作品所占比重最大。在每周前往蒙马特尔的艺术寻觅之旅中，安德烈最初在二手货商兼画商有限的人际网络中不断搜索，练就了灵敏的洞察力。彼时的法国经营 20 世纪先锋艺术的画廊少之又少，常常要在杂货店与小古董店中淘。在小画廊、杂货店、未出名的艺术家处，列维和他的"熊皮"俱乐部不断购买并扩充他们的藏品。1904~1913 年的十年间，"熊皮"俱乐部每年花费 2 750 法郎共购买了 88 幅油画和 56 幅其他种类的纸上作品，涉及艺术家包括马蒂斯、凡·高、毕加索、安德烈·德兰、阿尔贝、雷东等，涵盖了象征主义、印象派、纳比派、野兽派、立体主义等。具体如图 6-9 所示。

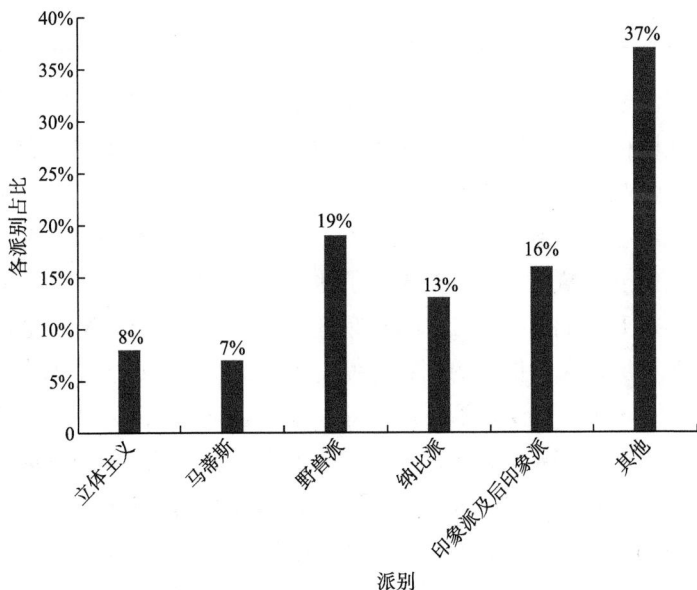

图 6-9　熊皮基金投资的艺术品派别及比例

（5）退出与兑现。1914 年 3 月 2 日，列维在巴黎德鲁奥拍卖行举办了"熊皮"俱乐部藏品的专场拍卖。这是一次大西洋两岸艺术家、艺评人、画商、藏家及馆长们很关注的拍卖。"熊皮"俱乐部所藏的 145 幅艺术品拍卖总额达到 116 545 法郎，是投资总额 27 500 法郎的 4.238 倍，如表 6-2 所示。"熊皮"俱乐部成立时就立约：十年期满时，基金自动溶解，如果有利可图，投资人将收回本金，再加上 3.5%的利息。如此外还有剩余，20%作为工作酬劳分给列维；20%将资助给所有藏品的创作者们，最后剩余的部分会在投资人中再分发。

表 6-2　熊皮基金投资收益明细表

总投入/法郎	27 500
总收入/法郎	116 545
总运营成本/法郎	25 838
利润/法郎	63 207
一般投资人收入/法郎	6 035.15
一般投资人年回报率	24.141%
列维的投资收入/法郎	18 676.15
列维的投资年回报率	74.705%
艺术家所受资助/法郎	12 641

（6）经验。熊皮基金运作的成功，给艺术品投资留下了浓墨重彩的一笔，回顾这场投资，我们不难看出其中的一些启示与示范效果。第一，注重对艺术家的反哺与资助。例如，毕加索的画作的成功包含了两类人的赞助：一类是在他职业生涯刚起步阶段给予赞助的同乡；另一类是经济实力雄厚并伴随他成长的外国藏家。前一类人给了他生活的保障，后一类人凭借家族地位为他的画作升值加磅。第二，基金管理人的选取需要有独特的价值判断和眼光。列维对于艺术品价值的洞察才使得他力排众议，成就了熊皮基金。第三，投资标的的收益需要艺术品市场的承载。与今天国内的许多艺术品投资基金投资期限 2~3 年相比，熊皮基金的投资期明显过长。但也正因如此，熊皮基金系列藏品的价格增长是经历了艺术市场的孕育与淬炼的，是有本之木。第四，投资标的的变现通道设计不可或缺。1914 年，熊皮基金溶解时，它经历了一场盛大的拍卖。列维没有采取私下洽购等方式，而是在对先锋艺术市场行情充分了解的理性判断下，选择了拍卖作为变现通道。列维从信息传播、场地选择、氛围营造到嘉宾邀请、俱乐部成员购买及无形中的与画商合谋都步步为营。通过拍卖会顺利实现了投资标的的变现及投资人的收益分成。

6.3.2 艺术信托

任何一个国家缺少资本市场的支持都会缺乏活力与动力，是没有前途的。拉开发展中国艺术信托市场的序幕，是中国艺术品市场极为重要的一步，我国艺术信托的实际发行产品数量却远不如基建、矿产和房地产信托（real estate investment trust，REIT），信托公司一般将其归为另类投资信托，是指信托资金投资于包括艺术品、酒类、茶类、古董及贵金属在内的领域。目前艺术信托业只剩下少数几家信托公司在维系，让人无法看到行业前景，这应当引起我们足够的重视。

1. 艺术信托的功能

1）资金融通功能

信托具备受人之托，代人理财的功能，实现闲余资金与资金缺乏方之间的融通，同时帮助闲余资金保值增值。进入艺术品投资市场的资金门槛要求较高，一般投资者很难具备要求，而通过信托制度的设计，将参与艺术品投资的资金门槛降低，为艺术品市场融得了大量资金，实现了信托的财产管理功能。

2）投资开发功能

投资业务是信托机构主要信托业务的组成部分，因此，早期我国大多数信托机构的名称都采用"信托投资公司"。投资开发功能是指受托人按照约定将信托财产投资于艺术品市场，最终实现信托财产的保值增值目的。艺术品的特殊性，对投资者的个人鉴赏能力、审美情趣等都有较高要求；而信托公司通过引入专门的艺术品鉴定机构作为投资顾问，可以为普通的投资者开发艺术品投资。

3）中介服务功能

中介服务功能是指信托沟通和协调各经济主体的经济关系，并提供咨询、举荐、承销发行等服务的功能。信托基金以机构投资的方式进入艺术品市场，比普通的个人投资者更有优势：一方面，通过信托公司和第三方投资顾问的渠道，往往可以获得更多的艺术品信息；另一方面，机构投资者往往比个人投资者更易得到目标艺术品。

综上所述，鉴于信托具有的多重金融功能特点，如果能将艺术品投资与信托业务的运作模式有机地结合起来，一方面能降低艺术品投资的资金门槛和技术门槛，有效解决艺术品投资单笔投资规模较大，投资及鉴赏经验要求较高等问题，使得更多的投资者可以参与到艺术品的投资领域，并享受艺术品投资带来的丰厚利益回报；另一方面，凭借其艺术品资产，艺术品所有者也可以通过资本市场更快捷有效地获得其需要的流动资金。资金通过信托运作的过程，可以使多方获益，推动了资本市场的发展。

2. 艺术信托的运作流程

艺术信托中主要有委托人（即符合条件的投资人）、受托人（即信托公司）和受益人（由委托人指定的取得信托利益的人，当受益人是委托人自己时为"自益信托"），其运作包括签订信托合同、信托管理、信托收益分配和艺术信托的终止。

1）签订信托合同

委托人将自己合法拥有的资金委托给作为受托人的信托公司，并与受托人签订信托合同等一系列书面文件，在信托期限内，将信托资金交由受托人管理，由受托人运用其良好的市场运作经验，并借助其他机构的权威、技术将资金用于艺术品市场，实现信托资金的保值增值。《中华人民共和国信托法》（以下简称《信托法》）第八条对于信托合同的书面形式做出了明确的规定。

2）信托公司对信托财产进行管理

艺术信托中，信托财产是指投资人委托给信托公司的资金，受托人应依照信托目的进行管理。无论是发放贷款并以艺术品作为抵质押担保，还是在投资顾问的指导下直接投资艺术品并拍卖已获得增值收益，都需要受托人严格按照信托合同的要求尽职尽责。

3）信托收益分配

信托期限届满时，融资型艺术信托应当已经收回本息，投资型和管理型应当已经将信托财产投向的艺术品拍卖，所得的全部资金应当按照合同约定的比例和顺序分配给信托当事人，信托终止。

4）艺术信托的终止

艺术信托的终止，是指艺术信托关系因为发生了法律或信托文件规定的事由，而消灭整个艺术信托法律关系的情形。除了法定的终止情形，艺术信托还可能因下列原因而终止：第一，信托合同约定的期限届满；第二，触及信托合同中约定的警戒线、止损线，发生信托强行平仓的现象。警戒线、止损线原本更多地运用在证券投资类信托中，将风险控制在一定程度上，在实践中，也会被设计到艺术信托中。当然，艺术信托还存在如何估值，以及需要时是否能及时变现的问题，这些都需要在实践中进一步细化。

3. 艺术信托的发展现状

1) 政策制度环境还有待改善

艺术品信托基金是无法单靠自身的力量实现实质性飞跃的, 必须依靠国家文化战略的支持和政策法规方面的完善。目前的制度欠缺主要体现在以下方面: 一是权利确认体系不健全, 艺术品交易过程中存在所有权不清晰的情况。尤其是在艺术品多人共有和艺术品质押的情况下, 没有明确的权利登记确认机构, 而委托公证或质押公证是没办法解决这个问题的。这也是造成艺术品交易市场混乱的原因之一。二是缺乏对艺术品真实身份、艺术品交易人等信息的登记平台, 也缺乏对艺术品市场统一管理的监管机构。相对于艺术品的高价值而言, 对交易对手的信用状况却无从考量, 这也会制约艺术品信托基金的发展。

2) 艺术品拍卖市场仍显混乱

中国艺术品拍卖市场出现混乱、无序状态的重要原因是主体发育与体系建设问题, 此外还涉及诚信、评估鉴定、价格及监管体系等。赝品充斥市场, 制假、售假现象令服务标准及规范无从谈起。现行法规对制假的惩罚力度低, 市场也不规范, 这使当前的艺术品市场鱼目混珠、真假难辨。艺术品拍卖的监管法规不健全, 监督力度不够, 使政府管理部门对艺术品拍卖的监管在艺术交易领域失灵。同时, 拍卖行业不仅缺乏专业人才, 还存在二级市场热、一级市场冷的倒挂局面。画廊等市场主体发展困难, 则造成拍卖市场基础的不稳固。总而言之, "政府—行业组织—市场" 三个层面应共同协作, 加强对市场工作的领导, 完善行业组织与管理, 建设完善的市场体系。

3) 艺术品鉴定评估缺乏权威

由于历史文化等多方面原因, 虽然很多机构提供艺术品的鉴别服务和估值服务, 但其权威性常受到质疑, 使得中国书画、古玩等艺术品在国际市场销售不畅, 价格不高, 也影响了艺术品信托的发展。规范并解决鉴定与评估问题是艺术品信托基金做大做强的保障。目前市场交易过程中保险、托管、确权、鉴定、评估定价等都没能很好地解决, 特别是鉴定与评估问题最为突出。鉴定科学体系已基本上解决了架构体系与知识点, 建立起 "艺术鉴定 (经验鉴定) +科学鉴定+科学规范流程" 的方法论, 但系统化和实用化仍需整合。同时, 价值分析与评估是艺术品交易的基础, 市场价格是重要的参考, 核心是建立能够整合价值评判标准与推动市场定价资源的机制, 形成公允市场价格, 遏制虚假交易。

4）知识产权保护需要完善

在知识产权保护欠缺的状态下，艺术品无法成为"生息资产"，表现在艺术品投资被局限于以"资本利得"为主要收益形式，艺术品投资基金以"封闭式"为主要运作框架模式上。在知识产权保护体系完善的情况下，艺术作品的衍生行业会随之蓬勃发展，艺术作品的投资收益不仅会体现在作品本身的价值提升上，还会体现在衍生收入上，如画像使用权收益等。艺术品衍生收入令艺术品所有者产生一定的未来现金流，艺术品亦成为生息资产。这不仅有利于艺术品二级市场的估价计算，也有助于开放式艺术品投资基金的市场估值，推动开放式艺术品基金的进一步发展。

4. 案例分析——信托探究：近期艺术品信托财产离奇丢失事件解读

1）艺术品信托财产丢失要点回顾

2019 年 1 月底，某大型信托公司艺术品信托名下的艺术品丢失事件曝光。根据该信托公司的法庭陈述，被告人杨某在担任该信托公司执行经理期间，发生艺术品丢失事件，造成约 200 万元的损失。信托公司认为，被告在该项目管理过程中存在严重失职。但吊诡的是，原告在公安机关未查明物品丢失的时间与原因，根据信托公司提交的现有证据，亦不能明确认定杨某在该项目中所应承担的具体职责范围，不能证明杨某与艺术品丢失之间存在关联性，且该项目组成员有三人，杨某不是主要负责人。最终，信托公司解除了与杨某的劳动关系。

这起诉讼围绕的主要是艺术品丢失事件所引发的劳动关系纠纷。那么从这起丢失事件，是否可以看出当前艺术品信托存在的某些问题呢？

这起丢失事件有以下几个要点或者疑点。

（1）艺术品丢失事件离奇。信托计划中的艺术品，通过在银行租用保险箱的方式进行保管，在此过程中发生财产丢失事件，一直未能查明原因。

银行的保险箱业务有固定的流程，为何发生财产丢失，却一直未查找出原因？根据商业银行保险箱的管理规则，从保险箱中取出财产，需要账户所有人持本人身份证，进行验证密码的操作，随后在银行工作人员的陪同下，进行财物的取出。取出过程中，要通过名为"双人双锁"的两道流程。在保险箱外，亦有视频监控。在重重防备下，如何丢失？实在令人不解。

（2）个人名义保险箱保管公司财产有较大隐患。杨某作为负责该项目的小组成员、信托执行经理，最初是保险箱的开箱人之一，后期该信托计划的艺术品则以杨某个人名义租用保险箱进行保管。

公司业务所用保险柜竟然使用个人名义进行租用，与理不符。从这件事明显可以看出，低迷的状态导致低落的士气与草率的态度，草率的态度必然以得过且过的方式工作。信托公司在艺术品信托上没有赚头，才会对信托计划的后续管理采取放任自流的态度，由此出现使用个人名义租用的保险箱存放信托财产的现象，这样极易出现操作风险。例如，如果杨某想取出信托财产，可以不知会其他小组成员，也不需要上级领导审批。整个信托计划寄托于某人的私德之上。

（3）信托计划权责不明晰。信托计划小组成员有三人，包括单某、刘某和杨某，作为项目组的主要负责人，单某在艺术品丢失后自行离职。单某作为项目组的主要负责人，在艺术品丢失后自行离职，而并未被追究责任。这说明在信托计划最初的设计中，并没有很好地明确每个客户经理的职责。例如，如果出现了上文提到的操作风险，项目组的成员该分别承担何种责任，应该在计划成立之前就明确，而非在风险真正出现后，任由部分责任人自行离职。这一类的权责不明确问题可能还存在很多，本次事件可能只是问题的冰山一角。

（4）信托公司对于艺术品市场缺乏了解。信托计划以所募集资金根据投资顾问的建议进行象牙、玉器、寿山石、紫檀、端砚等古代稀缺性材质雕刻艺术品交易。

信托计划说明书中关于艺术品的信息缺乏准确性，象牙、寿山石、紫檀属于材料的范畴，而玉器是器物的范畴，端砚则是器物这个大类下的一个细分。这三类概念有较大的区别，不宜统称为"古代稀缺性材质雕刻艺术品"。

而且"古代稀缺性材质雕刻艺术品"这个概念也比较模糊，基本可以认定为生造。这个名词中的"古代"是指材质是古代的，还是这个艺术品是古代的，不甚明确。例如，玉石、寿山石和端砚石，都是史前时代由于地质变化形成的，而紫檀的生长周期也较长，最少要 100 年才能成材，且成材率低，有"十檀九空"、"节屈不直"和"粗不赢握"之法。这些材料本来就够"古"，那么就只能理解成这类艺术品是"古代"制作的。

但是，根据新闻报道，丢失的艺术品是现代艺术家完成的，那么这就不能称为古代艺术品。

此外，象牙贸易在全球已是臭名昭著，国务院办公厅 2016 年 12 月 30 日发布通知，宣布于 2017 年 12 月 31 日全面停止商业性象牙加工销售活动。2017 年 12 月 31 日前，国家林业局（现为国家林业和草原局）发出通知，要求对有关象牙加工单位和销售场所按照截止期限进行自查。交易现代艺术家创作的象牙制品在 2017 年 12 月 31 日之后属于违法。

这点说明了信托公司经营人员对艺术品市场基本没有了解，可能一叶障目，只是关注了艺术品市场的暴利，在某些艺术品掮客天花乱坠的游说下，就被忽悠进去了。把象牙写进说明书，反映了其对当今艺术市场舆论和国家政策把握不到位。随着环保意识的增强，象牙交易已经被大多数国家所抵制。

2）对艺术品信托的反思

2012 年，伴随着艺术品市场逐渐进入调整期，艺术品信托市场便迅速回落，其发行规模和数量出现了大幅下滑。进入 2014 年后，随着国内艺术市场进入结构性调整，艺术品信托市场依然没有任何起色，产品发行数量跌至个位数。

这就不是简单的缺乏艺术品交易配套制度的问题了，这是整个市场不景气带来的系统性风险，德科地产频道指出，在经济持续不振的情况下，旅游地产这种非刚需的商品需求必然萎缩，而使用价值并不高的艺术品，情况可能更为严峻。关于艺术品市场的文章有许多，观点各异，十分全面，读者可以自行阅读并鉴别。

本节在对艺术品信托进行反思后，主要提出两个观点。

（1）对于不了解的行业，就算收益率奇高，也不建议信托公司进入。目前对于信托公司来讲，参与艺术市场，就像散户炒 A 股，怎么可能与那些掌握内幕信息的大型机构抗衡呢？

（2）信托公司即便要参与艺术市场，也应换一种思路，可以把慈善信托的模式引入，致力于文物保护和传统文化传承。

6.3.3　艺术银行

艺术银行实际上包括两方面的含义：以艺术机构为主体的艺术银行（art bank）和以金融机构为主体的艺术银行业务（art banking）。以艺术机构为主体的艺术银行在国际上通常是指由政府提供资金支持和政策保障的非政府文化艺术机构，购买优秀艺术家的作品，再将作品转租或销售给政府机关、公共空间、企业、私人用于陈列、装饰、收藏等。以金融机构为主体的艺术银行业务则是指由商业银行等金融机构针对艺术品开发的品鉴、收藏、保管、投资及抵押贷款等相关业务。

1. 艺术银行的功能

1）艺术银行建立了连通艺术品市场与投资者之间的一道桥梁

由于艺术品投资风险较大，如鉴别风险、估价风险、保管风险及套利风险等，因此，一般的投资者不敢擅自进入艺术品买卖市场。艺术银行正好可以通过其特有的服务来转化这些风险，为投资者提供一个较为安全的投资场所，解决了从鉴定、收藏和保管到贷款、抵押和信托等一系列长期困扰普通投资者的瓶颈性问题，这样就在普通投资者和艺术品投资市场之间建立起了一道桥梁，更有利于促进艺术品市场的繁荣和昌盛。

2）艺术银行能够按照银行的运作模式吸纳社会上的艺术品并营利

艺术银行的经营理论可参照银行。例如，银行通过吸收存款的方式，把社会各阶层的收入和储蓄集中起来，可以克服资金融通在数量、时间、地点、范围等方面的限制；本来是分散、小额的货币资金，经银行集中后就可以满足大额投资的需要；本来是期限不同的存款，经过银行的媒介作用进行期限匹配，就可以满足不同期限的借款需要。艺术银行可参照银行的经营理论运作。先由股东投资者参股投资组合而成艺术银行，吸纳社会上众多的艺术品收藏者的作品到艺术银行，再利用卖出、租赁艺术品等方式实现盈利。可以通过多种渠道吸纳社会上法人和单个自然人的艺术品，如采用购买社会上个人和法人单位的富有增值潜力的艺术品以达到使资本增值的目的，或者对于个人或单位愿意将其艺术品存放于艺术银行的，给予艺术品收藏者一定利率的收益来维持藏品的数量，以利于其将艺术品租赁出去并收取租金。

2. 艺术银行的运作模式

1）艺术理财服务模式

艺术理财服务主要包括艺术品理财顾问服务与艺术品综合理财服务。艺术品理财顾问服务是指艺术品理财服务机构向客户提供艺术品投资分析、艺术品投资建议、艺术品理财产品推介等专业化服务。艺术品综合理财服务是指艺术品理财服务机构在向客户提供艺术品理财顾问服务的基础上，接受客户的委托和授权，按照与客户事先约定的艺术品投资计划进行运作的业务活动。就目前的情况而言，我国商业银行典型的艺术理财服务主要有艺术基金和艺术信托，前文已详细介绍。

2）信贷模式

信贷是在资金不同所有者之间体现一定经济关系的借贷行为，目前商业性艺术银行开展的与艺术品相关的信贷模式主要有抵押贷款和按揭。

抵押贷款模式的特点是将银行、文化公司、博物馆评估委员会和投资者四者连接起来，因为较好地解决了真假鉴定、风险分担、艺术品保存和艺术品变现等比较棘手的问题，因此是现行中最具科学性、可行性、可推广性的模式。抵押贷款模式中，连接银行和投资者的是专业的团队。首先是评估委员会的专家团队，他们由于对艺术市场相对了解，故对艺术品的价格有一定的发言权，通过与他们合作，银行所关心的市场价值问题得到了有效解决；

其次是专业的保管机构，艺术品的保管要求很高，不同材质的艺术品对环境的温度、湿度、粉尘度要求都各不相同，而且目前艺术品的安全性是艺术市场面临的一个大问题。所以，博物馆作为专业的保管机构、是最安全、最资深的担保团队，为抵押品的变现提供了保证。

事实上，目前我国商业银行开展艺术品质押融资业务的并不多，主要是该项业务存在以下几方面的制约：一是缺乏具有相当公信力的艺术品鉴定、评估机构；二是缺乏专业的艺术品委托保管机构；三是艺术品难以迅速变现；四是缺乏相应的监管政策、法规及银行业务自主权和创新意识。

艺术按揭是以艺术品作抵押，获得银行贷款并依合同分期付清本息，贷款还清后银行归还抵押物。2005 年夏，北京中邦国际拍卖集团有限公司在北京保利大厦举行夏季拍卖会，此次拍卖会最大的焦点在于对拍卖价在2 000 万以上的拍品，买家可以到北京中邦国际拍卖集团有限公司指定的外资银行进行贷款，贷款额度不少于拍品总价的 50%。按揭的前提是抵押物的价格认定，而艺术品是所有商品中最难定价的一类。因此，一般商业银行关于艺术按揭的业务都开展得很少。不过，艺术品难定价不代表不能定价，拍卖就是一种相对合理的定价方式，所以艺术按揭这种模式在实行时要谨慎选择合作对象。

3）直接投资模式

艺术收藏因为涉及很多关于真假鉴定、价值评估、保存等专业性问题，所以对于一般的投资、收藏爱好者来说，介入门槛很高。因此绝大部分商业银行没有艺术藏品。但是也有部分银行因为历史或其他原因，又有着非常丰富的艺术收藏，如交通银行、中国银行、中国建设银行等。交通银行在其建行一百周年之际推出的馆藏展，藏品非常丰富、精彩。藏于中国银行香港分行和海外分行的艺术收藏品也因其精品多而备受关注。还有个别中资银行开始投入资金到艺术市场。直接投资除了能给银行带来不菲收益，还能带动整个艺术品市场的发展。国外商业银行介入艺术市场的成功模式显示，在获取高额收益的同时，艺术银行通过引导大众的审美和收藏投资方向的方式影响艺术市场，促进其发展。

3. 艺术银行的发展现状

目前在我国，无论是商业性的还是非商业性的艺术银行，它们的发展都具有极大的价值性与必要性。

首先，从国外（境外）艺术品金融发展的历史和现状来看，艺术银行模式是艺术金融发展的一种高级形态。艺术银行不仅是衡量一个国家金融业发展水平的指标，更是一个国家艺术市场健康繁荣与否的主要标志。世界上大凡金融市场与艺术市场发达的国家，均有著名的艺术银行相匹配，如美国摩根银行、德意志银行、瑞银集团、新加坡大华银行及星展银行、加拿大艺术银行、澳大利亚艺术银行等。就连联合国的一个专门机构——世界银行近年来也放弃了一直追求的经济发展计划，开始集中于减轻贫穷，支持教育、文化、艺术等领域的发展，"让创意说话"就是世界银行艺术项目的口号。该艺术项目主要在世界银行总部——美国华盛顿展开，以举办主题展览为主，并将征得的艺术品作为永久收藏，帮助世界各地财力有限的艺术家建立作品集、保管其艺术作品及保护其创意产权，并将这些艺术作品进行有偿租赁以资助艺术家的进一步创作。

其次，艺术银行都有商业目的，但从来都不以营利为其主要目的。尤其是非商业性艺术银行，从诞生之日起，其首要目的就在于扶持本国文化事业的发展，增加大众接触、了解和欣赏艺术品的机会。例如，澳大利亚艺术银行就是澳大利亚联邦政府支持文化事业的成功范例，主要功能是实施澳大利亚政府的艺术品出租计划，即收购本国艺术家及工艺品制作者的优秀作品，再向民众出租。出租作品时，租金以年为计算单位，年租金以 550 澳元起价，到期后可以更换或续租作品，租金里所含的税金也有鼓励政策，承租方可在财政年度内申请退税。这样经济实惠的方式不仅吸引了很多普通民众租赁艺术品，使普通的艺术爱好者也可以成为艺术品的拥有者，还为艺术家的创作提供了资金支持，可谓一举多得。

最后，探索发展艺术银行与国家鼓励文化艺术发展的政策方向是一致的。在文化大发展大繁荣政策的指导下，我国出台了一系列关于推进文化体制机制创新、加快对外文化贸易发展的意见与指导方针。2012 年 11 月 8 日，党的十八大报告提出，要让"文化产业成为国民经济支柱性产业"[①]。2014年 3 月 14 日，国务院发布《国务院关于推进文化创意和设计服务与相关产业融合发展的若干意见》。2014 年 3 月 17 日，文化部、财政部联合中国人民银行共同印发了《关于深入推进文化金融合作的意见》，强调加大金融支持文化消费力度。2014 年 4 月 30 日，财政部和文化部发布《关于推动 2014年度文化金融合作有关事项的通知》，明确将"巩固文化金融扶持计划"作为支持重点。这些政策的出台，为艺术银行的设立提供了坚实的政策后盾。

我国艺术银行业务的主要发展方向应该包括以下几点。

---

① 胡锦涛在中国共产党第十八次全国代表大会上的报告. http://cpc.people.com.cn/n/2012/1118/c64094-19612151.html，2012-11-08.

第一，艺术品收储业务。积极整合存量艺术资源，促进公共或私人分散存量的艺术品的收储。第二，艺术品租赁业务。积极推动政府采购，优先在公共场所、学校、行政办公楼等租展艺术银行的藏品。大力拓展针对外国使领馆、事业单位及大型企业的艺术品租赁业务，带动私人艺术消费。第三，艺术品投资业务。收购有潜力的年轻艺术家的优秀作品，积极面向国际推广销售。这项业务能带来比较可观的运营收入，同时能推广本土艺术、调节艺术市场。第四，艺术品授权业务。采用"买断财产性版权"的思路，在不改变艺术品现状的情况下，由艺术银行对收购的艺术品开展授权业务，推动艺术价值与相关产业的融合增值。第五，鉴定评估服务业务。建立专业、权威的艺术品专家团队，积极向社会或银行等金融机构的艺术银行业务提供艺术品鉴定、评估等专业服务，大力拓展艺术授权业务。第六，国际文化艺术交流与贸易业务。以文化艺术资源融通为纽带推动文化交流，发起国际艺术银行联盟，面向国内国际展示、推广、交流、交易中国文化艺术精品资源，推动中华文化融入世界。开展国际文化艺术博览会，代理国外艺术银行业务，推动艺术品的贸易活动。第七，建立学术系统、价格指数和保真数据库，进行学术推广和市场营销。

目前我国主要缺乏的是非商业性艺术银行，应当鼓励中央和地方政府，以及民间组织出资组建公益或公私兼顾的艺术银行来支持艺术和艺术家。同时形成权威的专家团队，与艺术银行开展充分合作，逐步形成中国特色的艺术银行类型。这可能是今后艺术银行存在的价值与发展方向。

4. 案例分析——瑞银集团的艺术家赞助之旅

瑞银集团是在 1998 年由瑞士联合银行及瑞士银行集团合并而成的。2001 年年底总资产为 1.18 万亿瑞士法郎，资产负债表外管理资产超过 2 万亿瑞士法郎。2002 年净利润为 35 亿瑞士法郎。瑞银集团的业务主要包括财富管理、投资银行及证券和资产管理三大块。财富管理业务主要是为高端客户提供的全面服务，业务涵盖从资产管理到遗产规划、企业融资顾问和艺术品投资服务等。长久以来，瑞银集团对当代艺术的热爱和支持已是众所周知的。该集团是世界上主要的国际性艺术品收藏赞助机构之一。

瑞银集团多次参与世界大型展览活动，或作为活动的组织者、赞助者，或支持具体的艺术计划的实施。更重要的是，瑞银集团珍藏着大量当代艺术作品，并不吝与人共享。在遍布全球的网点中，随处可见艺术品的身影。例如，在 2014 年 10 月开业的瑞银（中国）北京华贸支行，来自全球的艺术品陈列在支行内。瑞信集团将支行及办事处变身为展厅，将财富管理的理念更为直观地呈现在顾客面前。

至今，瑞银集团已经有几十年的艺术品收藏历史，在全球拥有超过 3.5
万件的藏品。这个庞大的收藏体系不仅对艺术的学术发展有了清晰梳理，对
于艺术的传播也有着积极影响。在收藏上，瑞银集团和其区域性业务发展相
挂钩。目前瑞银集团拥有的大批珍贵油画、摄影、绘画、印刷、录像艺术和
雕塑藏品，全部出自 20 世纪 60 年代以来的杰出艺术家手笔。在对应的藏品
区域和业务发展的相关性上，瑞银集团的业务进入某个地区后，其负责收藏
的部门就开始关注这个地区的艺术品。如果这个地区的艺术品很有潜力，就
会投入更大力度。史蒂芬解释，瑞银集团收藏体系中有一条已经使用超过
10 年的重要守则，那就是他们只买初级市场的作品，而不在拍卖中买作品。
他们通过画廊或直接从艺术家工作室购买作品，保证艺术家是最大的受益
者，也通过这种方式来支持艺术家。在资金问题上，瑞银集团已经形成自造
血能力，会出售一些不在当下收藏体系的艺术品，然后用出售艺术品的收益
再投资。

除了单打独斗，瑞银集团还乐于选择合作伙伴一起进行业务拓展。在艺
术品方面，瑞银集团乐于用两种方式相结合，一种是展出瑞银集团的藏品，
另一种是支持美术馆做项目。2013 年开始的古根海姆美术馆瑞银 MAP 全球
艺术行动是一个横跨多年的文化合作项目，致力推广南亚及东南亚、拉丁美
洲、中东及北非三大地区的当代艺术。同时，与奖项等其他艺术活动的结合，
是瑞银集团作为艺术赞助人最重要的推动力。瑞银集团赞助过中国最早的当
代艺术奖——中国当代艺术奖（Chinese contemporary art award，CCAA）。

在艺术品与银行业务的结合上，瑞银集团也开创了自己的道路。艺术品
银行业务是瑞士银行为热爱艺术的资产管理高端客户提供的高级服务。在客
户的要求下，瑞士银行相关人员会为其提供辨别并研究买卖艺术作品的良好
时机，同时提出目标导向性的投资策略。瑞士银行的艺术品投资服务主要包
括：对艺术品市场进行研究分析，为客户提供量身定制的投资策略，并提供
艺术品买卖、保存和估价等方面的最新信息；提供收藏与出售策略；对艺术
品进行投资组合管理；为客户制订艺术收藏品财产规划；主办或赞助博览会，
安排其客户参加各类活动并享受艺术盛宴。

6.3.4　艺术品证券化

艺术品证券化是发起人将缺乏流动性、但是有可预期收益的艺术作品，
通过组合包装，将艺术品资产的投资风险与收益元素进行重组分离，真实销
售给特殊目的载体并由其将艺术品证券发行、销售给投资者的过程。艺术品

证券化是我国在艺术金融发展过程中的一次创新性尝试。这种交易机制能够在很大程度上提高艺术品的资本属性，可以称作艺术金融的一种较高级形式，并可能成为艺术金融未来的一个发展趋势。

1. 艺术品证券化的功能

1）降低艺术品投资门槛

艺术品证券的出现将在一定程度上丰富投资者可选择的投资工具，为其打开投资艺术品的大门。首先，艺术品证券的规范化操作将帮助投资者规避赝品、艺术品灭失等硬性风险，降低了艺术品投资的参与成本。其次，根据相关学者的研究，艺术品市场上存在着显著的杰作效应[①]，但对大多数投资者来讲，价格动辄上千万的杰作却只能是可望而不可即的。艺术品资产经过拆分打包而成的证券却能为大部分投资者承担，这将在最大限度内降低艺术品市场的投资门槛，提高其包容性，使广大中小投资者也能参与其中。

2）丰富艺术品资产的价值实现方式

艺术品证券化业务为艺术品资产持有者提供一种新的价值实现形式，提高艺术品资产的流动性。许多艺术珍品尤其是相对小众的艺术珍品持有者往往面对着一种有价无市的尴尬局面。即使艺术品本身的艺术价值得到了大师的背书，其价值在市场上的实现过程也是路漫漫其修远兮。唯有于灯火阑珊处遇到那个既懂欣赏、又有实力的"他"，才能将水墨丹青变成真金白银。通过证券化运作，艺术品的流动性将大大提高，特别是如果能够采取艺术品股票的形式公开交易，加之信托机构的包装经营，本来小众的艺术珍品也极有可能迅速得到大众的认可。

3）活跃艺术品交投市场

笔者上文提到的艺术品证券化的两项功能实际上将会带动整个艺术品市场的交投热情，而这必将最终作用于众多艺术品创作者，激发其文化艺术创新，进而带动整个文化产业的繁荣发展。这个过程就如同盘活证券市场，将为股权投资、风险投资等提供一个良好的价值实现环境，进而激励其积极地开展投资，支持创新创业，最终作用于实体经济，带动产业结构转型升级。

艺术品证券化在中国艺术品市场发展的进程中极具战略意义。它对夺回海外艺术品市场的定价权、推动中国艺术品市场的价值建构、推进资本市场国际化的对接、促使海外艺术品回流国内、构建全球性中国艺术品市场都具

---

① 艺术品市场上的杰作效应是指投资于杰出艺术家的艺术品的收益率要高于市场整体的收益率。关于中国艺术品市场上的杰作效应可参见石阳与李曜发表于《金融研究》上的文章《中国艺术品投资收益——整体特征与杰作效应》。

有重要的战略意义。

4）丰富艺术品价格发现功能

艺术品证券化能够通过市场对艺术品资产进行定价,发现艺术品的市场价值。其包含两个维度,一是针对整个艺术品市场的价值发现,二是针对同类艺术品的价值发现。从理论上讲,艺术品应存在"市盈率",借鉴证券市场的估值方式,可以估算二级市场的艺术品份额价值。一位艺术家的作品被不断炒高,相当于股市某板块出现了领头羊,资金自会循着"市盈率"规律,寻找艺术水准相近的其他艺术家。

2. 艺术品证券化的交易运行机制

艺术品证券化的交易运行机制如下:首先,由从事经营或收藏艺术品的机构或个人,选择具有投资价值和艺术价值的单件艺术品或由若干件艺术品构成的资产包。其次,交易商向文化产权交易所提出上市申请,经文化产权交易所上市委员会审核通过,并在文化产权交易所指定或认可的权威机构对单件艺术品或资产包进行严格的鉴定、评估、托管、保险后,将其所有权进行相应数量的等额拆分,上市发售,并在电子平台上市交易。最后,申购单件艺术品或资产包的机构或个人亦可在二级市场按照市场规律进行流通转让。在艺术品所有权挂牌上市交易后,投资人就可以通过申购,共同持有艺术品部分所有权,享受基于部分所有权带来的收益,并且承担相应的风险。

几乎对所有证券来讲,现金流都是其灵魂。例如,对股票(债券、营运项目等)现值的计算我们采取如下公式:

$$P = \frac{D^e_1}{\left(1+r^e_1\right)} + \frac{D^e_2}{\left(1+r^e_1\right)\left(1+r^e_2\right)} + \frac{D^e_3}{\left(1+r^e_1\right)\left(1+r^e_2\right)\left(1+r^e_3\right)} \quad (6\text{-}1)$$

其中,可预期现金流 D^e 的重要性是不言而喻的。那么,艺术品证券的可预期现金流又将如何产生呢?与股票类似,艺术品证券现金流的产生有赖于对艺术品资产或资产池的经营。具体来讲,这种经营又可分为两个部分:其一,开展艺术品租赁、展览等业务,以此获得经常性、持续性的收入。目前这些业务的市场规模在我国还较小,但在发达国家该业务已相当成熟。其二,通过对艺术品及艺术品创作者的包装和宣传(通过策展等方式),提高艺术品资产未来的市场价格,进而获得一次性的转让收入。

3. 艺术品证券的发展现状

自艺术品证券诞生至今,其先后经历多次涨跌停牌。巨幅波动的艺术品证券市场令众多投资者望而却步,但因此将艺术品证券化全盘否决的做法显然是不可取的。

首先，我国的艺术品市场起步较晚，发展缓慢。欧美国家的艺术品市场较为完善，形成了以画廊为主的一级市场和以拍卖公司为主的二级市场，而我国艺术品市场的结构尚不完备，交易机制不稳定，各方面均明显落后于西方。艺术品证券化有助于弥补我国艺术品市场存在的缺陷与漏洞，进一步推动其发展。

其次，近年来，虽然我国金融市场发展较快，但公众可选择的投资渠道依然狭窄，大部分集中在股票、基金与房地产领域。伴随股市萎靡不振、房地产市场动荡及通货膨胀压力剧增，艺术品投资市场开始受到广大投资者的青睐。艺术品证券化拓宽了投资渠道，为投资者提供了更加开阔的投资空间。

最后，我国公民产权与版权意识淡薄。赝品在艺术品市场肆意横行，扰乱了艺术品市场的正常秩序，造成了大量产权与版权的纠纷。艺术品证券化有助于规范艺术品市场，促进艺术品合理、有序交易。

由以上三点可以看出，我国发展艺术品证券化迫在眉睫，但目前各地文化产权交易所艺术品证券化的发展情况并不理想，其部分做法甚至与资产证券化的理论相背离。为推动艺术品证券市场的正常运行，我们可从以下几个方面进行改进。

第一，证券化标的物必须是有较高艺术价值、可产生较稳定预期现金流的艺术品。在选择证券化标的物时，特殊目的载体应与画廊等艺术品经营机构合作，根据一定的标准共同指定具备高艺术价值的艺术品。另外，在筛选、甄别可证券化的艺术品时，特殊目的载体需评估艺术品可产生的预期现金流，并判断该现金流是否具有连续性与稳定性。

第二，艺术品证券化形成的一般程序必须与资产证券化的标准步骤相一致。就资产证券化而言，首先应该组建资产池，设立特设机构，并进行证券化资产所有权转移。在出售证券之前，证券化资产信用增级与信用评级是必不可少的。另外，特殊目的载体在支付证券化资产价款之后，还应该进行资产池管理。

第三，艺术品证券化的过程中必须要有足够的第三方机构参与，包括特定目的机构或特定目的受托人、资金和资产存管机构、信用增级机构、信用评级机构。天津与深圳文化产权交易所分饰多角，使得艺术品交易平台不客观、不公开，扰乱了艺术品证券市场的正常秩序。只有第三方机构活跃于艺术品证券市场，才能保证资产证券化的步骤顺利完成。

第四，完善艺术品证券交易机制，遏制信息不对称情况的发生。信息不对称不仅不利于艺术品价值的客观评估与艺术品证券的合理定价，还会使投资者对艺术品证券的价值产生非理性预期。盲目跟风将会导致艺术品证券价格的暴涨暴跌，扰乱艺术品证券市场，损害投资者的切身利益。

第五，建立健全的艺术品证券市场的监管制度，明确监管政策，实现相关文化部门、中国证券监督管理委员会（以下简称中国证监会）与第三方机构的联合监督。只有严格、公正的监管才能保证艺术品市场的参与机构各司其职，保证艺术品证券化合理合法，保证艺术品交易信息公开透明，进而维护投资者的切身利益。

总而言之，艺术品证券化是一种有益的金融创新。虽然目前艺术品证券市场仍然存在缺陷，但是新生事物的成长和完善都需要一定的过程。艺术品证券化不可因噎废食。艺术品的证券化、大众化是一种不可避免的趋势，但在其发展过程中不可过于冒进。艺术品证券化只有在产权明晰、监管有力、制度健全、风险可控的情况下才能促进文化市场与金融市场的共同发展。

4. 案例分析——法国 A&F Markets 公司案例

法国在线艺术品证券化交易平台是由 A&F Markets 公司自 2009 年开始筹备的，获得法国金融主管部门许可的创新性艺术品交易模式。2011 年 1月发布的第一批产品有两件作品，第一件是《不规则图形》，为索尔·莱维特的作品，总价为 11 万欧元（约合人民币 77.4 万元），被拆分为 11 000 份，10 欧元/份；第二件是《永不上演的剧中的女主角》，为弗兰西斯科·维佐里的作品，总价为 13.5 万欧元（约合人民币 94.7 万元），被拆分为 13 500 份，10 欧元/份。任何具有完全民事行为能力的成年人均可在艺术品交易所开户并申购艺术品份额。

法国在线艺术品证券化交易平台所采取的交易方式是一种既不同于传统艺术品拍卖或直接出卖的方式，也不同于传统证券即时交易的方式，而是自己创新的以投资人在周一至周五一般交易时段统一报价，在下午5:00~6:00 集中撮合的方式进行交易。该交易所是没有交易终端的，投资人在网络上直接下单便可进入交易所的交易系统，但是并不会马上就进行交易，而是等到日终统一撮合交易。这种交易模式有效地遏制了市场操纵和恶意投机炒作，交易所的数据也表明了这两幅艺术品的交易价格趋于稳定，没有出现巨大的涨跌幅。交易平台进行交易的艺术品来源于画廊。被选中上市的作品，画廊必须将其进行展示。通过展示，一来让已投资者有机会欣赏自己拥有部分份额的艺术品，二来也可以吸引更多的潜在投资者，无形中增加了艺术品的价值。上市的艺术品份额会一直在市场上流通，直到有人将其全部买下而退市。当有投资者买下了 80%的份额时，会被要求继续购买剩下的 20%。

6.3.5　艺术品保险

2011 年 5 月 9 日，故宫博物院发生重大文物盗窃案件，9 件珍贵展品被盗。据统计，这 9 件展品此前的购买价格为 165 万元，但当时的市场价格却可达千万元，而保险金额仅仅为 45 万元。在后来的法院判决中，被告方律师坚称，公诉方委托的评估机构并没有给出相关展品真假的鉴定，不排除有仿制品的可能。另外，投保的价值不等于文物的实际价值，不能作为量刑依据，认为在失窃品价值评估方面证据不足。这一事件充分说明了我国在文物评估和保险方面的缺陷。故宫展品被盗事件，将一向不被重视的艺术品保险带入公众视线。

1. 艺术品保险的功能

对投保人而言，保险的主要作用包括转移风险、均摊损失、实施补偿和抵押贷款投资收益等。转移风险是保险的首要作用。买保险就是把自己的风险转移出去，而保险公司接受风险转移是因为可保风险有规律可循。保险公司可以通过研究风险的偶然性去寻找其中的必然性，掌握风险发生、发展的规律，为众多有风险顾虑的人提供保险保障。均摊损失是转移风险的表现形式。转移风险并非灾害事故真正离开了投保人，而是保险人借助众人的财力，给遭灾受损的投保人补偿经济损失。保险人以收取保险费用和支付赔款的形式，将少数人的巨额损失分散给众多的被保险人，从而使个人难以承受的损失，变成由多数人承担的损失，这实际上是把损失均摊给有相同风险的投保人。所以，保险只有均摊损失的功能，而没有减少损失的功能。实施补偿是保险的主要目的，均摊损失是实施补偿的前提和手段。抵押贷款投资收益是指一些保险产品不仅具有保险功能，而且具有一定的投资功能，使其兼有保障与保值的功能，实质上就是为吸引投资者购买保险产品而进行的保险功能与投资功能的组合。这是保险行业与其他金融行业的组合功能。

艺术品保险作为保险行业的组成部分，也具有上述功能。艺术品在保管收藏、展览、运输、装卸等过程中会遇到多种风险：有自然风险，如地震、暴雨、洪水、暴风、冰雹等；有意外事故，如火灾、爆炸、盗抢、水淹、运输工具发生意外、包装破裂、装卸中疏忽损坏、碰撞等。相关调查显示，艺术品的损失比例大概如下：40%的运送与装卸损失，38%的盗窃损失，18%的火灾、水渍、烟熏等损失，4%的光线、温湿度、诈骗、地震、暴风、闪电等损失。这些风险，有些是不可预知的，有些是可以通过加强管理予以避免或控制的，有些则有一定规律可循，可以通过分散、转移等方法进行风险管理。

在艺术品遭受损失后，投保人能够按照合同约定获得经济补偿，这也是参加艺术品保险最直接的好处。艺术品往往价值很高，一旦损坏，对于个人而言损失较为严重，而通过均摊损失，可以减轻个人的损失。

2. 艺术品保险的运作流程

尽管定值保险有利有弊，但考虑到艺术品估值的复杂性，世界范围内的艺术品保险目前大多采用这一保险方式。一般而言，艺术品保险的投保流程大致可以分为三步，即确定保额、预估风险和签订投保书。

艺术品保额的确定主要有两大依据，一是艺术品近期成交的票据所标识的金额，二是权威鉴定机构鉴定的价值。对于一些价值较高的艺术品，一般采用含赔偿上限的投保方式，以减轻保险公司的偿付压力。一般而言，艺术品保险的费率是艺术品价值的 0.7%~2%。

确定艺术品保额后，保险公司要对风险进行预估，并针对可能出现的特殊情形与投保人达成一致。例如，艺术品的损毁会使保险公司形成赔付业务。但艺术品的部分损坏导致其价值下降，是否在理赔范围内，就需要双方事先达成一致。一般而言，如果投保人将艺术品轻微损坏导致价值下降也纳入理赔范围，就必须相应支付更高的保费。

投保书是上述环节的书面证明，在投保书上要把达成一致的风险情形全部列举，作为日后赔付时的书面证明。

3. 艺术品保险的发展现状

目前国内艺术品保险市场尚未形成并处于起步阶段。艺术品市场快速发展与艺术品保险行业滞后之间的矛盾日益突出，不规范、不完善的艺术品交易市场对艺术品保险的良性发展造成明显的外部环境影响。2017 年文化部数据显示，中国艺术品市场交易规模达到 51 亿美元，占全球交易额的 34.2%，较 2016 年增长 7%，其交易规模超过美国成为位居全球第一的艺术品交易市场。其中，2017 年国内文物艺术品拍卖成交额为 339.54 亿元，较 2016 年增长 7%。艺术品收藏者和投资者的人数已经超过 7 000 万。如果按 1%的保险费率和 50%的投保比例计算，艺术品保险公司一年可收取 1 020 万美元。艺术品市场的繁荣为艺术品保险的发展提供有利的环境条件。艺术品市场存在专业门槛高、投资价值大、风险较为集中等问题，加之国内收藏家缺乏保险意识、收藏机构无钱保险、保险公司无丰富险种等原因限制，使艺术品保险市场尚未成熟，并成为艺术品市场进一步发展的障碍之一。

因此，要破除艺术品保险市场发展的瓶颈，应采取以下对策：艺术品市场应积极建立公信力强，具有独立主体资格的第三方艺术品保险公司；应构建具有权威性、统一鉴定标准的鉴定机构和艺术品价值评估体系，完善艺术品保险产业链；艺术品保险风险分散体系应主要存在于投保人防损的艺术品保险前置风险控制，并集中体现在保险公司完备的风险管理机制上；应构建艺术品保险专业人才的培养模式。

4. 案例分析——保险公司为何对艺术品退避三舍

2016 年 9 月，一场突如其来的大火，把画家谢晓冰位于番禺新造镇思贤村鱼塘上的一间工作室化为灰烬。据报道，起火原因不得而知，画家声称被烧毁的百余件艺术品价值达数百万元。

火灾是全球公认的威胁艺术品资产安全的三大风险因素之一，其危害程度仅次于盗窃和运输装卸。这起事故虽不排除有人为纵火的可能，但它给当事人造成的巨额损失，仍引起了业内对这类新兴资产安全的反思。有人说，假使当事人给自己收藏的艺术品买过保险，蒙受的损失可能会降到最低。但也有人说，国内的艺术品保险业务虽若干年前就开始试点，但一直是雷声大雨点小，根本没想过要为普通私人承包。

艺术品保险是在传统的财产保险和货运保险的基础上演变和发展而来的一类特殊险种。博物馆、展览馆、艺术品拍卖行、艺术品公司、文化艺术公司、运输公司等，都可以成为艺术品保险的投保人。因而，把艺术品纳入保险，不仅仅可以通过分散风险的方式来减少投保人在艺术品保管、展览、装卸和运输过程中遭受的意外财产损失，而且可以通过引入保险公司的经验和技术来提升整个行业的风险管理水平，从而促进艺术品的资产化和金融化。

在西方，艺术品保险业务起源很早，20 世纪 60 年代出现了专业的艺术品保险公司。被全球保险巨头——安盛集团收购的北极星保险公司，便是一家专门提供艺术品保险和服务的公司。中国的艺术品保险正式起步于 2010年，当时由中国保险监督管理委员会和文化部确定了中国人民财产保险股份有限公司、中国太平洋财产保险股份有限公司和中国出口信用保险公司这 3家试点公司，首批推出了 11 个试点险种。

不过，虽然后来介入艺术品保险业务的公司远远不止这 3 家，但这些公司几乎得出了同样的试验结论："这块保险业务，只能装装样子，绝不可以大搞。"这是怎么回事呢？笔者和中国人民财产保险股份有限公司的朋友交流过，他们的说法是，国内的艺术品鉴定和定价机构实在太不靠谱了，这个行当不只是没标准，更主要的是市场信息的不对称和交易主体集体性的诚信缺失，保险业务人员根本无法对潜在的风险进行有效控制。

用保险企业的话来说，当前国内艺术品行业潜在的6万亿市场蛋糕被所有金融机构都看在眼里，就算只有一半的存量艺术品能够转化成有效的金融资产，也能焕发出无限商机，但是在具体实施方面面临的情况却极为复杂。具体到保险行业来说，他们不是没有相关的业务来跟艺术品行业对接，而是没有能力对潜在的风险进行把握。没有任何一家法律权威机构能够告诉他们，对一件艺术品，到底应该如何承保、出了问题赔多少。因而，对保险企业来说，至今没有一家公司真正把艺术品保险作为主营业务来抓，业务规模非常小。

笔者曾经提出，能否让投保人多付点保费，让承保人少背点理赔责任，两边平摊一下风险，再来签合同？保险公司相关人员说这办法可行，问题是投保人若是明知保险标的不值那么多钱，就算有炒作的需求，也未必愿意出高价钱去投保。相反，若保险标的真的价值不菲，要为了一个短期需要克服的风险去支付高昂的保险费用，且出险后承保人享有高比例的免赔责任，投保人还是会觉得划不来。就算有些投保人认为划得来，其所在的单位和公司也未必有独立的预算来支持这项保费开支，如保险公司较愿意承保的博物馆、展会和大型拍卖行等，其短期管理的艺术品产权多不在自己，不可能自掏腰包去为别人的藏品买那么高的保险。

金融创新不是万能的。在艺术品行业本身存在的毛病没有得到根治的情况下，一味要求保险行业去自我调适并不现实。

参 考 文 献

郭凯欣，张纯. 2019. 浅析艺术品保险发展现状及解决对策[J]. 中国集体经济，（9）：
　　115-116.
郭亚楠. 2016. 艺术金融视域下中国当代艺术品市场现状研究[D]. 西南大学硕士学位
　　论文.
洪铭. 2018. 中国艺术品证券化交易模式的研究[D]. 对外经济贸易大学硕士学位论文.
黄隽. 2013. 中国艺术品市场金融服务研究[J]. 新金融，（4）：49-52.
蔺圣星. 2017. 我国艺术品保险相关问题研究[J]. 时代金融，（1）：289.
刘双舟，刘琛. 2016. 艺术品金融与投资[M]. 北京：经济管理出版社.

刘文雯，蔡汝溶. 2012. 发展艺术品信托基金的框架构思[J]. 金融前沿，（3）：73-80.

马健. 2016. 艺术金融学论纲[J]. 贵州大学学报（艺术版），30（4）：50-55.

王冬松. 2019. 艺术品交易新模式"微拍"的利与弊[J]. 美术观察，（3）：30-31.

王晓婷. 2017. 中国银行业系统流动性风险研究[D]. 山西财经大学博士学位论文.

袁玥. 2016. "熊皮"俱乐部艺术品投资基金资产增值机理研究[J]. 南京艺术学院学报（美术与设计版），（4）：65-73.

赵连昌. 2012. 论我国艺术品的金融化趋势——以艺术信托投资基金为例[J]. 汕头大学学报（人文社会科学版），28（1）：39-43.

Lucking-Reiley D，Bryan D，Prasad N，et al. 2007. Pennies from eBay：the determinants of price in online auctions[J]. The Journal of Industrial Economics，55（2）：223-233.

第7章 艺术品价格与价格指数

目前艺术品已经和股票、房地产并列成为金融投资的三大主体，艺术品金融化日趋明显。对于金融化产品，研究艺术品价格的形成尤为重要。同时，市场相关人员需要一种投资者可以信赖的价值标的物来判断市场走势并指导投资决策，艺术金融的发展同样需要艺术品指数。艺术品指数是艺术品市场行情的"指南针"，是艺术品经济的"晴雨表"。如何科学合理地确定艺术品市场指数成为当前艺术品市场发展的重点方向。

7.1 艺术品价格形成的基本原理

7.1.1 艺术品的价值

艺术品作为一种特殊商品，其价值既具有与一般商品价值相同的属性，又有不同于一般商品价值的特殊性。艺术品价值存在形式的不同和属性的差异，决定了艺术品价格的特殊性。

1. 文化价值

艺术品本身属于一种文化品，艺术品的文化价值主要是指在人们文化生活方面所具有的意义和价值。艺术作品中所体现出的文化进化与发展背景、文化精神与文化立场，以及应有的文化情怀与追求，等等，均可构成艺术品的文化价值。艺术品的价值正是通过在文化中陶冶的艺术家所表现出来的，以文化为内涵，以"文化的"人为创造主体，以文艺作品为载体。在这里又把艺术品的文化价值分为艺术价值、历史价值和学术价值。

艺术品的艺术价值是指艺术品满足社会精神审美需要的属性，以审美价值为中心、以社会文化价值为内容的一种精神审美价值。审美价值是艺术价值的核心，社会文化价值是艺术价值的具体内容。艺术价值实质上是人对世界艺术掌握方式的表现形式，西方国家在艺术历史发展文化中就把艺术性分为了三个主要阶段。第一个阶段，他们认为艺术品是对人类现实社会的再现，强调了艺术品是对现实世界的复制与表达。这体现出了艺术的再现性。第二个阶段就是现代主义艺术时期。这一时期不再崇尚逼真的模仿及写实，艺术家们开始逐渐关注对于艺术表现的手法和形式。在第三个阶段中，各种艺术风格被挖掘和运用，艺术家们可以根据其独特的方式与手法创作艺术品，而不是局限于传统艺术的表达。这个时期创作出来的艺术品价值更多地体现在艺术家们所赋予其独特的内涵上。艺术品文化价值中的艺术价值展示了人类艺术地认识、体验和改造世界的结果，是人类运用艺术方式对世界进行意识掌握和审美掌握的辩证统一，是以人类总体的社会历史实践为基础的人的本质力量对象化的艺术表现。

艺术品的历史价值主要是指用艺术品来表示当时的人们在能动改造世界时体现出来的熟练技术、历史见证与历史传承等。它反映历史进程中与自身密切相关的政治、思想、技术等各方面的信息。这些信息可以帮助我们认识一个群体的文化历史或者一个地区的发展历史，从而达到真正还原历史的目的。艺术品因形成于不同年代，因此也不可避免地打上了年代的印记，反映了该年代的文化。艺术品特别是文物类艺术品是解读历史的一把重要钥匙。例如，奴隶社会的青铜器反映了中国的商周文化历史，青瓷反映了宋代的瓷器艺术和工艺，等等。因文物类艺术品与文字、民间传说等相比更能准确地解释历史，对人类艺术发展贡献作用及影响力，因此艺术品具有较高的历史价值。艺术品文化价值中的历史价值具体体现在以下两个方面：第一，艺术品创作的年代较为久远，且艺术品存在时间的长短也代表了其不同的意义与价值。可能某些艺术品在创作的那个年代没有多少价值，但随着时间的流逝，这些艺术品成为伴随人类历史发展的见证物，慢慢地开始显现其本身所具备的历史价值。第二，其历史性也体现在历史时期上艺术品所具有的历史地位和今天的作用上。每个时代的艺术品都代表当下所具有的独特价值，并且也向我们展示了其对于时代的解读。

艺术品的学术价值是指艺术品本身在整个艺术界中所具备的美学价值和拥有的学术地位。一件优秀的艺术作品，对于该艺术门类有着学术研究的价值。艺术品的学术价值通常是艺术专家和学者的研究对象。同一时代的研究往往滞后于同一时代的创作，因此艺术史上不免有"怀才不遇"的大师。虽然不同的艺术家对不同的艺术品都有着独到的见解，但对艺术品颇有研究的专家学者们对于这些艺术品的学术价值也产生了很重要的影响。

2. 审美价值

艺术品的审美价值主要是指艺术品所能带来的审美享受。艺术家在创作时从自然界中提取"美"的元素，并将"美"的元素以创造性思维表现在自己的作品中。因此，艺术品具有了审美价值。欣赏者在欣赏艺术品时产生视觉美感、联想和共鸣，并且获得愉悦的心情，充实精神生活。欣赏艺术品的过程也是欣赏者陶冶情操的过程。同时，不同的地域特征、时代特征和民族特征决定了不同的审美需求。例如，中国唐代周昉绘制的《簪花仕女图》和法国画家 Henri Matisse 的《斜躺的裸女》，一边是色彩艳丽的古装美女，一边是姿态悠然的抽象裸体女人。在用审美眼光判断哪一边画面更美时，不同的地域拥有不同的审美维度。Matisse 的《斜躺的裸女》显然更适合西方人的审美需求。他们对美术文化形象抽象的追求更多，希望从精神与情绪上收获更深刻的审美内容；而相对写实的传统中国人物画《簪花仕女图》，更满足东方人对真善美的追求。因此不同的审美意识使得两部作品在结果上呈现了巨大的反差。不同的作品在不同的社会背景与文化审美意识形态下折射出不同的价值观念、心灵感受和精神潜意识，并将艺术品的内在价值最大化。

“爱美之心，人皆有之”。人们对美的向往和追求源于人的本性，也可以说人的潜意识里就有对美的事物的追求和向往，即人的审美潜意识。从本质上看，无论艺术怎么研究，艺术源于人们对美的追求是无可厚非的，即艺术品更多是为了满足人们的审美需求。

3. 情感价值

人们一般将作品所要表现的内容称为情感。艺术品消费者欣赏艺术品主要是为了谋求情感的满足和享受。人需要情感的交流，艺术品被作者赋予了丰富的情感。艺术情感的深沉、丰富、凝聚，情感发展的跌宕起伏、层层深入，以及情与景的交融所渲染的浓重的情绪气氛，使作品具有巨大的动情性，从而产生与欣赏者心灵的交流和共鸣，使欣赏者得到知音般的情感获得。

艺术品被赋予了丰富的人文气息，蕴含丰富的情感价值。尤其是受到不同社会背景、时代观念的影响，人们会对不同表现主题的作品产生兴趣，并作用于艺术品的价格形成。例如，清末画家任颐以人物画为所长，也以中国近代公认最擅长画人物而出名。然而当他的作品拍卖时，其人物画作品《山鬼》仅仅以 5 万元成交，而花卉画《富贵白头》却被拍出 80 万元的高价。这是因为后者画面绘有三色牡丹，意喻富贵吉祥，暗合成功人士追求事业发达的心理，获得了较高的情感附加值。

4. 经济价值

艺术品的经济价值随着商品经济的出现逐渐显现。一件作品在一定的时间内吸收的资金量越多，那么这段时间它的价值就越高。在艺术投资时代，经济价值是艺术品升值和保值的重要价值板块。越是由资金实力强的收藏家和机构介入的艺术品，其经济价值就越高。

艺术品的经济价值主要是指其市场价值，经济价值主要通过市场价格体现出来。艺术品进入我国市场已经有很长的时间。如今艺术品市场的发展已经成为我国社会主义市场经济框架下不可或缺的一部分。艺术品因其艺术价值而产生了使用价值，使用价值的存在又引发了市场价值的产生。艺术品具有保值、增值的功能。艺术品拥有不同于普通消费品的投资属性。由于艺术品有保值、增值功能，消费者期望通过购买艺术品获得财务收益。因此，大量的艺术品开始在艺术品市场流通交易。艺术品交易不只存在于初次交易的一级市场，艺术品二级市场也应运而生。此时的艺术品与金融资产相似，可以实现价值增值，可以在二级市场流通，这样投资者就可以通过艺术品获得财务收益。例如，拍卖是艺术品经济价值的一项重要体现。在实行拍卖之前，拍卖行的宣传活动、新闻媒体的推动、艺术品作者知名度的炒作、拍卖会场气氛的渲染及拍卖价格的提高等，都是影响艺术品经济价值的重要因素，这些因素充分体现了艺术商业中介的重要作用。相对来说，艺术品的交易价格在一定程度上反映了它的经济价值。

艺术品的真正价值还是需要通过它的市场价值来体现的，最好的方式就是通过一些公开的市场交易来体现，如拍卖会、艺术品展示会等。艺术品通过这种方式所获得的市场价值一般来说相对较高。这种方式也能够很好地体现艺术品的文化价值和经济价值。

5. 自身价值

艺术品的价格是以艺术品价值为前提的，艺术品独特的价值特性，使它的价格具有很强的个性化。

（1）艺术品的独特性。从生产和创作角度看，艺术品的生产不同于工业化或者标准化的生产；艺术品的创作是艺术家个性化的产物，甚至是他们瞬间灵感的爆发和个人审美的集中体现。这些创作受多方面的影响，如民族差异、地域差异、同一艺术家的创作阶段差异、同一阶段的不同艺术家及同一艺术家同一创作阶段的情绪差异等。这些因素造成艺术品的独特性。艺术品是由艺术家在一定的偶然性条件下直接进行的创作。这导致作品价格会有较大悬殊，也使得艺术品在市场上很难具有统一的价值衡量标准，从而使艺术品的价格起伏较大。

（2）艺术品创作的唯一性。每件艺术品都是由艺术家在某个特殊时期独自创作的产物，其中最为典型的是绘画作品。一个画家创作的作品往往分为早期、中期和晚期。画家每一个期间的作品，即使是同主题的画都有可能存在着明显的差异。过了这个阶段，画家的作品就不能被重复创作出来了。艺术品的唯一性使其具有稀缺性特点，而数量的有限性也使其在市场投资、收藏或交易上有保值乃至增值的预期。

（3）艺术品的吸引力。从某种意义上讲，决定艺术品价格的除了艺术品本身的艺术价值，还包括该艺术品所能吸引的注意力。艺术品吸引力对艺术品的价格可能会产生一定的影响。除此之外，艺术品的真伪、艺术品的做工精细度、艺术品的保存完整度及艺术品的玩赏性都会在一定程度上影响艺术品的价格。

同时，如何判断艺术品的价值，从而比较合理地制定自己的价格决策，在艺术品投资中显得尤为重要。

（1）作者的知名度。我国艺术品的市场价值与该作品作者的知名度密切相关。作者的名声越大，其作品的市场价格也就相对越高。名家与非名家，是衡量艺术价值和投资价值的重要界限，作者的知名度是影响其作品市场价值的重要因素。

（2）真与伪。艺术品的价格起伏与其真伪和优劣有着直接且密切的联系。真伪似乎是收藏家和投资者更为关注的前提。目前艺术品市场鱼目混珠、真伪难辨，而艺术品的作伪又是相当广泛与复杂。这就要求收藏家和投资者要对艺术品有足够的专业知识与鉴定水平。国内的艺术品市场主要依靠权威的专家学者根据多年积累的鉴定经验来判断一件艺术品的真伪。但是鉴定专家个人的鉴定水平和职业道德操守标准不同，导致对同一件艺术品的真伪意见常常出现分歧，使艺术品的真伪鉴定变得更加扑朔迷离，再一次增加了艺术品价格的复杂性。

（3）优与劣。作品的优与劣是指作品是精品还是非精品。精品与非精品往往是同一位艺术家不同作品的分界，也是不同水平艺术家的作品之间的分界。艺术品是精神产品，其质量的高低受情绪、心态等的影响是非常大的。因此，即便是同一位艺术家在不同场合、不同环境下创作的作品，其质量也是大不相同的。所以，同一位艺术家的作品，尽管尺幅相同，但市场价位却有非常大的差别，精品有时可能是其平时市价的数倍乃至更多。

（4）存世量。俗话说"物以稀为贵"，在艺术品的交易中更是如此。稀少主要突出的是一件作品的精与绝。艺术品价值的这一特点，既是艺术品的稀缺性特点得到的具体体现，也是在供求关系的作用下，稀少艺术品价格暴涨的原因。有些艺术品也许在它产生的年代并不稀少，但是随着时间的推移只剩下几件甚至成为绝品，所以才变得珍贵。同时，众多原因致使艺术家的"产量"大不相同，不同的艺术家其一生创作的数量可能有悬殊。在同样的水平层次上，作品少的艺术家，其作品市价往往更高。

（5）品相与完整度。艺术品尤其是文物类的艺术品历经了多年的传承，品相与完整度或多或少会受到一定程度的影响。如果一件艺术品既是精品真迹，其品相又能保存完好，那么它的市场价格必然不菲。

7.1.2　艺术品价格形成的决定因素

1. 未来价格折现法

Baumol（1986）指出，艺术品与股票等传统的金融资产不同。对于股票而言，股价应该是该股按比例折现的现值，即公司预期收益流的现值。当股东持有股票时，可以享受分红和派息的权利，获得相应的经济利益。但是对于艺术品来说，持有艺术品并没有可预期的现金流，也无法找到与该艺术品相近的风险资产来确定折现率，这就决定了艺术品的价格具有独特性，其价格和定价模式区别且独立于其他传统的金融资产。

2. 供需平衡法

1）供给因素

艺术品的供给是指艺术品生产者在一定时期内、在各种可能的价格下愿意且能够提供出售的艺术品数量。艺术品供给者对艺术品价格的影响主要体现在艺术品创作者的知名度、艺术品的创作周期、艺术品的存世时间与存世量等方面。

艺术品创作者的知名度。艺术家与其作品在声誉上是相辅相成的，甚至可以说艺术家的名声高低对其作品的内在价值有着直接影响。一旦艺术家获得了艺术界的推崇和社会的认可，伴随着其声誉的大幅度提升，作品的知名度也会上升，从而使作品价格也会相应提高。

艺术品的创作周期。艺术品的创作周期与艺术家的生命周期息息相关。一旦艺术家生命终结，其作品便成为绝世之作，数量不会再增加。因此，艺术品的创作周期对其价格有一定程度的影响。艺术家的死亡（和预期死亡）是影响艺术品定价的一个重要因素。

艺术品的存世时间与存世量。由于艺术品具有不可重复性，其价格具有某一时间段的相对垄断性，所以艺术品的价格受时间的影响。存世时间长的艺术品本身在一定程度上就代表了该艺术品的价值。一般情况下，艺术家的知名度越高，艺术品的年代越久远，艺术品的存世量越少，该艺术品的价格越高。

2）需求因素

艺术品的需求是指消费者在一定时期内、在各种可能的价格下愿意且能够支付的艺术品数量。艺术品的需求受到社会经济发展水平、消费者可支配收入、社会平均文化水平和消费者偏好等的影响。艺术品消费不同于人们的生存必需品消费，人们只有在最基本的生存需要得到满足后才会对艺术品有所需求。但是，即使在社会经济发展水平高、消费者收入高的情况下，艺术品的需求也要受到消费者目的、消费者心理和艺术品消费力的影响，从而对艺术品价格产生影响。

从艺术品市场消费者目的来看，消费者主要有三类，分别是收藏者、投资者和投机者。合格的艺术品市场的收藏者不仅包括艺术品的消费者，还包括具有一定水准的艺术鉴赏能力和反馈能力的行家。只有这类消费者在进行艺术品消费时，才能变被动为主动，反作用于艺术品市场，并能够对艺术品价格的制定过程产生影响。投资者和投机者都是从自身利益出发，为了获利而参与到艺术品市场买卖中的。艺术品市场的投资者与投机者为了加快获利速度通常采取短线方式进行操作，他们凭着自己拥有的雄厚财力，不遵守收藏界的长期性规律，把所有精力都用在短线炒作上，导致艺术品的价格远远超过艺术品本身的价值。

从消费者心理来看，在艺术品市场上，投机者的心理与艺术品的投机因素往往交织在一起，产生综合效应。成功的收藏投资是建立在对大多数消费者的购买心理预期之上的。人们选择购买某件艺术品，不仅仅是因为这件艺术品具有“真实价值”，更是因为他们预期会有其他消费者花更高的价格从他们手中买走该艺术品。

艺术品消费力是艺术品消费者进行审美消费所必备的审美能力和心理功能的外在表现。艺术品消费力包括消费者的欣赏选择感受力、欣赏想象重构力、审美情感体验力及审美记忆联想力等。没有艺术品消费力，就不能使消费者在潜意识中呈现其潜在的审美对象，也就不可能有审美感受，更不可能产生对艺术品的消费需求。所以，消费者的艺术品消费力的高低会影响艺术品的需求。

另外，艺术品的市场需求还受到艺术品创作者知名度的影响。艺术品创作者的知名度和其作品的需求量一般成正比，越是知名度高的艺术家，其作品越是供不应求，随之而来的就是该艺术品价格的大幅度上涨。

3）艺术品市场均衡与价格

在市场经济体制下，产品的价格由供需均衡决定。对一般商品而言，需求量与价格呈反向关系，供给量与价格呈正向关系。供需两种力量相互作用，形成了供需双方都能接受的价格，并在此价格下完成一定量的交易，此时的价格为均衡价格，交易量为均衡数量。

根据艺术品市场的特点，笔者将艺术品市场划分为低端艺术品市场、中端艺术品市场和高端艺术品市场，具体如下。

（1）低端艺术品市场。低端艺术品是指艺术品创作者众多、艺术家缺少名气、作品缺少个性、作品之间具有较高的可替代性的艺术品。低端艺术品市场与一般商品市场相同，遵循一般商品的市场规律：供给量与价格呈正向关系，需求量与价格呈反向关系，供需的相互作用形成艺术品价格，如图 7-1 所示。低端艺术品市场主要存在于一级艺术品市场。在一级艺术品市场中，艺术品对于供需双方都具有弹性，在一国人均 GDP 达到一定水平时，艺术品市场所呈现的供需两旺的景象正是这一市场的写照。

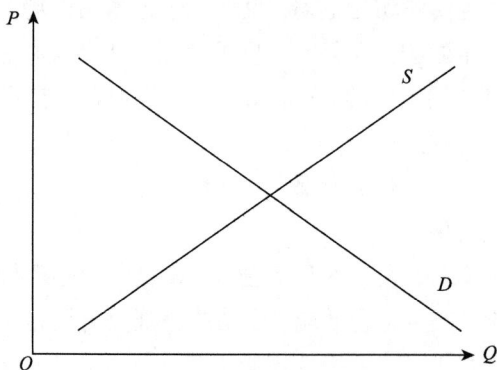

图 7-1　　低端艺术品市场的供给与需求

（2）中端艺术品市场。介于低端与高端之间的艺术品处于中端艺术品市场。在这一市场中，艺术品创作者较多，同一流派和档次的艺术品具有可替代性，但替代性较弱。供给曲线向右上方倾斜，但供给弹性较低端艺术品减小，需求曲线较为复杂，如图 7-2 所示。对作为奢侈品消费的一般中端艺术品（图中 D_1），需求价格具有弹性；对于具有投资潜力的艺术品（图中 D_2），需求价格缺乏弹性，但需求收入具有弹性。这正是当代艺术品市场受金融危机影响最大的原因。

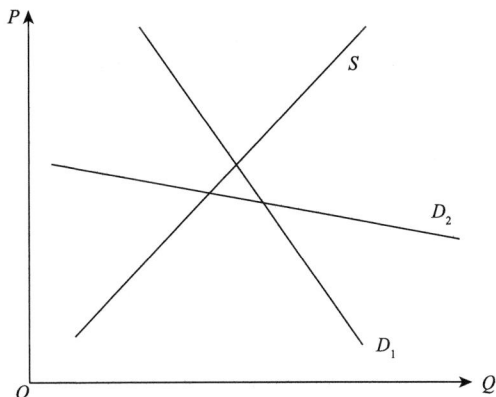

图 7-2　中端艺术品市场的供给与需求

（3）高端艺术品市场。高端艺术品是指由顶级艺术家创作，兼具艺术、学术、历史、文化与经济价值，随着时间的推移逐步绽放光芒的艺术精品，并会从艺术品沉淀为人类的瑰宝。这种艺术品多为已故艺术家的作品，是唯一的和不可替代的，因此这种艺术品的供给完全无弹性，其价格由需求唯一决定。

如图 7-3 所示，艺术品的供给曲线 S 为完全无弹性的垂直线，需求曲线向右上方倾斜。这是因为高端艺术品兼具炫耀与保值增值功能，人们对这类消费品的需求是"买涨不买跌"，所以需求量与价格呈正相关关系。如果原来的需求为 D_1，其均衡价格为 P_1，随着国家的富强，人均 GDP 增加时，市场把需求曲线上推为 D_2，此时的均衡价格为 P_2。这正是当一国人均 GDP 超过 10 000 美元时，顶级艺术品的价格会屡创新高的原因。

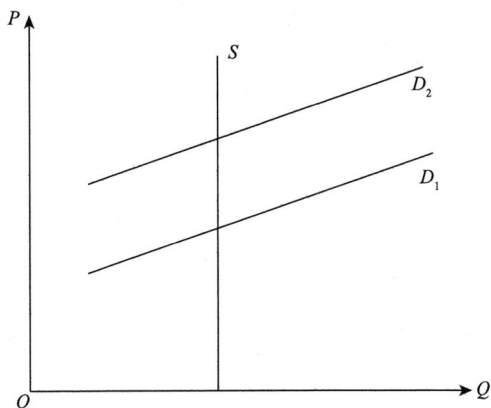

图 7-3　高端艺术品市场的供给与需求

7.2　艺术品价格波动的影响因素

7.2.1　社会经济发展对艺术品价格的影响

1. 宏观经济环境

一般来讲，当社会经济发展水平较低时，人们对物质产品的需求居于主导地位，精神文化产品的需求则处于次要地位。然而，当经济发达、民众富足、人们对物质产品的需求已经得到极大满足时，精神文化产品的消费就会居于主导地位。当然，如果经济政策的调整或经济的剧烈变化明显动摇了消费者的收入，以及遭遇通货膨胀，等等，就将导致消费者购买行为的变化。这种变化可能促进、抑制或减缓消费者购买中国艺术品，并最终影响中国艺术品的价格，使之沿着理论价格上下波动。

目前，中国是世界上经济增长最快也是最稳定的国家之一。越来越多的中国人参与到艺术品投资这个行业，并且国内消费者对艺术品的需求在迅速增长，艺术品的价格也随之迅速攀升。从这个角度来说，中国艺术品市场才刚刚繁荣起来，但会越走越好。

2. 社会政治环境

社会政治环境对艺术品价格有着非常重要的影响。战争及动乱对艺术品收藏和价位十分不利，只有太平盛世、国泰民安，才会有收藏。另外，历来统治阶级对艺术品的创作和生产都十分重视，特别是对艺术品的流通，常常利用政治手段予以干预。这在很大程度上影响了艺术品的商品市场和自然自在的价格系统，使艺术品价格游离于价值之外，不能准确或近似地反映其价值。改革开放后中国艺术品市场的实践证明，封闭的强制性管理，可以控制正常渠道文物及艺术品的流向，但是不能控制海关走私，也不能提高艺术品的价位。例如，改革开放之前，齐白石的每幅绘画仅 150 元；改革开放之后，价位呈百倍、千倍上涨。可以看出，交往增多、信息畅通，影响了艺术品的市场价位。

3. 购买者的资金实力

在艺术品交易中，艺术品值多少钱往往没有一个统一的标准，大多数情况下，决定因素在于买家主观上的认识与自己的资金实力。艺术品在走进拍卖市场后，拍卖行都会对其有一个估价，这是拍卖行对艺术品鉴定以及对通常行情测算以后的价格判断。但是相当比例的拍品在拍卖时都会超出估价，很重要的原因就是拥有超强财富力的买家出现。

有眼光的买家面对艺术品昂贵的价格时可能会望而却步，只有具备一定的购买力才会对这些艺术品志在必得。有时当两个或多个超级买家对一件艺术品进行争抢时，那么最终成交的价格将远远高于只有一位超级买家时的价格。在这种情况下，艺术品的价格受偶然因素的影响很大。

4. 国家政策、法律

国家可以通过一系列途径对艺术品市场进行调控，使艺术品价格趋于合理化。这些途径主要包括加强对艺术人才的培养、加大对艺术产业的支持、运用法律对艺术品市场的规范等。正面因素都会促进艺术品市场的发展，推动艺术品交易的活跃。

首先，对于艺术品创作者来说，国家可以适当地给予他们经济补贴；其次，随着中国的艺术品慢慢进入金融化时代，国家可以通过与诚信的鉴定机构合作，建立一套当代的、符合中国文化精神的中国艺术品评价体系；最后，国家也可以通过对经济结构的调整鼓励第三产业的发展。

5. 互联网等新技术的兴起

互联网的跨界融合，减少了很多中间环节，缩短了产业链。未来在信息对称后，互联网可以将价值创造者和消费者直接联系在一起。互联网信息透明，不仅降低了艺术品交易成本，也大幅降低了投资者的进场门槛、时间成本和交通成本。同时，互联网平台帮助艺术家和其艺术品进行艺术价值和市场价值的发现。艺术品电子商务使很多不知名的年轻艺术家有机会和渠道与市场面对面，同时使普通百姓买得起艺术品。

7.2.2　相关市场对艺术品价格的影响

房地产、股票是影响艺术品价格最主要的两个因素。一般而言，这种影响以正面的居多。房地产、股票市场好往往意味着艺术品市场的繁荣。房地产、股市资产总量大得惊人。伴随着这两个市场的繁荣，房地产商及股市中的获利者的资金会流入艺术品市场，这使得艺术品的价格飞涨。

房地产市场对艺术品价格的影响可以分为财富效应和替代效应。财富效应表明，房地产市场的繁荣可能意味着国家宏观经济形势运行较好。当房价上涨时，投资者预期当前的宏观经济形势较好，预期艺术品的价格会上升，同时将对一般均衡下的艺术品市场形成积极的预期，对艺术品的投资需求会加大。替代效应则显示，当房地产市场收益较高时，会有大量资金进入房地产市场，而一旦房地产低迷，投资者会将资金转向投资收益高的艺术品市场，这在很大程度上影响了艺术品的价格。

经济周期的发展也可能会影响艺术品市场的发展。例如，当股市低迷时，可能会有大量闲置资金进入艺术品市场，这将提高艺术品市场中大部分艺术品的价格；而在经济衰退期，因为艺术品的供给弹性较小，可能不会受到很大冲击，就像艺术评论家说的那样艺术品可以继续保值增值。

7.2.3 消费者偏好对艺术品价格的影响

1. 炫耀性消费

艺术品面对的大多是成功人士，他们在社会上获得了令人尊敬而艳羡的地位，在物质上得到满足后开始追求精神的消费。美国著名经济学家凡勃伦认为，收藏品的效用同它的价格高低有密切的关系，即"凡勃伦效应"（Veblen effect）。"凡勃伦效应"引发的是对艺术品的炫耀性消费，表现为艺术品对占有者的社会心理效用，一般不在于艺术品所具有的艺术上的真正价值，而在于占有者消费这类物品可以提高社会声望和艺术品位，是占有者的一种强烈的心理满足感。艺术品价格越高，占有者获得的满足感越强，从而获得的效用越大。

具体来说，首先，艺术品购买人数的多少与获得的炫耀效用成反比。因为当越来越多的人拥有同类艺术品时，艺术品本身失去了稀缺性的特点，占有者的炫耀效用显然降低。其次，购买价格的高低与炫耀性效用成正比。艺术品价格越高，占有者获得的满足感越强，越能提高荣誉、"去除寒酸的污名"，从而获得的效用就越大。最后，炫耀性消费的需求曲线不同于一般商品单调下降的需求曲线，而是向右上方倾斜上升的需求曲线。也就是说，对于艺术品的炫耀性消费而言，市场价格越高，反而越能激发潜在买家的购买热情。因为价格越高，越能体现该购买者的经济实力，从而为其博得荣誉，获得更大的炫耀效用。因此，艺术品的高价格会促使需求曲线在一定范围内不断外移。在艺术品市场上，"凡勃伦效应"的存在对艺术品价格的提升产生了较大影响，导致艺术品拍卖市场的"天价"出现得越来越多。

2. 艺术品位

对于艺术品位对艺术品价格的影响，有学者研究了维多利亚时代新富阶级的艺术投资与收藏逻辑，分别阐述了工业资产阶级品位及其自由风格、王室品位及其自然风格、新贵族品位及其感伤逃避风格，以及中产阶级品位及其现实风格这四种不同的艺术品位与风格。学者通过研究发现不同阶层及生活环境造就了不同的艺术品位与风格,从而产生了不同的艺术品投资策略与收藏偏好,进而直接影响了艺术品的价格。

中外艺术与艺术市场的史实表明,无论是艺术家、收藏家、投资者还是拍卖行、经纪商,他们在艺术市场的选择行为都受到了品位的影响。中国古代绘画价格的一个重要决定因素是"好尚",它体现了品位对艺术品需求与价格的主观性影响。同时,艺术交友圈引领了历代审美、品位和风格的形成与变迁。品位是一种审美上的追求,更是一种人与自然和社会相往来的境界。品位决定了艺术作品带给购买者的心理回报,也决定了对不同类型和风格艺术品的追捧程度,对于供给弹性不高的艺术品而言,需求层面的影响是显著的。

3. 审美风尚

艺术品的价值不是由凝结在商品上的必要劳动时间决定的,也不是由遮蔽在艺术品之后的创作活动决定的,而是由社会人的价值认识决定的。这就意味着,消费者的社会认知和审美趣味对艺术品的生产和销售会产生重要影响。艺术审美趣味的差异,既有主观喜好的个体差异,也有不同时代、民族、阶级的社会群体差异。

4. 个人情感因素

艺术品市场中的交易虽然与股票、房地产一样属于理性行为,但是艺术品自身的历史价值与审美价值也会使很多收藏家出于自身的感性情绪来购买。很多收藏家仅仅是因为出于对某件艺术品的喜爱或者对于某位艺术家的崇拜而产生购买行为,并未考虑过多的经济因素与艺术品的升值空间。他们的购买往往是由情感支配理性行为,这也是影响艺术品价格的偶然因素,往往会造成艺术品价格的飙升。

5. 消费者心理

艺术品价格的人为偶然性,很大程度体现在由拍卖现场的竞争造成的冲动性购买欲望上。事实上,一旦进入了拍卖现场,买家可能就会受到非理性竞争与缺乏主见的影响而不能控制自己提出的价格,打乱自己原有的计划。这种现象可能是由以下两个原因造成的:一是有些碍于面子的有钱人与其他人形成了竞争之势,众目睽睽之下为了面子一定要击败对方;二是一些买家心中随大流,当在拍卖现场看到价格已经超出自己的计划、仍有很多人在不停地加价时,买家会对前期的计划有所怀疑,也跟上去加价,那么艺术品的价格就在这种情况下越来越高。这种非理智的行为会导致实际资金投入大幅超出计划资金投入，这在一定程度上提高了该艺术品的价格。

7.2.4　市场行为对艺术品价格的影响

艺术品市场发展至今，炒作已经成为艺术品市场中非常重要的一部分。炒作造成了艺术品价格与价值的分离。这种分离影响最大的是初入艺术品市场的新买家，被炒作的艺术家和艺术品一般没有达到高价值。对于艺术品投资人来讲，包装和炒作是抬高艺术品价格的显著方式。投资人先投资买入某位艺术家的大量作品，并且有意识地出版，进行造势，吸引人们投资，其目的是提高该艺术品的价格，高价卖出，从而获得丰厚利润。

在艺术品交易中还存在着捧场因素的影响，如师生间互相捧场、同行捧场、老客户捧场等。捧场会让不知情的人产生错觉，觉得其作品达到了某种高度，引起高价购买，从而提高了艺术品的价格。

7.3　艺术品价格指数

艺术品价格指数是运用统计学中指数方法编制而成的，反映艺术品市场艺术品总体价格或某位艺术家作品价格变动和走势的指标。

7.3.1　平均价格指数

1. 平均价格法

平均价格法即算术平均法，在一定观察期内将整理的艺术品交易数据简单算出算数平均数，为下一时期的预测提供参考依据。平均价格法是用某位艺术家已售艺术品成交价格的均价来估算该艺术家其他作品的价格，即计算某位艺术家每一时期的作品拍卖成交价格的单位均价，将这些均价连接起来得到一条价格曲线，以此推算出该艺术家某一作品的大概价格。目前我国的"雅昌指数"就是采用的这种方法。苏富比公司发布的全世界第一个艺术品市场指数——泰晤士-苏富比指数也是采用的平均价格法来构建模型，测算艺术品的收益率。投资者们根据次收益率的变化来判断市场行情。

2. 前苏富比艺术品市场指数

苏富比拍卖公司编制的艺术品市场指数是历史上最早的艺术品市场指数。前苏富比艺术品市场指数涉及 13 个领域的艺术品和古玩：古代绘画名作、19 世纪欧洲绘画艺术品、印象与后印象派绘画艺术品、现代派绘画作品、大陆艺术品、美国绘画、欧洲大陆瓷器、中国瓷器、英国银器、大陆银器、美国古典家具、法式与大陆古典家具、英国古典家具，还包括这 13 个领域的艺术品和古玩的加权综合指数。

前苏富比艺术品市场指数是一种平均价格指数，其计算规则如下：

所有春拍印象派的作品，如拍了 100 件，把流拍的去掉还有 85 件，一共拍了 850 万，这样一来平均价格就是 10 万/件。对于秋拍，同样把总价拿出来除以拍出的件数，计算每件作品的平均价格。这个平均价格就是当期的艺术品指数值，用公式表示为

$$\overline{P} = \frac{\sum_{i=1}^{N} P_i}{N} \tag{7-1}$$

其中，$\overline{P}$ 为作品平均价格指数；P_i 为每件拍品成交价格；N 为成交件数。

3. 雅昌艺术品拍卖市场价格指数

雅昌艺术品拍卖市场价格指数就属于典型的平均价格指数。雅昌艺术品拍卖市场价格指数创建于 2004 年，大致反映了 2000 年以来的整个艺术品市场、重要绘画流派和重要艺术家作品的价格变动情况，包括综合指数、分类指数和艺术家个人指数三大类。其中，综合指数包括国画 400 成分指数和油画 100 成分指数；分类指数包括 11 项：近现代名家指数、当代中国画 100 家指数、当代 18 热门指数、京津画派 70 指数、海派书画 50 指数、岭南画派 30 指数、长安画派 20 指数、新金陵画派 30 指数、中国写实画派 30 指数、当代新现实主义油画 7 人指数、中国中青年女油画家 10 指数；艺术家个人指数包括 575 个样本艺术家的个人指数。

分析雅昌艺术市场监测中心网站，并参考相关文献可知：雅昌艺术品拍卖市场价格指数采用的是简单算术平均法，其设计思路为，艺术家 j 在第 t 期的个人指数等于该期作品总成交价格除以该期作品总平方尺数，若某期无作品成交，则沿用上期数据。用公式表达如下：

$$\overline{P_{t,j}} = \sum_{i=1}^{n} P_{i,t,j} \Big/ \sum_{i=1}^{n} S_{i,t,j} \tag{7-2}$$

其中，$P_{i,t,j}$ 为艺术家 j 在第 t 期第 i 幅作品的拍卖成交价格；$S_{i,t,j}$ 为艺术家 j 在第 t 期第 i 幅作品的面积（单位：平方尺，1 平方尺=0.111 111 1 平方米）；n 为艺术家 j 在第 t 期的成交作品数。

根据定义,雅昌艺术品拍卖市场价格指数即当期所成交全部作品的每平

方尺价格（价格平均数），只是将后者的量纲"元／平方尺"转换为指数常用的"点"。但严格来讲，两者之间是不同的，价格平均数为绝对值，而指数为反映不同时期的价格变动情况的相对指标，通常是通过将报告期的价格与定的基期价格相比，并将两者的比值乘以基期的指数值计算得出的。从这个意义上来说，雅昌艺术品拍卖市场价格指数并不是严格意义上的价格指数，而是平均价格图表。

虽然"尺寸"这一指标已经被证明是除了真伪和作者名气之外影响艺术品价格的最重要的因素，但将其作为指数计算时唯一考虑的标准却没有意义。除了"尺寸"之外，作品的年代、风格、重要作品、次要作品、代表性作品等也会使作品的价格出现很大的差距。尽管如此，如果将雅昌艺术品拍卖市场价格指数作为作品成交记录来看，可以给人非常直观和形象的感受，从中可以看出艺术家作品成交的市场意愿，从而指导投资判断。从这个意义上来说，雅昌艺术品拍卖市场价格指数具有一定的参考价值。

4. 评价

平均价格指数是运用算术平均法编制的指数，它是艺术品价格计算中使用较为普遍的方法，避免了不同时间段成交的同一艺术品价格存在差异，可以简单直观地反映出艺术品市场的基本价格趋势。但是平均价格指数的缺陷也很显著，它只能看出某位艺术家作品的价格走势，并不能预测某一特定作品的价格走势，且隐含地认为去世的艺术家的作品是最完美的样本。不同艺术品的质量不同，艺术品的历史性、文化性、审美性、学术性等也在一定程度上影响着艺术品的价格。平均价格指数忽略了艺术品之间的差异，在实际应用中会造成较大偏差。随着时间的推移，平均价格指数会失去作用，一个符合先前假定条件的样本也可能在以后的研究中不再适用。

应用中发现，在一段时间内，艺术品的平均价格很大程度上取决于这段时间内完成交易的艺术品的特质。因此，有的时候平均价格指数下跌并不是市场不好，而是好的作品比较少，该指数不能反映市场的真实情况。

7.3.2 特征价格指数

1. 特征价格法

特征价格法是经济学中用来处理异质产品差异特征与产品价格之间的关系时广泛使用的一种模型。特征价格理论较为全面地考虑了影响艺术品价格的各种因素（如艺术品的尺寸、艺术家是否在世、拍卖地点等），并与宏观环境结合起来。特征价格法既不必一直跟踪同一件艺术品，又充分考虑到艺术品的不同特点。但是特征选择的偏好不同与艺术品数据的可得性差异会造成设定偏误。

2. 特征价格模型

Chanel 等（1994）指出，绘画是一种异质商品，因其特点而被购买和拥有，而不是为了商品本身，衡量价格的变化必须考虑到这一点。因此，任何旨在推断价格趋势的统计方法都必须控制所销售物品的不同性质。用于解释因特征变化而引起价格变化的技术称为特征回归。这种方法的结果旨在估计某一商品（如一幅油画）在日期 t 时价格之间的某些关系，以及描述商品的客观特征，包括时间的某些表征。公式表示为

$$P_{kt} = f\left(x_{1,kt}, x_{2,kt}, \cdots, x_{m,kt}, t\right) \tag{7-3}$$

其中，P_{kt} 是在 t 时售出的绘画 k 的价格；$x_{i,kt}(i=1,2,\cdots,m)$ 描述所售出的绘画的 m 特征，t 是时间；$f(\cdot)$ 由三项给出：一是衡量特征对价格的特殊影响，二是日期 t 的市场效应，三是随机因素，包括不可观察或无法测量的影响、与绘画有关的组成部分、时间和两者的混合物。通过对价格进行对数操作，得到以下公式：

$$\ln P_{kt} = a\left(x_{1,kt}, \cdots, x_{m,kt}\right) + b(t) + \varepsilon_{kt} \tag{7-4}$$

其中，$a(\cdot)$ 是特质特征的函数；$b(t)$ 是一种市场价格效应；ε_{kt} 是误差项。

出于简单和估计的目的，我们进一步处理式（7-4），得到：

$$\ln P_{kt} = \sum_{i=1}^{m} a_i x_{i,kt} + b(t) + \varepsilon_{kt} \tag{7-5}$$

可以考虑不同规格的 $b(t)$，如价格的线性增长：

$$b(t) = \beta t \tag{7-6}$$

或者另一种选择：

$$b(t) = \sum_{t=t_0}^{t_1} \beta_t \delta_t \tag{7-7}$$

其中，t 表示年份；δ_t 是一个虚拟变量，它取 t 年发生的销售为 1，否则为 0；而 t_0 和 t_1 是可观测到的样本的第一年和最后一年，由式（7-7）中的 β_t 序列可以得出价格的年度指数。

对这种关系的解释，在很大程度上取决于是否包含"正确"的一套特征和"正确"的功能形式。在这种条件下，这种关系可以用来将一幅画的价格分解为两个因素：考虑到它自身的特点可归因于这幅画本身的部分；归因于时间的部分。回归系数 α，可以解释为特征 i 变化对价格对数的边际效应，

因此：

$$\alpha_i = \frac{\partial \ln P_{kt}}{\partial x_{i,kt}} \tag{7-8}$$

α_i 通常是指作为特征 i 的 "隐性价格"。因此，式（7-4）和式（7-5）暗示绘画 k 在 t 时的价格不能这样计算，它必须与市场为对象本身的特性提供的隐性评价有关。在式（7-4）和式（7-5）中，我们假设特征的隐含价格随着时间的推移保持不变，从长远来看，情况可能不是这样，因为品位会变化。在 20 世纪 80 年代末，可能找不到 17 世纪可取的特征。

然后用式（7-5）估计的统计结果生成函数 $b(t)$，它描述了价格随着时间的变化而调整的方式。式（7-5）的估计可以看作一个三步的过程：①估计特征的隐含价格 α_i，得到一些估计值 $\hat{\alpha}_i$；②减去 t 年售出的一幅画 k 的价格，即由于该幅画的特点而产生的价格的一部分，得到估计的 "无特征" 价格 z_{kt}：

$$z_{kt} = \ln P_{kt} - \sum_{i=1}^{m} \hat{\alpha}_i x_{i,kt} \tag{7-9}$$

③对年内 t 齐次 z_{kt} 进行平均，得到

$$\hat{\beta}_t = \frac{1}{n_t} \sum_j z_{jt} \tag{7-10}$$

所有在 t 年售出的画作数量为 n。$\hat{\beta}_t$ 是一幅标准化绘画在 t 年的价格估计数，假设用于 $b(t)$ 的规范是式（7-7）中给出的规格。这个平均过程消除了 ε_{kt} 项的随机性，而 $\hat{\beta}_t$ 是一种可比较的标准化绘画的共同趋势的衡量标准。

3. 艺拍中国文物艺术品价格指数

艺拍中国文物艺术品价格指数采用国际上广受研究论证的特征回归模型，基于文物艺术品的基本特征构建文物艺术品价格指数。文物艺术品区别于其他商品的一大特性就是异质性，即每件文物艺术品均独一无二，不同文物艺术品之间没有直接可比性，无法通过算数方法来计算多件文物艺术品的平均价格。特征回归方法将文物艺术品特征元素进行分解，能有效反映不同特征对文物艺术品价值的影响，并从价格的总变动中剔除特征变动的影响因素，达到反映纯价格随时间变动的目的。为了确保模型的有效性，不同分类的指数构建会选取不同的具体特征变量，并对参数估计方法进行调整。当采用此方法构建价格指数时，可以选用所有的文物艺术品交易数据，这样可以真实、准确地反映中国文物艺术品标准化后的纯价格变动。

中国文物艺术品价格指数以全球范围内超过 3 600 万条中国文物艺术品

的公开交易数据为研究基础，以极为科学严谨的态度进行样本数据的选取，并对纳入指数计算的每一件文物艺术品进行多维度特征分类，将其标准化，再以多元线性回归法拟合出作品的价格水平，从统计学角度分析市场整体价格水平随时间的变化走势。

中国文物艺术品价格指数以 2007 年为基期，基期指数值为 100，每月进行更新。中国艺术品价格指数每更新一期，往期数据会与更新前发生细微变化。这是由于每新增一期指数，会引起样本数据量的变化，每一期指数的计算都依赖于历史数据，但并非数据的简单堆砌。计算价格指数的模型是基于时间的离散函数，随着新样本数据的不断加入，往期指数值会相应地发生小幅度变化，但这种变化并不会引起价格指数总体趋势的变动。

4. 两步特征回归指数

Kräussl 和 Elsland（2008）开发了一种新的艺术品价格指数，即两步特征回归指数，试图揭示艺术品投资的营利能力及其优化资产配置的潜力。两步特征回归指数考虑了自由度，这通常限制了可以包含在特征价格回归模式中的艺术家虚拟变量的数量。以往构建特征回归艺术价格指数的研究选择拍卖数据来创建艺术家的子样本，并检索这些艺术家创作的作品中的所有可用拍卖记录。但 Kräussl 和 Elsland 认为，这种传统的数据选择过程，往往基于艺术家的历史重要性，是非常主观的。这种方法也可能导致样本不能代表投资者实际投资的市场。此外，当使用指定艺术家虚拟变量的特征价格方法时，研究人员在方法论上受到限制，只能使用有限数量的艺术家的数据，而这些艺术家拥有足够数量的观察数据。如果每位艺术家虚拟变量的观测值太少，数据中可能出现的异常值就很容易破坏参数估计值。

为了防止传统的特征定价模型固有的选择偏差，Kräussl 和 Elsland 开发了两步特征回归指数。这种方法可以在保证艺术品质量的前提下，利用研究者可以得到的每一个拍卖价格。这种新方法包括两阶段的特征回归，并大大增加了可用的数据。Kräussl 和 Elsland 构建的半年度艺术品价格指数是基于 5 115 位德国艺术家在 1985~2007 年上半年创作的艺术品的 61135 项拍卖记录的数据集，这是有史以来用来构建（国家）特征回归艺术品价格指数的最大数据集。已有文献中的标准方法使用时间虚拟变量，对所有时间段的可用销售数据进行单特征 OLS 回归：

$$\ln P_{it} = \alpha + \sum_{j=1}^{z} \beta_j X_{ij} + \sum_{t=0}^{t} \gamma_t D_{it} + \varepsilon_{it} \qquad (7\text{-}11)$$

其中，$\ln P_{it}$ 表示第 i 幅画在 t 时刻价格的自然对数；β_j 表示模型中包含的估计特征价格；D 变量表示记录每幅画价格收集周期的时间虚拟变量。对于每幅画 i 在特定时期 t 卖出，D_t 变量的值都是 1，否则它的值就是 0。第一阶段的回归没有虚拟变量，因为这是计算价格变化的基准期。γ 变量是时间虚拟变量的回归系数，$\gamma_{t=1}$ 的逆对数显示了在 t 期和 $t+1$ 期之间质量调整后的绘画价格的百分比变化，$\gamma_{t=2}$ 的逆对数反映了在 t 期和 $t+2$ 期之间质量不变的绘画价格的变化。

Diewert（2003）表明，对于单周期回归，使用价格的对数作为因变量比使用价格本身更可取。当使用价格的对数时，人们也倾向用对数变换来转换连续特性。本节遵循了这一建议，从而偏离了以往研究中使用的传统半对数函数形式。具有对数因变量的特征函数，将产生如下价格指数：

$$\text{Index} = \frac{\prod_{i=1}^{n}\left(P_{i,t+1}\right)^{1/n} \Big/ \prod_{i=1}^{m}\left(P_{i,t}\right)^{1/m}}{\text{hedonic quality adjustment}} \tag{7-12}$$

式（7-12）表明，该指数等于 t 期和 $t+1$ 期绘画价格的未加权几何均值之比，除以特征质量调整。每个时期售出的画作数量通常是不相等的，如上标 n 和 m 所示。以下是对特征质量的调整：

$$\text{hedonic quality adjustment} = \exp\left[\sum_{j=1}^{z}\beta_j\left(\sum_{i=1}^{n}\frac{X_{ij,t+1}}{n} - \sum_{i=1}^{m}\frac{X_{ij,t}}{m}\right)\right] \tag{7-13}$$

特征质量调整本身就是一个指数，这是对 t 期和 $t+1$ 期出售的绘画特征的平均变化的逆对数的数量度量。

新的特征回归定价即两步特征回归定价方法包括两个步骤。第一步，通过调整每位艺术家的平均价格的质量，创建一个新的艺术价值变量。第二步是用新的艺术价值变量替换式（7-11）中的艺术家虚拟变量，并估计一个几乎利用整个样本的指标。该指数可分解为式（7-12）和式（7-13）。将式（7-13）替换到式（7-12）可得到

$$\text{Index} = \frac{\prod_{i=1}^{n}(P_{i,t+1})^{1/n} \Big/ \prod_{i=1}^{m}(P_{i,t})^{1/m}}{\exp\left[\sum_{j=1}^{z}\beta_j\left(\sum_{i=1}^{n}\frac{X_{ij,t+1}}{n} - \sum_{i=1}^{m}\frac{X_{ij,t}}{m}\right)\right]} \tag{7-14}$$

这个指标代表了时期 2 艺术品的质量修正值相对于时期 1 的值。如前所述，同样的技术可以用来测量艺术家 y 相对于艺术家 $y-1$ 的相对质量修正值。为了做到这一点，我们需要重新调整式（7-14）。首先，每段时期 t 的平均价格变成每位艺术家 y 的平均价格。其次，艺术家变量被放到 X_{ij} 中。通过变动，式（7-14）调整为

$$\text{Index}_y = \frac{\prod_{i=1}^{n}(P_{i,y})^{1/n} \Big/ \prod_{i=1}^{m}(P_{i,y-1})^{1/m}}{\exp\left[\sum_{j=1}^{z}\beta_j\left(\sum_{i=1}^{n}\frac{X_{ij,y}}{n}-\sum_{i=1}^{m}\frac{X_{ij,y-1}}{m}\right)\right]} \qquad (7\text{-}15)$$

其中，$P_{i,y}$ 是由艺术家 y 创造的绘画 i 的价值；X_{ij} 代表作品的特征，不包括艺术家的虚拟变量，得出的指数值衡量的是艺术家 y 作品的相对质量校正值。这样做的原因是，如果不指定艺术家的虚拟变量，估计的 β 系数就会有偏差，因为它们不会因艺术质量而被修正。因此，我们通过估计艺术家子样本上的式（7-11），得到了无偏的特征价格。虽然与传统的特征定价方法一样，使用艺术家子样本的估计价格指数由于样本选择而存在偏倚，但我们假定所获得的特征价格具有市场代表性。现在每位艺术家的平均价格已经根据质量进行了修正，我们可以使用这个指数来代表艺术价值，并用一个连续变量替换多位艺术家的虚拟变量。例如，平均价格为 100，艺术价值指数为 1 的艺术家被认为是具有一定艺术基础价值的艺术家。对这位艺术家来说，艺术价值等于他的平均价格。另一个艺术家可能有 1.5 的艺术价值，由于该艺术家的艺术价值较高，其平均价格应调整为 1.5×100=150，以代表其相对于基础艺术家的艺术价值。

概括地说，这种新的两步特征回归指数的工作原理如下：第一步是在艺术家的子样本上估计式（7-11），以获得代表特征价格的 β_j 回归系数。第二步将 β_j 回归系数代入式（7-14）。这个公式是为每对艺术家计算的，每对艺术家由基础艺术家和另一位艺术家组成。它的结果构成一个指数，表示每位艺术家相对于基础艺术家按质量调整后的平均价格。这个指数的值可以代表艺术价值。学者通过对 1985~2007 年 5 115 位不同艺术家创作的德国艺术品的 61 135 项拍卖记录的独特样本分析，通过构建的两步特征回归价格指数得出结论，德国艺术品的几何年回报率仅为 3.80%，标准差为 17.87%。尽管研究结果表明，艺术品的表现不如市场投资组合，并且没有因下跌风险而获得相应的回报，但在某些情况下，出于多样化的目的，艺术品应该被纳入最优投资组合。

5. 评价

特征价格指数偏重艺术品价格与时间维度、艺术品特征的关系。通过特征价格法构建艺术品价格指数的优点之一在于其充分考虑了艺术品的异质性，而不必局限于同一件艺术品的多次不同销售价格；优点之二是该方法能够利用所有拍卖数据进行回归，避免了因数据选择而带来的信息损失；优点之三是特征价格模型能够根据实际需要对价格特征公式进行调整。随着时间的推移，各种特征因素在模型中的权重会发生变化，特征价格法就能够适时地对此做出调整，提高模型的实际操作性。但是特征价格法自身也存在一定的局限性，由于某些特征根本就无法观测到，或者其他原因，难以将全部特征纳入模型中进行多元回归，而有些未纳入的特征有时会对价格产生重大影响，致使该方法对商品进行定价时会产生偏差。特征因素的选择与特征函数模型形式的设定是特征价格法的两个关键。特征因素的选择直接影响特征价格法的结果，选择的标准取决于所要研究的艺术品类型。特征函数模型必须要具有足够的可信度和最小的偏误。

Kräussl 和 Elsland（2008）提出的用以建构德国绘画价格指数的两步特征回归方法，使研究人员能够使用每一个单独的拍卖记录，而不是只使用那些属于选定艺术家子样本的拍卖记录，这使一个更大的样本可供研究，同时降低了传统特征回归中固有的选择偏差。

7.3.3　重复销售指数

1. 重复销售法

重复销售法是通过对同一件艺术品一定时期交易价格的观察与数据整理构建的艺术品指数，它考虑了艺术品的异质性问题，通过价格变化和收益率的比较做出接近实际的判断。Locatelli-Biey 和 Zanola（1999）利用该方法得出了有重复交易记录的艺术品的短期价格指数及投资回报率。他们将得到的结果与金融投资回报率进行比较，发现在部分时间段艺术品投资回报率会高于金融投资回报率。

2. Goetzmann 建立的艺术品重复销售指数

RSR 方法使用单个房产的购买和销售价格来估计某一特定时间段内平均资产或代表性资产价值的波动，最常用于估计房地产回报指数。Anderson（1974）和 Goetzmann（1993）利用 Reitlinger 数据集和 Mayer 数据的可用年份将其应用于艺术品市场，且 Goetzmann（1993）首次构建了艺术品重复销售模型，他利用 1715~1986 年至少两次上市画作的成交价格，即运用重复销售方法构建艺术品收益率指数。该指数可以比较绘画价格变动与股市波动，也可以评估艺术品投资的风险和回报特征。Goetzmann 利用 1715~1986 年至少两次上市画作的成交价格构建的重复销售指数，演示了在过去的几十年里，艺术品价格出现了前所未有的增长。通过对指数的研究，他发现了艺术品需求与长期金融财富总量之间存在很强关系的证据，表现在艺术品指数与伦敦证券交易所同期股票指数高度相关上。他把这解释为对艺术的需求随着艺术品收藏者财富的增加而增加的证据。使用 RSR 方法的好处是，得到的指数是基于投资者的总回报，并且不受特征价格模型不同规格的影响。RSR 方法的缺点是数据较难获得。

3. Pesando 建立的艺术品重复销售指数

同为重复销售指数，Pesando（1993）则重点研究了现代版画的拍卖市场。因为版画通常以 50-100 或更多版本出版，同一种版画的各种印数可在同一季内拍卖出售，所以，重复销售数量的增加是相当可观的。1977~1992年，Pesando 用现代版画的数据建立了半年期价格指数，然后用价格指数解决了画作的风险收益特征是否比传统金融资产的风险收益特性更好的问题。为了量化现代版画的风险回报特征，Pesando 首先采用 RSR 法对版画价格指数进行了估算。

当相同的版画在两个不同的场合出售时，就会发生重复销售。对于每一组销售，首先，计算对数价格相对值，即较晚销售日期的对数价格减去较早日期的对数价格。然后，在一组虚拟变量上对对数相对价格进行回归。对于因变量的每次观测，在二次销售时，虚拟值设置为 1，在初始销售时为−1，在其他时间为 0。如果初始销售是在第一个时间段，则不存在与初始销售相对应的虚拟变量。拍卖集中在 5~6 月和 11~12 月，每半年进行一次。为了计算与指数匹配的价格指数的收益，Pesando 采用了一个简化的假设，即所有销售都发生在每个观察期结束时。如果某一特定的版画在观察期卖出不止一次，则它的平均价格被用于构建每一对匹配的销售。

从这个重复销售的指数中，可以很容易地得出（半年）现代印刷品的平均和标准偏差。总体版画投资组合的平均年实际回报率只有 1.51%，远低于股票、美国政府债券甚至美国国债的实际回报率。此外，版画投资的风险（以实际回报的标准差衡量）与投资股票或长期债券的风险相当。基于风险回报标准，Pesando 得出结论，投资于艺术品市场的这部分与投资于传统金融资产相比是不利的。

4. 苏富比梅摩指数

目前苏富比梅摩指数是艺术品市场上最具有代表性和影响力的艺术品市场指数，它是由纽约大学的 Mei 和 Moses 在 Pesando（1993）重复销售指数的基础上创建的。该指数大致反映了 1950 年以来美国艺术品市场上的美国本土画派、印象派和现代派绘画作品的价格变动情况。它将依据不同艺术类型（现代绘画、瓷器等）所归纳出的所有艺术指数（all art index）和标准普尔 500 进行比较，通过跟踪同一件艺术品的重复交易记录来构建，基于科学的结构与精密的计算来反映艺术品的市场走势，同时根据同一件艺术品买卖的价格差计算出某一段时间的投资回报率。

苏富比梅摩指数的算法和传统的重复销售法相同，具体如下。

假定艺术品 i 在特定的时间 t 的价格为 P，那么投资收益 r 由平均收益 μ 和误差值 η 组成，则有

$$r_{i,t} = \mu_t + \eta_{i,t} \tag{7-16}$$

通过艺术品 i 的价格差表示指数 μ 在时间间隔 $t = 1, 2, \cdots, T$ 的值，即平均收益 μ 可以构成一个以时间为序列的值。由于艺术品 i 的投资收益 r 亦可由这次的买入价 $P_{i,s}$ 与上一次的卖出价 $P_{i,b}$ 的差额组成，因此，通过对买卖价格取对数可得

$$r_i = \ln\left(\frac{P_{i,s}}{P_{i,b}}\right) = \sum_{t=b_i+1}^{s_i} r_{i,t} = \sum_{t=b_i+1}^{s_i} \mu_t + \sum_{t=b_i+1}^{s_i} \eta_{i,t} \tag{7-17}$$

因为 r 也表示 N 个不同的艺术品的收益，所以通过对 r 取对数亦可构成一个序列 N。在 X 为 $N \times T$ 的矩阵中，由 Ω 来表示时间的加权矩阵，可用最小二乘法求得 μ 的最大似然数 $\hat{\mu}$，即

$$\hat{\mu} = \left(X^{\mathrm{T}} \Omega^{-1} X\right)^{-1} X^{\mathrm{T}} \Omega^{-1} r \tag{7-18}$$

苏富比梅摩指数的优势在于其采用的是重复交易法，收集了所有的历史成交价格数据进行分析，根据交易价差计算投资回报。与传统的平均价格法相比，它反映的是价值的实际增幅，而不只是粗略的总体平均。因此，其他的指数主要是让投资者了解各类艺术品的平均价格和走势，而苏富比梅摩指数则是从投资角度和资产配置角度展开分析。苏富比梅摩指数建立了买卖交易的基本信息，以及成交价格回报率，这对培养投资意识、确定投资方向和预判投资回报都很有帮助。

苏富比梅摩指数的缺陷主要有以下三点：首先，苏富比梅摩指数需要艺术品重复交易的拍卖数据，但是此类数据往往是有限的，而且数据量越少，代表性越差，数据库如果不够庞大就不能建立可靠的价格指数；其次，苏富比梅摩指数计算时需要艺术品至少有两次的拍卖行销售数据，如果艺术品拍卖的最终竞价价格没有达到底价而造成流拍，就没有再次销售的价格，这类艺术品就不会计入苏富比梅摩指数；最后，苏富比梅摩指数主要是对历史交易情况的概括和总结，是对过去市场状况的反映，而不是直接对今后行情的预报，投资者在用这一指数进行投资参考时需要加入对当下和未来形势

的判断。

5. 评价

重复销售指数只能使用重复销售作品的数据，价格真实、作品相同，具有可比性，能够衡量艺术品投资收益状况。重复销售法更适合衡量艺术精品投资的收益状况，更契合投资收益率的内涵。但是由于可用交易数据的匮乏，数据获取较难，重复销售指数的实用性难以得到保障。

7.3.4　混合指数

Locatelli-Biey 和 Zanola（2005）提供了一种利用特征价格模型和重复销售模型两种模型所包含的独特信息联合估计的方法构建混合指数。

将 P_{it} 定义为绘画价值（即销售价格）在时间 t 的对数，x_i 设置为相关时不变特征集，B_{it} 作为相关时变特征集，D_{it} 是一组虚拟变量。如果作品 i 的交易发生在 t 年，那么它的值为 1，否则为 0，ε_{it} 为误差项。则价格的特征方程可以表示为

$$P_{it} = x_i\alpha + B_{it}\beta + D_{it}\delta + \varepsilon_{it} \tag{7-19}$$

其中，α、β、δ 是 i 的特征集的影子价格。然而，由于数据集唯一的时变特征是由 1987~1991 年的繁荣时期所代表的，B_{it} 可以定义为一个虚拟变量，繁荣时期的值为 1，否则为 0。

由于在数据集中有许多观察值被观察到可以卖出不止一个，所以可以采用重复销售的方法。将 P_{it+s} 定义为 $t+s$ 时期绘画价格的对数，同一作品的两次销售价格差异可以表示为

$$P_{it+s} - P_{it} = \Delta P_{it} = A_{it}\beta + T_{it}\delta + v_{it} \tag{7-20}$$

其中，$A_{it} = B_{it+s} - B_{it}$，$v_{it} = \varepsilon_{it+s} - \varepsilon_{it}$

$$T_{it} = \begin{cases} 1 & \text{if} \quad t = t+s \\ -1 & \text{if} \quad t = t \\ 0 & \text{otherwise} \end{cases} \tag{7-21}$$

利用混合模型的基本框架，推导出毕加索版画半年价格指数。实证结果表明，混合模型通过降低价格波动水平，提供了最精确的价格指数估计。

参 考 文 献

蔡文洁. 2019. 维多利亚时代（1837-1901）新富阶层的艺术投资与收藏逻辑[J]. 福建师范
　　大学学报（哲学社会科学版），（2）：160-167.

邓伟. 2014. 艺术品拍卖价格的外部影响因素研究[D]. 湖南大学硕士学位论文.

胡静,昝胜锋. 2008. 论艺术品价格形成机制与投资策略[J]. 现代经济探讨,（2）：61-65.

倪进. 2010. 当代中国艺术品市场金融化发展的若干问题[J]. 艺术百家,26（5）：17-22.

尚朝辉. 2013. 论我国艺术品金融化的发展[J]. 企业经济,（2）：185-188.

石阳,李曜. 2013. 中国艺术品投资收益——整体特征与杰作效应[J]. 金融研究,（12）：194-206.

尹茜. 2017. 中国艺术品市场网络搜索指数研究[D]. 中央美术学院硕士学位论文.

张志元,胡兴存,马永凡. 2018. 艺术品资产定价研究——基于组内固定效应的特征价格模型[J]. 山东大学学报（哲学社会科学版）,（4）：73-82.

周思达,杨胜刚. 2014. 艺术品指数编制方法的比较分析[J]. 湘潭大学学报（哲学社会科学版）,（1）：39-42.

朱澄. 2014. 艺术品市场的金融属性研究：一个文献述评[J]. 金融评论,6（3）：91-110,126.

Anderson R C. 1974. Painting as an investment[J]. Economic Inquiry,12（1）：13-26.

Baumol W J. 1986. Unnatural value：or art investment as floating crap game[J]. The American Economic Review,76（2）：10-14.

Chanel O,Gerard-Varet L A,Ginsburgh V. 1994. Prices and returns on paintings：an exercise on how to price the priceless[J]. The Geneva Papers on Risk and Insurance Theory,19（1）：7-21.

Diewert W E. 2003. Hedonic regressions：a review of some unresolved issues[C]. 7th Meeting of the Ottawa Group Paris.

Goetzmann W N. 1993. Accounting for taste：art and the financial markets over three centuries[J]. The American Economic Review,83（5）：1370-1376.

Kräussl R,Elsland N V. 2008. Constructing the true art market index：a novel 2-step hedonic approach and its application to the German art market[R]. CFS Working Paper Series,11.

Locatelli-Biey M,Zanola R. 1999. Investment in paintings：a short-run price index[J]. Journal of Cultural Economics,23（3）：209-219.

Locatelli-Biey M,Zanola R. 2005. The market for Picasso prints：a hybrid model approach[J]. Journal of Cultural Economics,29（2）：127-136.

Pesando J E. 1993. Art as an investment：the market for modern prints[J]. The American Economic Review,83（5）：1075-1089.

Reitlinger G. 1961. The Economics of Taste：The Rise and Fall of Picture Prices,1760-1960[M]. London：Barrie and Rockliff.

第8章　艺术资产的收益

作为一种具有历史、文化、审美、学术和经济等多维价值的新兴投资资产，艺术品已经成为投资者优化资产配置、稳定投资收益、规避市场风险的重要选项。近年来，伴随着中国经济的快速发展和财富积累，中国艺术品市场迅猛发展。从2009年开始，中国艺术品市场比肩美国和英国，一直稳居世界三大艺术品市场之一。伴随着艺术品市场向高价位的发展及中国艺术品市场从收藏时代向投资时代的转变，以投资为目的的企业收藏家和艺术基金成为最有实力的买家主体。价格的提升使得艺术品的审美属性不断弱化，而其投资属性不断增强。企业家的进场将中国艺术品市场的规模推到了新的高度，改变了中国收藏市场的格局和结构，使投资收藏主体更加多元化。由于企业和居民家庭资产配置中的财富效应较为显著，艺术品的消费、收藏和投资需求越来越大，参与的人和资金越来越多。财富管理的需求导致艺术品投资特点凸显，艺术品投资已经成为社会关注度很高的资产选项之一。

与其他资产的投资相比，艺术品投资的特点主要体现在艺术品本身的异质性和精神收益上。每件艺术品独一无二的风格决定了其具有异质性。异质性是投资者精神收益的源泉，亦是对艺术品进行定价的困难所在。Bryan（1985）指出，艺术品在财务上较低的回报由精神上获得的回报进行补充。Baumol（1986）提出艺术品的回报包括财务回报和精神回报。Mandel（2009）CCAPM模型从艺术品作为消费品和投资品的双重属性角度建立艺术品定价模型。Lovo和Spaenjers（2014）从投资者层面定义艺术品价值为预期财务收益和非财务收益之和。Spaenjers等（2015）对Lovo和Spaenjers（2014）的研究进一步深化，将艺术品的价值定义为"情感红利"的现值与重复销售收益净现值之和。张志元和刘红蕾（2020）对艺术品精神回报的理论与度量模型进行了综述。黄隽（2021）认为艺术品市场的需求分为消费与收藏投资，中国艺术品市场中大众对艺术品的需求主要为艺术品的精神消费需求。

8.1　艺术资产的财务收益

8.1.1　艺术资产财务收益的内涵

资产的定义，共经历了未来服务说、未耗用成本说、借方余额说、财产权说、经济资源说、未来经济利益说、资源说及权利说等发展阶段。但每个阶段都要受当时历史发展的客观条件约束，且人类在不同阶段对其认识的不同产生了差异。但总的来说，人们对资产认识的趋势表现为内容上越来越科学，范畴界定上也越来越准确。虽然目前关于资产的内涵还存在不一致的地方，但均强调了"经济利益的流入"这一资产的本质特征。现代主流的西方经济学教科书中，在其生命周期内提供服务和在出售时获得一定收入的任意一种物质可被称为资产，也强调资产能够带来未来经济收益。

稀缺性的存在是判断一类资产是否有一定经济价值的基础，是一类资产的社会属性。一类资产如果具有稀缺性，就意味着如果要获得此类经济资源就必须要付出代价。在宏观经济学上，经济资源是指能够增加或代表整个社会实际财富的各种宏观经济学意义上的实际资产，即实际生产过程的投入要素和产出物。只有具有经济学意义上的稀缺性的资源才具有排他性，也就具备了由特定主体控制的属性，而稀缺性也是艺术品交易的前提。艺术资产在满足稀缺性的同时，必定会在它的产生过程中凝结艺术家的劳动。艺术资产对其所有者产生了多途径的使用价值与应用价值。稀缺性、有用性与凝结人类劳动使得艺术品成为可以作为资产的经济资源。

艺术品市场的快速发展使得艺术品逐渐成为受大家接受的投资资产，而不仅仅是一种带有装饰功能的消费品或者展现家庭财富及持有者艺术文化修养的财产。20世纪80年代末，以欧洲与美国为代表的艺术品市场开始爆发性增长，媒体大量报道不断创出新高的艺术品成交价格，以及收藏家通过收藏艺术资产而不断增加个人资产或出售艺术资产而获得巨额财务回报，这点燃了公众对艺术资产的投资热情。"艺术品是具有能够获得未来收益的资产"这一观念被越来越多的机构或个人投资者所认可，投资艺术资产是为了获得"未来的收益增加"，投资艺术资产的行为就相应产生并快速发展。如今，政府、非营利团体、家庭也加入进来进行投资。投资是以获得经济收益为目的的行为。购买艺术品能够使投资者从中获得收益。随着艺术品市场发展越来越成熟、总体规模越来越大，投资者可以在艺术资产的交易过程中获得财务收益，这也符合"资产是能够为'经纪人'带来经济利益或经济价值的资源"这一定义。

投资者在对金融资产做出投资决策的同时,通常要基于该项金融资产的价值评估、未来市场走势做出分析判断。投资者投资艺术品时也不可避免地需要对艺术品市场总体价格趋势做出评估与判断。艺术资产相较于普通的金融资产,因其凝结着创作者的个性与时代的特征而具有很强的异质性,即同一时代不同艺术家的作品各有特色,同一艺术家在不同时代的作品往往也有风格的变化。艺术品投资的交易门槛、成本较高,投资者应具备一定的知识储备与鉴赏能力。因艺术品投资具有不可等分性,外加艺术资产的交易、保管、运输等都需要相应的条件,这就导致与传统金融市场相比,艺术品市场整体上交易频率较低,艺术品的流动性较差。金融产品的历史交易信息公开、透明,具有很强的可得性与完整性;而艺术品市场中的很多交易都发生在画廊等一级市场,交易的各方面信息获取难度大,存在着较大的信息不对称。综上所述,艺术资产较高的异质性和较弱的流动性,以及艺术品市场的信息不对称都增加了确定艺术品价格及价值的难度。对一般情形下艺术资产价格水平、变化的测度是进行艺术资产量化研究的关键一步。

8.1.2　艺术资产财务收益争论

对艺术品市场价格水平和变化趋势的度量构成艺术品收益特征分析的基础。艺术品投资的收益度量,国内外研究者大致采用三种方法:一是利用艺术作品的销售或拍卖数据,直接测算艺术品的投资收益与风险;二是利用现有的指数计算收益率和标准差;三是利用销售或拍卖数据采用适当的方法构建艺术品价格指数,主要采用 RSR 方法和特征价格方法,很少使用平均价格法。对于数据的选择,国内外研究者通常采用拍卖数据作为研究对象进行艺术品市场风险和收益研究。艺术品市场借鉴传统金融市场运用价格指数来反映艺术品市场一般价格水平的变化情况。以艺术品价格指数为基础来考察收益是当前研究艺术品市场的主要思路,反映了在一定时期内艺术品市场的整体价格水平或某件艺术品的价格变动情况的统计指标。

尽管艺术品交易由来已久,但是针对艺术品投资的研究直到近年来才受到广泛关注。各文献有关艺术资产收益回报率的研究结果差异较大。有以下主要原因:第一,艺术品市场与宏观经济存在一定的联动关系,在经济的不同周期,其收益会有明显的差别;第二,使用的度量方法、时间维度和样本(国别)数据存在着差异;第三,由于大多数研究采用的是拍卖数据,未考虑到缴税、交易成本,以及没有重复销售或者没有达到拍卖的保留价格而流拍的艺术品,所以艺术品指数反映的是投资回报的上限(Mandel,2009)。

Baumol（1986）基于重复销售原则对 Reitlinger（1961）所著的 *The Economics of Taste* 的作品数据进行了分析，发现 1650~1960 年艺术品的年均收益率为 0.55%，低于国债收益率（2.00%）。他认为艺术品并不存在优于传统投资的超额收益，但艺术品的总体收益与传统投资应该相当，两者经济收益的差距源于艺术品的精神收益。

基于同一数据来源，Goetzmann（1993）、Buelens 和 Ginsburgh（1993）均得出了与 Baumol（1986）不同的结论。Goetzmann（1993）对 Reitlinger 的数据进行了扩展，采用销售数据简单平均法对英国市场画作的收益率进行了分析。结果显示，1716~1986 年艺术品的年均收益率为 3.20%，高于股票（1.50%）但低于债券（4.30%），1850~1986 年艺术品的年均收益率为 6.20%，高于股票（2.60%）和债券（4.10%），1990~1986 年艺术品的收益率为 17.50%，远高于股票（4.90%）和国债（4.80%）。Buelens 和 Ginsburgh（1993）从时间和流派两个维度，将 300 年间的交易数据划分为 1700~1869 年、1870~1913 年、1914~1949 年、1950~1961 年四个时期，以及 "英国画家"、"荷兰画家"、"意大利画家" 和 "印象派及其后继者" 四个流派。结果表明，1700~1961 年艺术品的年均收益率为 0.65%，基本与 Baumol（1986）的结论一致。但是经济周期和流派对艺术品收益的影响较大，如第三时期所有艺术品的收益都为负数，英国画家的作品在第二时期主导市场，印象派在第二时期迅速崛起并最终成为收益率最高的流派。剔除宏观周期和流派的影响后，艺术品的实际年均收益率为 2.80%，高于国债。因此，Baumol（1986）的低收益结论可能是忽略了经济滑坡和流派的影响所致（乔明哲等，2017）。

很多后续研究对更为近期的艺术品收益进行了分析。Pesando（1993）基于纽约佳士得和苏富比的拍卖数据计算了 1977~1992 年现代画的拍卖价格，发现现代画的半年度化收益率低于当时的国债和股票。Frey 和 Eichenberger（1995）梳理了 1974~1994 年二十多篇针对艺术品收益的研究文献后发现，多数研究得出了艺术品收益率低于传统金融资产的结论。不过，也有不少研究发现艺术品投资收益并不低于资本市场，甚至可能高于资本市场。Worthington 和 Higgs（2003）及 Atukeren 和 Seçkin（2009）分别得出了艺术品收益率与国债相当的结论。Mei 和 Moses（2005）采用重复销售法分析了 1875~1999 年纽约佳士得和苏富比拍卖行的艺术品收益率，发现艺术品的年均收益率（4.90%）高于美国的国债（2.00%）和公司债（2.90%），但低于美国的股票（标普 500：6.60%；道琼斯：7.40%）。Renneboog 和 Spaenjers（2013）利用一百多万个书画拍卖交易数据构建了艺术品特征价格指数（hedonic price index），发现 1957~2007 年艺术品投资年均收益率为 3.97%，高于美国的国债（2.68%），低于美国的股票标普 500 指数（6.63%）。

有证据显示，艺术品市场的投资收益受到市场成熟程度的影响。Campbell 和 Pullan（2007）指出，艺术品市场的投资回报与市场成熟度相关，不成熟的艺术品市场在发展过程中往往会给投资者带来更高的收益。Lucińska（2015）比较了波兰和其他欧洲国家的艺术品市场，发现 2008~2012 年新兴的波兰艺术品市场年均名义收益率为 5.51%，高于成熟的欧洲艺术品市场。

综上所述，虽然因研究所使用的度量方法、选取的样本数据和不同品类都会影响到最终的估计结果，但是欧美艺术品市场投资收益的主流研究表明：艺术品市场的回报率通常超过通货膨胀率，但与股票、债券、黄金等传统金融资产相比，艺术资产的财务回报率并不高。Mei 和 Moses 发现艺术品长期投资的收益率优于国债和企业债，低于股票。所以，单从财务回报来说，艺术资产并不比其他投资产品有更多的优势，不是一个很有吸引力的投资选项。

2010 年以来，中国艺术品成交总额一直名列世界艺术品交易市场的前三位。2014 年全球艺术品市场规模超过 510 亿欧元，中国艺术品销售价值占全球总额的 22%，它与美国（39%）、英国（22%）一起主导了全球艺术品市场。国内艺术品市场的快速发展吸引越来越多的投资者参与。

大量的研究都是基于国外的书画艺术品拍卖市场数据进行的，而关于中国书画艺术品市场投资回报率的研究则很少，这与中国书画艺术品市场发展较晚、相关研究相对滞后有关。近年来，随着国内书画艺术品投资市场的逐渐火爆，学者们也开始着眼于国内书画艺术品投资回报率的测算与评估。总的来说，研究者在中国艺术品市场上得出的实证结果相比国外更为积极，即中国艺术品市场收益率更高。

石阳和李曜（2013）发现 2000~2011 年中国艺术品拍卖市场的名义年化收益率约为 18.70%，高于同期国债和证券市场。他们认为，近年来艺术品价格高涨与证券市场不景气和货币供应量增长存在相关性，并且国内艺术品市场中知名艺术家杰作的收益显著高于市场均值。

周思达等（2014）为了衡量国内书画艺术品市场上名家作品和普通作品的表现差异，选取雅昌的几种分类艺术指数（2001~2012 年）进行对比，发现当代 18 热门指数（34.52%）的平均收益率要远高于当代中国画 100 家指数（14.67%）与国画 400 指数（10.96%），大师级书画艺术品在国内市场上表现出更高的收益率。他们认为其原因可能在于国内书画艺术品市场不成熟。

黄隽等（2017）采用 2000~2014 年中国艺术品拍卖市场国画 400 指数中

近现代部分的拍卖微观数据，考虑拍卖佣金和艺术品市场规模，采用重复交易模型和 CAPM，根据中国市场的具体情况，研究了中国艺术品市场的特点、投资收益率和资产配置效应得出结论：艺术品年化名义收益率为 15.64%。通过扣减佣金成本和 CPI，年化实际收益率为 13.08%，中国艺术品投资的收益率远高于欧美国家。

乔明哲等（2017）基于雅昌艺术品拍卖市场价格指数和上证指数进行了实证分析，得出：国内艺术品市场的平均收益水平大幅高于同期证券市场。2000~2015 年雅昌艺术品拍卖市场价格指数的平均收益率为 4.35%，约为同期上证指数平均收益率的 8 倍，但是分组比较统计不显著。国内艺术品市场投资收益率高于发达国家研究（Mei and Moses，2005；Hodgson，2011）得出的收益水平，与新兴经济体波兰的艺术品市场 5.51%的名义收益水平（Lucińska，2015）及国内相关研究结论接近，为艺术品市场投资收益水平与市场成熟度相关的理论假说提供了证据。

张志元等（2019）基于中国 2000~2017 年国画的拍卖数据，采用重复交易法、门限回归研究了艺术品市场的实际收益及影响因素，研究发现：①样本统计期间市场的实际年化收益率为 10.1%，波动性较高。②引入声誉代理变量解决了内生性问题，更有力地证明了艺术品市场中杰作效应的存在。③宏观经济不确定性对艺术资产价格的影响是非线性的，呈正 U 形，拐点值为 114，艺术资产在经济政策较高水平时表现出一定的避险属性。

张志元等（2020）基于雅昌艺术网国画 400 指数的 388 位艺术家 2000~2017 年的 16 956 对重复样本数据，运用重复交易法、3SLS 回归量化研究了经济政策不确定性、经济周期对艺术资产价格的影响。研究结果表明：第一，当经济政策不确定性处于较低水平时，不确定性与艺术资产价格呈现显著的负相关关系，当不确定性处于较高水平时，二者之间则呈现显著的正相关关系，经济政策不确定性对艺术资产价格的影响是非线性的，呈 U 形。第二，相比于经济扩张阶段，经济紧缩阶段艺术资产呈现出更高的价格水平，即艺术资产价格是逆周期的。第三，在同等水平的经济政策不确定性条件下，投资者更倾向持有艺术品杰作。因此，艺术资产具有典型的逆周期属性和避险属性，当进行资产组合和大类资产配置时，加入艺术资产是可行的。

8.1.3　艺术资产财务收益的影响因素

1. 经济增长对艺术资产收益的影响

研究一个国家的经济增长水平，不仅可以预测该国整体的发展情况，还可以把视角由大到小,研判某一行业或产业的发展趋势。艺术品市场价格的形成及波动受到经济增长影响的主要表现如下:一是经济增长通过影响机构和个人投资者的可支配收入,进而影响机构和个人投资者的意愿和能力,导致艺术品价格的波动。二是机构和个人投资者对经济增长的预期会对艺术品的供求产生影响,艺术品投资者的信心会随着经济形势的好转而增强,而投资信心的增强有可能引发投资者的非理性行为,进而使艺术品市场价格出现波动。

艺术资产作为一种投资标的,其资产收益的涨跌情况也会受到经济发展的影响。通常情况下,当一国经济处于下行阶段时,艺术品市场的成交额会伴随着艺术资产价格的下降而出现衰退趋势。对于艺术品市场主要参与者的机构和个人投资者而言,当经济增长放缓时,企业的成本上升与收益下降会使其有出售艺术资产以补充流动性的冲动;而个人投资者则因为薪资与分红的下降导致可支配收入下降,使其投资能力减弱,这都会造成艺术品市场的变冷。当经济繁荣时,艺术品市场会因艺术资产价格的提高而回暖。这也与经济增长时整个社会的货币投入量增大、市场利率下降有关。经济的复苏与发展会使企业的基本面得到改观,企业的生产经营活动活跃,个人投资者的可支配收入水平也在这一过程中得到提高。由于艺术资产具有比较显著的保值与增值特征,在社会总需求增加的刺激下,势必会吸引大量投资,艺术品市场的受关注度提高,带动艺术资产收益的持续上涨。

2. 货币供给对艺术资产收益的影响

大量文献分析指出,一国货币供给的变化是传统资产价格的重要影响因素。艺术资产作为一种近年来受到越来越多机构和个人投资者关注的资产,其价格变化同样受到货币供给量的影响。近年来中国艺术品市场的快速发展,与全球金融危机之后的国际与国内的货币量化宽松政策存在一定的联系。石阳和李曜(2013)围绕艺术品市场价格与股票价格、货币供应量之间的长期关系展开讨论,选取 2000 年第一季度至 2011 年第四季度的季度数据进行协整分析。从长期看,股价指数增加 10%,会对艺术品价格产生 2.7% 的抑制作用;货币供应量增加 10%,将导致艺术品价格增加 13.5%。由此可以看出,艺术品价格与货币供应量具有长期正向关系,并且价格受货币供应量影响的敏感程度高。由于货币供应量的增长率在理论上应当接近 GDP 增长率与通货膨胀率之和,货币供应量的涨幅一般高于通货膨胀率。模型的估计系数表明,货币供应量增加 10%,艺术品价格提高 13.5%。这说明艺术品价格变化主要体现在货币现象上,并对货币市场流动性非常敏感,小幅度的货币供给量变动就会引起艺术品价格的更大幅度波动。黄隽（2014）采用2001~2012 年的数据进行计量分析，结果表明，中国的货币供应量与艺术品价格和成交规模之间存在显著的正向促进关系。艺术品价格与货币需求之间具有长期稳定的协整关系，其意义在于，这个结论为现阶段中国以 M1 和M2 为货币政策中介目标提供了支持，也说明中国人民银行在每年制定货币总量目标的同时，需要考虑房地产、股票和艺术资产对货币需求稳定的影响。

3. 杰作效应对艺术资产收益的影响

通过对艺术品市场的整体研究，学术界与务实界能够清晰地观察艺术资产的整体价格变化。但艺术资产具有很高的异质性，外加其较低的流动性及高于传统金融市场的信息不对称性，不同类型甚至相同类型的不同作品之间的收益都存在巨大差别。因此，除了在宏观上研究艺术资产的收益情况，在微观上进行市场结构、作品类型等更加详尽的研究同样具有重要意义。这不但能够从理论角度分析市场效率，也能够为投资者提供现实指导。检验杰作效应就是其中重要的一部分，即检验杰作的收益是否超过市场的平均水平。

经济学家将高价格的艺术品或最知名的艺术家的作品称为杰作，而将杰作的投资收益率超过艺术品市场平均收益水平的现象称为杰作效应。艺术品的杰作往往具有较大的需求和较高的流动性，容易变现。艺术品投资顾问或市场专业人士通常会劝说客户购买其经济实力可以承担得起的最好或最贵的作品。Pesando（1993）是考虑使用价格因素来进行划分的，他将价格最高的 10%与 20%的艺术品定义为杰作，结果发现杰作的收益率不但没有超过，甚至低于市场平均收益水平。Mei 和 Moses（2002）在更新数据后的研究中同样也得出了类似的结论：艺术品价格每增加 10%，年化收益率会降低0.1%。Taylor 和 Coleman（2011）将研究对象扩展到澳大利亚土著艺术品，发现高价格艺术品每年收益率比其他艺术品约低 2%。对于高价格艺术品的较差表现，Mei 和 Moses（2005）认为这种现象可能与企业首次公开募股（initial public offerings，IPO）或搜索引擎优化（search engine optimization，SEO）时的较高盈余管理类似：为获取更高佣金等收入，艺术品经纪人会持续高估作品价格，之后一些轻信的投资者过度追逐，进而推高价格，导致购买之后的回报较低。除此之外，Erdos 和 Ormos（2010）、Taylor 和 Coleman（2011）猜测中值回复效应造成了杰作的较差表现。通过实证分析价格与收益的关系可以发现，高价格的艺术品具有低收益。

石阳和李曜（2013）在 Mei 和 Moses（2002）加入了价格项的收益率回归方程基础上，加入了最知名艺术家虚拟变量，以如下公式作为杰作效应的整体检验方程：

$$r_i = \sum_{t=b_i+1}^{s_i} \mu_t + \gamma(s_i - b_i) \times \ln(p_{i,b}) + \rho_1(s_i - b_i) \times \mathrm{QI}_i$$
$$+ \rho_2(s_i - b_i) \times \mathrm{XU}_i + \rho_3(s_i - b_i) \times \mathrm{ZH}_i + \sum_{t=b_i+1}^{s_i} \eta_{i,t}$$

（8-1）

其中，γ 指单位时期收益率对艺术品价格的弹性，表示艺术品价格增加 1%，季度收益率会增加 γ%；$(s_i - b_i)$ 为卖出时期 s_i 与买入时期 b_i 的差，表示艺术品 i 的持有期数。为了同时分析高价格与最知名艺术家作品的收益特征，以齐白石、徐悲鸿与张大千的作品作为名家杰作。因为这三位不但是中国现代最知名的艺术家，而且是艺术品市场中最为认可、作品交易最活跃的艺术家。虚拟变量 QI_i、XU_i、ZH_i 分别表示作品的作者是否为齐白石、徐悲鸿与张大千，若是则为 1，否则为 0。若作品不属于这三位艺术家，则三个虚拟变量均为 0。ρ 表示对应艺术家作品的单位时间收益率比市场整体水平高出 ρ_0。由检验结果可以得出：艺术品的价格越高，收益率越低，且价格越高收益率越低的现象在最知名艺术家子样本中同样存在；最知名艺术家作品的收益率显著高于市场整体水平。因以上两条结论在最知名艺术家子样本、不同价格子样本中均成立，所以具有一定的稳健性。为进一步说明结论，国际著名艺术市场信息公司 Artprice 对 2013 年公布的中国最著名的十位艺术家的作品重新定义杰作进行检验，结论依旧没有发生变化。即价格越高，收益率越低；最知名艺术家作品的收益率显著高于市场均值。

综上所述，从对杰作效应的检验中，可以发现价格与收益的关系并不能证明杰作效应的存在，而知名艺术家作品与收益的关系可以证明杰作效应的存在。进一步的解释如下：知名艺术家的相对低价格的作品会让投资者得到更大的回报。

4. 持有期效应对艺术资产收益的影响

选择持有期在投资过程中的重要性不言而喻，国内外也都出现了针对持有期的研究。持有期效应一词最早在中国出现于对期货市场套期保值的持有期分析。相关研究中的持有期效应主要是指持有策略在最优套保比率情况下的风险减少程度，风险下降的程度越高，说明持有期内的投资效果越好，持有期效应越高。宋逢明等（2008）通过分析中国股票市场的连续竞价交易机制和投资者的结构特点，建立了一个向上增长的人工模拟订单驱动股票市场模型。模拟分析表明持有期对投资者收益有影响，持有期较长的投资者在向上增长的市场中能够收获较高的平均收益。

聂露（2018）为研究持有期的指标对艺术品投资收益率指标的影响，将该影响定义为艺术资产收益率的持有期效应。以投资收益率为线索，以构建艺术品投资收益率和持有期变量为出发点进行研究。

一方面，从行为金融理论、适应性预期理论出发研究艺术品投资收益率与投资持有期之间的相关性。在行为金融理论方面，锚定效应、沉没成本效应（以前收藏的影响）、过度自信理论、框定偏差、禀赋效应、羊群效应等会对机构与个人投资者产生影响。在市场情绪方面，首先，它的核心概念是情绪，其次，市场情绪是群体的共同情绪。市场情绪的内涵包括两个层面：其一，它是投资者对投资市场中各种信息认知的结果，其形成的关键是认知因素；其二，它是投资者群体的共同情绪，是群体成员通过投资过程中的互动而产生的相互影响。在适应性预期理论方面，是在经济活动中，经济行为主体为了自身的利益，会一直对未来的经济形势及相关经济变量进行主观判断和估计，并据此决定下一步的行动。事实上，这种心理活动或心理现象就是经济主体对客观经济现实的预期行为。因理性预期至关重要的假设是获取全部信息并对所获取信息的充分利用，这个条件在现实情况中，尤其在艺术品投资市场中，还存在着机构与个人投资者之间更加严重的信息不对称与投资者艺术品知识结构的缺乏的情况，这就导致了信息获取不足与信息利用不充分。所以就艺术品投资市场而言，采用适应性预期参照历史数据进行未来预期更加可行，更加合理。中国艺术品投资专业性强、市场复杂多变，信息不对称程度高等问题都是投资者理性投资的障碍。投资者不仅面对自身的认知评估问题，还会受到市场情绪的影响。市场情绪反映出的市场走向又会影响艺术品交易行情，导致艺术品价格变动，影响持有决策，左右投资收益率的大小。另外，将投资持有期作为时间成本分析对收益率的影响，从理论上研究了持有期可能对艺术品投资收益率存在的影响。因此，聂露（2018）得出假说：投资者在错综复杂的投资环境中，其对投资期的选择对于收益率可能产生重要的影响。

另一方面，以门限回归模型对艺术品投资收益率的持有期效应进行定量剖析。首先，进行宏观经济与政策变动对持有期效应影响的门限回归。2007年以后，随着市场建设、监管完善，艺术品逐渐回归真实价格。艺术品投资收益率更多地与艺术品自身属性相关了，这也进一步说明了艺术品市场调整，价值回归到了真实的结果。其次，进一步考察艺术品自身属性对持有期效应影响的门槛效应。实证结果表明：一方面，历史年份较短的艺术品投资收益率与成本之间的关系更突出，持有期、成本、是否估值对投资收益有正向的影响。另一方面，随着作品历史年份增加，持有期效应大体呈现递增趋势。历史年份较长的艺术品投资收益率与宏观经济联系减弱，这说明历史年份较长的作品更有持有价值，更容易获得高收益，对经济环境的依赖也相对较小。最后，考察了持有期对自身效应影响的门槛效应。当艺术品持有期较长时，其投资回报与 GDP 的关系更加紧密，体现了持有期效应。

通过整理中国近年来艺术品市场重复拍卖数据，建立门限回归模型，考察宏观经济波动与政策变化、艺术品属性、持有期自身对持有期效应的影响，分析了中国艺术品投资市场的投资收益持有期效应及变化趋势，综合考察了影响艺术品投资收益的其他因素。通过实证分析，发现要想获得艺术品投资高收益，需要综合考察经济波动及相关政策变化，考虑选择创作年代较久远的艺术作品，在持有期长度选择时应更倾向长期持有。同时，艺术作品的创作历史、估值、著录次数等对艺术品投资收益率也存在影响。当进行艺术品投资时，应综合考虑艺术作品的多方面因素。

8.1.4 艺术资产财务回报的度量

目前，艺术品财务回报的度量方式大概可划分为基于艺术品市场的艺术品超额回报与基于金融市场的艺术品超额回报两种。由于艺术品进入投资组合的时间可能不同，计算基于艺术品市场的艺术品超额回报一般只比较不同艺术品之间的年度超额收益的表现；在艺术品进入投资组合后，应用基于金融市场的艺术品超额回报可以更准确地比较艺术品与投资组合中其他资产的收益率表现的差异。同时计算两种回报并观察回归结果的显著性，可以甄别选择的样本是否独立于投资组合。

基于艺术品市场的艺术品超额回报使用艺术品市场价格指数进行度量。艺术品市场价格指数的计算方式在前文中已经阐述，最常用的两种构建方式为重复销售法和特征价格法。最早计算艺术品历史回报率的学者是 Baumol（1986）及对其学术成果进行修正的 Frey 和 Pommerehne（1989）、Buelens 和 Ginsburgh（1993）。他们均使用了 Reitlinger（1961）中的数据。公式如下：

$$r_i = \alpha_k + \sum_{t=b_i+1}^{s_i} \mu_t + \sum_{t=b_i+1}^{s_i} \varepsilon_{it} \tag{8-2}$$

其中，r_i 为艺术品 i 的回报率；μ_t 为艺术品市场价格指数的回报；b_i 为购买时间；s_i 为销售时间。

基于金融市场的艺术品超额回报通过 CAPM 进行度量。CAPM 模型计算回报率的思想是将艺术品视为有风险的耐用品。Stein（1977）使用 CAPM 模型估计艺术品的收益和风险，为后续艺术金融学者的研究提供了重要思路。此后，Bryan（1985）、Hodgson 和 Vorkink（2004）、Mei 和 Moses（2005）、Agnello（2006）、Atukeren 和 Seçkin（2009）、Hodgson 和 Seçkin（2012）及 Candela 等（2013）均采用这一方法对艺术品的收益进行计量。

公式如下：

$$r_i - \sum_{t=b_i+1}^{s_i} r_{ft} = \alpha_k + \beta_k \sum_{t=b_i+1}^{s_i} \mathrm{MKT}_t + \sum_{t=b_i+1}^{s_i} \varepsilon_{it} \qquad （8\text{-}3）$$

其中，r_i 为艺术品 i 的回报率；b_i 为购买时间；s_i 为销售时间；r_{ft} 为无风险利率；β_k 为系统性风险；MKT_t 为 S&P500 的超额回报。

8.2　艺术资产的精神收益

8.2.1　艺术资产配置精神收益的内涵

收益这个概念最早出现在经济学中是在 1776 年亚当·斯密的《国富论》中。亚当·斯密将"收益"定义为"财富的增加"。1890 年，马歇尔在其著作《经济学原理》一书中，从个人和社会的角度来分析收益。从个人的角度来看，收益就是能够用货币形式来表示的进项。从社会的角度来看，收益被看成包括人类在任何时候，尽可能好地利用自然资源而获得的一切利益。20 世纪初，美国著名经济学家欧文·费雪发展了经济收益理论，他在《资本与收入的性质》一书中提出了收益的三种不同形态：①满足人类需求的精神收益；②物质财富增加即实际收益；③资产货币价值增加即货币收益。艺术资产不仅可以使投资者获得货币收益，还可以获得精神收益，也可以更狭义地理解为"美学收益"。

1. 审美享受和消费收益

艺术是一种超越物质的无形资产。文物艺术品以物质形态承载着精神和意念，是每一个时代的真实镜像和写照。李万康（2009）认为，艺术品的欣赏者不仅被艺术品的视觉冲击力所吸引，还与艺术品丰富的内涵产生共鸣，能获得深入心灵、心旷神怡的快乐体验，由此得到心灵的润泽和精神的满足。

Frey 和 Eichenberger（1995）梳理了 1974~1994 年研究艺术金融回报的二十多篇文献，大多数文献结果显示，艺术品回报低于传统金融资产。许多私人收藏家不以利润最大化为目标，他们受到"禀赋效应"、"机会成本效应"（大多数收藏者不考虑资金使用的替代效益）和"沉没成本效应"影响。Mandel（2009）对审美效用进行了量化，认为艺术品的拥有和欣赏给收藏者带来的精神享受，在很大程度上弥补了财务上的较低收益。此外，艺术金融还有避税等作用。Penasse 和 Renneboog（2018）、Bernales 等（2020）也对艺术品的"精神红利"进行了考察，并将此变量分别加入艺术品市场动态拍卖模型和局部均衡定价模型中。

2. 社会声誉价值

Frey 和 Eichenberger（1995）认为，艺术品作为资产和精神消费品的双重属性是区别于其他金融资产的重要特征。与纯粹的金融工具不同，艺术品是消费品。从某种程度来说，艺术品是一种奢侈品，持有者的愉悦来自财富象征附加的快乐。这种感受是由拥有大师作品传播出来的自豪和荣光，它给持有者提供的是美学的愉悦、文化和财富社会地位的美誉等无形的资产。艺术品消费还具有"凡勃伦效应"，即炫耀性消费带来的强烈的心理满足感，表现为藏品对持有者有提高荣誉、吹嘘资本和获得强烈的心理满足感的效用。凡·高、毕加索、张大千、齐白石等名字已成为财富、文化、荣誉和社会地位的象征。一般采用艺术金融的财务回报与金融资产相应回报差额来度量艺术品的精神回报。

3. 思想启迪

早期的艺术强调对现实世界逼真的重现。摄影技术产生后，因其对事物的复制达到完美，逼真重现的艺术形式被弃置。从 20 世纪 50 年代开始，艺术的观念发生了重要的变化。延续了几百年的主要艺术形态（如绘画、雕塑等）的作用减弱，而反映高科技时代、信息时代的艺术形式走到前台。当代艺术成为人们情感和思想表达的重要方式。当代艺术对美术的技法没有太高的要求，表现形式也更加多元与宽泛，关键是看艺术家对当今世界的看法和艺术观念表达的思想深度。从某种程度上说，一件好的艺术品，不只是给观众一个标准答案，更要引发人们的思考。每个人对作品的欣赏都与他的教育和背景有关，不同的观众会有不同的感受，让观者根据他的经历去理解、联想和思考，给其思想放飞的空间。当代艺术更具人道主义的独立人格探索价值，是思想的先锋。

8.2.2 艺术资产配置精神收益的影响因素

投资艺术资产的回报不仅体现在预期价格的上涨上，还体现在心理回报上。Frey 和 Eichenberger（1995）分析了影响购买和收藏艺术资产进而作为一种投资标的物的边际选择的决定因素。为了方便分析影响艺术资产精神收益的因素，区分"纯粹收藏家"与"纯粹投机者"，进而可以分析在某种影响因素失衡时，是什么样的参与者主导着艺术品市场及他们的得失。

提出了以下五个决定因素。

（1）风险变化。当不可预测的金融风险（价格变化）和其他风险因素（某种属性的不确定性）增加时，纯粹收藏家的其他对手就会离开市场。原则上，纯粹收藏家对这些危险因素是不敏感的：他们购买并持有一件艺术品，是因为喜欢这件艺术品，不介意它的价格变异性增加或者它的某种属性变得不确定。越是纯粹收藏者主导市场，均衡的财务回报越低，回报的主要部分是精神上的收益。

（2）成本变化。艺术资产销售成本的上升，或政府干预导致的销售限制，往往会将纯粹投机者赶出市场。但这并不影响纯粹的收藏家，因为后者并不打算出售自己的藏品（尽管有时确实如此）。仓储和保险成本的上升也可能系统性地改变买家和卖家之间的平衡，因为它们可能对买家和卖家产生不同的影响。尤其是对纯粹的投机者产生较大的影响，因为这部分的财务成本并不能由艺术资产产生的精神收益来弥补。

（3）税收的变化。一方面，当艺术品交易被课以重税时，金融投机者发现转移到其他市场是有利可图的。另一方面，当税率普遍提高时，如果艺术品市场提供了比投资其他资产更好的避税或逃税机会，那么仅仅出于经济原因购买艺术品的人就会被吸引到艺术品市场。进而，艺术品市场会越来越多地被纯粹的投机者所主导，那么均衡的金融净回报率会与其他市场都相当。收藏者需要考虑的一个主要问题是，他们所持有的藏品的增值是否要征税（在大多数国家，应该征税，但通常不征税），还是只在出售时征税。在后一种情况下，市场变得更加稀薄，精神收益的回报率就相对得到提高。

（4）规章制度的变化。关贸总协定的自由化和大规模的一体化（如欧盟），对艺术品贸易的限制越来越严重。这阻碍了艺术品的国际交流，但导致了当地艺术品市场的建立与发展，这时较高的精神回报就会青睐那些不喜欢交易的纯粹收藏家。

（5）体裁和口味的变化。对于某些类型的绘画，要求有一个系统的时间序列。对于肖像画而言，对本人或者其家人有一定吸引力，但是对其他人就没有很高的价值，因此很少被交易。如果画家成名了，流派就变得不重要了，画作也就被交易了。提香·韦切利奥的肖像画就是一个例子。在今天，谁代表谁并不重要。社会因素影响拥有特定艺术品类型的精神收益。例如，描绘耶稣受难或折磨圣人的宗教画、冒犯其他宗教的主题、描绘血腥战争场面或死亡游戏的画，以及其他"政治上不正确"的艺术品，如今已不受欢迎。

因此，私人收藏家的需求也有所减少。与之相对应的市场，就其存在而言，是由几乎不受此类考虑影响的买家所主导的，尤其是那些可以辩称自己只对艺术历史方面或传统收藏领域感兴趣的艺术博物馆。因此，纯粹的收藏家往往会主导市场，在平衡状态下，这类画作的精神收益很高，而金融艺术市场的回报很低。投机者只有在能够预见到艺术品品位变化（这是一件不太可能发生的事情）的情况下，才会活跃于此类艺术品市场。

8.2.3 艺术资产配置精神收益的研究发展

1. 艺术资产精神收益的效用分析

效用是经济学消费需求分析中最常出现的一个概念，它是指商品满足人的欲望的能力和程度。某种物品效用的大小没有客观标准，完全取决于消费者在消费某种物品时的主观感受。因而同一物品给人带来的效用因人、因时、因地而异。如果将投资艺术资产的行为也看作一种"消费"行为，效用理论也可以用于解释艺术品市场中投资者的行为。因艺术资产既有装饰、欣赏、品鉴、炫耀的功能，又具有保值增值获取货币回报的功能，这就导致了投资者购买艺术品的目的是复杂的。在进行艺术资产投资的过程中，同时具备了消费和投资的两个特征，效用理论就可以分析艺术品投资的行为。

虽然效用是资产要义，但比起回报率、效益等词，效用更加抽象。它是一种心理度量尺度，是对精神或者心理得到的利益的描述。但是如果一项资产由于市场价格变动而给购买者带来了货币收入，这部分收益显然也将给予购买者心理上的满足。效用的问题在于难以从中区分出究竟是产品的哪一部分给予了消费者满足，是否能将可计量的货币收入从效用收益中完全分离。通常研究者采用的是均衡分析方式。假定艺术品市场同其他金融市场一样都能达到均衡，市场价格完全反映了市场的全部信息，那么效用的大小就是艺术品的投资回报率与市场平均收益率的差值。有些研究者则认为艺术品收益分为两部分：一部分是投资艺术品能获得货币性收入。例如，持有艺术品期间将其出租所获得的租金收入，以及售出艺术品后由于价格差价所获得的收入。另一部分则专指艺术品给予人的心理满足，也就是效用。

Baumol（1986）是持艺术品市场不能达到均衡观点的代表性研究学者，他认为无法从艺术品市场获得高于机会成本的收益。因为艺术品市场上不存在长期均衡价格，这使得艺术品的价格是不可预测的。选择一种非常可靠的交易时间和艺术品的组合使得收益率超过这项投资的机会成本，是几乎不可能的。艺术品的价格增长所获得的这部分收益是由于艺术品给人带来的审美价值的收益，并非市场表现。Baumol 对持有期限超过 20 年的样本使用 Reitlinger 重复销售数据，以排除任何投机性购买。他发现，从 1650~1960 年，名义回报率为 0.55%。这比风险厌恶型投资者可获得的债券回报率低 2%。他得到的结论是，艺术品市场不太可能拥有任何类似长期均衡价格的东西，更不用说推动价格向均衡价格靠拢的可靠力量，价格变动是不可预测的，而且不可能以任何程度的可靠性来选择购买日期和艺术品的组合，从而产生超过其投资机会成本的回报率。Baumol 将艺术投资回报率低归因于艺术所产生的审美消费回报，Stein（1977）将其近似为 1.6%。这仍然使得 Baumol 的回报率比长期债券所反映的机会成本低 400 个基点。

Frey 和 Pommerehne（1989）支持 Baumol 的发现，将艺术品的收益效用分为两种，一种是财务报酬，一种是心理报酬。心理报酬是指购买艺术品将给人们带来心理上的愉悦及名望的提升等收益。研究发现，即使在延长了样本期之后，也增加了不同国家的数量，包括交易成本、检查身份和价格报表，以及控制第二次世界大战前后的时间可能产生的不同回报。他们使用来自 1635~1987 年适用于美国、英国、瑞士、法国和德国，并排除了持有期少于 20 年或对转售画作是否匹配存在任何歧义的数据。他们使用重复销售方法，发现平均回报率为 1.5%，中值回报率为 1.8%。他们估计，这是那段时期不投资无风险政府债券的 1.5%机会成本。此外，他们还发现，不同子样本时期的回报差异在统计学上并不显著。他们计算出了长期政府债券的年收益率大约为 5%，扣除平均通货膨胀率 2%，持有政府债券的收益率还有 3% 左右，而艺术品的长期年收益在 1.5%。投资艺术品将会有 1.5%的机会成本损失，这部分损失将由投资艺术品的美学收益所弥补。Frey 和 Pommerehne 指出，考虑到投资艺术品的风险，这种低水平的回报是不正常的，那么缺少的回报就是艺术品的精神收益。

2. 艺术资产精神收益的正外部性分析

公共物品在经济学中是指那些非竞争性和非排外性的商品。一个人对公共物品的消费并不会影响到他人或者使其他人受到损失，通常情况也不具有排他性。经济学中公共物品存在的问题是，市场中每个人只关心自己的效用，而市场无法生产出足够多的商品来满足公众的需求。这个问题在经济学中称为"外部性"。外部性发生在当人们的市场行为影响到其他人的福利时，但是这些福利或者成本并没有反映在市场价格中。当艺术资产由美术馆或者收藏家向公众展览时，艺术资产就会对社会产生正外部性。

艺术资产可以间接带来六种正外部性：①存在价值，人们将会从艺术品中获益或者得到欣赏；②选择价值，培养艺术资产的潜在投资者；③人力资本价值，艺术资产可以为欣赏者带来美学收益；④名声价值，某些艺术资产会为国家、民族带来潜在的名声价值；⑤经济学价值，艺术资产可以带来二、三级产业的发展；⑥遗产价值，无论是消费者还是非消费者，将从未来子孙可以欣赏到这些艺术品中获益。但是，这些外部收益都是难以用货币收益衡量的。通过文献梳理，我们发现有以下三种衡量艺术品精神收益的方法。

（1）衡量艺术品的租赁费用。该方法的前提假设是人们只会为艺术品中所蕴含的美学价值而支付租赁费用，因此这个分析方法将不会受到艺术品价格变动的影响。但是该方法有一定的局限性，因为昂贵的艺术品通常不会被出借。

（2）艺术复制品的价格。如果有一件十分接近原作的复制品，那么这件复制品的价格可以用来衡量原作的美学价值。购买复制品的买家和购买原作作为收藏或是投资的买家，他们之间的兴趣和目的大相径庭，这个方法难以计算两种不同类型购买者的美学收益。

（3）支付意愿。该方法通过调查艺术品购买者的偏好，询问他们愿意为某项相关服务或者行为支付的金额，来调查人们愿意为艺术品的美学价值支付多少的金钱。在经济学上，这种用来评估非市场商品的方法称为条件评价法。第一种方法是询问人们接受一项艺术品遗产愿意偿付的纳税金融，或者失去某件艺术品，可以接受的补偿金额。第二种方法是旅行成本法。该方法是调查人们愿意为参观博物馆支出多少旅费，这样就能知道消费者的偿付意愿，但是这种方法的问题在于消费者旅行通常有多种目的，从中分辨出消费者单一的目的是有困难的。

3. 条件价值评估法

条件价值评估法（contingent valuation，CV）是确定艺术品非市场价值的另一种方法。CV 方法在评估各种公共物品、环境和资源价值方面应用范围很广。Throsby（2003）回顾了 CV 方法在文化经济学和文化资源定价中的应用：或有价值评估法询问人们愿意为所讨论的资源在负债和非负债情况下实际付款数额。原则上，或有价值评估法也可以用来度量艺术品的审美或精神价值。艺术品市场中的信息不对称尤其严重，人们可以对一幅画的定价远远超过实际支付的价格。然而，CV 方法有其自身的局限性，更多应用于公共物品消费。在实践中，CV 方法用于公共物品的估价，如博物馆、艺术馆用于欣赏的艺术品，而不是用于衡量从私人物品（如绘画）中获得的精神利益。

4. 艺术资产精神收益的"租金"分析

对艺术资产精神收益的分析，有一种方法是对艺术资产的租金进行衡量，也就是对艺术资产租赁服务收取的价格进行分析。租用或租赁一件艺术品涉及对该资产的使用权，而非该物品的实际所有权。因此，人们并不关心该艺术品市场价格的任何变化，即不关心该艺术品的财务回报。这是一种仅仅为观看实物和享受它所带来的其他无形回报而付费的行为。

Stein（1977）认为绘画的租金可以作为投资于艺术品的精神或非金钱回报的代理。Frey 和 Eichenberger（1995）认为私人租赁市场在艺术界并不存在。他们认为艺术品市场是不完全的，在实践中缺乏事实依据。但是今天的艺术资产租赁市场有所改善，并且在快速发展。例如，在互联网上搜索艺术品租赁和租赁项目，就会出现一些显示这些市场存在的热门搜索结果，尤其是对企业而言。

Atukeren 和 Seçkin（2009）对加拿大的一家艺术资产租赁公司进行了考察。艺术资产租赁选项下的月租金是该作品零售价值的 2%，最低租期为六个月。租赁一件艺术品的同时可以低价购买该艺术资产的期权，如果在租赁开始后的六个月内没有购买此艺术品，则购买期权过期。这个程序允许人们"在购买一件艺术品之前，先试用几个月"。最重要的是，这家公司认识到审美体验是一个需要时间的动态过程。此外，审美口味也可能随着时间而改变。因此，该公司的艺术资产租赁计划允许人们尝试一件艺术品（如绘画）及其附带的成本，这可能是评估拥有一件艺术品（而非全部）所带来的精神回报的恰当例子。按每月 2% 的费用计算，观看原创作品的意愿，以及在没有实际所有权的情况下从其可能提供的任何其他无形回报中获益的意愿，相当于每年作品价值的 24%（采用直线计算）。机会成本指标（如无风险利率）也可以加入这个数字中，将其提高到每年 28.4%。该公司还有一个艺术租赁项目，每月租金为艺术品零售价值的 2.5%，最低租期为 12 个月。额外的 0.5% 的艺术租赁选项可以解释为未来（五年内）可能购买而保留艺术品的费用。在这种情况下，拥有艺术品的精神回报，加上未来五年内购买艺术品的可能性，将达到艺术品零售价值的 30%。再加上一项机会成本措施，这一数字增加到 35% 左右。

但是在实践中，艺术资产租赁的发展依旧有很大的限制。艺术资产因其本身对保管、保存的特殊要求及可能面对的其他风险，故其可租赁的艺术品往往都是低价的，昂贵的艺术品往往被排除在外。例如，德国的伍珀塔尔艺术概念租赁公司就拒绝租赁价值超过 1.5 万马克（原德国货币单位）的艺术品。又如,在荷兰与丹麦,政府补贴的艺术租赁项目也集中在相对便宜的艺术品上。因此,利用租金衡量艺术资产的精神收益具有局限性。

5. 艺术资产精神收益的 CAPM 分析

CAPM 是金融学领域经典的资产定价模型。CAPM 关于艺术资产投资方面的研究获得了一定的吸引力和实证应用。CAPM 包含一个参数 α ,该参数捕获所涉及资产的回报,而这些回报不能用相对风险重置配置文件来解释。在艺术资产配置研究中, α 参数被解释为一种心理回报的指标,这种心理回报来自投资者获取一件艺术品后扣除买卖该物品的交易成本和任何其他成本所得的回报。

Stein（1977）是第一个将 CAPM 应用于艺术品市场数据的学者,后续也有非常多的学者把艺术资产纳入资产组合配置中进行研究。但是在众多的研究中, α 项在统计上与 0 无显著差异。因此,Stein(1977)、Chanel 等(1994)、Hodgson 和 Vorkink（2004）应用 CAPM 模型对艺术资产定价进行了解释,他们认为 α 为正表示投资艺术品的非财务收益,即精神收益。问题是这些成本是多少。这一点很重要,因为艺术品市场的交易成本很高。许多研究都强调,艺术品市场和金融市场的交易成本差异很大。Frey 和 Eichenberger(1995)讨论了艺术品市场交易的高交易成本问题,估计除其他保险和处理成本外,交易成本在 10%~30%。Pesando 和 Shum（2007）表示,在苏富比或佳士得纽约拍卖会上,价值低于 20 万美元的作品的买家佣金为 20%,而大多数作品的售价低于 20 万美元。加上卖方约 8%的溢价,"往返"交易成本约为28%。鉴于艺术品投资被视为其他金融投资的替代品,交易成本要低得多,这是一个可观的数字。

Atukeren 和 Seçkin(2009)利用国际艺术品拍卖的交易数据应用 CAPM,并将艺术品租赁价格添加了机会成本指标（无风险利率）,以无风险利率进行了调整。鉴于 α 项的值并非为 0,得出交易成本约占交易价格的 28%,投资艺术品的非金钱方面的价值大约是 28%加上任何其他保险和维护费用（ Stein 提议为 0.5%）。这与前文中基于加拿大艺术资产租赁商经营分析所得出的精神收益非常吻合。

基于金融理论框架的 CAMP 在研究艺术品市场的回报率方面具有特别的吸引力。无论艺术品市场的回报率高于或低于其他金融资产的市场投资组合,都能让我们了解到投资艺术品是否能带来投资组合多元化的好处。最关键的是,该模型包含一个参数（ α),它被解释为对艺术投资的净心理回报的度量。此外,CAPM 框架并不要求艺术品市场的回报率应该低于市场投资组合的回报率，如股票。这给艺术资产的精神收益度量提供了新的研究方法。

8.2.4　艺术资产精神收益的度量

学术界广泛讨论了非财务收益精神回报（r_P）的度量（Anderson，1974；Baumol，1986；Candela and Scorcu，1997；Frey and Eichenberger，1995；Throsby，1994）。学术界对艺术品的精神回报度量方法主要分为边际支付意愿法、Jensen's α 法和机会成本法。

（1）边际支付意愿法。Frey 和 Eichenberger（1995）建立了基于广泛定义的"无套利"条件模型，讨论了财务收益和精神回报的关系，认为艺术品精神回报是市场参与者的边际支付意愿。市场参与者投资和收藏动机的比例决定了总收益中财务回报和精神回报的比重分配。这意味着整个艺术品市场的精神回报估计会随着参与者类型的变化而变化。但由于需要确定和量化艺术品购买者的真正动机，因此该模型难以实施。

（2）Jensen's α 法。Jensen's α 可以度量精神回报的变化。在艺术品与风险资产的投资组合中，艺术品的系统性风险为 β_A，市场的超额回报为 μ_M，根据 CAPM 模型，$\mu_A = \mu_F = \beta_A \mu_M$。如果艺术品有精神回报，那么投资者愿意承担更低的投资回报，即 $\mu_A < \mu_F = \beta_A \mu_M$。当 $\alpha < 0$ 时，$\mu_A = \alpha + \beta_A \mu_M < \mu_F$。基于此分析框架，学术界认为可以根据线性模型 CAPM 中成立的等式 $r_P = -\alpha$ 来度量精神回报（Stein，1977；Chanel et al.，1994；Hodgson and Vorkink，2004）。假设 $\beta_A = 0$ 时，则 $r_P = -\alpha = -\mu_A$，r_P 表示艺术品相对无风险资产的超额回报（Baumol，1986；Stein，1977）。假设 $\beta_A = 1$，则 $r_P = -\alpha = -(\mu_A - \mu_M)$，此时可认为 r_P 是艺术品相对市场的超额回报（Anderson，1974；Stein，1977）。

但是，Jensen 中的 α 是 CAPM 分析框架中的变量，而 CAPM 的假设可能不适用于艺术品市场。原因如下：第一，CAPM 假设异质性风险可以通过投资组合的分散从而可以忽略。但是艺术品的投资组合基于投资者偏好而非分散风险。异质性风险并没有分散到最小，其应该列入考虑范围。第二，CAPM 模型允许卖空，但是艺术品没有卖空，所以比值 $\omega_A \geqslant 0$。第三，在精神回报 r_P 的定义中，$\alpha < 0$。但是很多文献中的实证结果反映 $\alpha = 0$（Chanel et al.，1994；Hodgson and Vorkink，2004）或者 $\alpha > 0$（Bryan，1985）。Hodgson 和 Vorkink（2004）用交易成本、保险和贮藏成本等所有权成本解释了 $\alpha \geqslant 0$ 的原因。

（3）机会成本法。Candela 等（2013）运用机会成本法和投资组合工具建立了新的精神回报估值模型，他假设投资者因精神回报而愿意接受无财务回报的艺术品投资，即精神回报的机会成本是等价现金流投资于其他资产的最高财务收益。作者通过投资组合工具建立最优风险资产投资组合，并限定风险资产不可以卖空，即权重 $\varpi_A \geqslant 0$，建立了投资组合模型并得出最优解，然后就可获得精神收益的计算公式：

$$r_P = S\sigma_P = \varpi_A \left(IS^2 + \alpha^2\right)^{1/2} \qquad （8-4）$$

其中，r_P 为精神回报；S 为以夏普比率表示的市场风险；$S = \mu_M / \sigma_M$；σ_P 为精神回报风险；ϖ_A 为艺术品的权重；I 为总风险中不可对冲的艺术品风险；α 与 μ_M 相关，$\alpha = \mu_A - \beta\mu_M$。

参 考 文 献

黄隽. 2014. 我国艺术品市场的货币与财富效应分析[J]. 新金融，（7）：52-55.

黄隽. 2021. 中国艺术品市场的理论体系研究[J]. 美术研究，（2）：80-85.

黄隽，李越欣，夏晓华. 2017. 艺术品的金融属性：投资收益与资产配置[J]. 经济理论与经济管理，（4）：60-71.

李万康. 2009. 艺术管理学的理论视野与前端问题[J]. 南京艺术学院学报（美术与设计版），（4）：107-109.

聂露. 2018. 艺术品投资收益率的持有期效应研究——基于门限回归模型[D]. 山东财经大学硕士学位论文.

乔明哲，方艳，黄祥芸，等. 2017. 中国艺术品市场投资真的是高收益、低风险吗？[J]. 上海财经大学学报（哲学社会科学版），（2）：65-78.

石阳，李曜. 2013. 中国艺术品投资收益——整体特征与杰作效应[J]. 金融研究，（12）：194-206.

宋逢明，林森，李超. 2008. 基于人工股票市场分析持有期对投资者收益的影响[J]. 运筹与管理，17（1）：88-93.

严俊. 2013. 艺术品市场的定价机制——关于美学价值与艺术声誉的理论讨论[J]. 上海财经大学学报（哲学社会科学版），15（4）：19-26.

张晓慧. 2009. 关于资产价格与货币政策问题的一些思考[J]. 金融研究，（7）：1-6.

张志元，胡兴存，马永凡. 2019. 经济不确定性、艺术家声誉与艺术资产收益[J]. 财经科学，（12）：93-107.

张志元，刘红蕾. 2020. 艺术金融理论研究进展[J]. 经济学动态，（3）：118-130.

张志元，马永凡，胡兴存. 2020. 经济政策不确定性和经济周期与艺术资产价格[J]. 财经问题研究,（3）：19-28.

周思达, 贺炜, 杨胜刚. 2014. 书画艺术品市场周期与投资收益的研究[J]. 湖南大学学报
（社会科学版）,（2）：76-80.

Agnello R J. 2006. Do us paintings follow the CAPM? Findings disaggregated by subject,
artist, and value of the work[J]. Research in Economics, 70（3）：403-411.

Anderson R C. 1974. Paintings as an investment[J]. Economic Inquiry, 12（1）：13-26.

Atukeren E, Seçkin A. 2009. An analysis of the price dynamics between the Turkish and the
international paintings markets[J]. Applied Financial Economics, 19（21）：1705-1714.

Baumol W. 1986. Unnatural value: or art investment as floating crap game[J]. The American
Economic Review, 76（2）：10-14.

Bernales A, Reus L, Valdenegro V. 2020. Speculative bubbles under supply constraints,
background risk and investment fraud in the art market[J]. Journal of Corporate Finance,
101746.

Bryan M F. 1985. Beauty and the bulls: the investment characteristics of paintings[J].
Economic Review of the Federal Reserve Bank of Cleveland, 21（1）：2-10.

Buelens N, Ginsburgh V. 1993. Revisiting Baumol's "art as floating crap game" [J]. European
Economic Review, 37（7）：1351-1371.

Campbell R, Pullan J. 2007. Diversification into art mutual funds[C]//Gregoriou G N.
Diversification and Portfolio Management of Mutual Funds. New York: Palgrave
Macmillan: 1-17.

Candela G, Castellani M, Pattitoni P. 2013. Reconsidering psychic return in art investments[J].
Economics Letters, 118（2）：351-354.

Candela G, Scorcu A E. 1997. A price index for art market auctions[J]. Journal of Cultural
Economics, 21（3）：175-196.

Chanel O, Gerard-Varet L A, Ginsburgh V. 1994. Prices and returns on paintings: an exercise
on how to price the priceless[J]. The Geneva Papers on Risk and Insurance Theory, 19（1）：
7-21.

Erdos P, Ormos M. 2010. Random walk theory and the weak-form efficiency of the US art
auction prices[J]. Journal of Banking and Finance, 34（5）：1062-1076.

Frey B S, Eichenberger R. 1995. On the rate of return in the art market: survey and
evaluation[J]. European Economic Review, 39（3/4）：528-537.

Frey B S, Pommerehne W W. 1989. Art investment: an empirical inquiry[J]. Southern
Economic Journal, 56（2）：396-409.

Goetzmann W N. 1993. Accounting for taste: art and the financial markets over three centuries[J]. The American Economic Review, 83（5）: 1370-1376.

Hodgson D. 2011. An analysis of pricing and returns in the market for French Canadian paintings[J]. Applied Economics, 43（1）: 63-73.

Hodgson D, Keith P V. 2004. Asset pricing theory and the valuation of Canadian paintings[J]. Canadian Journal of Economicse, 37（3）: 629-655.

Hodgson D J, Seckin A. 2012. Dynamic price dependence of Canadian and international art markets: an empirical analysis[J]. Empirical Economics, 43（2）: 867-890.

Hodgson D J, Vorkink K P. 2004. Asset pricing theory and the valuation of Canadian paintings[J]. Canadian Journal of Economics, 37（3）: 629-655.

Lovo S, Spaenjers C. 2014. Unique durable assets[R]. Research Paper, no.fin-2014-1037, HEC Paris.

Lucińska A. 2015. The art market in the European Union[J]. International Advances in Economic Research, 21（1）: 67-79.

Mandel B R. 2009. Art as an investment and conspicuous consumption good[J]. The American Economic Review, 99（4）: 1653-1663.

Mei J, Moses M. 2002. Art as an investment and the underperformance of masterpieces[J]. The American Economic Review, 92（5）: 1656-1668.

Mei J, Moses M. 2005. Vested interest and biased price estimates: evidence from an auction market[J]. The Journal of Finance, 60（5）: 2409-2435.

Penasse J, Renneboog L. 2018. Speculative trading and bubbles: origins of art price fluctuations[J]. American Economic Review, 99: 1027-1039.

Pesando J E. 1993. Art as an investment: the market for modern prints[J]. The American Economic Review, 83（5）: 1075-1089.

Pesando J E, Shum P M. 2007. The law of one price, noise and "irrational exuberance": the auction market for Picasso prints[J]. Journal of Cultural Economics, 31（4）: 263-277.

Reitlinger G. 1961. The Economics of Taste: The Rise and Fall of Picture Prices, 1760-1960[M]. London: Barrie and Rockliff.

Renneboog L, Spaenjers C. 2013. Buying beauty: on prices and returns in the art market[J]. Management Science, 59（1）: 36-53.

Spaenjers C, Goetzmann W N, Mamonova E. 2015. The economics of aesthetics and record prices for art since 1701[J]. Explorations in Economic History, 57: 79-94.

Stein J P. 1977. The monetary appreciation of paintings[J]. Journal of Political Economy, 85（5）: 1021-1035.

Taylor D, Coleman L. 2011. Price determinants of Aboriginal art, and its role as an alternative asset class[J]. Journal of Banking and Finance, 35（6）: 1519-1529.

Throsby D. 1994. The production and consumption of the arts: a view of cultural economics[J]. Journal of Economic Literature, 32（1）: 1-29.

Throsby D. 2003. Determining the value of cultural goods: how much（or how little）does contingent valuation tell us? [J]. Journal of Cultural Economics, 27（3/4）: 275-285.

Worthington A C, Higgs H. 2003. Art as an investment: short and long-term comovements in major painting markets[J]. Empirical Economics, 28（4）: 649-668.

第9章 包含艺术品的投资组合理论

金融市场的最优资产配置问题是微观金融的核心问题之一，而不同规模的投资细分市场如何扩展和改变微观投资行为是理解和完善资本市场结构的关键。传统的 CAPM 从投资者的产品选择集约束的最优化角度，量化投资产品引入的资产配置效应。测度不同投资产品市场在优化以股票、债券等传统产品主导的金融市场中的功能价值，可以有效识别和判断不同市场之间的关联，进而为构建和完善中国多层次、多维度的金融投资体系提供理论依据。

艺术品具有文化、经济、历史、审美和学术等多方面价值，已经成为投资者丰富投资组合、抵御通货膨胀、分散投资风险的重要选择。与一般金融资产不同，艺术品的稀缺性、不可替代性及审美属性使得其价格形成机制面临较高的信息不对称性，进而弱化其流动性，提高市场交易成本。同时，艺术品独特的个体特征使得其通常缺乏明确统一的价值衡量标准，还隐含被偷盗和损毁等特有风险。此外，艺术品投资具有投资资产和精神消费品的双重特征。投资者的市场投资行为可能并非完全基于市场价值来选择，而是被艺术品的外形或艺术品本身的气质所吸引，也可能是因为艺术品具有的象征性、炫耀性、攀比性的消费特性而购买，这进一步加大了艺术品价格形成机制的难度和复杂性。因此，借助投资组合理论进行不同资产的合理配置，以实现艺术品投资收益与风险的最优化是艺术金融研究的重要目标。

9.1 包含艺术品的投资组合基本理论

9.1.1 现代投资组合理论

现代投资组合理论包括马科维茨的均值-方差模型、托宾的收益风险理论、夏普的单因素模型、CAPM 和套利定价理论。当构建艺术品投资组合时，主要利用包含无风险借贷的均值-方差模型来研究最优投资组合选择问题，故本节只对马科维茨的均值-方差模型进行介绍。

马科维茨的均值-方差模型是现代投资组合理论的开端，在一系列假设的基础上：①投资者遵循效用最大化原则；②投资者是风险厌恶者；③无交易成本，证券可以任意拆分；④投资者的预期具有同质性，即都根据均值、方差和协方差来选择最优投资组合；⑤不允许买空，不投资无风险资产；⑥投资期均为一期；⑦证券收益率之间存在相关性，至少有两种证券的期望收益率不同。马科维茨提出用资产或资产组合的期望收益率表示资产或资产组合的收益水平，用收益率序列的方差表示风险，通过求解线性规划问题得到有效风险资产组合，并结合投资者的效用无差异曲线，最终确定最优投资组合的选择。

对于单个资产来说，其收益率等于投资收益除以期初价格。投资收益来源于两个方面，即资本利得和股息（利息）收入。资本利得是资产期末价格与期初价格的差额。令 p_t 为 t 期的价格，p_{t-1} 为 $t-1$ 期的价格，当不考虑股息（利息）收入时，为了使数据的统计性更好，常使用对数收益率：

$$r_{it} = \ln \frac{p_{i,t}}{p_{i,t-1}} \times 100\% \qquad (9\text{-}1)$$

所构成投资组合的收益是由各项资产的预期收益率加权平均决定的，风险则是由各项资产的协方差决定的，在一个由 n 种资产组成的投资组合 p 中：

$$u_p = E(r_p) = \sum_{i=1}^{n} x_i r_i \qquad (9\text{-}2)$$

$$\sigma_p^2 = \mathrm{Var}(r_p) = \sum_{i=1}^{n} \sum_{j=1}^{n} x_i x_j \rho_{ij} \sigma_i \sigma_j \qquad (9\text{-}3)$$

其中，u_p、σ_p^2 分别为组合 p 的预期收益率与风险；x_i 为资产 i 在投资组合中所占的比重；σ_i 为资产 i 的标准差；ρ_{ij} 为资产 i 与资产 j 的相关系数。

由式（9-2）可知，投资组合的收益率是单个资产期望收益率的加权平均，与资产数量无关，因此分散投资不影响投资组合的收益率。由式（9-3）可知，投资组合的风险不仅取决于单个资产的风险，还与资产间的协方差有关。随着资产数量的增加，协方差的作用会越来越大，而方差的作用会越来越小。分散投资可以降低投资组合的风险，而且资产间的相关性越弱，分散投资的效果就越好。

在求得最优解时，必须满足的限制条件在既定收益水平下，风险达到最小。记协方差矩阵为一个 n 行 n 列的矩阵 $\boldsymbol{\sigma}_{ij}$，且

$$\boldsymbol{X} = (x_1, x_2, \cdots, x_n)^{\mathrm{T}} \qquad (9\text{-}4)$$

$$\boldsymbol{u} = (u_1, u_2, \cdots, u_n)^{\mathrm{T}} \qquad (9\text{-}5)$$

则最小风险组合选择可以转化为如下规划问题：

$$\min \frac{1}{2}\sigma_p^2 = \frac{1}{2}\boldsymbol{X}^{\mathrm{T}}\boldsymbol{\sigma}_{ij}\boldsymbol{X} \tag{9-6}$$

$$\text{s.t} \quad \boldsymbol{u}^{\mathrm{T}}\boldsymbol{X} = u_p; 1^{\mathrm{T}}\boldsymbol{X} = 1 \tag{9-7}$$

要求解此类规划问题，在此选择 LM 法，求得组合的最小风险为

$$\sigma_p^2 = \boldsymbol{X}^{\mathrm{T}}\boldsymbol{\sigma}_{ij}\boldsymbol{X}$$
$$= \left(\alpha u_p^2 - 2\beta u_p + \gamma\right)/\Delta \tag{9-8}$$

其中，$\alpha = 1^{\mathrm{T}}\boldsymbol{\sigma}_{ij}^{-1}1$；$\beta = 1^{\mathrm{T}}\boldsymbol{\sigma}_{ij}^{-1}\boldsymbol{u}$；$\gamma = \boldsymbol{u}^{\mathrm{T}}\boldsymbol{\sigma}_{ij}^{-1}\boldsymbol{u}$；$\Delta = \alpha\gamma - \beta^2$。

据此我们可以得出式（9-8）在横轴为风险、纵轴为收益的平面直角坐标系中，是一条上凸的双曲线函数，代表着对应每一确定收益率的情况下，风险达到最小的组合集，即投资组合中的有效边界。

投资者根据自己的效用水平选择有效边界上的投资组合，马科维茨的均值方差模型假设投资者是厌恶风险的，引入效用函数 $U = U\big[E(R),\sigma\big]$。其中，$E(R)$ 为投资组合的期望收益率，σ 为投资组合的风险（标准差）。目前，使用最广泛的效用函数为

$$U = E\left(r_p\right) - \frac{1}{2}A\sigma^2 \tag{9-9}$$

其中，A 表示投资者的风险厌恶程度，取值 2~4，A 越大表明投资者的风险厌恶程度越高。投资者总是在有效边界上选择投资组合，用无差异曲线表示投资者的效用水平，风险厌恶投资者的无差异曲线向下凸，风险厌恶程度越高则无差异曲线越陡峭。根据效用最大化确定最优投资组合，当无差异曲线与有效边界相切时，切点为最优投资组合点。

9.1.2　艺术品投资组合的研究进展

1. 国外有关研究

从不少研究中可得出艺术品相比股票市场收益高、风险低的结论，即艺术品值得投资。艺术品在投资组合中的最佳比例就成了下一步要考虑的问题。这些研究在明确了艺术品的收益风险特性后，进一步利用投资组合理论或 CAPM 探讨了艺术品加入投资组合的问题。Chanel 等（1994）利用 CAPM 对艺术品系统风险进行检验，将艺术品指数与某一特定的股票市场指数进行组合，发现不管与哪一种股票指数组合，艺术品市场的 β 指数均小于 1，这说明艺术品加入投资组合一定会降低投资组合风险。Tucker 等（1995）研究艺术品加入投资组合问题，发现艺术品指数与除黄金市场以外的其他资本市

场（普通市场股票、小盘股、长期债券、中期债券、短期国库券）呈负相关
关系，收益仅次于普通股票市场、风险却低于除国库券以外的其他资产，说
明艺术品应该在资产组合中占较大的比例，并且最佳投资组合中艺术品占比
为 55.62%。Mei 和 Moses（2002）的研究显示艺术品市场与标准普尔 500、
道琼斯的相关系数很低，为 0.04 和 0.03，说明艺术品能够在投资组合中发
挥出很大的作用。Campbell（2006）在 Mei 和 Moses（2002）研究的基础上
讨论艺术品投资在较短时间内的收益和投资组合问题，结果显示艺术品指数
在整个样本期内相对股票市场收益低、风险高，在投资组合中加入 23.11%
比例的艺术品以后，期望收益提高了 0.55%（从 8.30% 到 8.85%），而风险系
数相对降低了 1%。当用实际收益率计算最优投资组合时，发现艺术品的投
资比例提高了，这暗示着艺术品还可以用来对冲通货膨胀。

　　艺术品与其他金融资产之间价格变动的关联度不高。Pesando 对
1977~1992 年现代绘画拍卖数据进行了分析，结果表明将艺术品纳入传统的
金融资产组合中可以起到降低风险的作用。Tucker 等（1995）选择 1981~1990
年每半年度苏富比艺术品指数、标普 500 指数、黄金指数和中期政府债券指
数等构建投资资产组合进行分析，结果表明艺术品的收益率和黄金虽然具有
正相关性，但是关系较弱，与股票、债券之间呈负相关关系。采用马科维茨
模型得到最优的均值−方差资产配置如下：艺术品占 36.49%，国债和普通股
分别占 55.62% 和 7.89%。研究证明资产组合中加入艺术品能够提升资产组合
的质量。Mei 和 Moses 研究表明，股票和艺术品收益率之间的相关系数不超
过 0.04。Pesando 和 Shum 研究发现，股票指数和现代绘画指数之间的相关
系数为 0.21。以上研究都表明艺术资产收益率与股票、债券等金融资产收
益率的相关性较低，艺术品非常适合作为资产组合多样化的工具。

　　2. 国内有关研究

　　国内方面，赵宇和黄治斌（2008）计算的投资组合中，艺术品占
80%~90%，股票仅占 10%~20%，这与国外学者的结论相差较大，可能是由
以下原因造成的。

　　（1）样本选取范围不同。近年来中国艺术品投资正值高峰，艺术品的
价值逐渐被人们认同，比国外市场获得更高的收益是可能的。

　　（2）样本的选取存在一定偏差。此次研究中只有 486 个重复拍卖记录
用于构建指数，而且包含艺术品的各个品类（国外研究一般只针对某一类别
的艺术品，如绘画），结果很容易受到其中个别极端数据的影响。黄隽等
（2017）在资产配置中引入市场交易机制的佣金变量，加入艺术品市场规模

约束，采用重复交易法实证计量嵌入艺术品市场的投资收益特征并量化其资产配置效应。黄隽认为，在样本期内，剔除通货膨胀和佣金成本因素后收益率更加贴近现实。中国艺术品投资的实际收益率表现出高于欧美市场的投资溢价；艺术品投资与传统的股票、债券等金融资产之间表现出相对独立性，并能有效改善投资者资产组合的风险边界，可以成为资产配置优化和多样化的重要选择。Goetzmann（1993）、Worthington 和 Higgs（2004）的研究也指出艺术品与股票的组合能够带来多元化收益。

3. 文献述评

首先，关于艺术品投资收益率的研究共同的不足之处在于，所有的研究都忽略了一些会影响最终收益率的因素，如艺术品带来的精神收益、交易成本和税费等。但目前由于艺术品租赁市场还没有发展起来，艺术品的精神收益是没有办法进行衡量的；各国、各个拍卖行甚至个人交易者收取的佣金差别也非常大，要想得到这些数据非常困难；税费的计算需要考虑艺术品原来的持有人是不是作者，若不是作者，还需要知道其购买价格，而这些个人信息一般很难获得，所以在研究中税费也是没有办法去掉的。基于以上原因，这些研究都存在一定的不足，但这些费用毕竟只占艺术品销售价格的小部分，而且我们不妨假设这些费用在艺术品销售价格中占固定比例，那么艺术品市场的发展趋势和收益情况并不会受太大影响。

其次，对于艺术品是否值得投资这一问题始终褒贬不一，主要原因可能是研究对象不同。不同地区不同文化的人们对于艺术品的热爱程度不同，购买艺术品的积极性和艺术品价格升值空间都有很大差异。不同的经济发展时期，人们的购买力不同，对艺术品价格的促进作用也各不相同。此外，流行趋势不断变化，不同流派的作品在不同时段受追捧程度亦不相同。因此，要想真正得出比较精确的结论并提出可行的指导性意见，还应该就某一细分市场进行深入研究。

最后，多数艺术资产配置研究认为艺术品加入现有投资组合是有利的，能够分散风险或提高收益，只有少数学者认为投资艺术品是不理智的行为。这一结论的差异可能是研究样本的差异或者样本选取本身的一些问题引起的。这些研究同样存在以下不足。

（1）RSR 回归中，能够重复交易的艺术品，其市场表现本就高于普通艺术品。

（2）没有考虑交易成本、税费和艺术品的精神价值等，真实情况和研究结论可能存在一定的偏差。

9.1.3　艺术品投资组合的可行性

Markowitz（1952）提出均值-方差模型和有效边界模型后，其分散投资的合理性为基金管理业的存在奠定了厚实的根基。"有效投资组合"的概念使得基金管理人员的工作重点从对单只证券的分析转向了证券组合的构建，广泛运用于各主要资产的配置活动中。在艺术品金融化逐步繁荣的背景下，艺术品作为继股票、房地产后的又一大主要投资标的，逐渐形成被纳入现代经典投资组合的需要。Campbell（2008）放眼全球市场，使用 VAR 模型检验出艺术品市场与全球股票市场、债券市场、基金市场、期货市场的相关性很低，并且在艺术品投资研究领域，绝大多数学者都选择以绘画作品为研究对象。因此，针对我国艺术品市场的投资组合，选择国画作品作为投资标的较为合适。若要实现真正意义上国画作品与传统投资金融资产的组合，需要考察艺术品在投资组合理论经典假设条件下的可行性。

对于市面上的全部投资者尤其是以艺术品为投资标的高净值投资人士来说，其目的有二：更高超额收益率与更低的波动。就我国书画作品近十余年的表现来看，先前国内研究表明，我国艺术品市场平均收益率显著高于证券市场；相对风险水平显著低于证券市场（周思达等，2014；乔明哲等，2017），加入传统投资组合中有助于优化资产配置，并且投资组合中有效边界的图形为一条上凸的双曲线，由此可以认为理性人假设成立。

国外学者对艺术品资产配置的研究较为深入。由于艺术品定价方法选择的不同，艺术品收益率与风险的结论也不尽相同，但大多支持艺术品引入资产组合的观点。Stein（1977）使用平均价格法计算美英两国已故画家的油画作品年化收益率，分别为 10.47%和 10.38%，且超额收益全部来源于审美价值，收益率波动主要来源于市场波动。与之类似，Baumol（1986）计算出1650~1960 年油画作品平均名义年收益率仅为 0.55%，将艺术品的低收益归因于审美消费带来的回报。在确定艺术品收益率的情况下，Pesando（1993）的研究结果表明，虽然艺术品相对于股票和债券其收益率较低（1.51%），但与股票和债券的相关系数都不高，加入投资组合是有价值的。Mei 和 Moses（2002）也在研究中发现艺术品市场与股票市场相关系数很低，仅为0.03~0.04。Tucker 等（1995）在艺术品、股票、债券、黄金的投资组合研究中运用均值-方差模型得到最优投资组合中艺术品的比重为 36.49%。陈广和水心勇（2016）、张志元（2017）则从艺术品市场与股票市场的角度研究发现二者之间存在相互影响甚至是财富溢出效应。据此，可以认为相关性假设成立，且由于各项资产间 Pearson 相关系数矩阵一定为实对称矩阵，因此满足数据对称性假设。

金融资产大多具有可分性。一方面,它不同于实物资产,如股票以手(100股)为单位、基金以净值为单位、黄金以克为单位等;另一方面,如果有需要时可以人为地对价值单位进行放松,具有人为的可分性。实物资产如房地产、文人字画等计量单位不具有人为可分性,大多以公允单位作为测算标准,单位计价较高。二级市场尤其是艺术品拍卖市场由于其经营模式的特点,投资人士较为固定,且大多集中于高净值投资者,流动性较低。它为房地产信托的出现及艺术品份额化交易模式的产生带来了直接压力。份额化、证券化交易作为中国模式下的艺术品金融化创新,意味着艺术品交易模式从实物形态向市场价值形态转变(吴华和向勇,2014),文化产权交易所的不断改革优化发展也为艺术品证券化注入了新的活力。

由所得艺术品指数的描述性统计分析可得艺术品市场收益率分布峰度与偏度在统计上近似满足于正态分布条件,且在实际中鲜有市场能够实现与正态分布的完美匹配,因而我们在文中放松正态性假设,认为艺术品市场价格近似服从正态分布。

9.1.4　艺术品投资组合的局限性

艺术品的特殊性及艺术行业不同于金融投资业的特点,使得艺术品投资受到投资者的青睐。艺术品与股票、房地产并称为世界三大投资标的,但艺术品投资组合的局限性也不容忽视。

1. 流动性差

艺术品投资以艺术品的收藏与审美价值为基础的特性,在带来众多优点的同时也造成了艺术品投资的天然缺陷,即流动性低。首先,艺术品本身的收藏与审美价值特性使其不像股票等金融资产可以频繁交易,直接通过短线买卖来赚取资本利得;其次,艺术品所具有的唯一性及艺术品间巨大的差异性,造成艺术品市场较难开发出统一的标准化合约及合约交易市场,从而大大降低了其流动性;最后,艺术品流动性低还表现为在紧急情况下艺术品无法像房地产、债券、贵金属等投资品一样作为抵押品向银行等机构进行迅速融资。流动性是投资者选择一项投资品的重要参考因素之一,而艺术品的这一天然缺陷使得艺术品投资的吸引力大打折扣。

但随着从艺术家、策展人、评论家、媒体、画廊、拍卖行、收藏家到美术馆整条产业链的不断完善,艺术品流动性低的问题正在逐步予以解决。艺术品指数让投资者了解艺术品大致的价格,增强艺术品的流动性。金融创新工具如掉期交易的加入等，也增强了艺术品投资的流动性（陈晔，2011）。

2. 专业性强

艺术品投资的标的是艺术品，体现的是文化的审美价值。艺术品鉴赏要求鉴赏者具备较高的艺术、历史、真伪鉴别等方面的专业知识。首先，最重要的是艺术品真伪的鉴别。由于艺术品通常价值较高，利益驱使下赝品的出现防不胜防。随着时代的发展，造假技术也在不断提高，这对投资者的专业知识来说将是更大的挑战。尤其在我国，艺术品市场尚未发展成一个规范有序的市场，加之拍卖行对所拍物品的真伪不承担责任，因而甚至在拍卖中也会有赝品出现的情况。其次，艺术品投资也要求投资者具备一定的鉴赏能力。即使是一件真品，从艺术的角度来说，也存在优劣之分。一件艺术作品的价格受到多种因素的影响，艺术家的艺术成就被高估或艺术作品的价格被炒作的情况在艺术品市场交易的历史上并不少见。这些原因可能导致艺术品价格暂时高于其真正的价值，但随着时间流逝，艺术品价格会逐渐回归到其真实价值。在此过程中，对投资者艺术品艺术价值的鉴赏能力也是一大挑战。

3. 投资期限长

艺术品投资无论如何包装、如何衍生，最终仍是以艺术品本身所具有的收藏与审美价值为基础，是以长期持有的方式来体现其价值的。相对于股票等金融投资，艺术品投资的长线收益更加稳定，这就造成了其流动性低。除此之外，艺术品投资期限长还会造成以下缺点：一是价格波动的风险。期限越长，艺术品价格出现波动的可能性就越大，价格被高估的艺术品也会逐渐向价值回归。二是艺术品保存的风险。在拍卖中，艺术品的保存状况是买家出价的重要参考之一，破损、磨损、污渍等都会严重影响艺术品的价格。在保存过程中，根据艺术品种类的不同，通常需要注意防盗、防火、防潮、防虫、防摔、防污及防氧化等方方面面，不少艺术品投资项目在价格方面的盈利最终都被保管成本抵消。

9.2　包含艺术品投资组合的特征及模式

9.2.1　艺术品投资组合的主要特征

艺术金融的风险尤其是艺术品交易过程、投资过程及金融化过程中面临的风险，都可以通过投资组合的方式进行风险分散。艺术品本身具有异质性和高风险性，虽然单独投资一种艺术品可能会获得较高收益，但也面临着巨大的风险。艺术品在投资过程中可能面临损毁、保存价格高、较难退出等风险。因此，如何在风险尽量小的情况下实现收益尽量大是艺术品投资的美好愿景和艺术金融研究的基本目标。投资组合可以将具有不同风险收益比的金融产品和艺术品按照金融理论与模型，形成投资组合，实现风险分散的目标。

Frey 和 Eichenberger（1995）指出，艺术品投资具备收益多元化和异质性的特征。艺术品的天然异质性来自生产者（艺术家）和品鉴者（投资者）。艺术品诞生时便由于凝聚了艺术家独到的艺术见解而形成差异，品鉴者对作品的理解和偏好又进一步在流通中加深了艺术品的异质性。艺术品定价的核心在于艺术声誉的生产和交换，该过程中"人"是关键因素，由于缺乏固定的、公认的参照基准，其估价通常较其他投资品种困难许多。但是，艺术品投资收益的异质性和多元化具有一定的互补效应。一方面，异质性的存在使得艺术品投资过程中信息成本不断叠加，进而推高了交易成本；另一方面，收益的多元化特别是精神收益又能够弥合部分成本。

1. 杰作的稀缺性

艺术品的创作不同于普通商品，它具有不可复制性。艺术家在创作艺术品的过程中，倾注了大量的脑力劳动，凝结在艺术品中最重要、最能体现其价值的便是这种不具有重复性的脑力劳动所创造的精神价值。正是这种不可重复性，造就了艺术品的唯一性。此外，艺术品的稀缺性还体现在艺术家作品的有限性上。艺术品的成交价格与艺术家的成就、名气、作品创作时的年龄段、时代对艺术家历史地位的评价有密不可分的关系，但一位艺术家终其一生所能创作的作品是有限的，因此造成了艺术品稀缺性的另一个方面。

2. 低相关性

艺术品投资最吸引人之处在于其与其他金融资产的低相关性以及在投资组合中的分散化作用。研究表明艺术品投资和政府公债呈负相关性。马斯特里赫特大学的 Campbell（2008）研究发现，艺术品市场和股市约有一年的延迟时间，因而两者的相关性很小。美术基金集团（The Fine Art Fund Group）的总裁菲利普·霍夫曼（Philip Hoffman）指出，信贷危机对金融领域的影响，数年后才会影响到艺术品市场，所以艺术品市场和证券市场的相关性较小。花旗私人银行资深艺术顾问 Suzanne Gyorgy 认为，股票市场的走低，会引导投资者转向实物投资。与股票市场的反周期运作，让艺术品投资者得到额外的收益。尽管受到 2008 年金融危机的影响，艺术品依旧被认为是具有增长潜力的投资。各国拍卖公司里，艺术品的销售依旧十分火爆。

3. 价格波动小

艺术品具有的收藏鉴赏的文化特性及保值增值性,使艺术品必然不会如股票等金融产品一般频繁交易,从而价格也不会频繁波动。此外,艺术品价格虽然有涨有跌,但价格上涨的情况仍然占多数,相对于涨跌变动频繁的股票等金融资产来说,其价格波动较小。

4. 收益性高

与证券投资项目相比,艺术品投资收益高,而风险适中。虽然艺术品投资的收益不及股市,但比那些有固定收益的资产有更好的前景,所以将艺术品加入投资组合,能够使投资多样化。近年来,全球流动性泛滥,投资艺术品的收益逐年增加。反映中国瓷器市场的梅摩指数显示,2010 年,该市场指数在国际上上涨了43%。不仅如此,一些新兴的收藏艺术也有相当可观的收益。《照片收藏家》杂志总裁罗伯特·彼斯凯,将 1975 年以来拍卖市场图片价格指数与道琼斯工业指数进行了比较,结果发现图片价格指数上升 675%,而道琼斯指数只上升 481%。

5. 精神收益

艺术品与股票、债券、基金等其他金融资产的最大区别在于精神收益。艺术品投资收藏与收入财富、教育背景、美学修养、生活方式、家庭环境等诸多因素都有着密切关系,应该以收藏的心态进行艺术品资产的配置。艺术品作为非标准化的另类资产,投资的专业和资金门槛较高,不仅需要深厚的美术史知识,还需要对艺术品市场的潮流风向有较为准确的判断和把握。艺术品资产异质性强,一般人不具备艺术品真伪鉴定及估值的能力,而中国艺术品市场乱象也影响了人们进入市场的信心。

9.2.2　艺术品投资组合的方向及模式

艺术投资组合在我国尚处于起步阶段,因此进一步探讨其发展的一些基本的机制、方向,以及在此基础之上的发展模式,意义深远。事实上,探讨这些新的方向与模式,必须重视以下几个基础条件:一是艺术品综合服务平台的进化发展;二是互联网及其机制的发展;三是金融工具与金融产品的发展;四是新科技融合发展。这些具体条件,既是艺术品投资组合发展方向与发展模式的基础,又是其发展的基本动力。

艺术品综合服务平台可以概括为以下几个部分:一是综合化艺术品仓储(集保中心)服务(包括修复、物流等),可与博物馆(美术馆)、艺术银行等业务整合；二是综合性的艺术品资产化服务，整合遗嘱、确权、鉴定、估值、集保、流转等支撑体系，提供艺术品的资产化服务；三是艺术品资产金融化服务，由证券、银行、信托、保险、基金等金融体系提供艺术品资产的金融化服务；四是艺术品资产的财富传承与管理服务，如家族办公室等；五是艺术品资产流转服务，整合股权、基金、交易、综合金融服务等手段；六是艺术品资产配置服务；七是艺术品资产收入性服务（授权、衍生等）；八是数据服务与资产规划与顾问服务；九是艺术财富传承管理人才培训与教育服务，可以整合艺术金融、艺术商学院等机构的资源。

在研究探索的基础上，可以把艺术品投资组合的基本方向概括如下。

1. 产业生态模式

这一方向的基本机制是，基于艺术品综合服务平台，将艺术金融产业的不同业态，按艺术财富管理的要求，融合形成艺术财富管理业的服务生态链，来满足日益多元化、多样态与个性化的艺术财富管理需求。用公式表示为，艺术财富管理的生态模式=艺术品综合服务平台+艺术金融产业业态+艺术财富管理服务的价值链。目前，这一方向的探索模式还没有成功的案例，只有由陕西文化产业投资控股（集团）有限公司（以下简称陕文投集团）正在探索的艺术金融产业生态链模式最为接近。可以相信，陕文投集团在既有模式的深化发展过程中，会进一步对这一模式进行研究探索，并有可能成为这一模式探索与创新的成功案例。

2. 家族财富管理办公室模式

艺术资产财富传承管理的核心是建立基于保险架构的艺术资产财富传承管理中心（综合管理服务平台）的基本架构。艺术品资产化时代是随着主动资产管理时代到来的，它是跨界融合发展的趋势与结果。在这个趋势下，新的条件与机制的改变，要求金融产品的创新提升成为常态。特别是世界金融危机以后，艺术品资产的优质特性被不断认知，艺术品资产越来越受到资产管理界的认同与关注。在经济下行的大背景下，一方面，实体市场萎缩，企业利润空间不断减少，实体企业已无法承受过高的融资成本；另一方面，在数十年的高速成长期中，人们已习惯了为高额收益和刚性兑付的市场资金找到安全可靠的投资方向。各路投资机构和资金，包括银行、信托等传统金融机构，私募基金，以及互联网金融平台 P2P，都日渐感受到"资产荒"的寒意及争夺优质资产的压力。这是艺术品资产受关注的大的行业背景。同时，金融体系在新一轮资产管理业务服务的战略架构过程中，正在进行新一轮战略性竞争。由于存在传统的渠道优势且社会公众信用程度较高，银行业的资产管理规模领先于其他机构，已经成为国内财富管理业最重要的力量之一。特别是近年来，国内主要银行已经从单一的商业银行向综合化金融集团转型，未来将推进构建集团架构下的大资管体系。与此同时，随着投资者的偏好不断分化，包括证券、保险、基金、信托、券商等机构也正在赢得越来越多投资者的青睐，资产管理市场多元化、复杂化的发展趋势逐渐形成。尤其是保险业及其架构，越来越被资产管理市场看好，资产管理市场的创新与新的布局会随之进行。在这一布局过程中，艺术品资产财富管理的进展成为新的亮点，围绕其进行战略布局，正在成为金融体系中新的战略前沿。

（1）基于保险架构下整合其他金融服务的综合服务平台，目前是世界范围内面对高净值客户的重要的财富传承管理方法与通道。

（2）艺术品资产作为重要的投资与财富管理配置的选项，已经或正在成为中国财富人群的财富传承与管理的重要选项。在三大投资市场，艺术品及其资源作为优质资产，为什么没有取得大的进展？艺术品及其资源资产化的发展怎样才能抓住机遇，引领全球艺术品资产市场发展的步伐？这些已成为资产管理市场关注的重要课题。

（3）构建基于保险架构的中国艺术品财富传承管理中心（综合管理服务平台），目前是中国资产管理市场及金融服务创新发展的重要方向。

（4）构建中国艺术品财富传承管理中心（综合管理服务平台），主要业务包括艺术品资产财富隔离、艺术品资产财富安全、艺术品资产财富保值、艺术品资产财富增值、艺术品资产财富流转、艺术品资产财富收入等。

（5）推进平台性综合服务。

3. 金融体系产品模式

这一方向的基本机制是基于艺术品的综合性服务平台，将艺术金融产业的不同业态整合到平台上，并依托平台的支撑服务功能，根据不同需求创新出不同形式的产品，以满足不同形式、多元化、个性化的需求。这种艺术财富管理的模式可以称为艺术财富管理产品集群综合服务模式，具体内在机制逻辑可用公式表示如下：艺术财富管理产品集群综合服务模式=艺术品综合服务平台+（证券、银行、保险、信托、基金等）产品群。例如，银行业态的产品群为艺术品质押融资、艺术品消费贷款、竞拍贷等产品形式。目前在国内，这一模式可能最容易取得突破。潍坊银行实施的艺术金融服务产业链的建构模式与此相近。随着金融体系改革的深化，金融体系混业经营不断发展，这种基于平台化的产品集群式服务会有所突破。

4. 新机构管理模式

新机构管理主要是指不同于传统金融体系，如证券、银行、保险、信托等金融机构，而是为客户提供财富管理与规划的综合性的中介服务机构。这一方向的基本机制是依托艺术品综合服务平台，面向客户的实际需求，为客户进行艺术财富管理设计、规划、顾问，并在此基础上推出相应管理产品的服务模式。这种服务模式可用公式表示其内在机制逻辑：艺术品财富管理新机构服务模式=艺术品综合服务平台+中介服务工具（设计、规划、顾问）+针对性（个性化）的服务产品。从目前情况来看，艺术品财富管理的新机构发展模式主要有两大取向：其一，在发展较大的新机构中分设相应的发展方向；其二，专业化的发展方向。后者包括两个方面，一是已有的新的机构转型，专业做艺术品财富管理的业务，二是专门成立相应的专业化的新机构。可以说，新机构是中国艺术财富管理中的一个活跃而富有生命力的方向与模式，会得到快速发展。

5. 资产管理模式

"平台+资产管理"是艺术品财富管理过程中最为基础、最为基本的方向。它的基本机制是基于艺术品综合服务平台，在对艺术品及其资源资产化的基础上，采用创新的金融综合机制来满足艺术财富管理过程中的艺术资产管理的需求。它的内在逻辑机制可以用公式表示：艺术财富管理的资产管理模式=艺术品综合服务平台+资产化机制与体系+综合性金融机制（手段）。目前这一模式由于艺术品综合服务平台的发育滞后、不健全，还处于"点"状的实验阶段，这些实验性的创新大多发生在一些资产性的管理机构。这一模式的发展，主要取决于以下三方面的进展：一是艺术品综合服务平台的发育水平，二是艺术品及其资源资产化机制与体系的建构状况，三是面向需求的综合性金融机制（手段）的形成能力。

6. 电子商务模式

这一方向的基本机制是利用艺术品综合服务平台的功能，通过对客户的信用管理，为海量互联网用户的艺术财富管理需求提供多层次、丰富、个性化的服务产品或消费产品。它的内在逻辑机制可用公式表示：艺术财富管理的电子商务服务模式=艺术品综合服务平台+客户信用管理+服务产品（包括消费体验产品）。基于平台化进展的艺术电子商务资产管理创新，是指基于平台化的进展，市场机制与互联网机制作为重要的资源配置机制进一步融合发展，推动互联网艺术金融的进展。也就是说，基于平台化实践与"市场+互联网"机制的融合。现阶段对互联网艺术金融的探索，主要是进行更为完善的综合金融服务，与更高形态的利用内容提升特色流量进行资产管理与配置，还有较长的距离。前面谈到，与"平台化+互联网+财富管理"巨大需求市场相适配的互联网艺术金融服务，除了信用、风险、客户、数据管理以外，还需要对资产化过程进行系统的管理评价与支撑。这是艺术财富管理发展过程中最为独特的行业经验，也是艺术品综合服务平台建设的关键点。

9.3 艺术品投资组合的计量研究

9.3.1 指数构建

在构建艺术品投资组合时，首先需要确定艺术品收益率与风险。在三种指数构建方法中，考虑到准确性与艺术品异质性，一般选择特征价格模型来绘制更为直观与准确的艺术品价格指数，从而计算出艺术品整体收益率与波动。异质性的特点赋予了艺术品多种共有的特征属性，这些属性也正是影响艺术品价格的主要因素。满足特征价格模型假设，在此选择了雅昌艺术中心全部画家的拍卖数据，以及诸多定性与定量特征，如尺寸、著录次数、签名、款识等，加之艺术家的影响，构建特征价格模型。加入艺术家变量可以在一定程度上消除模型内生性。在此，笔者采用艺术家组内固定方法对特征价格模型进行修正，解决了系统性偏误。在此基础上考虑艺术品的拍卖周期为半年，且价格随宏观经济呈周期性变化，所以还应在方程中加入时间变量 t 来固定时间。其次，在方程中加入是否签名和是否存在款识两个定性变量，从而构建出艺术品特征价格指数。回归方程为

$$\ln(p_i) = \beta_\alpha + \beta_1 \ln(\text{size}_i) + \beta_2 \ln(1 + \text{Recorded}_i) + \beta_3 \text{Dumsign}_i + \beta_4 \text{Duminsci}_i$$
$$+ \sum_{t=2001}^{2017} \beta_t \text{time}_t + E_i$$

（9-10）

通过回归得到时间虚拟变量的系数 $\beta_t(t=2,3,4,\cdots)$，选择 1000 作为基期艺术品指数，则各时期指数为

$$\text{Art}_t = 1\,000 \times \exp(\beta_t)$$

（9-11）

将特征价格指数与用平均价格法的雅昌艺术网国画 400 指数进行对比，如图 9-1 所示。二者无论上涨还是下跌都呈现出同步变动的趋势，都存在 2000 年春至 2005 年秋、2008 年秋至 2011 年春两段较为明显的牛市期，但

用平均价格法所构建的指数的上涨与下跌幅度要明显大得多。在同样以 2000 年春 1000 点指数为基期的前提下，国画 400 指数于 2011 年春达到了最高点 9132，在整段牛市期内的涨幅达到 455.47%；而特征价格指数达到 5 245.12，涨幅仅为 158.20%。采用平均价格法构建的指数容易高估价格的上涨幅度，导致指数存在一定程度上的失真，难以准确地反映艺术品市场价格变动的真实情况。因此基于特征价格模型所得的艺术品指数可信度与真实性更高。

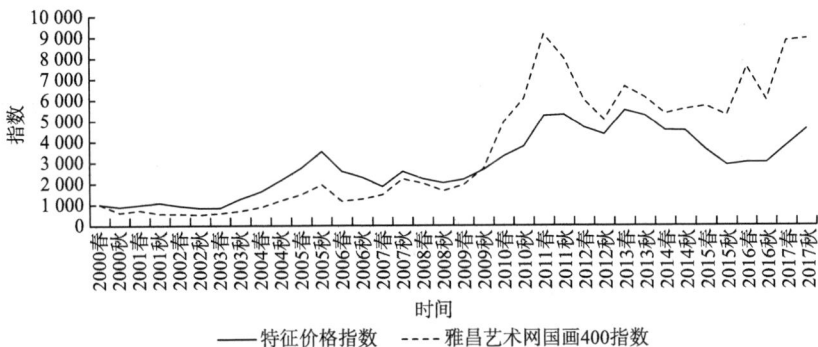

图 9-1　特征价格指数与雅昌艺术网国画 400 指数的比较

9.3.2　实证检验

在马科维茨投资组合理论假设满足的条件下，可以将艺术品资产与传统投资资产相结合，构建新型投资组合以检验艺术品是否可以从中起到风险规避及提高收益率的作用。研究艺术品资产配置效应的实质就是在艺术品加入传统投资组合后，确定一个新的数学规划问题，从选取不同投资策略导致的有效边界变动情况来判断纳入艺术品的有效性。在构建特征价格指数的基础上，综合近年来各方市场表现与各类投资者偏好，在传统投资领域选择了股票市场、基金市场、债券市场、黄金市场与近年来备受关注的房地产资产构建传统投资组合，比较加入艺术品前后的投资组合有效边界的变动情况，并以此推断包含艺术品投资组合的市场功能与基本特征。此外，考虑到资产收益率序列时间跨度较长，应考虑通货膨胀对各项资产的影响，因此使用 CPI 对各项资产进行处理。以 2000 年 1 月为基期计算得到月度指数序列，后将各项资产指数序列除以当期 CPI 后乘以基期 CPI 得到各资产实际指数，此后利用 Matlab 软件计算最优投资组合的风险与收益。

投资者存在净值、审美与风险偏好程度多方面的异质性，在构建投资组合时不是一蹴而就的，在进行艺术品拍卖时对投资者也不是一视同仁的。因此在进行艺术品投资组合的实证检验时，可以从投资者层级角度出发，将艺术品投资策略按准入门槛由低到高分成：①一般型投资策略，即投资范围包含国画 400 指数成分指数所有样本艺术家的全部拍卖作品,画作质量由消费级到收藏级不等,创作年代及价格区间跨度很大,可以为市场上所有消费者所接受;②近现代作品导向型,即投资范围限于创作年代为近现代的拍卖作品,由于明清时期的画作流传至今已有几百年,赝品、残次品的出现和流通使拍卖市场效率下降,且多数当代作家作品内涵都受制于近现代作家的影响,作品缺少代表性,因此近现代画作作为国画市场份额最大、价格认可度最高的组成部分,可以反映艺术品市场的变动趋势与市场特征,平均价格与准入门槛相对较高;③名家作品导向型,由于我国艺术品市场存在一定的杰作效应,即知名艺术家作品收益率普遍高于市场均值,因此选择雅昌艺术市场监测中心的艺术品市场报告的中国前十大艺术家(齐白石、张大千、傅抱石、黄宾虹、吴冠中、李可染、吴昌硕、常玉、徐悲鸿、陆俨少)的作品定义为名家组,平均价格与准入门槛较高,不适用于一般投资者。表 9-1 与表 9-2 分别显示了不包含与包含艺术品的投资策略的有效边界构成。

表 9-1　不包含艺术品的投资策略的有效边界构成

组合	股票市场	股票基金	债券基金	黄金市场	债券市场	房地产市场	收益率	风险
1	0	0	0.434 1	0.054 4	0.447 1	0.064 5	0.003 1	0.009 5
2	0	0.098 2	0.116 8	0.060 6	0.586 0	0.138 4	0.003 9	0.012 4
3	0	0.190 2	0	0.058 7	0.549 8	0.201 3	0.004 8	0.017 6
4	0	0.275 6	0	0.054 0	0.403 7	0.266 7	0.005 7	0.024 0
5	0	0.361 0	0	0.049 4	0.257 6	0.332 0	0.006 5	0.030 9
6	0	0.446 5	0	0.044 7	0.111 5	0.397 3	0.007 4	0.038 1
7	0	0.538 6	0	0.011 4	0	0.450 0	0.008 3	0.045 4
8	0	0.689 9	0	0	0	0.310 1	0.009 1	0.053 8
9	0	0.844 9	0	0	0	0.155 1	0.010 0	0.063 7
10	0	1	0	0	0	0	0.010 9	0.074 4

表 9-2　包含艺术品的投资策略的有效边界构成

组合	股票市场	股票基金	债券基金	黄金市场	债券市场	房地产市场	艺术品市场	收益率	风险
1	0	0	0.422 7	0.041 4	0.380 5	0.051 4	0.104 0	0.003 5	0.008 8
2	0	0.034 3	0.309 3	0.030 4	0.339 4	0.070 4	0.216 2	0.004 3	0.010 2
3	0	0.086 7	0.111 0	0.020 6	0.388 6	0.084 8	0.307 3	0.005 1	0.012 9
4	0	0.131 8	0	0.008 3	0.357 5	0.098 0	0.404 4	0.006 0	0.016 2
5	0	0.167 0	0	0	0.215 1	0.109 0	0.508 9	0.006 8	0.020 1
6	0	0.202 0	0	0	0.066 0	0.119 1	0.612 8	0.007 6	0.024 2
7	0	0.280 2	0	0	0.014 3	0	0.705 5	0.008 4	0.029 0
8	0	0.513 8	0	0	0	0	0.486 2	0.009 2	0.039 8
9	0	0.756 9	0	0	0	0	0.243 1	0.010 0	0.056 1
10	0	1	0	0	0	0	0	0.010 9	0.074 4

　　本节选取 10 组最优投资组合代表一种投资策略有效边界上的所有选择，使用平滑后的散点图连线来绘制有效边界图形。用组合 1~5 来代表所有选择中低收益、低风险的风险厌恶组，组合 6~10 代表风险偏好组。从未包含艺术品的有效边界组合来看，在风险厌恶组中，债券、黄金、房地产所占比例之和都大于 50%，股票市场占比为 0。这是由于对于一般的低净值投资者，风险承受能力较低，若在股市取得较高收益或投资于优质的股票基金也存在一定的交易门槛，且该类投资者的房地产需求多数为刚需，因此具有避险属性的债券投资占比最高。在风险偏好组，股票型基金占比迅速上升，这是由于在样本期间私募基金出现并迅速发展，在风险与收益控制层面显著优于一般投资者，且历经 2008 年、2015 年两次牛市后积累了大量财富，为风险承受能力较高的高净值投资者所接受，相较于有效边界内风险最低的组合，月度收益率由 0.31%提升至 1.09%，增幅达到 251.6%。

　　在包含艺术品的一般投资策略中，除极端情况外，任一组合在收益率大于或等于不含艺术品的投资策略对应组的情况下，组合风险都有了明显的改善，说明艺术品资产的纳入有效地改善了传统投资组合，且从中发挥着积极的资产配置作用。在风险厌恶组中，艺术品资产所占比重逐步增加，说明艺术品在审美层面之外的投资层面具有风险资产的性质，且随着投资者投资素养的提高，他们越来越能接受艺术品这一新兴投资资产。在资产配置方面，房地产资产持有量受到了较大冲击，下降幅度较大，其原因可能在于近年来房地产市场的蓬勃发展已经积累了大量泡沫，且进入了一定程度上的瓶颈期。作为同样流动性较差的实物资产，艺术品市场在我国人均 GDP 不断提高的大环境中具有很大的潜在市场，在财富竞争效应的作用下，房地产市场投资利得会逐渐流向艺术品。这与 Witkowska（2014）研究中提到的艺术品是各国股市衰退时最有吸引力的投资领域之一的结论相近。从有效边界图形来看，资产配置效应随着艺术品资产占比不断增加呈现先增后减的趋势，当收益率达到三分之一分位数附近时，资产配置效应达到最大。在风险偏好组，受到股票型基金高收益率的冲击，艺术品资产占比呈现下降趋势，但相较其他资产而言，艺术品在高收益范围内同样有着更好的表现，有效地降低了组合风险。

　　在此基础上，考虑近现代作品导向型策略的有效性。近现代作品作为在国内艺术品市场最有代表性的组成部分，具有相当大的市场份额。目前二级市场所流通的高质量、高认可度、高价格作品大多出于其中，因此艺术品资产整体质量在一定程度上得到了优化。但从有效边界构成上来看，资产配置规模相差不大，原因在于近现代作品从规模上已经能够代表国内艺术品市场的市场特征,因而市场表现近乎等同于整体艺术品市场。主要差异集中在风险偏好组:相较于一般投资策略,近现代作品在投资组合中所占比例有所提高,说明随着投资者风险偏好的增大,对近现代艺术品偏好程度提高,组合风险得到了进一步控制,艺术品资产配置效应增强。近现代作品导向型投资策略的有效边界构成如表 9-3 所示。

表 9-3　近现代作品导向型投资策略的有效边界构成

组合	股票市场	股票基金	债券基金	黄金市场	债券市场	房地产市场	艺术品市场	收益率	风险
1	0	0	0.421 8	0.041 0	0.380 0	0.052 2	0.105 0	0.003 5	0.008 8
2	0	0.031 3	0.317 8	0.029 8	0.334 8	0.070 5	0.215 7	0.004 4	0.010 1
3	0	0.081 2	0.128 8	0.019 9	0.380 1	0.084 3	0.305 7	0.005 2	0.012 6
4	0	0.125 7	0	0.008 2	0.369 0	0.097 3	0.399 8	0.006 0	0.015 9
5	0	0.158 8	0	0	0.230 9	0.107 8	0.502 4	0.006 8	0.019 5
6	0	0.191 8	0	0	0.086 3	0.117 4	0.604 6	0.007 6	0.023 5
7	0	0.253 6	0	0	0	0.043 6	0.702 8	0.008 4	0.027 9
8	0	0.479 6	0	0	0	0	0.520 6	0.009 2	0.037 8
9	0	0.739 7	0	0	0	0	0.260 3	0.010 0	0.054 8
10	0	1	0	0	0	0		0.010 9	0.074 4

一般情况下,艺术品投资顾问会建议投资者尽其所能选购价格最高、艺术家最富名气的作品。无论在国内还是国外市场,名家作品收益更高的观念往往更深入人心 (Pesando and Shum, 2008)。由于我国艺术品市场运行机制尚未成熟,因信息不对称而导致艺术品价格哄抬、投资回报偏低的现象普遍存在。因此不考虑高价格作品,从我国最知名的前十位艺术家作品的成交情况来检验名家艺术品资产配置效应。表 9-4 显示,从资产配置情况来看,在风险厌恶组中,名家作品作为风险资产的高收益、高风险特性进一步凸显,并且其高昂的价格市场准入门槛再次提高,因而占比低于上述投资策略,避险心理使投资者将更多的资金流向债券等避险资产,对于每一个对应组,风险再次小幅降低。风险偏好组中,同其他策略不同,名家作品在市场中的良好表现对股票基金产生较大冲击,成为投资组合中的重要组成部分,组合 6~9 中实现了风险的大幅度降低,资产配置效应十分显著。结果表明,近年来投资最知名作家的作品对高净值人士或投资机构等拥有大量资产的投资者来说是一种更可取的方式。

表 9-4　名家作品导向型投资策略的有效边界构成

组合	股票市场	股票基金	债券基金	黄金市场	债券市场	房地产市场	艺术品市场	收益率	风险
1	0	0	0.417 9	0.043 0	0.407 9	0.053 2	0.078 0	0.003 6	0.009 0
2	0	0.012 4	0.373 8	0.031 4	0.348 6	0.060 8	0.173 0	0.004 4	0.009 9
3	0	0.047 5	0.231 4	0.021 2	0.384 5	0.066 0	0.249 5	0.005 2	0.011 7
4	0	0.082 5	0.088 9	0.011 0	0.420 4	0.071 2	0.326 0	0.006 0	0.014 1
5	0	0.112 4	0	0	0.406 8	0.075 3	0.405 5	0.006 8	0.016 8
6	0	0.133 5	0	0	0.300 8	0.076 1	0.489 7	0.007 6	0.019 7
7	0	0.154 5	0	0	0.194 7	0.076 9	0.573 9	0.008 4	0.022 9
8	0	0.175 5	0	0	0.088 7	0.077 7	0.658 1	0.009 2	0.026 2
9	0	0.199 7	0	0	0	0.052 4	0.747 9	0.010 0	0.029 5
10	0	1	0	0	0	0	0	0.010 9	0.074 4

如图 9-2 所示，经实证检验后可以发现，无论以何种方式构建艺术品投资组合，都能有效地改善投资组合的有效边界，在同等风险水平的条件下提高组合收益率。从一般投资策略来看，笼统地考虑将所有国画作品作为投资标的，在一定程度上优化了传统投资组合，表明艺术品资产的加入在丰富了投资品类的同时起到了分散资产的作用。与一般投资策略相比，近现代作品导向型策略资产配置效应提升有限，这是由于近现代画作在书画拍卖市场中所占份额较大，受投资者青睐程度较高，因此相较一般投资策略未能体现出显著提升。但是相较于未包含艺术品的投资策略，近现代作品导向型策略的有效边界还是实现了向上方的大幅移动，通过构建包含艺术品的投资组合实现较好的风险规避功能。名家作品导向型策略在"杰作效应"的牵引下，有效边界再一次向上方实现跨越式移动，资产配置效应十分显著，可以作为高净值投资者在经济新常态下重新规划资产分布的新参考。

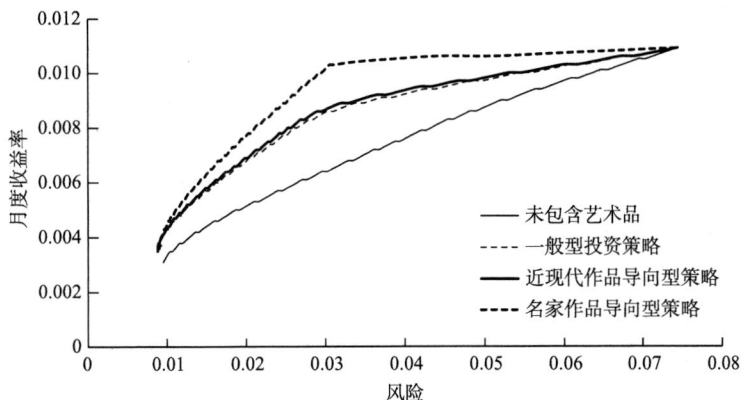

图 9-2　不同投资策略的月度收益率与风险比较

在当今国内艺术品市场蓬勃发展、人民精神层面需求不断增长的背景下，作为文化产业的重要组成部分，艺术品已经不单单以其观赏与审美价值活跃在众多投资者面前。艺术品金融化的逐步推进使得商品状态的艺术品向资产化、资本化的演变逐渐明晰，可以作为单独的投资品为机构或个人投资者所选择。即使作为一种标准化程度较低的资产，也能够在纳入资产组合后有着积极的资产配置效应。然而，艺术品资产作为高异质性、高准入门槛及认可度相对较低的新兴投资品，在计算所得结果中发现艺术品在最优投资组合中所占比例的估计值非常高，相比于实际操作而言存在着理论上的鸿沟。在印证艺术品市场具有较大发展潜力的同时，对艺术品市场进一步规范化、法治化、标准化提出了更高的要求，为新型艺术品基金、艺术品信托、艺术品衍生品、艺术品风险对冲机制的再发展、再繁荣带来了新的活力。

9.3.3 经济周期视角下的进一步分析

由于宏观经济波动对资产收益及资产组合配置状况有着较大的冲击，因而在经济周期轮转过程中，艺术品的投资收益与资产配置等金融属性同样会受到不同程度的影响。但不同于一般金融资产，艺术品的低流通性与高准入门槛使其价格对经济周期变动难以做出同步的反应，同时在投资者心理偏差等因素的影响下，不同的艺术资产组合在经济扩张或紧缩期内有着不同的市场表现。本节通过将中国经济近年的运行区间划分为经济扩张期与紧缩期，并以此分析艺术品资产于何时引入资产组合中为宜。

对于经济周期的定量分析与预测，国外学者较多地从经济运行的代理变量中提取出周期波动分量来对经济周期进行估计。Harvey 等（1994）对代表经济总体运行态势的时间序列指标进行分解，从中去除时间序列中的趋势成分与季节成分后分解出周期成分，从而可以单一地观测经济运行的周期性特征。因此本节借鉴前人划分经济周期的思路，以真实 GDP 代理中国宏观经济运行态势，参考 Steenkamp 和 Fang（2011）、Deleersnyder 等（2004）的研究思路，采集 2004~2018 年中国真实的 GDP，通过 HP 滤波的方法将其中的趋势成分与周期成分分离，并提取其中的周期成分以判断当年经济处于扩张期还是紧缩期。具体处理方法为

$$GDP_t = GDP_t^l + GDP_t^c \qquad (9\text{-}12)$$

其中，GDP_t^l 为 GDP 的趋势成分；GDP_t^c 为 GDP 的周期成分；而后通过 HP 滤波法最小化：

$$\sum_{t=1}^{T}\left(\mathrm{GDP}_t - \mathrm{GDP}_t^l\right)^2 + \lambda \sum_{t=1}^{T}\left[\left(\mathrm{GDP}_{t+1}^l - \mathrm{GDP}_t^l\right) - \left(\mathrm{GDP}_t^l - \mathrm{GDP}_{t-1}^l\right)\right]^2$$

（9-13）

其中，λ 取 10。由此得到 GDP 的长期趋势成分，通过 $\mathrm{GDP}_t^c = \mathrm{GDP}_t - \mathrm{GDP}_t^l$ 得到 GDP 的周期成分。根据 Steenkamp 和 Fang（2011）的算法，若在某一时刻 GDP_t^c 出现了下降趋势，则表明该时期为经济紧缩期，反之则为经济扩张期。构建 contraction 变量：

$$\text{contraction} = \begin{cases} 0 & , \Delta \mathrm{GDP}_t^c > 0 \\ \mathrm{GDP}_t^c \text{pear} - \mathrm{GDP}_t^c, & \Delta \mathrm{GDP}_t^c \leqslant 0 \end{cases}$$

（9-14）

其中，$\mathrm{GDP}_t^c \text{pear}$ 为 GDP^c 在时刻 t 以前的上一个峰值，此时若 contraction=0，则表明该时期 t 为扩张期。结果表明，2004 年、2005 年、2008 年、2009 年及 2012~2015 年处于经济紧缩期，其余年份处于经济扩张期。在此基础上，与前文构建资产组合的思路相同，以三种不同的划分方式将艺术品引入传统资产组合中，分析在不同经济周期背景下全样本组、近现代组与名家组的风险、收益特征。

从表 9-5 的资产配置情况来看，在经济扩张期内，全样本组的月度收益率为 0.81%，全部艺术品的资产配置比重达到了 0.202。相比于全时期最优风险资产组合而言，艺术品资产配置比重增加，且夏普比率实现了更大程度的上升（16.9%），表明扩张期内引入全部艺术品可以更好地优化传统资产组合。此外，虽然在经济扩张期内近现代组与名家组的资产配置比重同样高于全时期，但相对于对照组而言，夏普比率提升幅度较小，表明该时期内近现代作品与名家作品在资产组合中的优化作用较为有限。

表 9-5　经济扩张期下包含艺术品的最优资产配置

资产组合	收益率	风险	夏普比率	艺术品	房地产	债券	股票	黄金
全样本组	0.81%	0.016 7	0.365	0.202	0.091	0.327	0.134	0.245
对照组	0.84%	0.020 5	0.312	/	0.093	0.409	0.175	0.323
近现代组	0.86%	0.018 4	0.359	0.168	0.140	0.292	0.151	0.248
对照组	0.82%	0.017 3	0.358	0.182	0.131	0.293	0.138	0.256
名家组	0.84%	0.017 6	0.364	0.198	0.091	0.312	0.126	0.271
对照组	0.83%	0.017 5	0.360	0.186	0.137	0.288	0.143	0.245

在经济紧缩期内，根据表 9-6，全样本组的月度收益率为 0.75%，夏普比率为 0.399，艺术品配置比重为 0.090；近现代组月度收益率为 0.76%，夏普比率为 0.416，艺术品配置比重为 0.131；名家组月度收益率为 0.76%，夏

普比率为 0.425，艺术品配置比重为 0.112。虽然该时期内组合预期收益率与艺术品资产配置比重普遍低于经济扩张期，就夏普比率的变动情况而言，除全样本组外，在资产组合中引入近现代与名家作品所带来的优化作用均大于经济扩张期。结合不同时期三组有效边界的图像（图 9-3）来看：

表 9-6　经济紧缩期下包含艺术品的最优资产配置

资产组合	收益率	风险	夏普比率	艺术品	房地产	债券	股票	黄金
全样本组	0.75%	0.013 5	0.399	0.090	0.103	0.770	0.037	0
对照组	0.75%	0.014	0.384	/	0.104	0.864	0.032	0
近现代组	0.76%	0.013 2	0.416	0.131	0.101	0.728	0.041	0
对照组	0.73%	0.013 4	0.390	0.016	0.043	0.899	0.042	0
名家组	0.76%	0.012 9	0.425	0.112	0.069	0.775	0.044	0
对照组	0.74%	0.013 4	0.394	0.065	0.095	0.803	0.037	0

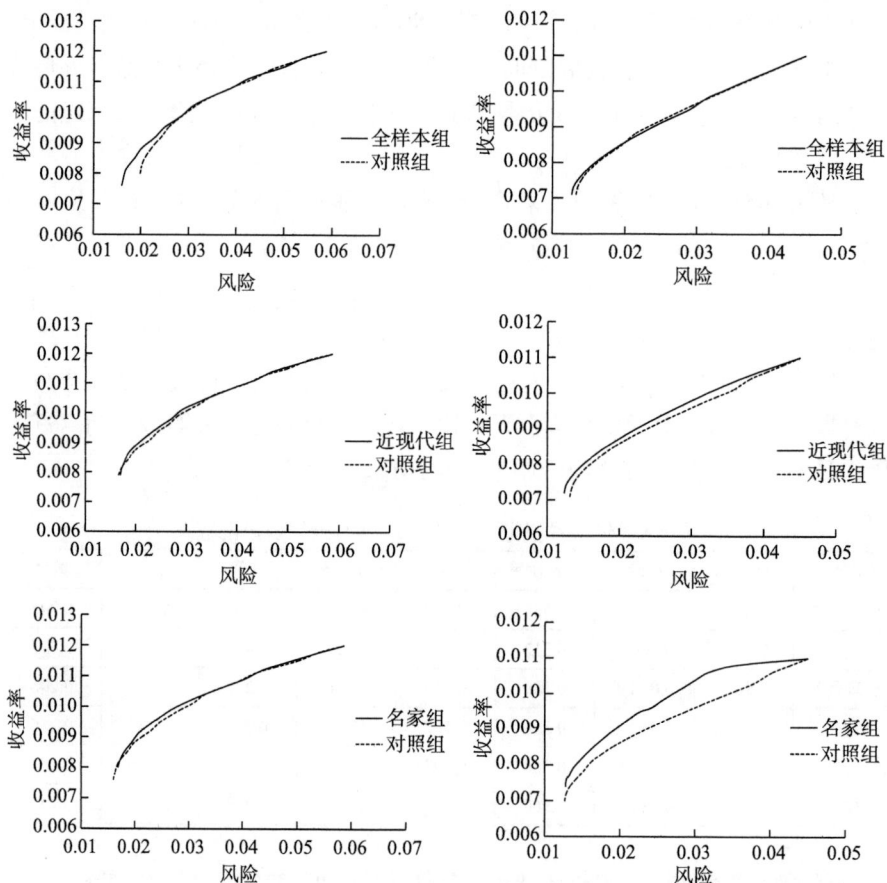

（a）经济扩张期三组有效边界变动情况　　　（b）经济紧缩期三组有效边界变动情况

图 9-3　经济扩张期与衰退期有效边界变动情况

在经济扩张期内，于低风险区间（0.015~0.028），全样本组有效边界出现了明显上移，而随着风险的不断升高，两条有效边界图像趋于一致。表明对于风险偏好程度较低的投资者而言，可以采取引入全部艺术品的策略以优化资产组合。在高风险区间（0.028~0.060），艺术品资产投资属性难以体现，其价值主要体现在精神与审美层面。近现代组与名家组的有效边界图形有较为相近的特征，都在相对低风险区域实现了小幅上移，而高风险区域与对照组有效边界大致重合，资产配置效应不明显。总体来看，近现代作品与名家作品在经济扩张期内对冲组合风险的作用比较有限。

在经济紧缩期内，全样本组的有效边界曲线有明显上移，甚至与对照组出现了交叉的情况，此时艺术品资产价值基本完全体现在其所带来的精神收益上。与经济扩张期不同，近现代艺术品的投资属性在紧缩期内开始凸显，有效边界曲线具有明显的上移趋势，在资产组合中起到了积极的资产配置作用。名家艺术品的"杰作效应"在经济下滑的趋势中则体现出了更好的优化投资组合的作用，名家组的有效边界曲线向右上方出现了更大幅度的移动。总体来看，引入全部艺术品在经济扩张与紧缩期内的优化作用相差不大，仅在风险较低的经济扩张期内提升部分资产组合的质量；而在经济紧缩期内，引入近现代与名家作品可以更好实现投资风险分散化，改善资产组合质量，且名家作品的优化程度更高。

究其原因，首先，艺术品资产本身具有难变现性的特点。随着经济扩张期内人们投资需求的增加，投资者偏向将更多的资金投入流动性较强的传统金融资产中以获取高额的风险利得，此时"心理账户"现象的存在会导致投资者将一部分盈利投入艺术品市场，但此时投资者较多出于一种对文化艺术的追求与喜好，而非通过艺术品去追求更高的投资收益。艺术品在资产组合中充当的是一种提供审美愉悦与精神享受的另类资产，因此难以形成持续的购买热潮以推动艺术品牛市的出现，艺术品价格会保持相对稳定，从而在经济扩张期内将艺术品资产引入资产组合中难以产生预期的优化效果。当经济出现衰退时，宏观经济的不确定性增强，这使得投资者的主观心理预期由好转差，会迅速地抛售股票等风险资产转而将现金投入避险资产中。在替代效应的作用下，艺术品作为一种有效的投资方式会吸引避险资金逐步流入，可以通过精神回报补偿由经济下行所造成的投资者心理落差。此时艺术品市场中的买方力量逐步增大会提高投资者持有艺术品的预期，随着艺术品价格被推高，追随者数量随之增加，进而推动艺术品价格进一步增长。其次，由于文化产品普遍具有"反经济周期"现象，因此艺术品资产的文化与审美价值赋予了其一定的避险属性，即文化市场在经济增长整体放缓的环境下呈现出

"逆势上扬"的态势,体现出了较好的投资价值。在精神价值和投资价值的双重属性附加值的作用下,投资者在经济紧缩期内对艺术品资产的需求会加大,同样会刺激艺术品市场的繁荣。当重新平衡投资组合时,艺术品资产的加入中除了满足投资者基本的精神回报外,其带来的投资收益又能弥补金融资产价格回落导致的财务损失。但同样由于市场准入门槛的存在,近现代与名家作品作为全部艺术品中更具有代表性部分,会受到更多投资者的追捧,因而在经济紧缩期内配置该两类作品可以有效地优化资产组合,满足投资者财务收益与风险管理的需求。

9.3.4　未来展望

1. 细分市场的研究

本章对艺术品投资组合的研究与探索是基于各个市场的价格指数,包括艺术品价格指数在内的新投资组合,所得结论是在一个大的方向上确定在传统投资组合中加入艺术品资产,而对于具体资产类别的选择,还需要进一步的研究。例如,股票市场可以细分为A股、B股、中小板及创业板等,股票指数又包括上证综指、深成指、上证50、沪深300等。虽然从投资者异质性角度考虑到了对艺术品市场进行初步细分,但我国当前流通的艺术品可谓琳琅满目。按作品类型可以分为书画、雕塑、书法、器具、服饰等;按创作年代可细分为古代、近现代与当代艺术品,将各细分品类进行组合可以将艺术品投资标的进行更大幅度的划分。与对各个市场指数构建投资组合的方式相同,以艺术品市场中的细分市场构建投资组合,更加具体的投资策略对今后艺术品投资的选择会更有意义。例如,将本例中的古代、近现代与当代时期的国画作品延伸到油画、瓷器、雕塑等细分的标的,将每个细分市场构建出价格指数后形成更为具体的投资策略,最终确定更为具体的资产配置,这是细分市场的研究价值所在。

2. 指数基金的构想

由于当前金融市场中各个市场的价格指数构建基金的实践较少,对跨越多个市场的资产组合的走势难以判断,因此未来对艺术品投资组合的研究方向可以借鉴细分市场指数的基金构建,如以股票债券为主要投资品的证券投资基金。以此为鉴对艺术品市场中的细分市场进行投资构造,形成艺术品基金。目前艺术品基金在我国已经有一定的实践基础,但大多数的艺术品基金都是单纯地购入文人字画等艺术品且坐等其升值,更有甚者假借艺术品投资之名进行艺术品质押融资后从中获取高额的利息收入。诸如此类做法已经失去了艺术品基金的根本性质，非但满足不了艺术品投资者的理财需求，更是背离了艺术品投资的初衷，还可能面临更大的市场风险。国外对艺术品基金的实践比较典型的例子就是英国铁路养老基金，该基金创造性地将对冲机制引入艺术品投资中，买入与艺术品市场关系紧密的行业股票的看跌期权，当艺术品市场出现整体衰退时，相关企业股票价格势必随之下跌，此时若执行看涨期权便可以利用从中获取的投资收益来对冲因艺术品市场整体走低而导致的损失。英国铁路养老基金对我国今后更加规范有效的艺术品基金的推出具有相当重要的指导意义。当前我国已有大量机构投资者开始关注并涉足艺术品投资领域，大众投资者也通过艺术品投资基金、信托产品等参与到艺术品投资中来，但遗憾的是国内艺术品投资领域的研究却相对缺乏，关于艺术品投资的绩效研究及艺术品投资组合的研究少之又少。在当前我国艺术品市场大繁荣的环境下，还不适合构建艺术品基金，因为艺术品基金的发展与完善需要成熟的艺术品市场来支撑，需要严格的监管机制来防控风险。将艺术品投资组合理论与构建艺术品基金的实践相结合应当作为未来艺术金融较为值得研究的方向。

参 考 文 献

陈广，水心勇. 2016. 文化与金融融合发展的风险传导效应[J]. 金融论坛，21（12）：70-78.

陈晔. 2011. 国内艺术品投资的金融界视角[J]. 上海金融，（4）：17-27.

黄隽，李越欣，夏晓华. 2017. 艺术品的金融属性：投资收益与资产配置[J]. 经济理论与经济管理，（4）：60-71.

乔明哲，方艳，黄祥芸，等. 2017. 中国艺术品市场投资真的是高收益、低风险吗？[J]. 上海财经大学学报（哲学社会科学版），（2）：65-78.

石阳，李曜. 2013. 中国艺术品投资收益——整体特征与杰作效应[J]. 金融研究，（12）：194-206.

吴华，向勇. 2014. 中国艺术品金融化模式研究[J]. 福建论坛（人文社会科学版），（4）：43-50.

张志元. 2017. 艺术品、股票市场的相关性及其波及[J]. 改革，（12）：129-137.

赵宇，黄治斌. 2008. 收藏市场与股票市场的相关性研究及艺术品投资问题[J]. 科技创新导报，（21）：142-144.

周思达，贺炜，杨胜刚. 2014. 书画艺术品市场周期与投资收益的研究[J]. 湖南大学学报（社会科学版），28（2）：76-80.

Baumol W. 1986. Unnatural value: or art investment as floating crap game[J]. The American Economic Review, 76 (2): 10-14.

Campbell J Y. 2006. Household finance[J]. The Journal of Finance, 61 (4): 1553-1604.

Campbell R. 2008. Art as a financial investment[J]. The Journal of Alternative Investments, 10(4): 64-81.

Chanel O, Gerard-Varet L A, Ginsburgh V. 1994. Prices and returns on paintings: an exercise on how to price the priceless[J]. The Geneva Papers on Risk and Insurance Theory, 19(1): 7-21.

Deleersnyder B, Dekimpe M G, Sarvary M, et al. 2004. Weathering tight economic times: the sales evolution of consumer durables over the business cycle[J]. Quantitative Marketing and Economy, (2): 347-383.

Frey B S, Eichenberger R. 1995. On the rate of return in the art market: survey and evaluation[J]. European Economic Review, 39 (3/4): 528-537.

Goetzmann W N. 1993. Accounting for taste: art and the financial markets over three centuries[J]. The American Economic Review, 83 (5): 1370-1376.

Harvey A, Ruiz E, Shephard N. 1994. Multivariate stochastic variance models[J]. The Review of Economic Stuidies, 61 (2): 247-264.

Markowitz H. 1952. Portfolio selection [J]. The Journal of Finance, 7 (1): 77-91.

Mei J, Moses M. 2002. Art as an investment and the underperformance of masterpieces[J]. The American Economic Review, 92 (5): 1656-1668.

Pesando J E. 1993. Art as an investment: the market for modern prints[J]. The American Economic Review, 83 (5): 1075-1089.

Pesando J E, Shum P M. 2008. The auction market for modern prints: confirmations, contradictions, and new puzzles[J]. Economic Inquiry, 46 (2): 149-159.

Steenkamp J B E M, Fang E. 2011. The impact of economic contraction on the effectiveness of R&D and advertising: evidence from U.S. companies spanning three decades[J]. Marketing Science, 30 (4): 628-645.

Stein J P. 1977. The monetary appreciation of paintings[J]. Journal of Political Economy, 85 (5): 1021-1035.

Tucker M, Hlawischka W, Pierne J. 1995. Art as an investment: a portfolio allocation analysis[J]. Managerial Finance, 21 (6): 16-24.

Witkowska D. 2014. An application of hedonic regression to evaluate prices of polish paintings[J]. International Advances in Economic Research, 20 (3): 281-293.

Worthington A C, Higgs H. 2004. Art as an investment: risk, return and portfolio diversification in major painting markets[J]. Accounting and Finance, 44 (2): 257-271.

下篇　艺术金融：风险与监管

第10章　艺术金融风险的来源与比较

近年来，随着中国经济的快速增长，艺术品市场逐渐成熟。在股市、楼市遭受全球金融危机的重创并持续低迷之际，艺术品投资成为投资品种的热点。相比传统的金融投资，艺术品投资不仅承载了美学价值，还提供了十分可观的收益。但我国艺术品投资市场起步较晚、发展过快，配套的法律机制及服务系统未能同步跟进，从而导致了艺术品投资的各环节都隐藏着诸多风险。从艺术金融理论的角度，艺术金融风险来源于艺术品资产化和金融化的过程。研究艺术金融风险的意义主要在于指导艺术品投资、投机或者进行资产配置。从风险理论的角度，艺术金融风险主要来源于价格波动的不确定性。艺术品价格的浮动性虽然为相关投资赋予了一定的风险度，但也可以在很大程度上对投资进行风险管控。本章从系统性风险和非系统性风险两个方面分析了艺术金融的风险来源，并且对与艺术品风险相关的国内外文献进行了梳理，将艺术品投资风险分别与证券投资风险、房地产投资风险，以及外汇、黄金和金融衍生品投资风险进行比较，发现艺术品市场的投资风险相对较高。

10.1　艺术金融风险概述

10.1.1　金融风险

金融风险是指与金融有关的风险，如金融市场风险、金融产品风险、金融机构风险等。金融风险按照能否分散可以分为系统性金融风险和非系统性金融风险。系统性金融风险是指由于多种因素的影响和变化，投资者的风险增大，从而给投资者带来损失的可能性，如宏观经济风险、购买力风险、市场风险等。非系统性金融风险是指与整个股票市场或其他投资市场等相关投机市场波动无关的风险，是某些因素的变化造成的单只股票、单个投资产品价格下跌，从而给持有人带来损失的可能性，非系统性风险是可以规避的。

金融风险的定义主要有以下三种。

1. 不确定性（uncertainty）

一种观点认为，风险是未来发生的各种情况的不确定性。不确定性就是未来发生事件的最终结果存在多种可能的状态，并且事前难以完全把握影响金融风险的因素。人们可以根据历史数据或者自己的经验在事前进行一定的估计，但事件最终会发生什么样的结果是不能提前准确预知的。这种对未来不确定且无法预知的状态理解为风险。

2. 波动性（volatility）

在投资领域中，风险表现为资产的价值或相关市场变量在未来发展中的波动性。波动性就是指金融资产在一定时间段的变化性，市场变量有利率、汇率等。波动性表现为市场变量以期望值为波动中心、方差为波动范围的发展态势，在统计上的具体表示为波动率，也就是方差或标准差。波动性也可以被认为是不确定性的延续。

3. 损失（loss）

金融风险最终结果是出现损失，该定义是就投资的资本金而言的。因此，在风险管理中，损失是指非故意的、非预期的、非计划的投资资本金的减少。通常我们将损失分为两种形态，即直接损失和间接损失。直接损失是指风险事故导致的财产本身损失；间接损失则是由直接损失引起的其他损失，如额外费用损失、收入损失、责任损失等。

10.1.2　艺术金融风险

艺术品市场有着区别于股票市场、债券市场的独特属性。因此金融风险反映到艺术品市场中，有着更复杂的行业意义。相对金融市场的标准化、透明化，投资者理性、保守特征来说，艺术品市场表现出非标准化、不透明化的特性，而且非理性、开放的艺术品投资者居多。这就决定了艺术金融风险除了具有金融市场上的一般风险之外，还具有其独特属性带来的风险。

研究艺术金融风险的来源，可以从能否分散风险角度，将风险划分为系统性艺术金融风险和非系统性艺术金融风险，如图 10-1 所示。这种风险划分方式有利于对风险防范提出合理策略，指导投资者科学投资，促进艺术品投资市场健康发展。

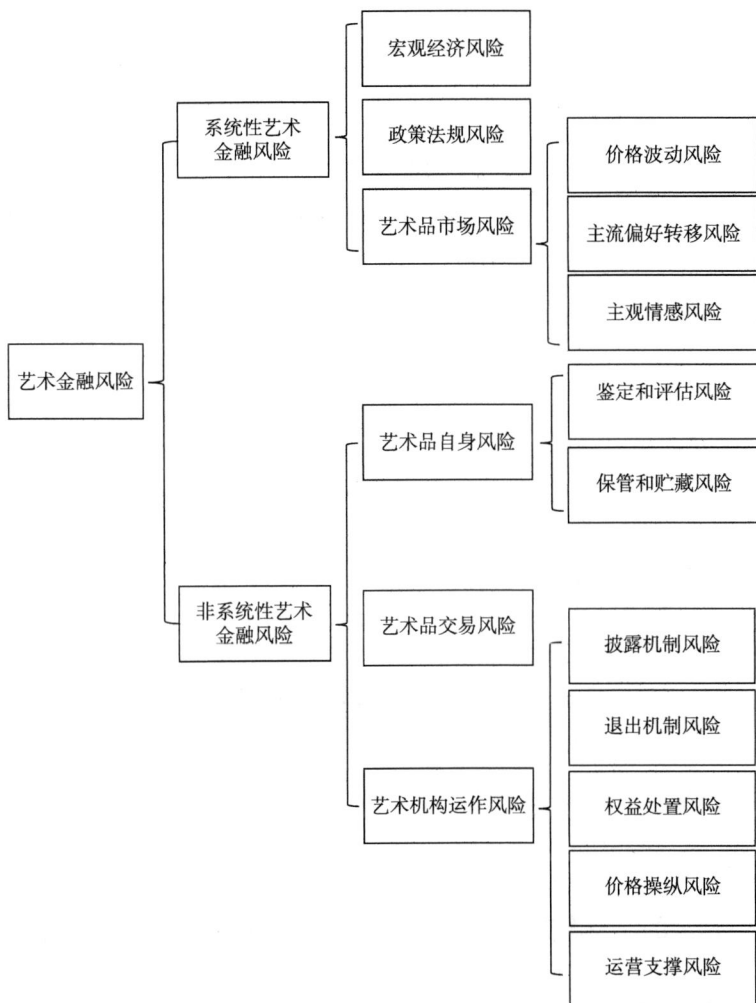

图 10-1　艺术金融风险来源

　　总的来说，艺术金融风险是指艺术品金融化或艺术品市场金融化过程中，具有营利动机的艺术品收藏者、投资者及投资机构，所进行的资金融通和与之相联系的信用活动的不确定性行为，从而导致其相关利益损失的风险。信用活动包括艺术品投资、艺术品融资、艺术品保险、艺术品托管、艺术品租赁等艺术品信用活动，以及与之相伴的各种金融行为。艺术金融风险所研究的风险并非局限于金融风险，还应包括艺术品交易、保管、投资和退出过程中的异质性风险，以及艺术品市场运行和监管过程中产生的市场风险。

10.2　艺术金融系统性风险来源

艺术品的"收藏品"和"奢侈品"特性,使得艺术品投资较易通过财富效应受到宏观经济形势的影响,相关监管机制及政策法规的制定对艺术金融的影响也不容忽视。艺术金融在本质上属于金融范畴,对金融活动产生影响的风险因素同样会作用于艺术金融,但由于艺术品的异质性,也会产生诸如主流偏好转移等特殊风险。

10.2.1　宏观经济风险

艺术品市场的兴衰与宏观经济周期有着密切的联系。经济周期就是经济活动沿着经济发展的总体趋势,围绕自身潜在发展水平进行的有规律扩张和收缩,它主要分为四个阶段:危机、萧条、复苏、繁荣。与传统金融市场相同,中国艺术品投资市场与整个经济发展状况联系非常密切。艺术品的价格走势与宏观经济也有着较强的关联性。

如图 10-2 所示,在经济由复苏走向繁荣阶段,基本面呈现经济快速增长的形势,人均财富迅速增加,政策层面也在放宽。在此阶段,个人投资者可支配收入增加,消费和投资也在增加;机构投资者财务状况得到改善,企业收益增加。在一系列因素的影响下,个人投资者和企业投资者均会增加自己的消费与投资。艺术品市场会吸纳大部分闲余资金,艺术品市场价格会随经济景气程度的提高而出现回升,艺术品市场也将进入繁荣发展的时期。

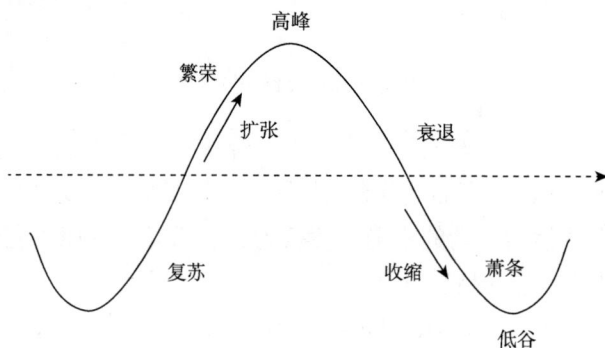

图 10-2　宏观经济周期阶段划分

在经济衰落和萧条阶段,艺术品价格往往相对较低,此时的成交量也相应减少,市场上很难征集精品。对个人投资者来说,经济原因造成个人投资者的收入减少，降低了其消费及购买能力；对机构投资者来说，整个经济体的资产报酬率下降，企业成本增大，利润减少，甚至会导致财务困境。所以，投资者对艺术品的需求不断下降，艺术品市场的发展也不景气。此时的艺术品是一种风险资产，投资者会出于资金短缺和稳定性的考虑倾向于抛售艺术品而非抛售房产等不动产，这会导致艺术品价格大幅下跌。

艺术资产面临由经济全球化和经济周期产生的宏观经济系统性风险。投资者在面对经济环境的系统性风险时，往往会因为无法规避的风险而放弃预期利润相对未知的艺术品市场。20 世纪 80 年代末，日本经济空前高涨，很多财团不惜斥巨资在世界各地大肆收购名画。此后，日本经济泡沫破灭，许多高价吃进的世界名画"割肉"50%都无人问津。一般来说，当遇到经济大萧条、藏家经济拮据时，藏家首先会考虑卖出自己收藏的艺术品，因为卖掉房子或汽车无疑会使自己的生活质量大打折扣，毕竟抛售艺术品不会影响藏家的生活质量。当藏家抛售艺术品数量大时，艺术品的价格就会大幅下跌，1998 年亚洲金融危机和 2008 年的次贷危机就是最好的例子。那时，艺术品拍卖一蹶不振，价格一路下滑。从中可以看出宏观经济对艺术品市场影响之大。

10.2.2　政策法规风险

艺术品的政策法规风险是指投资艺术品时在政策法规层面所存在的风险。中国艺术品市场的不规范和法律保障机制的不健全会造成政策法规风险。突出表现为拍卖行的运作既缺乏内在自律，也缺乏外在监管。当进行艺术品拍卖时，信息极度不对称、拍卖行对上拍的艺术品把关不严、上拍的艺术品标的良莠不齐，这些无疑给已存在和潜在的艺术品投资者带来风险。例如，《中华人民共和国拍卖法》（以下简称《拍卖法》）第六十一条第二款规定："拍卖人、委托人在拍卖前声明不能保证拍卖标的的真伪或者品质的，不承担瑕疵担保责任。"这就是拍卖行经常讲的"不保证条款"。艺术品的生命在于其历史价值和象征意义，如果连真实性都无法保证，那保值增值又从何谈起。国内最著名的拍假案要数"汉代玉凳"案了。2011 年，"汉代玉凳"以 2.2 亿元打破了玉器拍卖的世界纪录。事后证实，这个"汉代玉凳"是高仿的工艺品，辗转到拍卖行却以数亿元的高价拍出。当此事件引起纠纷时，没有相关的法律可依，导致严重误导和欺骗了投资者，给他们造成了重大损失。

Dempster（2015）指出法律风险存在于两方面：其一在于由于艺术品的特殊性引起的法律纠纷众多；其二在于各国文化背景的差异导致法律在国

际上很难统一。艺术品的卖方往往希望根据本国的法律和文化对艺术品定价，但是来自全球的买方希望以国际化的视角对艺术品定价。中间商夹在中间，面对不同文化背景、法律背景的艺术品，他们对艺术品价格的判断也有很大的偏差。所以，由于法律和文化的差异，很难协调三者的买卖关系。张函（2009）指出到目前为止，在艺术品贸易的法律适用中各国的国际私法规范占主导地位，而公法的规则即便得到适用，也往往得不到执行。关于艺术品交易的国际公约的内容和意义，尽管国际统一法的制定意图取代冲突法规范，但国际实践表明通常这样的取代仅仅是部分，两个体系常常是共同存在的。表 10-1 列出了艺术品交易的国际公约和协议。

表 10-1　国际公约和协议

现有国际公约和协议	年份	内容和意义
《关于发生武装冲突时保护文化财产的公约》	1954	关于战时保护文化遗产的协定。由 82 个国家签署，涵盖了 1907 年海牙公约的相关内容，给予文化遗产在战时和和平时期的保护，并由联合国教科文组织成员国所承认而具有施行力
联合国教科文组织（UNESCO）《关于禁止和防止非法进出口文化财产和非法转让其所有权的方法的公约》	1970	此公约代表着对非法转运的强力反对立场。这部由超过 1 200 个国家签署的公约所保护的范围涵盖了珍稀动植物、化石和艺术品，并允许文物原属国在追回本国文物时不需要出示相关文件，同样对占领区的文物非法出口进行了明确规定
《联合国国际货物销售合同公约》	1980	它为国际货物销售提供了一个特定的机制。规避了适用那些根植于国内销售的，缺乏足够灵活性以适应国际买卖的国内法律体制可能产生的弊端
《关于返还从成员国境内非法转移的文物的 93/7/EEC 指令》（欧盟）	1993	确立了一个重要的归还计划以便内部市场的建立及其对成员国间海关控制的影响
《国际统一私法协会关于被盗或者非法出口文物的公约》	1995	这部由二十多个国家签署的公约，旨在授权那些失主（国家或个人）能直接在文物找回国进行法律诉讼。这部公约同时规定了针对被盗文物起诉有效时限为 75 年，并针对不知情当事人进行索赔要求的数额有明确规定
《保护水下文化遗产公约》	2001	旨在保护那些海底沉船上的文物和其他水下遗迹

10.2.3　艺术品市场风险

艺术品市场的吸引力在于与其他市场（如股票市场）的低相关性，如果投资策略有效，就可以获得巨大的利润。一方面，艺术品市场同样面临金融市场上的价格波动风险；另一方面，艺术品市场具有透明度低、流动性低、市场效率低及高异质性的特点，使投资者面临艺术品市场的主流偏好转移风险及投资者的情感主观风险。

1. 价格波动风险

艺术品作为特殊的商品，其市场价格也随着市场供求关系的变化而总是处于波动中。除此之外，艺术品受特殊事件、创作者声名等其他因素的影响，也会引起其价格的变动，并由此导致投资者高买低卖，进而造成他们的损失，这就给投资者带来了价格波动风险。Frey 和 Eichenberger（1995）的研究显示，收藏者占较高比重的艺术品市场的价格波动幅度较小，而投机者占较高比重的艺术品市场的价格波动幅度则较大。表 10-2 列出了 2018 年增值幅度最大的 10 件作品。

表 10-2　2018 年增值幅度最大的 10 件作品

艺术家	作品	首次上拍时间	首拍价格	二次上拍时间	二拍价格
林寿宇	《1963-65 年 2 月，绘画浮雕》（1963~1965）	1991 年 6 月 28 日	伦敦佳士得 1 096 美元	2018 年 11 月 19 日	伦敦佳士得 208 948 美元
常玉	《Femme aux bras levés》（1920~1930）	2000 年 12 月 11 日	巴黎 Piasa 1 204 美元	2018 年 3 月 24 日	巴黎苏富比 170 025 美元
让-米歇尔·巴斯奇亚	《红兔子》（1982）	1993 年 5 月 04 日	纽约苏富比 63 525 美元	2018 年 5 月 17 日	纽约佳士得 6 612 500 美元
凯斯·哈林	《姐妹城市-致东京》（1985）	1998 年 11 月 13 日	纽约佳士得 46 000 美元	2018 年 11 月 14 日	纽约苏富比 4 455 000 美元
亚瑟·达夫	《Derrick》（1933）	1989 年 9 月 28 日	纽约佳士得 4 047 美元	2018 年 11 月 19 日	纽约邦瀚斯 356 176 美元
Frantisek Foltyn	《Composition》（1927）	1992 年 4 月 16 日	巴黎 Briest 6 667 美元	2018 年 11 月 13 日	伦敦苏富比 559 419 美元
Vasilij Suchaev	《Russian land-scape》（1922）	1999 年 4 月 19 日	伦敦苏富比 116 430 美元	2018 年 6 月 05 日	伦敦苏富比 8 752 500 美元
安迪·沃霍尔	《六十幅最后的晚餐》（1986）	1988 年 6 月 29 日	伦敦富艺斯 30 378 美元	2018 年 5 月 17 日	纽约富艺斯 2 275 195 美元
布里奇特·赖利	《Close By》（1992）	1997 年 12 月 12 日	伦敦佳士得 6 050 美元	2018 年 10 月 04 日	伦敦佳士得 444 500 美元
凯·塞奇	《Festa》（1947）	1986 年 4 月 25 日	纽约苏富比 16 800 美元	2018 年 11 月 12 日	纽约佳士得 999 000 美元

资料来源：雅昌艺术网 2018 年年报

国际上许多著名的事例已经给了我们前车之鉴，20 世纪 80 年代后期到 90 年代初期，日本经济泡沫魔术般地不断膨胀时，日本企业不惜巨资在国际上大肆收购世界名画。大昭和造纸公司董事长斋藤了英于 1990 年 5 月在纽约拍卖会上出尽风头，分别以 8 250 万美元和 7 810 万美元的惊人价格买下了荷兰画家凡·高的《加歇医生肖像》及法国画家雷诺阿的《红磨坊街的舞会》这两幅不朽的名作。这样的报价连当时闻名遐迩的希腊船王对此都退避三舍，无意争锋。没过几年，斋藤了英因过度投资而使公司出现了严重亏损。于是把画抵押给银行，银行有意出手，结果一名美国娱乐开发商对《红磨坊街的舞会》开价 3 000 万美元，日方没有接受。后来，一位收藏家又加了 500 万美元，尽管这个价格只有拍卖时的三分之一，但大家都认为这是合适的价位。

2. 主流偏好转移风险

艺术品的价值是由一套复杂而主观的信念决定的，它基于过去、现在和未来的价格，以及时尚品位的变化（Worthington and Higgs，2003）。个人品位的演变及整个社会的发展对艺术品的未来价值有着内在的联系（Agnello，2016）。对于艺术品投资来说，偏好是决定投资者投资方向的一个重要因素。人们对艺术品投资偏好的转移也就形成了艺术品投资的偏好转移风险。绝大多数的艺术品投资专家都认为长期投资才是最适合投资者的。但是，投资的周期越长，投资者偏好转移的概率就越大。因此对于投资者来说，适当调整投资周期是避免偏好转移风险的有效途径之一。与大多数市场一样，价格的上涨和下跌是有周期的，这反映了特定艺术流派、经济和其他因素对品位的影响（Reitlinger，1961）。因此，人们普遍认为具有丰富历史价值的艺术品价格的变动性更小（即特异性风险更小）。那些交易记录少的艺术品往往会表现出更不确定的价格变化，因为它们的未来价值存在不确定性。因此，当代艺术更有风险。如果某一种类型的艺术品不受欢迎，价格可能会大幅下跌，从而显示出较高的下行风险。

3. 主观情感风险

艺术品是作者表达创作思维的载体，具有较强的个体主观意识，不同的观赏者对于同一件艺术品的观感会有差异。即便是同一观赏者，在不同的情感状态下对同一件艺术品也有可能表现出较明显的审美价值判断差异。这会影响投资者对艺术品的价值判断，进而影响投资者进行收益预期与风险评估。这就使得艺术品具有与其他投资产品不同的情感主观风险。Loewenstein 等（2001）研究发现，具有积极情绪状态的人倾向做出更乐观的判断。Kuhnen 和 Knutson（2011）研究发现，在金融市场中的积极情绪状态会诱导人们承担更大的风险，具有积极情绪状态的投资者倾向对预期收益做出更加乐观的判断。

情感价值在价格的量化模型中是隐藏的。为了捕捉情感价值，金融文献中有学者使用天气变量来反映人们的情绪。de Silva 等（2012）根据 1990~2007 年伦敦艺术品的拍卖价格，将这些文献中的方法应用到艺术市场，并使用了伦敦的天气数据（伦敦以高降雨著称），研究投资者的情绪变化是如何影响艺术品主观风险的。他们发现在冬季特别晴朗的日子里，价格会受到显著的正面影响。对于价格较低的画作来说，这一点尤为明显。而且他们发现一个人的情绪变化对艺术品价值的判断具有很重要的影响。

10.3　艺术金融非系统性风险来源

艺术金融非系统性风险也称作"非市场性风险"或"可分散风险"，是由特殊因素引起的与相关投机市场波动无关的风险，是艺术金融行业特有的风险，可以通过分散投资来消除。

10.3.1　艺术品自身风险

1. 鉴定和评估风险

艺术品的鉴定和评估风险在艺术品投资市场上最常见、最直接、最基本的风险就是艺术品的真伪鉴别风险。中国艺术品市场的逐渐繁荣和巨额利益的诱惑，致使市场中的假拍和赝品一直屡禁不止。原作及真品才具有艺术价值及衍生的投资价值，而临摹及伪作则没有投资价值，真伪艺术品之间价格及价值差距巨大。因此，当代艺术品投资中，如何辨识真伪成为最大的风险。

艺术品鉴定工作的规范化可以有效保护艺术品市场参与者的合法权益，引导艺术品市场的良性发展，规范艺术品市场秩序。但是在艺术品鉴定还没有得到合理规范之前，艺术品金融化将无法顺利进行，这是艺术金融业务必须面临的一种风险。影响艺术品真伪风险的要素有很多。

一是艺术品的来源。这里所说的艺术品的来源是指艺术品的产地和取得艺术品的方式。通常而言，明确瓷器、玉石等这类艺术品的产地是辨别其真伪的核心要素。例如，中国新疆和田玉与中国青海玉或俄罗斯玉很像，但价值差别很大。又如，确定瓷器的窑口是辨别瓷器真伪的核心要素，因为不同窑口所产瓷器的特征差异是比较大的。辨别字画真伪的方式比较复杂，通过著名拍卖公司拍卖所得的字画比较保险，因为拍卖前通过了严格的真伪鉴定，而私下交易的字画赝品较多。

二是艺术品传承情况。西方有较为完善的艺术品登记制度，艺术品的传承脉络清晰，真伪易于鉴别。我国历史上的艺术品收藏多凭文人雅士的兴趣，藏品仅供个人赏玩，一般秘不示人，从未形成系统的艺术品登记制度。另外，在艺术品传承中起重要作用的画廊在我国一直没有发展起来。艺术家直接与市场产生联系，这也使得我国艺术品的传承制度显得极为混乱。因此，传承脉络是否清晰就成了影响艺术品真伪风险的一个重要因素。当了解艺术品真伪时，对前收藏家情况的掌握非常重要。如果藏品由在行的人收藏过，保障度就略高一些。

三是社会知名度。社会知名度是衡量艺术品真伪的一项重要指标。通常而言，"曝光度"越高的艺术品，其被仿制假冒的概率就越低。展览次数、获奖次数及奖项级别、被公开出版物著录次数等都能反映艺术品的社会知名度。最典型的例子就是达·芬奇的名作《蒙娜丽莎》，因其社会知名度太高，反而没有人敢仿制。

四是与鉴定有关的因素。这里的与鉴定有关因素是指艺术品进入金融领域前的交易记录等鉴定情况，具体包括鉴定机构的知名度、鉴定专家的水平及历次鉴定结论等。不同鉴定机构、专家的多次鉴定结论一致性程度越高就越可靠。

2. 保管和贮藏风险

艺术品是一种实物资产，它的完整性对价格的影响非常大，因此保管和贮藏十分重要。一般来说，艺术品投资的保管风险是由于不正当保存、出现问题后没有很好维护，从而造成艺术品价值减损。保管风险贯穿于从买入到卖出艺术品的始终。艺术品收藏仓管、展览运送中的破损及盗窃风险，因艺术品非统一性、非再生性、非确定性的特性，决定了艺术品保管和贮藏风险的不确定性和难以杜绝。虽然该类风险可以投保，但保险费用作为评估价值的百分比相对较高（每年高达1%），而且大部分是未知的（Worthington and Higgs，2003）。表10-3列出了全球十大艺术品失窃案名单。

表10-3　全球十大艺术品失窃案名单

失窃艺术品	价值	失窃年份	失窃地点
数以万计的伊拉克文物	无法估算	2003	伊拉克巴格达
12幅世界名画	3亿美元	1990	美国波士顿
蒙克的油画《呐喊》和《麦当娜》	9 700万美元	2004	挪威奥斯陆
达·芬奇的油画《圣母玛利亚与亚恩温德》	6 500万美元	2003	苏格兰邓弗里斯
切利尼的金饰雕塑《盐碟》	5 500万美元	2003	奥地利维也纳
伦勃朗的油画《自画像》等3幅作品	3 600亿美元	2000	瑞典斯德哥尔摩
凡·高的油画《斯海弗宁恩海滩》和《离开尼厄嫩教堂》	3 000亿美元	2003	荷兰阿姆斯特丹
卡拉瓦乔的油画《圣方济各、圣劳伦斯与耶稣诞生》	2 000亿美元	1969	意大利巴勒莫
莫里尼使用过的小提琴	300亿美元	1995	美国纽约
塞尚的油画《瓦兹河畔欧韦的风景》	300亿美元	1999	英国牛津

资料来源：艾丹，小朗. 美国联邦调查局公布全球十大艺术品失窃名单

根据美国联邦存款保险公司的一项调查,艺术品的损失大约有 40%发生在运输中与装卸时,其余均发生在保管过程中。艺术品的保管风险可以分为以下几类。

一是库存交验过程的丢失破损风险。当代艺术品的主要交易渠道是拍卖,而从交付标的到拍卖通常有不少于六个月的入库期。在此期间,各拍卖公司的库房水平、温湿控制、管理制度等良莠不齐,库存风险不容忽视。

二是交通物流及可能发生的肇事风险。当代艺术品品类繁多,除架上绘画外,雕塑、装置、影像及其设备,多为易燃易碎品。因此,运输预展过程中的磕碰、倾覆和可能发生的交通肇事,都会对当代艺术品造成危害。

三是演展过程中的磨损、调包风险。通常当代艺术品在拍卖前,会组织巡展和定时预展,在此过程中可能出现一定的磨损,甚至会出现以赝品、仿品置换原件的内部管理性风险。这虽为特例,亦不可忽略其现实中存在风险的可能性。

10.3.2　艺术品交易风险

艺术品交易风险是一种非市场性风险,是投资人在操作过程中的判断性风险。20 世纪 90 年代,中国当代艺术刚刚起步。一幅西方当代油画可以被卖到几百万美元,而同期一幅中国当代艺术家的作品只要几千美元就被看作天价。大部分西方投资者以低价囤积中国当代艺术作品,再高价抛售牟利。这一时期,交易风险很小。目前中国当代艺术品市场主要是投资型的,不是收藏型的。艺术品市场呈现的是类股市模式,而且主要是散户投资,机构收藏的不多,选择艺术品的随意性很大。因此,交易风险很大。

这种交易风险曾让日本的艺术投资跌入低谷,直到现在还没走出来。投资者曾经在 20 世纪 90 年代前买进一些如今知名画家的大量作品,现在看到市场好就卖出,这是正常现象。问题是买进重要作品比较困难——即使有 2~3 倍的利润空间,在不缺乏资金的情况下,那些重要作品也不会被拿出来拍卖。然而,"优秀画家的劣质作品"确实存在,这为交易风险埋下隐患。

10.3.3　艺术机构运作风险

1. 披露机制风险

中国的艺术品市场,长期以来都存在诚信缺失、内幕交易的问题。无论在哪一级市场交易都很少披露信息,操作过程的透明度非常低。在金融化交易中同样如此,艺术品持有者无须公开任何信息,甚至是本人姓名,其产品即可被允许上市，这在证券市场中是完全无法想象的。这种信息的不对称，使大多数投资者处于明显的弱势地位。

2. 退出机制风险

被金融化了的艺术品不像股票或期货那样有实物可以交割，所以投资者除了在市场交易中找到下家，没有其他退出机制。缺少退出机制使得投资者手中握有的仅是一个虚拟的物权，在没有人接盘的情况下，即使投资者持有再多的份额（只要不是100%）也无法变现，其也无法完全拥有标的物，更遑论对标的物行使权利。份额达到67%甚至75%以上才能够启动的要约收购也很难实现，因为投资者必须付出高昂的代价才能拿到剩余的份额，这可能已远远超出作品在拍卖市场的价格。

3. 权益处置风险

在证券市场，上市公司的股票持有者可以在股价波动之外拿到公司分红。艺术品金融化交易所做的是一种物权的分割，其他权益既没有被分割，也无法实现分割，所以投资者既没有分红也不享受任何权益。此外，当投资者持有的股票份额达到一定比例时，就可以作为重要股东影响公司决策，甚至作为大股东直接影响公司，但艺术品的"大股东"除非使用要约收购条款收购艺术品，否则就和其他投资者一样，不享有艺术品所产生的任何权益。

4. 价格操纵风险

价格操纵所引发的风险可以说是中国艺术金融市场最容易被诟病的一个方面。在股票市场，可能人们对对倒、拉高、出货等价格操纵手段习以为常，但在中国艺术金融市场，利用信息不对称条件，也同样存在这种操控的可能，典型案例之一就是2011年曝光的"金缕玉衣"骗贷案。拍卖市场"拍假""假拍"的存在，势必会使投资人在心理上受到一定影响。价格操纵风险不容忽视。

5. 运营支撑风险

运营支撑风险主要是指艺术金融的发展难以独立地单兵突破，它的发展必须要有金融体系与市场支撑体系的有效对接与支持。具体来讲，就是要有确权、鉴定、评估、集保、保险等市场体系的支撑，以及与金融体系相对接，特别是与银行、信托、保险三大金融体系的有效对接。这是艺术金融建立退出机制与运营平台的基本条件。否则，艺术金融的发展就会落入风险游戏中，不但使普通投资者难以介入，而且投资风险不可能得到有效管理。

"高收益、高风险"是投资活动的黄金法则。艺术金融不同于一般投资品，其要求投资者具备丰富的专业知识与鉴别能力，投资门槛较高。相对于证券、债券等金融投资而言，艺术品的流动性和变现能力较差，其更容易受到经济萧条等不利因素的影响，从而具有更高的风险性。

10.4　艺术品与传统投资产品的风险比较

10.4.1　艺术品与证券产品

1. 国外研究

欧美发达国家的艺术品投资发展较早，艺术品市场十分健全，对艺术品的相关研究非常成熟，相关研究成果也非常丰富。欧美学术界对艺术品投资的研究主要集中在艺术品的风险情况及艺术品与传统金融资产的相关性等方面。

Anderson（1974）最早研究了艺术品作为投资品的特征，他认为艺术品的价格与风险特征可体现艺术品作为投资品的价值。自此之后，有关艺术品市场风险状况的研究不断涌现。Bryan（1985）研究了 1971~1984 年的苏富比指数后发现，油画指数的风险与股票、债券的投资组合的风险相当。Baumol（1986）在艺术品的风险研究中首次使用重复交易模型，他发现艺术品的风险比传统金融资产要高，Frey 和 Pommerehne（1989）的研究成果证实了 Baumol 提出的"艺术品具有较高风险"的结论。Pesando（1993）发现 1977~1992 年艺术品市场系统性风险低于以标普 500 指数作为市场组合参照的传统金融资产组合。同年，Goetzmann（1993）的研究显示 1916~1986 年的英国艺术品收益率和风险均高于股市。与 Goetzmann（1993）的研究相比，Agnello 研究了美国艺术家在 1971~ 1996 年拍卖的超过 25 000 幅画作的数据，发现艺术品回报率低于股市，而风险高于股市。Mei 和 Moses（2002）分别对美国艺术品市场 1875~2000 年和 1970~1997 年的数据建立价格指数，并得出类似的结论。随后于 2005 年，Mei 和 Moses 采用了更多的样本数据和更多的流派标的，得出的标准差更小。

进入 21 世纪后，国际大环境趋于稳定，各国经济取得了长足的进步，国际艺术品市场迅速发展，艺术品的交易频繁使其流动性得到增强。Hodgson和 Seçkin（2012）针对加拿大市场的实证分析也显示，艺术品资产收益率的标准差为 13.29%，相对于传统资本市场而言其风险程度更高。David 等（2013）研究了第一次世界大战后 1910~1925 年的法国艺术品市场并建立价格指数，发现艺术品风险加权回报率的表现不如股票。此外，该研究使用了1875~2000 年苏富比和佳士得的拍卖记录，数据的跨度很长。该研究结果还显示出艺术品收益的风险在时间序列上呈现收敛趋势。Anderson 等（2016）发现 1987~2011 年在美国拍卖的艺术品的投资表现与公司债券类似且风险更大。Botha 等（2016）的研究结果显示，2000~2013 年南非的艺术品收益率低于股票但优于政府债券指数。

对于艺术品投资市场风险影响因素的研究，Frey 和 Eichenberger（1995）认为艺术品市场受市场预期和信心的影响较大。当艺术品市场参与者主要是收藏家时，其价格波动较弱，若投机者起主导作用，艺术品价格波动就会非常大。

2. 国内研究

中国现代意义上的艺术品市场从 20 世纪 80 年代才起步，至今只有三四十年的时间。在中国艺术品投资领域，不管是学术还是实务，各方面发展还有待提高，有关研究多集中在艺术品市场理论层面。近年来，随着中国的经济增长和财富积累，艺术品市场开始由收藏向投资方向转变，艺术品银行理财产品、艺术品基金、艺术品信托及艺术品份额化交易等相关金融产品层出不穷。越来越多的学者开始从经济学的角度，通过实证比较分析中国艺术品与证券之间的风险特征。贺雷（2010）从资产组合管理的角度，研究了将中国艺术品引入资产组合中对资产组合风险收益状况的影响。石阳和李曜（2013）的研究显示，中国艺术品市场 2000~2011 年收益率的标准差为 33.1%，明显高于上证综指收益率的标准差（17.3%），属于高风险资产。

10.4.2　艺术品与房地产

如今，股票等金融投资、房产投资和艺术品投资常被称为大众投资的三大品种。然而，近年来股票市场低迷徘徊，房地产市场增速明显放缓，这使艺术品市场被越来越多投资者所关注。

房地产与艺术品是均具有实用价值、异质性的商品，艺术品由于唯一性和稀缺性，其市场价格具有随时间变化而增值的效果。但时间过久，文物艺术品因老化、保存不善造成品相瑕疵，其价格上涨也会出现转折。鉴于艺术品与房地产的实物资产特性，长期以来投资者把这两种资产作为抵抗通货膨胀的工具。有学者运用美国数据、梅摩英国艺术品指数及英国全国住宅价格指数均发现在 1960~2010 年，艺术品轻松地击败房地产，以约 9.3% 的年回报率胜过住宅 5.5% 的年回报率，成为具有更高收益的长期投资资产。因此可得知在美国和英国，艺术品是比房地产更佳的抵抗通货膨胀的投资工具，但是相比而言，艺术品的风险更高。

与此同时，英国巴克莱银行认为艺术品作为人类文化传承的一个重要载体，其旺盛的生命力和市场价值主要体现在它的唯一性和不可复制性上。该银行运用过去5~10年的数据对英国本土各类资产在不同经济情况下的表现研究发现，艺术品投资在高成长的环境中表现优异，而在高通胀环境下的表现要远远好于房地产投资和股票投资。相比较而言，书画收藏、投资的风险比房地产要小很多。

郭瑞（1993）通过对房地产投资与其他投资的风险与收益进行比较后发现，长线的房地产投资风险极小，而艺术品属于特殊投资工具，估价有困难。古董艺术品的风险亦变化莫测，须视不同的收藏种类而定，保值与增值的条件都缺乏安全保障，这方面房地产优于古董艺术品。综合分析，房地产风险性相对于艺术品较低。

10.4.3　艺术品与黄金、外汇

艺术品在行内被公认为"软黄金"。国外的银行等金融企业，除黄金外，还参与珍宝艺术品收藏，将艺术品当作类似于黄金储备的质押权证。艺术品是一种特殊商品，它既具备商品的基本属性，又是人类文化传承的一个重要文化载体。艺术品除本身自有的价值以外，还因为其附加价值（文化价值、艺术价值、工艺价值、历史价值、审美价值）的存在，使得其风险水平表现出特有的特征。

在艺术品与黄金的风险比较方面，梅建平（2011）运用梅摩艺术品综合价格指数与黄金价格指数进行比较，发现在1975~1990年的高通胀期，艺术品是比黄金更好的抵抗通货膨胀的投资工具，但是艺术品的投资风险比黄金略高。同年，梅建平（2011）利用1955~2005年的数据对艺术品与黄金的风险进行了定量的比较分析，研究发现艺术品不仅能抵抗通货膨胀，而且其风险反而比黄金还要低。David等（2013）使用包含22 000件作品的原始数据库为第一次世界大战期间和战后时期的法国艺术品市场（1911~1925年）构建了一个艺术品价格指数，研究发现在第一次世界大战期间，艺术品的风险回报表现逊于黄金。另有学者认为虽然艺术品更安全、更接近一种"硬通货"的观念使艺术品交易获利良多，但拥有一件艺术品最显而易见的风险即其可能产生其价值本身1%~5%的费用（仓储、保险、维修及修复费用），因而艺术品最终被证明风险更高。

虽然相比公开的证券市场，黄金的定价更主观，对它的市场监管也较弱，

但黄金仍然比艺术品安全,而且从二者的外部物理特性方面分析,黄金的风险性比艺术品低。在当前充满不确定性的经济环境中,人们投资艺术品主要不是期望它升值,更多的是作为一种困难时期的保障。然而,艺术品市场的低流动性、不透明性、数量和质量不定的供给,以及信息不对称性,均增强了艺术品作为资产的风险性。

在艺术品与外汇的风险比较方面,有学者认为艺术品投资市场的规律与其他投资有着很大的不同。艺术品投资市场几乎不受任何经济波动和政策变动的影响。汇率、GDP 增长、行业景气度、地区景气度,甚至政治的变革、科技的发展等,对艺术品市场的影响要比其他投资低得多。然而,陈建奇等(2014)通过对美、英、法三国名义有效汇率与艺术品价格增速的数据进行研究发现,汇率波动会对艺术品价格产生影响,从而艺术品价格波动蕴含着风险。Atukeren 和 Seçkin(2009)的研究结果显示,投资绘画市场提供的积极的实际回报确实超过了持有黄金或外汇。然而,高收益通常与高风险相伴,因而艺术品的投资风险高于黄金或外汇。

10.4.4　艺术品与金融衍生品

传统金融领域的创新已渗透到艺术品市场领域。艺术品掉期交易使得投资者在能够确保所有权的前提下得到艺术投资的收益。与此同时,收藏者可以在不丧失艺术品所有权的前提下,将资产投资到其他领域。投资者通过互换交易商(通常是私人银行)从私人收藏者那里买入,获得一定的艺术品资产组合利息。除去给互换交易商的佣金外,如果合同期内艺术品资产组合的收益高于伦敦银行同业拆借利率(libor),投资者能拿到所有货币利息;如果资产组合减值,那么投资者则一无所获。通过互换交易商,艺术品收藏者从投资者那里得到收益。

投资者能将所得收益再次购买新的艺术品或者投资艺术证券指数(art securities index)。艺术证券指数基于在伦敦和纽约上市的五家主要拍卖公司和交易商的股价,在流动性强的市场中,可以用来构建期权对冲艺术品风险。从某种程度上说,这些公司的股价也可以看作艺术品价格的走向。

虽然艺术品市场中还没有形成期货市场,但可以利用不同资产之间的高相关性构建对冲,起到对艺术品投资组合保险和投机的作用。艺术品投资者可以利用艺术证券指数期权,用以抵冲艺术品价格的降低。例如,当艺术品投资组合呈现损失时,投资者不必行权,用得到的收益弥补艺术品价格下降的损失。如果价格的下降大于得到的收益,其就可以使用基于艺术证券指数的认沽期权,起到保险的作用。艺术投资顾问(artistic investment advisers）于 2007 年推出艺术交易基金（the art trading fund），该基金每年的管理费用为 2%，投资费用为 20%。因为该基金使用衍生品来防止价格下降，所以将其描述为"艺术品对冲基金"（fine- arthedge fund）。其成为全球第一支艺术投资对冲基金。艺术交易基金与十位世界级的艺术家签约，艺术家们为基金专门创作作品。艺术家们不能向第三方出售作品，艺术交易基金对作品有选购权。该基金 30%的预期利润来自在世的艺术家。2010 年底，法国 A&F Markets 公司推出"艺术份额交易"，直接将两件艺术品分成 11 000 份和 13 500 份，由股民按份额购买。艺术品衍生化之路由此推开。

由于金融衍生品可看成是在货币、债券、股票等传统金融工具的基础上衍化和派生的，是以杠杆和信用交易为特征的金融工具，金融衍生品与艺术品均具有"套期保值"的功能，因此相关学者认为金融衍生品市场依附艺术品生存，即两市场的收益、风险状况呈正相关关系。

参 考 文 献

陈建奇，江怀进，杨业伟. 2014. 全球主要艺术品市场价格影响因素分析[J]. 国际贸易，
　　（7）：28-36.

郭瑞. 1993. 房地产投资与其它投资的风险、收益等优劣比较[J]. 经济师，（5）：30.

贺雷. 2010. 中国艺术品在资产组合管理中的应用及实证研究[D]. 浙江大学硕士学位论文.

梅建平. 2011. 振兴中华文化必须引进资本市场[J]. 中国美术，（6）：9-10.

石阳，李曜. 2013. 中国艺术品投资收益——整体特征与杰作效应[J]. 金融研究，（12）：
　　194-206.

张函. 2009. 国际艺术品贸易中的法律问题[D]. 武汉大学硕士学位论文.

Agnello R J. 2016. Do U.S. paintings follow the CAPM? Findings disaggregated by subject,
　　artist, and value of the work[J]. Research in Economics，70（3）：403-411.

Anderson R C. 1974. Painting as an investment[J]. Economic Inquiry，12（1）：13-26.

Anderson S C, Ekelund R B, Jackson J D, et al. 2016. Investment in early American art: the
　　impact of transaction costs and no-sales on returns[J]. Journal of Cultural Economics，40（3）：
　　335-357.

Atukeren E, Seçkin A. 2009. An analysis of the price dynamics between the Turkish and the
　　international paintings markets[J]. Applied Financial Economics，19（21）：1705-1714.

Baumol W J. 1986. Unnatural value: or art investment as floating crap game[J]. The American Economic Review, 76（2）: 10-14.

Botha F, Snowball J, Scott B. 2016. Art investment in South Africa: portfolio diversification and art market efficiency[J]. South African Journal of Economic and Management Sciences, 19（3）: 358-368.

Bryan M F. 1985. Beauty and the bulls: the investment characteristics of pintings[J]. Economic Review,（1）: 2-10.

David G, Oosterlinck K, Szafarz A. 2013. Art market inefficiency[J]. Economics Letters, 121（1）: 23-25.

de Silva D G, Pownall R A J, Wolk L. 2012. Does the sun 'shine' on art prices? [J]. Journal of Economic Behavior and Organization, 82（1）: 167-178.

Dempster A M. 2015. Risk and Uncertainty in the Art World[M]. London: Bloomsbury Publishing PLC.

Frey B S, Eichenberger R. 1995. On the rate of return in the art market: survey and evaluation[J]. European Economic Review, 39（3/4）: 528-537.

Frey B S, Pommerehne W W. 1989. Art investment: an empirical inquiry[J]. Southern Economic Journal, 56（2）: 396-409.

Goetzmann W N. 1993. Accounting for taste: art and the financial markets over three centuries[J]. The American Economic Review, 83（5）: 1370-1376.

Goodwin R M. 1965. The economics of taste[J]. The Economic Journal, 75（297）: 232-234.

Hodgson D, Seçkin A. 2012. Dynamic price dependence of Canadian and international art markets: an empirical analysis[J]. Empirical Economics, 43（2）: 867-890.

Kuhnen C M, Knutson B. 2011. The influence of affect on beliefs, preferences, and financial decisions[J]. Journal of Financial and Quantitative Analysis, 46（3）: 605-626.

Loewenstein G F, Weber E U, Hsee C K, et al. 2001. Risk as feelings[J]. Psychological Bulletin, 127（2）: 267-286.

Louargand M A, McDaniel J R. 1991. Price efficiency in the art auction market[J]. Journal of Cultural Economics, 15（2）: 53-65.

Mei J, Moses M. 2002. Art as an investment and the underperformance of masterpieces[J]. The American Economic Review, 92（5）: 1656-1668.

Mei J, Moses M. 2005. Beautiful asset: art as investment[J]. The Journal of Investment Consulting, 7（2）: 45-51.

Pesando J E. 1993. Art as an investment: the market for modern prints[J]. The American Economic Review, 83（5）: 1075-1089.

Reitlinger G. 1961. The Economics of Taste: The Rise and Fall of Picture Prices, 1760-1960[M]. London: Barrie and Rockliff.

Worthington A C, Higgs H. 2003. Art as an investment: short and long-term comovements in major painting markets[J]. Empirical Economics, 28（4）: 649-668.

第11章 艺术金融风险计量

艺术品的高异质性和低流动性是其作为投资品区别于其他传统金融资产的两大特性，使得对艺术品的衡量难于量化和精确。从艺术金融理论的角度，艺术金融风险来源于艺术品资产化和金融化的过程。研究艺术金融风险的意义主要在于指导艺术品投资、投机或者进行资产配置。从风险理论的角度，艺术金融风险主要来源于价格波动的不确定性，风险理论可以为艺术金融风险的计量、分类和防范提供理论基础。

11.1 艺术金融风险计量的概述

艺术金融风险究其根源，在于艺术品是具有物质与精神双重属性、非统一性、非再生性及非确定性的特殊商品。艺术品所满足的不是人们的基本需求而是较高层次的精神需求。另外，艺术品的创作、交易等环节都需要金融链渗透支持。因而，需从深层次对艺术金融风险成因进行分析。

11.1.1 艺术金融风险计量的基本问题

金融的本质就是风险管理，而认知与分析风险是对风险实现有效管理的前提。艺术金融作为一种特种金融，也不例外。艺术金融风险分析的基本问题体现在以下六个方面。

第一，艺术金融风险理论建设缺失。在艺术金融的研究过程中，当下对现象与具体的产品研究较多，而忽视了对艺术金融风险这一核心问题进行独立、系统与深入的探究，特别是在理论的系统性研究方面，还处在空白阶段。

第二，有关产业与市场对艺术金融风险影响机制的认知有待进一步深化。改革开放四十多年，中国艺术品市场取得了长足的进步，但一直困扰我们的四个大问题始终没有得到很好的解决。首先是诚信机制建设问题，如最突出的三假问题，这四十多年其不但没有得到治理，反而有了一些新的发展和变异；其次是定价机制问题，在礼品市场主导下形成的定价机制，并没有在收藏投资市场迅速崛起的时候得到很好的改善，以至于当下艺术品的价格和其应有的价值出现了很大的背离；再次是退出机制问题，缺少退出机制导致了长期以来拍卖市场一家独大，因为中国艺术品市场中只有拍卖市场成为公开的退出市场，画廊、博览会虽然也在逐年升温，但总体还是被边缘化的；最后是支撑服务体系完善问题，艺术品市场中政策法规缺失，确权、鉴定、评估、备案、集中保管、物流等服务体系不健全等，亟须完善支撑服务体系。但这些问题是如何传导而造成艺术金融风险的，相关的机制研究缺失。

第三，对艺术金融风险的要素结构研究不深入、不全面，即对风险的内在联系、逻辑与因果关系的认知不清，直接影响了艺术金融风险分析的能力与水平。

第四，对艺术金融风险的行为有待进一步深化研究。因为对风险行为的认知与评价，在很大程度上反映出艺术金融风险分析的能力，更是进行艺术金融风险管控的前提。

第五，对艺术金融风险的环境分析与运营规律认识不系统、不全面，导致艺术金融风险分析的维度缺失以及对风险发展的趋势与化解的策略缺失。

第六，对艺术金融风险的管理理念、原理、方式方法及相应的对策积累不够，甚至缺失，这使艺术金融风险管理的任意性与随机性较强，管理能力难以提升。

11.1.2 艺术金融的特性

1. 艺术品的非统一性

艺术品不同于一般商品，其交易的全过程成本相对较高，且本身价值难以估量。艺术品并没有统一化、规模化、标准化的生产模式，原因是其内涵载体丰富，拥有丰富的附加价值，如意识形态属性、文化内涵属性均可蕴涵其中。将艺术品投放至市场中，同样存在诸多不确定性，受时代文化、市场环境、受众反应等不确定性因素影响，其价值难以估计与预测。

艺术品之所以是艺术品，原因在于其创作过程中包含创作者的审美情趣和工艺技艺。当艺术品被当作商品用于买卖时，其在本质上与一般商品相同，都具有交换价值和使用价值。但是，艺术品的价值并不是简单地由抽象劳动决定的，而是由人的价值认识决定的。

艺术品的价格形成与普通商品的价格有根本的区别。艺术品的价格形成比普通商品复杂得多，会受到审美、收藏、宣传、纪念等因素的影响，容易造成不易估价、价值与价格严重背离的市场结果，产生艺术品价格波动的风险。

不同于股票、债券市场，艺术品市场的变现能力较差。在股票市场，每天都可以根据市场的变化购买或售出手中的股票。但艺术品不像股票那样容易变现，投资者在购买了艺术品后一般需要过一段时间出售才能取得收益。为了获得更高的收益，投资者持有艺术品，可能会造成投资主体偏好的转移。当投资者急需资金时，急于出手手中的艺术品，可能会以低于购买价格售出。正是艺术品的变现差，才导致了交割风险及偏好转移风险的产生。

艺术品具有增值的特性，但前提是艺术品需保存完整。若艺术品不完整，就失去了它原有的艺术价值，可能会一文不值。我们常见的保存完整的文物，在拍卖市场会拍出很高的价格，而一旦文物出现破损或损毁，就往往没有买家问询。对于艺术品的保管，需要专业的保管技术和保管环境，若保管不当会给投资者造成严重的损失，导致保管风险的产生。

2. 艺术品市场发展的非规范性

艺术品作为商品，其在市场运作的规律难寻，艺术品创作者也无法预测艺术品是否能得到消费者青睐，即便是艺术金融发展较为火热的西方国家也会出现错误估计消费者需求的情况，故在一般的艺术消费市场更是难以预测。中国艺术金融发展起步晚，加之人口众多，无法较为准确地预估大众文化消费偏好、消费行为及市场变化规律，导致艺术品市场营利能力难达预期，艺术产业投资收益的高风险成为常态。上述现象均使得中国艺术消费市场存在诸多不稳定因素，导致金融市场一直对艺术产业持观望态度。

3. 跨界复合型人才的匮乏性

中国的艺术品投资发展迅速，成交额已居世界第一位。迅速崛起的中国艺术品投资市场，缺乏成熟市场的底蕴，价格虚高，赝品、劣质品充斥市场。缺乏对艺术品专业人才的培养，是问题的关键所在。

艺术品投资首先要求投资者有一定的鉴定能力，大部分投资者不具备此种能力，这就需要艺术品经纪人来帮他们进行艺术品投资。目前国内仅有少数对艺术品经纪人进行培训的培训班，其质量和效果与国际同行差距很大。但是完全照搬国外的课程，又缺乏对中国市场的深入分析，从而导致了国内专业经纪人的缺乏。没有专业的经纪人帮助，投资者又没有鉴定能力，贸然进入市场会有很大的风险。

对于日益壮大的艺术品基金，其管理人员的构成中金融领域的管理人员占主导，呈现出了重金融、轻艺术的特征。国内许多艺术品基金管理层的主要目标是吸收客户资源，获得高额的管理费用。但国外都是由金融投资、艺术评估、财务会计、法律事务及专业的艺术品技术人员协同操作。国内基金管理机构仅有金融管理人员，缺少艺术复合型人才，这对基金管理来说也是一大隐患。

不仅在艺术品经纪人及艺术品基金管理人员等领域缺乏人才，随着艺术品投资市场在国内的兴起，拍卖与典当行业、艺术品金融化衍生产品、艺术媒介等相关行业都需要专业的人才。只有依靠专业人才的学识和经验，才能推进国内艺术品投资市场健康有序的发展。

艺术品由相关创意人才设计创造，然而，需要考虑的是艺术创意人才不完全是理性"经纪人"。他们不只单纯追求经济利益，有时更享受文化创造过程。艺术品设计者的擅长领域、能力不同，因而金融机构也难以准确预估艺术创意人才本身的市场价值。创作创意的稀缺性加大了金融支持艺术产业的难度，这意味着其内含一定的风险。

4. 艺术市场信息的非对称性

艺术品投资需要具备一定的专业知识，能对市场上艺术品的真假、价格等做出准确的判断。目前，许多投资者不具备专业的知识和丰富的经验，这使得艺术品投资市场的信息很难以对称和充分的形式存在。

现在能对艺术品的信息进行整理收集，却很难得到及时、真实的信息。经常会出现打算拍卖艺术品，当搜集到所有的信息时，拍卖却已经结束了，交易的机会也就丧失了的情况。在艺术品投资市场上，仅有少数人能够得到最有利也最真实的消息，大部分人得到的都是公开的信息。通常情况下，公开的信息都是过时的信息，而且在这些信息中往往掺杂着一些误导信息等。有的人想要牟取暴利，经常传播假的信息，这使得市场上的信息更加不对称。

由于艺术品投资市场信息的不完全对称和不充分，往往会拍出一些离奇高的价格。信息的不对称也助长了市场上的赝品和虚假信息的气焰。

艺术金融作为面向艺术品行业的特种金融和创新前沿，风险比其他领域更大。艺术金融既应该满足艺术品投资者的投资需求，也应该满足艺术品行业发展的融资需求。但在国内近年的严重资产泡沫中，艺术金融创新更多着眼于开发艺术品投资工具，脱实向虚倾向明显。在技术层面，开展艺术金融的一个重要前提是艺术品的资产化，而艺术品资产化的重要支撑是可以得到艺术品的公允价格。但在目前的艺术品市场，艺术品的真伪鉴定、价格评估难题都未得到根本解决，艺术金融风险重重。

11.1.3 艺术金融风险计量的特殊性

Worthington 和 Higgs（2003）认为虽然一些正统的金融分析工具可以且经常应用于艺术品市场的分析，但是也应把艺术品市场独有的特征考虑在内。Baumol（1986）经过实证研究后发现，艺术品投资在一个较长时期内每年只有 0.55% 的实际收益率，低于债券收益率，进而得出艺术品市场无效的结论并认为艺术品价格在进行类似于掷骰子游戏的无规律变化。Candela 等（2004）指出，艺术品二级市场对拍卖市场数据有很强的依赖性，人们往往需要根据以往的拍卖数据来预测艺术品价格和市场走势，这意味着非有效性。Worthington 和 Higgs（2003）认为艺术品市场的信息透明度很低，不符合有效市场假设，市场高度细分，并由少数大型拍卖行主导。Ashenfelter 和 Graddy（2003）指出，拍卖人的估价通常十分准确并且是对市场价格的很好预测，这也无疑说明艺术品市场是非有效的。David 等（2013）则认为，拍卖市场的作用机制（卖方秘密设定的保留价）导致价格形成的不透明，有关信息因此被"截断"，从而无法被很好地扩散和传播，进而引致市场的非有效性。Coslor（2016）指出，艺术市场与金融市场有很大的不同。艺术品转手率很低，有些艺术品在十年里只会转手一两次，而且市场上可能没有其他类似的艺术品。这增加了计算风险和测量艺术品的波动性的难度。

从上述对艺术金融风险分析的现状与问题可以看出，目前艺术金融风险的分析是有很多难点存在的，概括来讲，主要体现在以下六个方面。

（1）缺失相应的分析理论、方法与手段；

（2）缺失相应的分析前提与基础，如综合性服务平台；

（3）艺术金融风险分析的实践大多集中在对点风险与线性风险的分析上，形成的经验可推广性差；

（4）艺术金融风险管控的实践基本上处于产品与项目阶段，前沿实践与案例的局限性制约了人们对艺术金融风险分析规律的进一步认知与发现；

（5）艺术金融风险分析与架构的支撑服务体系缺乏，特别是高端人才缺乏；

（6）艺术金融风险分析的产业与市场背景发育中的问题多、基础弱，很多影响路径与传导机制模糊。

综上分析，对艺术金融风险实行有效防控、监管的基础在于对其分析和变化趋势的度量。对艺术金融风险计量的探索是研究艺术品风险状况的关键所在。

11.2　艺术金融风险计量的方法

随着艺术品市场的不断深化，交易规模、动态性和复杂性的与日俱增，以及金融工程理论与实践的不断深入发展，现在风险管理的测量技术也在不断改进。目前均值–方差法、VaR 系列法是定量测量艺术品市场风险的主要方法。

11.2.1　均值–方差法

Markowitz（1952）将投资组合的风险定义为收益率偏离其期望值的波动程度，从而提出以方差来度量投资组合的风险，于是这种均值–方差风险度量方法得以广泛应用和发展。这一开创使得现代金融理论快速发展，也广泛适用于艺术品风险的度量中。但其具有的局限性也是非常明显的：首先，该方法要求收益率的分布要近乎服从正态分布，但是实际情况并不是如此或者并不总是如此；其次，这种对波动性的衡量将获利的可能和损失的可能都包括在内，显然不符合投资者实际投资中所考虑的风险；最后，均值–方差法不满足一致性原则中的单调性原则和平移不变性原则，这使得它并不是一个完美的风险度量模型。

Roy（1952）提出了"安全第一法则"，建议利用投资价值低于某个特定值的风险概率水平来衡量整个投资过程的风险，从而发展出下侧风险理论。下侧风险主要是指只有小于给定收益率的那些收益率才被作为风险度量的因子来计算风险的大小，其主要的计算方法有下半方差法和下偏矩法。其中，下偏矩（low partial moments，LPM）的计算公式为

$$LPM_n = \sum_{r_i}^{r} \rho_i \left(\tau - r_i\right)^n \qquad (11\text{-}1)$$

其中，$r = \max\left(r_i | r_i \leqslant \tau\right)$；$\tau$ 为目标收益率。但是这种下偏矩法并没有改变均值–方差法的缺陷，只是度量了风险的不同侧面，而且在比较两个不同组合的风险大小时会出现偏差，如组合 A（–2，1）和 B（–1，1），发生的概率均为 1/2，且目标收益为 2，那么得出 LPM0A=LPM0B=1，得出这两者的风险相同，但是这两个组合的风险显然是不同的。

11.2.2　VaR 系列法

1. 传统 VaR 方法

在众多金融风险度量方法中，VaR 方法是最普遍、最重要及应用范围最

广的一种金融风险度量工具。现代金融风险度量常用的标准方法是 VaR 方法，因其具有简洁且便于理解的特点。VaR 为"在给定的置信水平下，某种资产在一定持有期内的最大预期损失"，即在一定的置信水平和持有期内，资产组合或者某种金融工具可能遭受的最大损失。VaR 本质上是量化研究资产价值波动的值，在这个过程中关键在于构建资产价值变化的概率分布。

VaR 的基本方法主要有历史模拟法（historic simulation approach）、蒙特卡罗法（Monte Carlo）和参数分析法。历史模拟法是一种非参数方法，基本思想是根据资产价值变化的历史数据来模拟未来的损益，不需要做出任何统计分布的假设，认为"历史会重演"。蒙特卡罗法也叫随机模拟法，该方法首先要假定资产价值的分布；其次根据假定的分布利用随机模拟的方法生成大量数据，利用模拟生成的数据来构建资产价值的分布；最后根据一定的计算方法得到一定置信水平下的 VaR 值。在蒙特卡罗法中估计的精度与估计的次数是正相关关系，也就是说模拟的次数越多结果就越精确。参数分析法是 VaR 计算中最常用的方法，首先根据实际情况假设收益率的分布，其次构建资产价值与标准化的风险因子的函数关系式，通过计算标准化的风险因子的统计分布而得到 VaR 值。参数分析法因资产的线性和非线性可以分为两类：Detla 类模型和 Gamma 类模型。

2. 基于 GARCH 模型的 VaR 方法

1）条件异方差与 GARCH 模型

部分国外学者通过对艺术品市场效率的实证研究，发现艺术品收益率存在自相关性。David 等（2013）利用 Renneboog 和 Spaenjers（2013）所构建的新价格指数，对 1957~2007 年书画艺术品的年度价格指数进行了方差比检验，结果拒绝随机游走假说，艺术品收益率具有自相关性，表明艺术品市场不符合弱式有效，艺术品投资收益率具有可预测性。现有大量研究表明，金融资产的收益率时间序列的分布经常具有明显的尖峰厚尾的特征。因此，使用收益率时间序列建立的模型中随机扰动项会较易出现波动集群效应。为了解决异方差问题，Engle（1982）提出了此后广泛应用于证券市场收益率时间序列分析的 ARCH 模型。ARCH 模型最突出的特点在于给出了时间序列的条件方差的计算方法，即 ARCH 过程的条件方差在每个时刻 t 时可以通过构造之前各类随机干扰的函数得出，所以 ARCH 模型能够较好地描述因为外部干扰而产生的波动集聚性。Bollerslev（1986）将条件异方差的移动平均项加入 ARCH 模型中对 ARCH 模型进行了扩展，提出了 GARCH 模型。此后国内外众多学者根据实际的研究需要不断改进 GARCH 模型，衍生出的许多模型能够更好地应用于风险的度量。GARCH（p，q）的模型形式如下：

$$Y_t = \xi_t \delta + \varepsilon_t \tag{11-2}$$

$$h_t = \omega + \sum_{i=1}^{p} \alpha_i \varepsilon_{i-1}^2 + \sum_{j=1}^{p} \beta_j h_{t-j} \tag{11-3}$$

其中，ξ_t 是对 Y_t 有影响的解释变量向量，残差收益项 ε_t 服从均值 $E_{t-1}(\varepsilon_t) = 0$，方差为 $E_{t-1}(\varepsilon_t^2) = h_t$，为使 GARCH 模型有意义，还必须满足以下条件：

$$0 < \left(\sum_{i=1}^{p} \alpha_i + \sum_{j=1}^{q} \beta_j \right) \leqslant 1 \tag{11-4}$$

2）序列残差的 ARCH 效应检验

ARCH 效应检验的目的是检验模型是否很好地描述了收益率时间序列的异方差性，学术界普遍使用 LM 法检验模型中的随机扰动项 ε_t 是否存在 ARCH 效应。建立辅助回归方程：

$$h_t = \alpha_0 + \alpha_1 \varepsilon_{t-1}^2 + \cdots + \alpha_q \varepsilon_{t-q}^2 \tag{11-5}$$

检验序列是否存在 ARCH 效应，即上式中回归系数 α_1、α_2、$\cdots$、α_{q-1}、α_q 中至少有一个不为零，则检验的原假设和备择假设为

$$H_0: \ \alpha_1 = \alpha_2 = \alpha_3 = \cdots = \alpha_q = 0 \tag{11-6}$$

$$H_1: \ \alpha_i \neq 0 (1 \leqslant i \leqslant q) \tag{11-7}$$

检验统计量：

$$LM = nR^2 \sim \chi^2(q) \tag{11-8}$$

给定显著性水平 α 和自由度 q，如果 $LM > \chi^2(q)$，则拒绝 H_0，序列存在 q 阶 ARCH 效应；如果 $LM \leqslant \chi^2(q)$，则不能拒绝 H_0，说明序列不存在 q 阶 ARCH 效应。

11.3　艺术金融风险计量的模型

与其他投资相比，艺术金融的特点主要体现在艺术品本身的异质性及投资收益的多元性上（Frey and Eichenberger，1995）。异质性可能导致艺术品的交易过程从询价到成交各环节往复发生，进而增加交易成本。国内艺术品市场发展迅速，但是实务界关于收益和风险的主流观点与国内外学术界存在分歧。学术界普遍采用计算收益率标准差或方差的方法来测量艺术金融风险程度的大小。通过前一部分对艺术品风险问题的文献梳理、研究，我们可以

发现艺术品投资风险受社会历史、艺术品供给和购买者理性及非理性因素等多方面影响。因而,有针对性地对艺术品的风险度量进行研究是极其必要的。

11.3.1　艺术金融风险（总风险）计量模型

在将艺术品与传统资产进行比较时,投资者会考虑两个主要指标——投资风险和投资承诺的回报。风险是投资者在资产上获得的回报的不确定性,而回报则是衡量一个人持有该资产的程度。因此,风险可以定义为预期回报与实际回报不同的可能性。在这种情况下,风险可以通过衡量一段时期回报率的波动性来估计。对不同资产类别的方差或标准偏差的分析可以揭示风险,而平均值表明投资者的预期回报（Botha et al.，2016）。一般而言,资产类别回报的较高标准差意味着较高的可能性,即实际回报与预期回报不同,因此持有此类资产类别的风险较高。从理论上讲,风险资产往往会有更高的回报,因为投资者需要获得更高风险的补偿。投资者基于个人的风险厌恶特征在风险和收益之间权衡。投资组合风险是个体比例的平方函数和个人资产的方差。随着组件资产数量的增加,每个资产类别的比例都在降低,同时降低了投资组合的风险。当组合中资产的数量非常大时,组合风险可以显著降低（Worthington and Higgs，2004）。

在金融分析师的语言中,艺术品的回报涉及一定程度的风险。粗略衡量投资风险的一个方法是投资回报的标准差。但 Bryan（1985）认为,使用标准差衡量艺术品投资回报的风险并不是非常充分的指标,因为此方法缺乏任何理论基础。

11.3.2　艺术品市场风险（系统性风险）计量模型

Jensen 等（1972）根据 1931~1965 年的艺术品数据建立了 CAPM 模型进行系统性风险计量,并使用横截面分析（cross-section analysis）和时间序列分析（time-series analysis）对结果进行检验。他们的 CAPM 模型解释了个人资产的预期风险溢价与系统性风险的关系。Stein（1977）同样建立了 CAPM 模型,研究了 1946~1968 年英国和美国的艺术品拍卖数据,使用系统性风险进行折现后发现,艺术品的年回报率在 1.6%,与其他资产相比并没有投资吸引力。另外,艺术品的回报中含有较大的非系统性风险,对收藏者的财富管理也提出挑战。Bryan（1985）在 CAPM 中加入工具变量（包括英国税收规则的改变,涉及艺术和美国的私人黄金所有权的法规）,并对结果进行检验,发现艺术品的系统性风险略大于 1,但是与分散的市场投资组合相比投资风险略高。Chanel 等（1994）通过 CAPM 的计量发现,艺术品的风险（β 值）小于股票，而且回报更高，此外艺术品还含有审美的价值回报。Mei 和 Moses（2002）通过重新建立艺术品指数和推导建立新 CAPM 后，研究发现在 1973 年后，除印象派以外的名作比非名作的系统性风险更低。1972 年以后系统性风险有略微的下调，导致这个结果的因素众多。虽然价格的可得性可能导致了系统性风险下跌，但日本在 20 世纪 80 年代的影响及对 90 年代艺术品市场的调整可能也降低了与美国股市的相关性。值得注意的是，1973 年后的美国名作与非名作在系统性风险上几乎没有差别。尽管印象派大师的作品确实有更高的 β 系数，但对于传统名作来说，情况恰恰相反。Hodgson 和 Vorkink（2004）建立了无条件 CAPM 和动态模型，并使用 BEKK 模型对动态模型进行检验。对于无条件 CAPM，他们发现艺术品的系统性风险低于市场风险，结果显示 β 小于 1（半年数据测量的 β 为 0.206，年度数据测量的 β 为 0.359）。

Worthington 和 Higgs（2008）使用夏普比率测量了澳大利亚 45 位著名艺术家拍品的总风险，使用特雷诺比率测量了系统性风险。艺术品在两个比率中的排名不同意味着风险中含有较多的非系统性风险因素，而且非系统性风险不同。实证结果给出了澳大利亚艺术品市场的购买持有策略：澳大利亚的艺术品市场总风险大于股市，但是在充分分散的艺术家投资组合中发现风险较低。Kräussl（2015）使用单指数 CAPM 和特雷诺比率对 2000~2012 年中东和北非地区的艺术品投资数据进行实证分析，结果显示，公司债和政府债的 α 均为负，相反艺术品指数的 α 最高，为 0.096。这意味着中东和北非地区艺术品投资获得的异常回报并不归因于系统性风险。但是 CAPM 回归的结果并不显著，因此结论并非十分准确。他们发现 2000~2012 年中东和北非地区艺术品指数非常高的正的 β 系数为 1.103，并且在 1%测试显著。他们构建的中东和北非地区艺术品指数系统性风险高于摩根士丹利资本国际全球股票指数。尽管中东和北非的艺术品特雷诺比率高于其他资产类别，但是中东和北非的艺术品投资并不能为全球股票市场规避风险。

Pownall 和 Graddy（2016）指出，金融领域的标准模型将风险与波动性联系起来。随着市场的上升，如在"牛市"中市场波动减小。但是，此时与正常（或平均）的偏差更大。人们越担心潜在的损失，整体的主观下行风险就越大。对于艺术品市场来说，下跌的权重相比金融市场可能会更小。传统的名作回报率也相对较低，因为回报的不确定性更小。Engelbrecht-Wiggans 等（1983）、Ashenfelter（1989）、McAndrew 和 Thompson（2007）研究了利用预估价格来度量艺术品价格下行风险的偏误问题。McAndrew 和

Thompson（2007）提出可以利用落槌估价比（hammer ratio）来度量艺术品价格的下行风险。Kräussl 和 Elsland（2008）的经验结果显示，德国艺术品的年回报率在 3.80% 左右，低于传统金融市场的回报率。德国艺术品回报率的标准差非常高，为 17.87%。总体来说，德国艺术品市场的表现比证券市场差，而且由于高风险不能带来高回报，其有很高的下行风险。

11.3.3　艺术品投资风险（非系统性风险）计量模型

对艺术品价格风险的度量不同于其他资产，这是由于拍卖行通常会在艺术品拍卖前给出一个售前预估（presale estimates）价格的区间，卖方则会以此区间的下限为基础设定自己的心理价位（保留价格）。然而，拍品的最终成交价格却很可能落在预估价格区间之外，那么，艺术品最终的成交价格与预估价格区间的偏离程度或者艺术品最终的成交价格与该艺术品所被期望达到的成交价格的偏离程度就度量了艺术品的价格风险。由于拍卖价格是无上界的，所以其风险主要来自拍卖价格低于预估价下界的情况。Stein（1977）给出了研究艺术品风险与收益的基本思路，即要么在耐用消费品模型的基础上引入资本增值因素并进行相应的风险调整，要么在 CAPM 的基础上加入非金钱性收益。Mei 和 Moses（2002）使用三因素模型计量艺术品的特异性风险，并对 1875~2002 年美国艺术品拍卖数据研究后发现，特异性风险可以帮助解释投资者为何愿意支付更高的价格来购买名作，但是既然艺术品的特异性风险容易分散，投资者为何仍愿意出高价购买高风险的画作就成为一个未解之谜。

表 11-1 列出了几种艺术金融风险计量模型。

表 11-1　艺术金融风险计量模型

系统性风险				
模型形式	模型	文献	数据来源	结论
CAPM	$E\left(\widetilde{R_J}\right)=E\left(\widetilde{R_M}\right)\beta_j$ $\beta_j=\dfrac{\operatorname{cov}\left(\widetilde{R_J},\widetilde{R_M}\right)}{\sigma^2\left(\widetilde{R_M}\right)}$，第 j 个资产的系统性风险	（Jensen et al.，1972）	1931~1965 年芝加哥大学研究中心	CAPM 解释了个人资产的预期风险溢价与系统性风险的关系
CAPM	$E\left(\gamma_P\right)=E\left(\delta_P\right)$ $-\left[E\left(R_M\right)-R_F\right]\left[\dfrac{\sigma\left(R_P\right)}{\sigma\left(R_M\right)}-\beta_P\right]$ 参数 β_j 代表与资产 j 相关的系统性风险	（Stein，1977）	1946~1968 年第二次世界大战前，英国和美国的艺术品拍卖数据	对于投资者来说，他们主要关注金融收益和欣赏艺术品的情感价值回报。艺术品的回报中含有较大的非系统性风险，对收藏者的财富管理也提出挑战

续表

	系统性风险			
模型形式	模型	文献	数据来源	结论
CAPM	$\left(R_p - R_f\right) = \beta_0 + \beta_1\left(R_m - R_f\right)$ $+ \beta_2\left(P - P^e\right)$ $+ \beta_3 \text{Dum75} + \varepsilon$	（Bryan, 1985）	1971~1984 年苏富比价格指数	本书对结果进行检验，艺术品的系统性风险略大于 1。但是与分散的市场投资组合相比，投资风险略高
CAPM	$R_{jt} - R_{ft} = \alpha_j + \beta_j\left(R_{nt} - R_{ft}\right) + \varepsilon_{jt}$ R_j是艺术品回报率，R_n是股市回报率，R_f代表长期美国政府债的利率	（Chanel et al., 1994）	1957~1988 年，24 000 个公开的销售数据	通过 CAPM 的计量发现，艺术品的风险（ β 值）小于股票，而且回报更高，此外艺术品还含有审美的价值回报
CAPM	$r_i - \sum_{t=b_i+1}^{s_i} r_{ft} = \alpha_k + \sum_{t=b_i+1}^{1972} \beta_{1,\ k} R_{mt}$ $+ \sum_{1973}^{s_i} \beta_{2,\ k} R_{mt} + \sum_{t=b_i+1}^{s_i} \varepsilon_{it}$	（Mei and Moses, 2002）	1875~2002 年美联储和全球金融数据（第五版）	1973 年后，除印象派以外的名作比非名作的系统性风险更低。因此，如果市场参与者认为名作更具有风险，那么他们的想法是错误的。1972 以后系统性风险有略微的下调。1973 年后的美国名作与非名作在系统性风险上几乎没有差别
UNCONDITIONAL CAPM 和动态模型	1. 假设在条件期望没有动态存在，减弱为无条件 CAPM $E\left[R_{i,t}\right] - R_{ft} = E\left[R_{m,t} - R_{f,t}\right]\beta_i$ CAPM 中 β 衡量了特定资产回报的系统性风险，或者是与市场相关的资产回报的比例 2. 作为无条件模型的替代，动态模型可能发挥重要作用。我们重新定义 r_t 为向量，包括艺术品指数的差额收益和市场投资组合，分别作为第一和第二项。并且，定义 r_t 有条件的协方差矩阵为 H_t，得到如下模型： $E_{t-1}\left[r_i, t\right] = \varphi\frac{H_{i2,t}}{H_{22,t}}$	（Hodgson and Vorkink, 2004）	1968~2001 年加拿大主流画家的拍卖数据	对于无条件 CAPM，我们发现艺术品的系统性风险低于市场风险，本书的估计结果显示 β 小于 1（半年数据测量的 β 为 0.206，年度数据测量的 β 为 0.359）
夏普比率和特雷诺比率	夏普比率中的标准差为总风险，特雷诺比率中的 β 是系统性风险。艺术品在两个比率中的排名不同意味着风险中含有较多的非系统性风险因素，而且非系统性风险不同	（Worthington and Higgs, 2008）	澳大利亚 45 位著名艺术家 30 年间的拍卖数据	本节的实证结果给出了澳大利亚艺术品市场的购买持有策略：澳大利亚的艺术品市场总风险大于股市，但是在充分分散的艺术家投资组合中发现风险较低

模型形式	模型	文献	数据来源	结论
系统性风险				
单指数CAPM 和特雷诺比率	$R_{it} = \alpha_i + \beta_i R_{mt} + \varepsilon_{it}$	（Kräussl, 2015）	2000~2012年中东和北非地区的艺术品投资数据	结果显示，公司债和政府债的 α 均为负，相反中东和北非地区艺术品指数的 α 最高，为 0.096，这意味着中东和北非地区艺术品投资获得的异常回报并不归因于系统性风险。发现 2000~2012 年中东和北非地区艺术品指数非常高的正的 β 系数为 1.103，并且在 1%测试显著。构建的中东和北非地区艺术品指数系统性风险高于摩根士丹利资本国际全球股票指数
下行风险	$\beta^- = \dfrac{\mathrm{cov}\left(R_i, R_m \mid R_m < \mu_m\right)}{\mathrm{var}\left(R_m \mid R_m < \mu_m\right)}$	（Kräussl and Elsland, 2008）	1985~2007年德国艺术品的 61 135 个拍卖数据	经验结果显示，德国艺术品的年回报率在 3.80%左右，低于传统金融市场的回报率。德国艺术品回报率的标准差非常高，为 17.87%。总体来说，德国艺术品市场的表现比证券市场差，而且由于高风险不能带来高回报，其有很高的下行风险。但是，艺术品或许可以作为充分分散的投资组合的一部分
下行风险	$\beta^- = \dfrac{\mathrm{cov}\left(R_i, R_m \mid R_m < \mu_m\right)}{\mathrm{var}\left(R_m \mid R_m < \mu_m\right)}$	（Kraeussl and Logher, 2010）	俄罗斯（1985~2008年）、中国（1990~2008年）和印度（2002~2008年）在 Artnet.com 中的艺术品数据	虽然投资艺术品提供了较低的收益回报，但由于对冲的机会，艺术品仍然可能对一个多元化的投资组合具有吸引力
非系统性风险				
三因素模型	$\sigma_{1,\varepsilon}^2 = \sum_{s_i < 1972}\left(\eta_i^2 \Big/ s_i - b_i\right) / N_1$	（Mei and Moses, 2002）	1875~2002 年	特异性风险可以帮助解释投资者为何愿意支付更高的价格来购买名作，但是既然艺术品的特异性风险容易分散，投资者为何仍愿意出高价购买高风险的画作就成为一个未解之谜

参 考 文 献

Ashenfelter O. 1989. How auctions work for wine and art[J]. Journal of Economic Perspectives, 3（3）: 23-36.

Ashenfelter O, Graddy K. 2003. Auctions and the price of art[J]. Journal of Economic Literature, 41（3）: 763-787.

Baumol W J. 1986. Unnatural value: or art investment as floating crap game[J]. The American Economic Review, 76（2）: 10-14.

Botha F, Snowball J, Scott B. 2016. Art investment in South Africa: portfolio diversification and art market efficiency[J]. South African Journal of Economic and Management Sciences, 19（3）: 358-368.

Bollersle T. 1986. Generalized autoregressive conditional heteroskedasticity[J]. Journal of Econometrics, 31（3）: 307-327.

Bryan M F. 1985. Beauty and the bulls: the investment characteristics of paintings[J]. Economic Review,（1）: 2-10.

Candela G, Figini P, Scorcu A E. 2004. Price indices for artists-a proposal[J]. Journal of Cultural Economics, 28（4）: 285-302.

Chanel O, Gerard-Varet L A, Ginsburgh V. 1994. Prices and returns on paintings: an exercise on how to price the priceless[J]. The Geneva Papers on Risk and Insurance Theory, 19（1）: 7-21.

Coslor E. 2016. Transparency in an opaque market: evaluative frictions between "thick" valuation and "thin" price data in the art market[J]. Accounting, Organizations and Society, 50: 13-26.

David G, Oosterlinck K, Szafarz A. 2013. Art market inefficiency[J]. Economics Letters, 121（1）: 23-25.

Engelbrecht-Wiggans R, Milgrom P R, Weber R J. 1983. Competitive bidding and proprietary information[J]. Journal of Mathematical Economics, 11（2）: 161-169.

Engle R F. 1982. Autoregressive conditional heteroscedasticity with estimates of the variance of United Kingdom inflation[J]. Econometrica, 50: 987-1008.

Frey B S, Eichenberger R. 1995. On the rate of return in the art market: survey and evaluation[J]. European Economic Review, 39（3/4）: 528-537.

Hodgson D, Vorkink K. 2004. Asset pricing theory and the valuation of Canadian paintings[J]. Canadian Journal of Economics, 37（3）: 629-655.

Hodgson D. 2011. An analysis of pricing and returns in the market for French Canadian paintings[J]. Applied Economics, 43（1）: 63-73.

Jensen M C, Black F, Scholes M S. 1972. The capital asset pricing model: some empirical tests[J]. Social Science Electronic Publishing, 94（8）: 4229-4232.

Kräussl R. 2015. Art as an alternative asset class: risk and return characteristics of the Middle Eastern and Northern African art markets[C]//Velthuis O, Curioni S B. Cosmopolitan Canvases: The Globalization of Markets for Contemporary Art. Oxford: Oxford University Press: 147-169.

Kräussl R, Elsland N V. 2008. Constructing the true art market index: a novel 2-step hedonic approach and its application to the German art market[R]. CFS Working Paper Series, 11.

Kraeussl R, Logher R. 2010. Emerging art markets[J]. Emerging Markets Review, 11（4）: 301-318.

Kuhnen C M, Knutson B. 2011. The influence of affect on beliefs, preferences, and financial decisions[J]. Journal of Financial and Quantitative Analysis, 46（3）: 605-626.

Loewenstein G F, Weber E U, Hsee C K, et al. 2001. Risk as feelings[J]. Psychological Bulletin, 127（2）: 267-286.

Markowitz H. 1952. Portfolio selection[J]. The Journal of Finance, 7（1）: 77-91.

McAndrew C, Thompson R. 2007. The collateral value of fine art[J]. Journal of Banking and Finance, 31（3）: 589-607.

Mei J, Moses M. 2002. Art as an investment and the underperformance of masterpieces[J]. The American Economic Review, 92（5）: 1656-1668.

Pownall R A J, Graddy K. 2016. Pricing color intensity and lightness in contemporary art auctions[J]. Research in Economics, 70（3）: 412-420.

Renneboog L, Spaenjers C. 2013. Buying beauty: on prices and returns in the art market[J]. Management Science, 59（1）: 36-53.

Roy A D. 1952. Safety first and the holding assets[J]. Econometrica, 20（3）: 431-449.

Stein J P. 1977. The monetary appreciation of paintings[J]. Journal of Political Economy, 85（5）: 1021-1035.

Worthington A C, Higgs H. 2003. Art as an investment: short and long-term comovements in major painting markets[J]. Empirical Economics, 28（4）: 649-668.

Worthington A C, Higgs H. 2004. Art as an investment: risk, return and portfolio diversification in major painting markets[J]. Accounting and Finance, 44（2）: 257-271.

Worthington A C, Higgs H. 2008. Australian fine art as an alternative investment[J]. Accounting Research Journal, 21（1）: 55-66.

第 12 章　艺术金融风险的防范

艺术品金融化的目的是要有效增加流动性,分散市场风险并促进财富的增长和艺术品市场的发展。艺术品金融化是否会加速中国艺术品市场泡沫的膨胀,过分强调市场性而忽略艺术本性致使中国艺术品被过度炒作,同样值得警惕。因此,研究艺术金融风险来源并进行有效防范有利于艺术金融市场的健康发展。

本章先指出艺术金融风险与其他金融风险的不同。由于艺术品独特的审美属性,其价格可能会脱离市场价值发生剧烈的变化,实物形态与市场价值形态产生制度化分离,并由此带来交易风险。虽然艺术与金融的融合提升了单纯艺术品交易的流动性,但目前的退市机制并不完善。运用适当的艺术金融风险防范工具可以起到有效控制风险的作用,投资者可以利用由艺术保险、艺术基金及多种金融工具构建的投资组合对艺术金融风险进行管控。然后分别从微观、中观及宏观角度提出针对艺术金融风险的防范策略,对现实风险防范具有指导意义。

12.1　艺术金融风险的特殊性

艺术金融风险包括艺术品交易风险和艺术品金融化后的金融市场风险。

首先,艺术品与股票等一般金融产品不同。股票的标的物是成千上万家实体经济企业,它的背后有上市公司的成长业绩作支撑。在艺术品金融化交易中,艺术品作为标的物变为资产包上线交易后,该艺术品的艺术价值、学术价值及由此产生的审美功能并未发生变化,唯一变化甚至剧烈变化的是交易价格,且其可能严重脱离艺术品的市场价值。由于艺术品本身不像上市公司那样具有持续产生利润和抵御、承担风险的能力,如果艺术品资产包的市值远远超过其艺术价值和现实市场价格,那么艺术品证券化便会蜕变为被投机资本绑架的金钱博弈,最终受害者是"击鼓传花"游戏中被高位套牢的最后一位投资者。

其次,艺术品金融化意味着艺术品实物形态与市场价值形态的制度化分离。换句话说，最懂得和最爱好艺术品的收藏者或投资者也许并不会对这种金融化、证券化、虚拟化的"艺术品"产生兴趣，原因在于这种交易丧失了艺术收藏与投资的精神愉悦和享受。这就意味着，艺术品份额化和证券化交易的参与者都是那些不了解艺术品或对艺术品并不太感兴趣的人，由此可见这种交易制度的设计本身就决定了其盲目炒作的性质和危险。

最后，艺术品金融化将艺术品交易从流动性较低的艺术品市场拉到流动性较高的金融市场。但艺术品交易的退市机制并没有随着流动性的升高而改善。文化产权交易所的交易与证券交易一样，都设有退市机制，但原因与功能却完全不同。证券交易中的退市多是由于标的上市公司经营不善，退市前大多表现为证券价格持续下跌；艺术金融交易中的退市则是由于某个投资人看好某份额化的标的艺术品，并产生独自收藏的愿望，继而收购全部艺术品份额，这会最终导致艺术品份额价格的上涨。在价格上涨、人们收益预期增高的情况下，要约收购者的收购价格、全体投资人如何达成一致意见及退市渠道的相关安排是难以解决的问题。

12.2　艺术金融风险防范工具

Pownall 和 Graddy（2016）认为艺术金融风险防范已经发展到了一定阶段，并且有艺术保险提供保障（Graddy and Hamilton，2017），艺术衍生品和艺术信托、艺术互换为艺术品分担风险。运用金融工具可以有效降低投资风险，如利用艺术保险规避交易风险和收藏风险，利用艺术基金对冲艺术资产的价格风险。此外，利用多种金融产品构建投资组合也是分散风险的重要方法。

12.2.1　利用艺术保险进行风险转移

艺术金融风险转移是将投资艺术品的风险损失，通过合同形式进行转移。具体可以利用艺术保险。艺术保险是一种以艺术品为标的物的风险管理方法、损失分摊方式和经济补偿制度，是在传统的财产保险和货运保险的基础上演变和发展而来的。艺术保险可以补偿艺术品在保管、展览和运输等过程中，因遭遇各种天灾人祸而导致的损失。保险标的包括投保人所有，代他人保管，以及其他人共有而由投保人负责保管、展览、装卸、运输的艺术品。博物馆、展览馆、艺术品拍卖行、艺术品公司、文化艺术公司、运输公司等均可投保。

无论是利用艺术保险还是其他方式，允许风险的转移对艺术品市场来说是至关重要的。艺术保险市场的投资者一般是大型机构，它们通过提供不同形式的资本投资组合，寻求足够的回报。在大多情况下，由银行直接向保险公司制定担保抵押债券和信贷资产组合。实际上，保险公司和再保险公司作为信贷投资者，多年来一直购买贷款和债券，以此来增强自己的信贷能力。同时保险公司、再保险公司和投资者能够共同承担风险，即完成了风险的转移。

通过艺术品保险降低损失主要表现在两个方面：第一，在风险防范方面，可以通过保险预防及转移等方法来进行风险防范；第二，在规避风险方面，买家可以在艺术品遭受损失后，按照艺术品保险合同的约定获得一定的经济赔偿。西方的艺术品保险市场发展得较为成熟，有许多保险公司专攻这个领域，如安盛艺术品保险公司、美国国际集团（American International Group，AIG）私人客户部（private client group）、美国丘博保险集团（American Chubb Group of Insurance）、消防员基金保险公司（Fireman's Fund Insurance Company）及圣保罗旅行者保险公司（The St Paul Travelers）等。

12.2.2　利用艺术基金进行风险对冲

艺术金融风险对冲是指通过投资或购买与标的艺术品资产负相关的某种资产或衍生品，来冲销标的资产潜在损失的一种风险防范策略。此途径可以通过艺术品对冲基金和利用艺术金融衍生品套利实现。

1. 艺术基金对冲模式

目前已有艺术基金尝试通过积极主动的方式来防范风险，在艺术品对冲机制的设计上迈出了第一步。2007 年，艺术交易基金的发行标志着第一只艺术品对冲基金的诞生。这个基金是由 AIA 艺术投资顾问——伦敦财富管理公司的 Chris Carlson 和 Justin Williams 创造的。和其他艺术基金一样，艺术交易基金也参与艺术品的买卖，但它同时使用衍生工具的选择权来进行对冲，规避市场下跌的风险。它的操作手法是定位于与艺术品市场高度关联的公司股票，如苏富比和奢侈品集团的股票，然后买入这些股票的看跌期权，同时持有艺术品消费的主要国家的资产，如美国的 10 年期国债甚至是俄罗斯债券等资产，以期熨平艺术品投资的周期性风险。如果艺术品市场的价格下跌，这些证券的价格也会随之下跌，这时基金行使看跌期权的权利就可以从中获利，从而减少因所收藏的艺术品价格下跌而蒙受的损失。作为一种衍生工具基金，艺术品对冲基金的出现，不仅增加了一种新的艺术品投资渠道和风险规避方式，而且体现了艺术品金融化趋势的新方向。

2. 完善的组织架构和规范的管理流程

完善的组织架构和规范的管理流程可以有效降低操作不规范、信息不透明的风险。不论是艺术品的募集（图 12-1）与估价，还是艺术品基金的评估与分析（图 12-2），都有一套逻辑严谨的工作流程。其流程充分体现出投资决策科学化、风险控制制度化的管理原则。

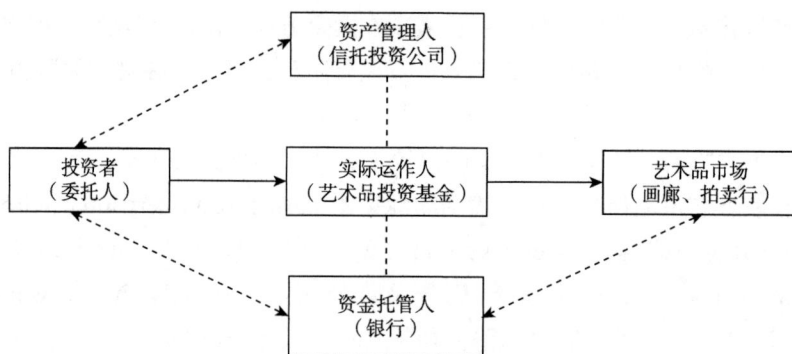

图 12-1　艺术品的募集

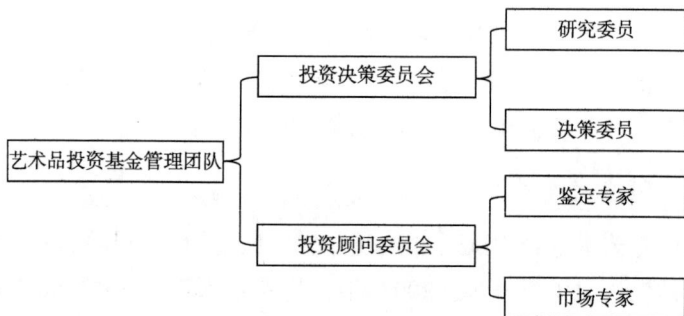

图 12-2　艺术品基金的评估与分析

12.2.3　利用投资组合进行风险分散

艺术金融风险分散是通过多样化的投资来分散和降低风险。在绘画作品的回归中发现的巨大的非系统性风险表明，收藏家应该将资产多元化（Mok et al.，1993）。艺术品和金融资产之间存在低相关性，有利于形成多样化的投资组合，进而在经济运行过程中免受因同因素而同向浮动的影响，达到分散风险的目的。在股票投资的背景下，马科维茨的有效边界显示了艺术品投资多样化的潜力。Agnello（2002）认为只要艺术品与传统金融资产的回报没有很强的相关性,艺术品加入投资组合能够降低总体风险。投资组合的风险低于仅投资艺术品或者传统金融资产(Hodgson and Vorkink,2004)。

在艺术品领域,投资实物艺术品具有资金量大、保管复杂的特点,加大了投资风险。因此,利用艺术基金、艺术信托和艺术银行理财产品,可以实现组合投资、分散风险的目的。目前有较多艺术基金活跃在艺术品市场,如艺术品基金、艺术品交易基金和收藏家基金。基金经理人可根据投资人对风险的承受能力及各时期艺术品市场的状况来确定恰当的投资组合比例。例如,目前国际上最活跃的基金之一——英国的美术基金就是用组合投资的方法进行投资的(30%投资于印象派作品,30%投资于大师级作品,20%投资于现代艺术品,20%投资于当代艺术品)。这使得该基金在规避风险的同时又确保尽量不错过各个类别艺术品的投资机会。值得注意的是,艺术基金只有以一种保护投资者并降低风险的方式来构建,才能最大限度地分散风险。

12.3　艺术金融风险防范策略

艺术金融是一个新兴领域,机遇与风险并存,采用适当的方式降低风险才能更好地抓住机遇。本节从微观、中观、宏观三个角度为防范艺术金融风险提出可行建议。艺术金融风险防范策略的实施,不仅能在一定程度上减少风险发生的可能性,而且能在艺术金融风险发生后减少它给投资者带来的经济损失,从而减少风险损失给整个艺术品市场带来的波及效应和不良后果,最终促进艺术生态的稳定发展。

12.3.1　微观层面风险防范策略

1. 个人投资者

1)遵守艺术品投资原则

作为一种高品位与高回报的投资行为,艺术品买卖是具有很高"技术含量"的经济活动。个人或以家庭为单位的大众投资者必须严格遵守艺术金融投资原则。

第一,不盲目入市。从当前情形来看,艺术金融已经形成了一定的市场规模,艺术金融者要经常参加各种艺术品展览和艺术活动,关注艺术潮流的发展趋势和艺术品的价格行情,提高自身的鉴赏力和判断力。进行艺术金融交易前,评估艺术品的价值是必需的环节,必要时应请相关专家进行鉴定,以降低投资风险。

第二，量入为出。对于大众投资者来说，艺术金融投资额占个人或家庭总资产的比例应控制在 20%~30%为好。同时，成本效益原则是进行任何投资活动必须遵循的原则，艺术金融也不例外。

第三，注重精神回报。艺术金融与其他投资的最大区别在于，它要求投资者对艺术品有真正的理解和热爱，这将会把艺术金融的风险降到最低。所以，艺术投资者最好是自己喜爱艺术品且具备一定的艺术修养。对于多数大众投资者而言，购买艺术品还是要以陶冶情操为主，投资增值为辅。

2）掌握艺术品投资技巧

艺术品投资的主要目的是期待艺术品的升值。但是艺术品门类复杂，不同艺术家作品的投资回报率不同，甚至同一位艺术家不同时期作品的投资差异也很大。真正成功的艺术品投资行为，需要在遵守艺术品投资原则的基础上讲究一定的投资技巧。

第一，分散投资，降低风险。进行艺术金融投资时也要考虑分散投资。分散投资会降低投资风险，保证投资者收益的稳定性。选择相关性较低的艺术品资产构建投资组合，避免过度集中于某一艺术门类。这样几类艺术品的收益和风险在相互抵消后，仍然能获得相对较好的投资收益。如果只投资一类艺术品，当这类艺术品行情不好时，投资人就会承担巨大的风险。

第二，资金投入分批介入。由于艺术品受经济基本面、政治环境和投资者偏好的影响，市场走势难以把握。人们很难准确把握当代艺术行情的变化，有时甚至会出现失误，为此在投资时机上可以分散进行。即当购买当代艺术品时，可以慢慢投入，经过几个月或更长时间完成投资。这样可避免由于投资时机过于集中或者把握不准时机而带来的风险。

3）注重艺术品的保管

艺术品与其他商品不同，其保管具有很强的专业性。艺术品存在"品相"一说，同样两件作品，往往因为品相不一，其价格差异巨大。艺术品的保管风险不仅仅是安全问题，更重要的是保持艺术品的最佳展示状态和完整性。

艺术品保管是一项专业性非常强的工作，机构或个人投资者可以雇用专业水准的艺术从业人员完成保管工作。古籍善本、精细工艺艺术品、陶瓷艺术品、书画作品无一不需要精心保管。投资者还要注意艺术品的存放地点及相应安全的配套措施。如果将艺术品束之高阁、不闻不问，那么当取出艺术品时，艺术品可能已遭到很大的破坏。因为艺术品的保管要考虑多重因素，包括空气的湿度、温度、通风效果、微生物等。

4）提高艺术品鉴赏力

从古至今一直都存在着艺术品的赝品风险。要避免这样的风险，投资者就必须提高自己的鉴别能力。刚接触艺术品市场的投资者应该从最普通的作品开始，因为普通作品比较大众化、价格适中，而且一般不存在有赝品的风险，还可以通过其磨炼自己的鉴别能力。在艺术品市场中，投资者应该掌握艺术品的基本知识，提升自己的投资能力，主要包括鉴别真伪、鉴别优劣、判断艺术品价值与升值潜力的能力。艺术品市场不仅存在着真伪问题，还存在着优劣问题。"只要是真品，就一定可以投资"的想法是错误的，真品也包括精品、普通品和劣质品。这几类艺术品的价格相差巨大。如果不小心将一件普通品以很高的价格买下来，那么就很可能面临着很大的风险。因为很难再以更高的价格出手，甚至连收回投入资本都很困难。此外，如果不能把握市场的走向或某件作品的增值潜力，就可能会遭到损失。所以，投资者必须要提高自身的能力，多做研究。

5）根据宏观基本面确定适当的艺术金融周期

艺术品的投资周期是指从购买某件艺术品或某种艺术品标的资产到出售的整个阶段。宏观经济对艺术品投资市场会产生影响（乔明哲等，2017），一般来说，宏观经济的兴衰与艺术品投资市场呈正相关关系。例如，当股票市场低迷时，大量闲散资金可能就会涌入艺术品市场，进而使得艺术品市场中大部分艺术品价格上涨；而当经济衰退时，供给弹性小的艺术品也可能不受很大影响，就像艺术评论家说的那样继续保值增值。当宏观经济向好时，经济增长使人均财富不断积累，人们投资艺术品的积极性就会增加，艺术品投资交易行情就会向好；当宏观经济下行时，人们投资艺术品的积极性会降低，艺术品投资交易行情就会向下走。因此，艺术品市场的周期性十分明显。投资者可以利用对宏观经济周期的观测，提前规划艺术资产投资行为。传统意义上，人们普遍认为艺术品最适宜长期投资，如名家的作品在多年之后价值连城。但现有的研究成果发现，长期持有艺术品的年化收益率并不高。表 12-1 显示了艺术金融的投资周期划分。

表 12-1　艺术金融的投资周期划分

投资周期	1 年以下	1~5 年	6~10 年	11~50 年	50 年以上
周期划分	短期	中短期	中期	中长期	长期

资料来源：马健. 收藏投资的理论与实务. 杭州：浙江大学出版社，2004

以苏富比和佳士得两大拍卖行 1980 年的拍卖情况为例，雷诺阿的油画

《花园》以 120 万美元售出，该画的出售者在 1957 年以 20 万美元购入。以复利计算，该画的年收益率只有 8.1%。另一幅增值最大的油画是高更的《大溪地妇人在椰树下》，该画的原收藏者在 1960 年以 3.8 万美元购入，后以 180 万美元售出。以复利计算，该画的年收益率是 15%。从艺术消费的角度讲，一般情况下，投资者中期或中长期持有艺术品就可以获得较大的心理满足和精神享受。因此，从投资理财的总效用来分析，艺术品并不适合长期投资，投资者在中期或中长期持有后，可选择适当的市场机会将其出售，实现经济效益的最大化。当投资者确定艺术金融期限时，要系统进行宏观经济走势的分析，以及考虑股票市场、房地产市场等传统金融市场所带来的影响。

2. 金融机构

1）对外部环境有一个全面的认识

建立并参与艺术金融业务的金融机构要想持续发展，必然要对复杂多变的外部环境有一个全面的认识，而且外部环境是艺术金融风险产生的重要因素之一。因此，对国家的宏观经济政策、银行利率的变化、外汇汇率的变化等相关内容，都要有一个全面、准确、及时的认识。这样才能根据外部环境的变化，对企业的金融、财务情况进行适当的调整，从而避免金融风险的发生。

2）提高企业群体成员的风险意识

在对外部环境有所关注的情况下，还要保持企业自身的风险防范意识，建立有效的风险防范机制，这样才能推动金融风险防范工作的开展。机构成员是机构能够持续发展和进步的核心力量，成员的防范意识不仅关系到自身的切实利益，而且对于机构在面临艺术金融风险时的态度有着重要的影响。防范艺术金融风险并非金融机构财政部门、财政人员的责任，这关系企业中的每一个人。只有机构的管理人员有着强烈的风险意识，才能带领全体机构员工做好防范工作；只有机构中的每个人都能够参与到艺术金融风险的防范工作中，发挥团队的效用，才能将风险的防范机制做到最好。

3）要建立完善的风险评估机制

对于机构财政的管理，不可仅仅关注资金的输入和输出，还要对财政上所存在的风险有一定的评估和预测，这样才能尽可能地减少艺术金融风险出现的概率。从长远来看，风险评估机制至少应该包括风险预测和风险处理两大方面。对机构的艺术金融相关业务都要有一个全面的风险评估，这样才能既保证业务开展的效率，又能够防范风险的发生；在风险的处理上，要正确地区分风险的大小，对风险进行具体的分析，试图将风险转化为机遇，或者将风险的损失降到最低，以提高机构自身的风险管理水平。

4）潍坊银行艺术品质押融资业务探索过程中的风险防范启示

当前金融资源与艺术品领域衔接存在困难，主要在于作为质押物的艺术品存在四大风险，即鉴定评估、担保、托管、变现。这四个技术性难题不解决，银行就无法规避风险，也就不敢贸然介入此领域。潍坊银行通过对交易属性的差异性研究，选择"四位一体"的多层次契约关系治理形式，与山东潍坊中仁艺术品发展有限公司、潍坊市博物馆共同签署《艺术品质押融资业务战略合作框架协议》，并在此基础上出台了一系列配套制度和措施，基本解决了上述四个问题，推出了艺术品质押融资业务（史跃峰，2017）。

潍坊银行艺术品质押贷款业务流程、艺术品质押融资业务执行不同于一般流动资金贷款的授信工作机制。总行指定一家支行具体经办此项业务，总行成立艺术品质押贷款审查委员会 5 人联审（实行全票通过制），实施与常规流动资金贷款不同的贷款调查、审查与审批流程。潍坊银行艺术品质押融资业务流程图如图 12-3 所示，其基本流程分为七步。

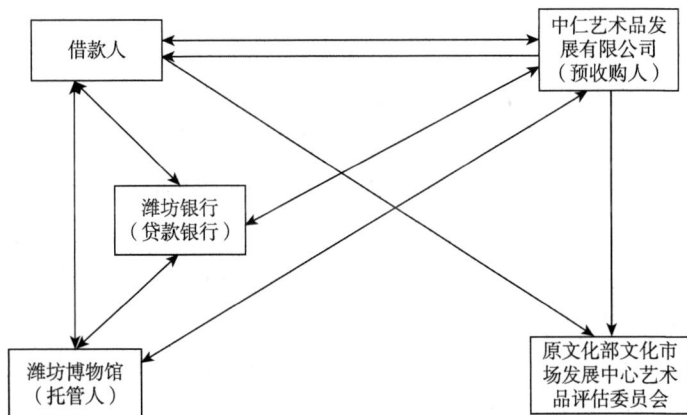

图 12-3 潍坊银行艺术品质押融资业务流程图

第一步，借款人提出申请。

第二步，潍坊银行受理；进行贷前调查及审查。

第三步，借款人委托潍坊中仁艺术品发展有限公司向原文化部文化市场发展中心艺术品评估委员会进行艺术品真伪鉴定与价值评估。

第四步，潍坊中仁艺术品发展有限公司为借款人的贷款提供担保（事先存入符合潍坊银行要求的担保基金），担保系数为 1：3，并根据贷款余额进行动态调整。

第五步，潍坊银行同借款人、保证人共同签订借款合同、质押合同、担保合同、质押艺术品远期交易合约（即预定买家）、书面告知声明。

第六步，潍坊银行、潍坊博物馆及潍坊中仁艺术品发展有限公司三方共同签订艺术品质押贷款质物保管协议。

第七步，潍坊银行向借款人发放贷款。

"四位一体"的多层次契约关系治理形式如下。

（1）价值契约：鉴定评估机构解决艺术品的真伪及价值问题。

四大"瓶颈"的核心是艺术品的真伪问题。目前，艺术品鉴定主要是靠鉴定专家，但是再权威的专家也不能保证百分之百的准确。艺术品的估价也是一个专业的问题，主要涉及艺术品的价值及其价值的波动范围，风险的不确定性很大。潍坊银行通过与山东潍坊中仁艺术品发展有限公司签署《艺术品质押融资业务战略合作框架协议》，约定由山东潍坊中仁艺术品发展有限公司（原文化部认可的文化企业）向原文化部文化市场发展中心艺术品评估委员会提供艺术品，并由原文化部文化市场发展中心艺术品评估委员会对其提供的艺术品出具真伪鉴定报告和估价报告。

（2）保险契约：由预收购人和保证金制度提供艺术品质押变现的双保险。

艺术品是真的，价值也确定了，但古玩字画市场向来都是货卖于识家，银行一旦收取艺术品作为质押标的，便面临着质押物如何变现的问题。潍坊银行与借款人签订"质押艺术品远期交易合约"，要求借款人预先找到一个买家，若借款人到期不能偿还贷款，便由预定买家收购被质押的艺术品来偿还贷款。同时，山东潍坊中仁艺术品发展有限公司在潍坊银行预存了500万元的保证金，一旦出现借款人到期未及时偿还贷款且预定买家也未能收购的情况，就以山东潍坊中仁艺术品发展有限公司的保证金偿还借款人的银行贷款并收购质押的艺术品，随后利用自身拥有的平台和渠道把艺术品变现。这种预收购人和保证金制度为潍坊银行所收取的艺术品的质押变现提供了双重保险，进一步降低了银行资产的潜在风险，减少了潍坊银行的后顾之忧。

（3）托管契约：潍坊市博物馆提供专业的艺术品托管服务。

艺术品一般非常昂贵，其保存有严格的环境要求。银行显然无法提供这种设施，这就需要一个第三方机构来充当托管人。在潍坊市政府的协调下，潍坊银行与潍坊市博物馆签订《艺术品质押融资业务战略合作框架协议》，由潍坊市博物馆保存质押的艺术品，其专业性和保险系数是能够被各方认可的。因为一家国有地方博物馆的公信力要比任何一家私营机构强，而且它对当地著名书画大家的熟悉程度要远胜于一般私营鉴定机构或者专家。潍坊市博物馆对李苦禅、于希宁及其艺术作品的熟悉和了解程度，要远比对出自其他地区的艺术家及其作品强。

12.3.2 中观层面风险防范策略

1. 完善交易体系，促进交易平台化、流程标准化

对艺术品交易平台进行网络公开透明的交易和披露，规范交易和鉴定流程，能有效降低鉴定估值风险和交易风险。同时运用互联网平台可以记录交易信息，降低信用风险。"互联网+"的发展，使交易过程更加透明化并降低信息不对称。国内的艺术品交易平台大体包括艺术品信息交易平台、网上画廊及综合性网站中的经营艺术品的网店。艺术品市场交易过程本身复杂，很难进行实时把控，但可对艺术品市场交易的流程、交易的规范、交易的管理等内容，进行规范化、标准化推进，以降低交易门槛，提高交易效率，降低交易成本。

2. 建立风险预警与风险控制机制，对风险进行有效预测

建立艺术资产风险管理系统，在宏观经济层面上对艺术资产的风险进行事前预警、事中控制和事后防范，最重要的是风险发生前的预警。艺术资产风险预警需要设定代表性预警指标，并对代表性预警指标做出观测，通过观测值分析预测风险。预警指标需要根据艺术资产风险类型设计，以通过数据实证分析得出的具有较高显著性水平的指标作为代表性预警指标。从业机构可以根据投资艺术资产的类型分析艺术资产价格走势以及影响价格波动的因素进行风险预警。

3. 完善艺术品市场的主体管理制度

管理制度首先要对现有的各类主体进行登记，并进行分类管理。与此同时，着重构建相关法律责任追究机制来抑制交易风险，明确艺术品交易和投资中的民事责任、行政责任和刑事责任。构建公开透明的退出制度，对一些不合规、不合法的艺术机构和金融机构予以警告、处罚，严重时强制其退出，以保障艺术品投资市场的良好秩序。在自律方面，成立相关艺术品协会，如交易协会、艺术品基金协会等，制定行业规范及准入门槛。

4. 构建艺术品交易和投资的行业标准

相关部门应规范交易合同和合同内容等其他细则，对艺术品各类交易中的主体——交易商与非交易商（收藏者）进行明确的界定，以文件的形式予以确定。涉及艺术品交易和投资中的各类行为的专业术语和管理，制成特定

的标准。对艺术金融产品的交易，要借鉴传统金融市场的发展经验，尤其是对各种金融产品，如艺术品基金、艺术品信托及各类理财中的参与者的地位、职责、义务进行明确的定义和规范。

12.3.3 宏观层面风险防范策略

1. 完善法律、法规建设

法律、法规是道德之外调整人与人关系的一种行为准则，法律代表了公众的根本利益，具有制约性、规范性、调节性和强制性等特征。在艺术品交易领域，运用法律手段能够有效保障和规范交易活动中的各种关系、保护交易各方的合法权益、制裁和防范侵害他人的行为。在当代中国艺术品市场机制尚不健全、信用缺失以及有关法律条款缺位的情况下，市场机制本身和国家的行政调控举措都难以有效规范和制衡各种不法行为，而具有普遍性、规范性和强制性的法律才是市场规范的根本保障。因此，对中国艺术品交易进行专项立法意义重大。一方面，需要对已有的法律进行必要的解释，同时加强现有法律的实施；另一方面，建立艺术品交易的基本法律制度，尤其是买卖、委托，或者是确定伪造、售假等行为的处罚标准，从源头规范艺术品市场的行为。同时要结合当下艺术品金融化发展的现状，对艺术金融产品的创新行为予以必要的规范。

2. 建立诚信机制，完善社会信用体系

不仅要建立诚实守信的市场氛围和行业自律，还必须要有良好的外在约束机制。中国艺术品市场存在的出售赝品、恶意隐瞒、欺诈等行为，迫切要求建立艺术品经营者的信用信息。艺术品市场的交易双方都能公平、客观地获取对方的信任，以保证艺术品交易的可靠和顺利运行。为此，必须尽快建立并逐步推进以征信系统为核心的中国艺术品信用体系。以征信系统建设为切入点，加强部门信息互通共享、信用披露和信用分类评级等工作，健全信用信息查询和应用制度，加快推进信用信息有序规范开放，强化失信惩戒制度。鼓励各类社会资本发起设立新型征信机构，培育发展信用服务市场。规范发展信用评级市场，建立和扶持一批企业信用评级机构。

3. 健全监管体系

艺术金融监管应该在建立文化部门和证券、保险、银行三个监管部门之间的常态化协调机制的基础上，进一步建立和完善由文化部门牵头、有关部门参加的文化金融监管联席会议制度，加强艺术金融政策与文化产业政策的相互协调配合。通过建立健全艺术金融监管协调机制，切实防范金融风险。

4. 宏观经济政策要充分考虑艺术品市场的反应

金融危机之后，宽松货币政策导致了艺术品市场的异常火热。考虑到当前宏观经济减速压力上升，短期内中国艺术品市场可能会伴随经济减速而调整。但从中长期发展来看，中国经济的成功转型将是艺术品市场发展的长久支撑。中国艺术品市场的强劲发展催生了各种艺术投资工具的不断发展。在传统投资手段收益率不佳的情况下，中国的投资者开始将资产配置方式多元化，源源不断的资金涌入艺术品金融这个新兴市场。因此，政府部门在出台相关宏观经济政策时，应充分考虑中国艺术品市场反应，稳定市场预期，避免艺术品市场的非理性调整。

参 考 文 献

刘翔宇. 2012. 我国艺术品市场金融化趋向及艺术品金融特点分析[J]. 东岳论丛，（5）：149-153.

柳中波，杨金柱. 2011. 艺术品与银行信贷的有效对接：潍坊银行案例[J]. 金融发展研究，（10）：50-54.

马健. 2008. 成立艺术品交易所需待市场成熟[J]. 艺术市场，（5）：36-39.

梅建平. 2011. 振兴中华文化必须引进资本市场[J]. 中国美术，（6）：9-10.

乔明哲，方艳，黄祥芸，等. 2017. 中国艺术品市场投资真的是高收益、低风险吗？[J]. 上海财经大学学报（哲学社会科学版），（2）：65-78.

史跃峰. 2017. 当金融遇上艺术[M]. 北京：中国书店.

孙宪忠. 1996. 物权行为理论探源及其意义[J]. 法学研究，（3）：80-92.

陶宇. 2009. 国际艺术品投资基金的理论和实践[J]. 美术观察，（2）：127-130.

王硕. 2016. 中国艺术品投资风险度量及影响因素研究[D]. 山东财经大学硕士学位论文.

吴华. 2012. 中国艺术品金融化模式研究[D]. 北京大学硕士学位论文.

西沐. 2017. 中国艺术金融概论[M]. 北京：中国书店.

袁胜轩，寇啸，郝晓英，等. 2016. 艺术品证券化风险管理机制探讨——基于南京文交所钱币邮票交易[J]. 征信，34（10）：75-83.

赵倩，杨秀云，雷原. 2014. 关于文化金融体系建设几个问题的思考[J]. 经济问题探索，（10）：168-174.

Agnello R J .2002. Investment returns and risk for art：evidence from auctions of American paintings[J]. Eastern Economic Journal，28（4）：443-463.

Graddy K, Hamilton J. 2017. Auction guarantees for works of art[J]. Journal of Economic Behavior and Organization, 133: 303-312.

Hodgson D J, Vorkink K P. 2004. Asset pricing theory and the valuation of Canadian paintings[J]. Canadian Journal of Economics, 37 (3): 629-655.

Mok H M K, Ko V W K, Woo S S M, et al. 1993. Modern Chinese paintings: an investment alternative? [J]. Southern Economic Journal, 59 (4): 808-816.

Pownall R A J, Graddy K. 2016. Pricing color intensity and lightness in contemporary art auctions[J]. Research in Economics, 70 (3): 412-420.

第13章　艺术金融监管

　　监管是市场发展到一定阶段的历史产物，是任何市场发展过程中不可缺少的重要环节。只要有不断向前发展的市场，就有不断创新的监管。毋庸置疑，监管对市场健康有序发展的意义重大。市场经济的发展历史明确地告诉我们，无论是什么市场，无论发展程度高或低、成长速度快或慢、出现于何时何地，只要想以一种健康的趋势发展下去，就必须要实施适度的监管。此外，监管是一个系统的、综合的工程，不能过分倚重某种单纯的手段而忽视综合发展，且监管工作一定要在充分认知、了解该市场的客观规律及实际情况下进行。进行适度有效的系统监管，是中国艺术金融创新发展的需要，更是进一步发展的保障。中国艺术金融发展的过程，是一个比较长的价值链延伸过程，其中，金融的介入及诚信机制的建构尤为重要。面对复杂的金融参与过程，如何保证各方的利益，尤其是投资者的利益尤为重要。这就需要进一步从文化建设、制度、规范、政策与手段等多方面进行在创新监管体制与体系基础上的合规监管（孙胜南，2017）。

13.1　艺术金融监管概述

　　艺术金融监管实质上是为了维护艺术品市场的安全和稳定而进行的有效监管。艺术金融是金融与艺术品市场融合发展的产物，是新兴市场和传统金融的结合，是创新金融的重要表现形式。既然是一种创新的金融产物，那么肯定会带来与以往不同的变化与不稳定因素。这时，适度有效的艺术金融监管就成为艺术金融健康发展的必备条件。

13.1.1　艺术金融监管的定义

　　艺术金融监管是艺术金融监督和艺术金融管理的总称。艺术金融监管是指政府通过特定的机构对艺术金融交易行为主体进行的某种限制或规定。艺术金融监管本质上是一种具有特定内涵和特征的政府规制行为。综观世界各国，凡是实行市场经济体制的国家，无不客观地存在着政府对金融体系的管制。

艺术金融监督是指艺术金融主管当局对艺术金融机构实施全面性、经常性的检查和督促，并以此促进艺术金融机构依法稳健地经营和发展。艺术金融管理是指艺术金融主管当局依法对艺术金融机构及其经营活动实施的领导、组织、协调和控制等一系列的活动。

艺术金融监管有狭义和广义之分。狭义的艺术金融监管是指艺术金融监管当局或者其他金融监管当局依据国家法律规定对整个艺术金融市场实施监督管理。广义的艺术金融监管在上述含义之外，还包括艺术金融机构的内部控制和稽核、同业自律性组织的监管、社会中介组织的监管等内容。

13.1.2　艺术金融监管体系的构成

艺术金融监管体系一般是由艺术金融监管机构、艺术金融监管法律、艺术金融监管的对象和内容组成的。一个独立、高效的艺术金融监管体系对防范和化解艺术金融风险、保证艺术金融业稳健运行以及实现社会利益最大化有重要的现实意义（西沐，2010）。

1. 法律、法规

法律是道德之外调整人与人之间关系的一种行为准绳，法律具有制约性、规范性、调节性和强制性的特征。在艺术品交易过程中，完善的法律条文、恰当的法律手段都是保证交易中各主体利益，以及交易过程本身的效率不因遭受侵犯而损失的重要途径。

首先，法律能够保护艺术品交易双方的合法权益不受侵害。与其他金融产品一样，任何形式的艺术金融标的在交易时无一例外必须在现有的法律框架之下进行，法律能够以其强制力保证交易双方都向对方提供真实透明的相关信息，使双方的真实意愿都能够完整有效地传递给对方，在一定程度上为交易过程中的诚信进行约束与监督。

其次，法律保护艺术品交易双方合法权利，也使其不能侵害与交易相关的其他人的权益。例如，拍卖机构的应得收入，以及其他中介机构的合法报酬，等等。法律为中介机构维护自身的合法收益提供支撑，这会有效激励此类中介的工作积极性，从而在一定程度上推动艺术品市场的繁荣。

最后，法律能规范和约束艺术品交易的运行秩序，能够使艺术品交易、鉴定、流通、收藏等环节的效率大大提高。通过明确法律条文的方式，艺术品交易各环节运行起来有据可循，最大限度地杜绝其可能存在的问题。

2. 监管组织

各类监管组织是金融领域不可缺少的部分。按照传统金融行业监管的一般规律，监管组织可以分为自律组织与他律组织。自律组织可以是由所有艺术品参与者所组成的自律协会，自律组织将比行政部门更加深入了解"一线"情况。他律组织则一般以政府牵头，赋予行政权力在监管时发挥权威性的强制力，以此为根本维护艺术品市场的秩序。艺术金融是艺术与金融的结合，参与者纷繁复杂，因此它比其他传统金融领域更需要由这些参与者代表们组成的自律协会。

3. 监管对象和内容

艺术金融监管的主要对象包括艺术金融银行、艺术品基金机构、艺术品信托公司、艺术品按揭公司、艺术品保险公司、艺术品质押贷款公司和艺术品证券化机构等。

艺术金融监管的主要内容包括对艺术金融机构的监管；对艺术金融机构资产负债业务的监管；对艺术金融市场的监管，如市场准入、市场融资、市场利率、市场规则等；对会计结算的监管；对艺术品生产、进口、拍卖、交易活动的监管；对艺术品证券化的监管；对艺术品保险业的监管；对艺术品信托业的监管；等等。对艺术金融机构的监管是监管的重点，其主要内容包括市场准入与机构合并、艺术金融机构业务规范、风险控制、流动性管理、资本充足率及危机处理等方面。

13.1.3 艺术金融监管方式

1. 公告监管

公告监管是指政府对艺术金融企业的经营不直接监督，只规定各艺术金融企业必须依照政府规定的格式及内容定期将营业结果呈报给政府的主管机关并予以公告，至于艺术金融企业的组织形式、艺术金融企业的规范、金融资金的运用，都由艺术金融企业自我管理，政府不对其多加干预。

公告监管的内容包括公告财务报表、最低资本金与保证金规定、偿付能力标准规定。在公告监管下，艺术金融企业经营的好坏由其自身及一般大众自行判断，这种将政府与大众结合起来的监管方式，有利于艺术金融机构在较为宽松的市场环境中自由发展。但是由于信息不对称，金融企业和公众很难评判艺术金融企业经营的优劣，对艺术金融企业的不正当经营也无能为力。因此公告监管是艺术金融监管中最宽松的监管方式。

2. 规范监管

规范监管又称为准则监管,是指国家对艺术金融业的经营制定一定的准则,要求其遵守的一种监管方式。在规范监管下,政府对金融企业经营的若干重大事项,如艺术金融企业最低资本金的规定、资产负债表的审核、资本金的运用、违反法律的处罚等,都有明确的规范,但对艺术金融企业的业务经营、财务管理、人事等方面不加干预。这种监管方式强调艺术金融企业经营形式上的合法性,比公告监管具有较大的可操作性,但由于未触及艺术金融企业经营的实体,仅有一些基本准则,故难以起到严格有效的监管作用。

3. 实体监管

实体监管是指由国家订立完善的艺术金融监管规则,艺术金融监管机构根据法律赋予的权利,对艺术金融市场,尤其是艺术金融企业进行全方位、全过程有效的监督和管理。

实体监管过程分为三个阶段。

第一阶段是对艺术金融企业设立时的监管,即艺术金融许可证监管;

第二阶段是对艺术金融企业经营期间的监管,这是实体监管的核心;

第三阶段是对艺术金融企业破产和清算的监管。

实体监管是国家在立法的基础上通过行政手段对艺术金融企业进行强有力的管理,比公告监管和规范监管更为严格、具体和有效。

13.1.4　艺术金融监管的手段

艺术金融监管的手段即艺术金融监管主体为实现艺术金融监管目标而采用的各种方式、方法和措施。从世界各国的艺术金融监管实践来看,艺术金融监管主体主要是通过法律手段、金融稽核和"四结合"监管方法来对金融活动实施监管。

1. 法律手段

各国艺术金融监管机构和风格虽然有所不同,但在依法管理上是相同的。艺术金融机构必须接受国家金融管理当局的监管,艺术金融监管必须依法进行,这是艺术金融监管的基本点。只有保证金融监管的权威性、严肃性、强制性和一贯性,才能保证其有效性。要做到这一点,艺术金融法规的完善和依法监管是必不可少的。

2. 金融稽核

金融稽核是指中央银行或艺术金融监管当局根据国家规定的职责对艺术金融业务活动进行的监督和检查。它是以管辖行在稽核机构派出人员以超脱的公正的客观地位，对辖属行、处、所等，运用专门的方法，就其真实性、合法性、正确性、完整性做出评价和建议，向派出机构及有关单位提出报告。它属于经济监督体系中的一个重要组成部分，与纪检、监察、审计工作有着密切的联系。金融稽核的主要内容包括业务经营的合法性、资本金的充足性、资产质量、负债的清偿能力、盈利情况、经营管理状况等。

3. "四结合"监管方法

1）现场稽核与非现场稽核相结合

现场稽核是指监管当局安排人员到被稽核的单位，按照稽核程序进行现场稽核检查；非现场稽核是指被稽核单位按照规定定期将各种报表及有关资料报送到稽核部门检查，稽核部门按照一定程序和标准进行稽核分析。

2）定期检查与随机抽查相结合

定期检查是指按照事先确定的日期进行稽核检查；随机抽查是根据情况随时进行，不预先通知被稽核单位。

3）全面监管与重点监管相结合

全面监管是指对艺术金融机构从申请设立、日常经营到市场退出的所有活动都进行全方位的监管。重点监管是指在全面监管的基础上，抓住关键问题或重要环节进行特别监管。

4）外部监管与内部自律相结合

外部监管既包括官方监管，也包括社会性监督。社会性监督主体主要有审计、律师事务所和信用评级机构等。内部自律主要包括金融机构内部的自我控制机制和行业公会的同业互律等。

13.1.5 艺术金融监管的主要目标和原则

1. 艺术金融监管的主要目标

总观现阶段的金融监管，其监管目标可概括为两个：一是防范和化解金融风险，维护金融体系的稳定与安全；二是保护公平竞争和提高金融效率，保证金融业的稳健运行和货币政策的有效实施。以上两大总体目标主要是从经营的安全性、竞争的公平性和政策的一致性三个角度来进行保证的。艺术金融作为金融领域的新兴行业，其监管的目标和指导思想与金融业监管的整体状况一致（邓尚宏，2015）。

1）维护艺术金融体系的稳定与安全

当艺术与金融结合在一起时，其经济属性、金融属性便会随之显现出来。稳定与安全都是保证其能够正常持续运行的核心因素，所以维护交易体系内的稳定与安全就显得十分重要。要最终实现一种金融体系的稳定与安全，最好的办法在于监管。

2）保护交易参与者的合法权益

在艺术金融监管的具体目标上，交易过程中参与各方的合法权益应该受到有效保护。在艺术金融市场中，无论是艺术金融交易的哪一方，若是其自身利益因为体制缺陷而遭受损害，那么势必会打击投资者继续进行投资的积极性，缺少投资者的后续投入，整个艺术品资本市场就会变得冷清，成为一潭死水，整个行业便会彻底崩溃。因此保护艺术金融交易参与者各方的利益不受侵害是艺术金融监管的重要目标之一。

3）建立并维持诚信的交易环境

诚信对任何商业交易来说都尤为重要，金融市场也不例外。如果一个市场的整体交易氛围是诚信的，那么它将有效地规范与引导参与者的行为，使其继续保持诚信。监管旨在通过外在执法机构的强制力，以及同业自律协会的指导劝说等手段，为艺术金融市场带去一阵清风，彻底净化我国当前艺术金融市场上的不良现象。这可以为正在成长中的艺术金融市场建立起一个良好的交易环境，为其下一步发展打好基础。

4）最大限度降低各类风险

艺术金融产品是一种新兴的金融创新产品，但由于其标的物为艺术品，这类交易容易滋生出各类风险。虽然目前艺术金融市场上的参与者已经形成了一套自己的风险控制体系，但是仅靠市场交易者内部的行为无法有效地进行风险控制，因此外部监管将成为艺术金融市场上一项强有力的手段。金融监管的重要目标之一就是通过外部的强制力来约束市场参与者的行为，保证将各类风险发生的可能性降到最低。

2. 艺术金融监管原则

艺术金融监管原则是指在政府艺术金融监管机构及艺术金融机构内部监管机构的艺术金融监管活动中，始终应当遵循的价值追求和最低行为准则。艺术金融监管应坚持以下基本原则。

1）依法原则

依法原则又称合法性原则，是指艺术金融监管必须依据法律、法规进行。

监管的主体、监管的职责权限、监管措施等均由艺术金融监管法规和相关行政法律、法规规定，监管活动均应依法进行。

2）公开、公正原则

艺术金融监管活动应最大限度地提高透明度。同时，艺术金融监管当局应公正执法、平等对待所有艺术金融市场参与者，做到实体公正和程序公正。

3）效率原则

效率原则是指艺术金融监管应当提高艺术金融体系的整体效率，不得压制艺术金融创新与艺术金融竞争。同时，艺术金融监管当局合理配置和利用监管资源以降低成本，减少社会支出，从而节约社会公共资源。

4）独立性原则

艺术金融监管机构及其从事监督管理工作的人员依法履行监督管理职责，受法律保护，地方政府、各级政府部门、社会团体和个人不得干涉。

5）协调性原则

艺术金融监管主体之间职责分明，分工合理、相互配合。这样可以节约监管成本，提高监管的效率。

13.2　国内外艺术金融监管模式对比

13.2.1　美国——自律监管

美国的艺术金融监管体制并没有专门设置类似于我国文化和旅游部、中央宣传部、国家新闻出版广电总局等这些国家机关和单位，但这并不意味着美国忽视了对艺术金融市场的监管，美国对文化艺术市场管理的突出特点是市场主体化、产业化经营，对艺术品市场实行自律监管（景晓萌，2012）。美国政府对营利性艺术机构和非营利性政府机构的管理方式不同。对于营利性艺术机构来说，美国是不完全参与的。例如，2000 年在美国成立的艺术品登记公司，这是市场自发成立的自律性组织。或者通过间接性设立机构来进行监督管理，如美国增添了联邦政府监督、州政府注册管理、评估行业协会制定准则、金融监管部门建立相应评估规则等新的内容。通过政府不完全参与，来实现艺术品市场的自发能动性。对于那些依靠自身力量不足以生存的艺术组织，美国政府则会通过提供各种优惠政策或者直接资助的方式来促进这些组织的发展，这是政府的有为之处。但与我国相比，由政府资助的艺术组织数量相对较少。此外，虽然美国并不直接管理艺术品市场，但是推出了诸多法律来规范艺术品市场行为，如《统一商法典》对买卖中的明示担保条款进行了规定，即卖方向买方做出的对事实的确认或允诺，如果与货物有关并成为交易基本组成部分，即为设置了该货物将与其相符的明示担保。《纽约州商业法》针对买家作为非艺术商身份，相比《统一商法典》的规定而提出了更高的要求，包括：①规定艺术商对作品作者身份的说明是对事实的确认，且被推定为交易的基础组成部分，因此构成明示担保；②对免责条款进行更为严格的限制；③有关明示担保的规定仅限于当艺术商向非艺术商的买家出售作品时，而作为艺术商的买家仍需遵循《统一商法典》的一般规定。除了上述提到的关于艺术品的法律法规，各州都设立有自己的一套法律法规用来规范艺术品市场（蔡妮，2015）。通过规范艺术品市场，让一级市场和二级市场的定价机制得到最大限度的发挥，进而确定出最合理的价格，再进行艺术品的资产化、资本化，最终实现艺术品金融化。当艺术品金融化时，就由美国金融业监管局（The Financial Industry Regulatory Authority，FINRA）来进行合规监管。

通过以上的介绍，我们可以得出美国的艺术金融监管理念：艺术金融本质上还是属于金融的范畴，只不过金融资产变成艺术品。只要先通过艺术品市场这只"看不见的手"决定好合理的价格，艺术金融市场就可以完全按照传统的金融市场进行监管。

13.2.2　法国——他律监管

法国是一个具有典型性的国家，政府实行集中管理制度，包括中央政府文化领导机构、直属文化和通讯部的文化单位以及地方文化机构，这样就形成政府集中管理艺术品市场的两个层级。文化与通讯部作为国家管理文化艺术事务的行政职能机关，它的职责主要是制定各种政策法规来规范艺术品市场，编制各种文化艺术产业投入的预算，促进艺术创作和文化的普及，保护文化遗产。

文化与通讯部大概相当于我国的文化和旅游部，代表的是国家水平，具有广泛的职权。同时政府再统一设立一批地方监督管理机构，如卢浮宫博物馆、奥赛博物馆、罗丹美术馆、凡尔赛宫、蓬皮杜国家艺术和文化中心等。38 个博物馆都由国家行政管理局直接管理，各地方管理当局则可以行使地方艺术品市场的监管权。在资金支持方面，不管是政府机构还是非政府机构都可以获得政府相应的资金支持，一般占政府预算的 60%以上。

近年来，法国新出台了一系列法规用以扩大艺术品市场的资金来源和渠道，对于艺术金融的监管，法国在实行中央和地方联合监管艺术品市场的基础上，进一步通过法国金融监管机构，包括银行法规委员会和信贷机构委员会等来进行艺术金融监管。

由此可见,法国的艺术金融监管模式是由艺术品市场监管组织和金融监管组织联合进行监管,直接从艺术品市场到艺术金融市场实行"一竿子插到底"的监管模式。此外,与法国艺术金融监管模式类似的国家还有日本和瑞典(张函,2009)。

13.2.3 中国——混合监管

中国的艺术金融监管机制则是介于法国和美国之间,不仅借鉴美国艺术金融管理的特点,也借鉴法国的经验,采取多级别、多层次的管理,政府监管和行业监管同时发挥作用,从而有效地指导和监督艺术金融市场。

目前中国主要是由文化和旅游部负责全国艺术品经营活动的日常监督管理工作,包括制定艺术品市场未来规划以及对艺术品进出口经营活动进行审批等。具体到地方,是由县级以上地方人民政府文化行政部门负责本行政区域内艺术品的日常监管工作的(郭亚楠,2016)。

除了政府监管,对艺术品市场进行监管的还有社会层面,如艺术品鉴定机构、艺术品保护协会等都是在社会层面担当监管艺术品市场角色的。行业协会是介于政府和企业之间,提供自服务、咨询、自律、公正的社会组织,是一种非营利性机构,为企业和政府提供便利,同时通过行业自律,加强守法者的经营意识(庄毓敏等,2014)。当资本涌入艺术品市场,艺术品面临金融化时,通常由中国人民银行、中国银行保险监督管理委员会(以下简称银保监会)、中国证监会等进行联合监管。

在上述的艺术品市场监督模式下,中国的艺术金融市场既可以在政府的管控下达到社会利益最大化,又可以发挥市场的主观能动性。艺术品市场的合理运行,使得艺术品价格最接近艺术品的真实价值。当艺术品金融化时,再由金融行业自身的监管机构进行监管。

13.2.4 各国艺术金融监管模式比较

艺术金融应该采取何种监管模式是一个值得我们探讨的问题。艺术金融作为金融领域一个新兴的子行业是金融创新的产物。艺术金融涉及艺术品和金融两个领域的收藏者、投资者的切身利益,因此笔者认为艺术金融的监管必须由相关政府机构高度参与。

法国的他律监管使艺术金融市场运行较为平稳,不会出现大起大落,艺术金融市场朝着中央政府制定的政策目标前进,这使整个社会的经济效益达到最大化。但是,单纯的他律监管与艺术金融这种创新形式本身是不相符的,因为在这种监管模式下，创新表现为一种违法行为，或者表现为一种形式上合法但主观上具有规避法律嫌疑的"擦边球"行为。他律监管强调严谨性，而这种严谨性会扼杀创新的思路和途径，严重影响交易所的创新速度和灵活便捷性。

相比较而言，美国艺术金融市场实行的自律监管可以完全发挥市场这只"看不见的手"的作用，自律监管更加符合创新型金融产品灵活性和专业性的要求。由于艺术金融正处于一个高速成长变化的阶段，其与金融结合的形式多种多样，因此自律监管更有利于对市场出现的各类情况进行反映，及时做出调整。但也由于艺术金融这种变化多样的特征，仅靠自律往往会出现损害投资者利益等破坏市场秩序的行为。

因此，最有效的办法应该是将二者结合起来，中国的混合监管模式将是不错的选择。这一模式以交易所自律监管为主、政府他律监管为辅，在充分发挥艺术金融参与者的积极性和主动性、确保其创新动力的同时，辅之以政府监管的引导和规制，将充分发挥自律监管的优势，发挥一线监管的灵活性和及时性。同时以他律监管作为制约，尽量弥补自律监管的不足，将对规范与约束艺术金融中介机构交易行为、保护投资者利益起到重要的作用。

13.3　中国艺术金融监管的缺失及其改进建议

在中国大力开展金融支持文化产业的背景下，艺术金融市场也备受瞩目。伴随着大量资本进入艺术品市场，艺术品市场与金融的融合也是必然的趋势。同传统金融市场一样，市场的稳定健康发展离不开合理有效的监管。因此对艺术金融监管就成为艺术金融发展的决定性因素，但是中国艺术金融监管的现状不容乐观。

13.3.1　中国艺术金融监管的缺失

虽然中国的混合监管模式在理论上比欧美的自律监管和他律监管更为合理，但是监管问题层出不穷。例如，2014 年 12 月发生的，索赔 3 年未果的几十名郑州文化产权交易所投资者"占领"河南省金融办事件（王宏斌和李咏梅，2011）；又如，天津文化产权交易所艺术品份额化交易乱象（张玉梅和温源，2011）。监管问题的存在不仅损害了投资者的利益，也对艺术金融的发展产生了不利影响。因此，找出监管问题成为迫在眉睫的任务。笔者认为中国艺术金融监管的问题主要体现在以下三个方面。

首先，法律法规的缺失。目前中国关于艺术品市场的法律法规存在很多缺失及不完善的地方，如艺术品交易细则不明确、税收问题、行业经营规范问题等。这些问题导致了大量艺术品私下交易，使艺术品市场税收微薄。私下交易的泛滥不仅是偷税漏税问题，私下交易的不稳定性还破坏了正常的市场秩序和游戏规则。定价的随意性使得市场无法形成系统的估价体系，破坏了艺术品市场的定价机制。这些问题都严重地阻碍了艺术品市场正常发展，是目前艺术品市场存在的最大问题。

其次，由于市场发展不完善，艺术品一级市场和二级市场界限模糊，缺乏市场规范。很多艺术品买卖没有任何凭证，售假、制假泛滥，造成中国艺术品市场交易秩序混乱。很多画廊和拍卖行管理不规范，不对画家负责，导致中国的艺术家也愿意接受私下交易，影响了艺术品一级市场的有序发展。任何市场的发展都离不开完善的市场体系，艺术金融市场也不例外。缺乏艺术品一级市场和二级市场的导向作用，艺术品市场这只"看不见的手"也无法发挥市场应有的作用。当资本大量涌入艺术品市场时，由于缺乏完善的市场体系，艺术品的价格起伏不定，偏离其真实价值，这严重地阻碍了艺术金融的发展。

最后，监管组织之间沟通协调不到位，致使监管工作杂乱无章。没有明确的权责划分，导致艺术金融市场监管有很多盲区。当发生问题时，监管部门之间互相推卸责任（洪铭，2018）。

13.3.2　中国艺术金融监管改进建议

1. 完善与修订艺术金融相关法律、法规

一个成熟的艺术品市场需要良好的法治环境，形成一套适应艺术品市场发展的规律。能够保持这个特殊市场稳定、健康、高效运行，能够保护艺术家、经营者、投资人和社会公众的合法利益的法律体系将是艺术品市场繁荣发展的关键所在，也是艺术市场真正成熟的标志。到目前为止，中国已经为艺术品贸易与艺术市场初步建立起一个较完备的法律体系。参与艺术市场活动的各方，无论是法人还是自然人，都可以从现有法律法规的条款中找到法律依据。但是也不容讳言，与其他国家相比，中国"艺术法"的研究起步较晚，在 1985 年前后才有所萌芽。较系统、认真的"艺术法"研究则始于 20 世纪 90 年代初。这期间，中国的艺术品市场发展也相当迅猛，早期制定的一些法律法规，从法规本身或配套执行情况来说，还远远不够。有的不适应当前艺术品市场的发展趋势，应当有所修订和调整，在有些法规付之阙如的

关键领域，应该考虑填补相关立法空白（黄海怡，2014）。

1）修订补充原有法律法规

目前用来规范艺术金融的条文基本都是参照之前已经成型的法律，如《中华人民共和国消费者权益保护法》《拍卖法》《中华人民共和国著作权法》等。由于此类法律的修订时间普遍早于艺术金融领域产品的开发时间，出现了很多不相适应的地方，因此建议国家对其进行修订补充。例如，《拍卖法》第六十一条第二款规定："拍卖人、委托人在拍卖前声明不能保证拍卖标的的真伪或者品质的，不承担瑕疵担保责任。"在中国拍卖行业发展的二十多个年头里，这条规定无疑成为各种纠纷的一大源头，因此国家应对此条款进行修订。明确拍卖行有谨慎鉴定拍卖品的义务，对于因为拍卖行未尽义务或重大过失而导致的赝品按真品拍卖给投资者造成损失的，由拍卖行承担相应责任。这样一来就可以很好地从源头上规范拍卖行业的业务操作，使可能存在的一些"知假卖假"现象最大限度地消除。

2）构建新的法律法规

前文提到，中国艺术金融领域的专门法律规范缺失严重，艺术品与金融有机结合后的专门法律规章更是无从查询，目前存在的一些规章文件都是事后"亡羊补牢"而出台的，如《国务院关于清理整顿各类交易场所切实防范金融风险的决定》《中共中央宣传部　商务部　文化部国家广播电影电视总署　新闻出版总署关于贯彻落实国务院决定加强文化产权交易和艺术品交易管理的意见》等政府文件就是在全国文化产权交易所乱现象出现后相关部门在 2011 年出台的文件，并不是事前形成并用于规范、监督的。当前已经发布和实施的包括文化部 2011 年 12 月发布的《文化部关于加强艺术品市场管理工作的通知》及 2016 年 3 月开始施行的《艺术品经营管理办法》等。中国艺术品市场尚处于摸索阶段，因此需要借鉴国外发达艺术品市场的管理系统与方法，同时参考国内金融市场的一些管理模式，结合中国艺术金融自身的特点，不断完善监管体系，规范艺术品市场参与各方的行为。此外，中国立法机关可以邀请法律、艺术、金融等相关领域的专家，编写一部"艺术金融交易法"，专门针对艺术品交易与金融交易相结合的产品进行设计与论证，旨在规范正在中国蓬勃发展的艺术品金融化的交易现象（戴建兵和张博，2013）。

2. 改革监管组织

当前，中国尚无专门对艺术金融进行监管的政府部门，监管责任与职能分散在文化、工商、中国人民银行、银保监会等多家部门（赵万一和崔磊，

2012）。这些监管部门之间对艺术金融的监督缺乏明确的责任划分，协调沟通性差，大多数只对明确属于自己范围的业务进行监督管理，从而使得艺术金融监管被分割成片。对于那些模糊不清、范围重叠的部分鲜有部门能积极主动承担，各部门联合执法、共同执法的行为虽然也会出现，但问题都是在出现大的损失与影响之后集聚暴发。总的来看，当前中国政府部门对艺术金融领域的监管力度和监管水平还有很大的上升空间。

假如国家将对艺术品监管的行政职权全部归于一个专门的部门，从直观上我们就可以预见到监管的效率与力度会大大提高。政府可以专门设立一个艺术金融监管部门，由其全面负责对艺术金融的监管工作。其他部门只在需要时对其进行适当的监管配合即可。在政府部门的监管上形成以一个部门为主体，其他部门进行周边配合的布局。

艺术品市场已经成为继股市、楼市之后中国的第三大投资市场，尤其是曾经异常火爆的文化艺术品交易所。这说明其存在的合理性与必需性，但相关机制不完善导致的问题频现也说明实践创新迫切呼唤理论研究强有力的分析与指导，于是监管问题被提上日程。在"文化产权交易所乱象"风波之后，相继下发的《国务院关于清理整顿各类交易场所切实防范金融风险的决定》《关于贯彻落实国务院决定加强文化产权交易和艺术品交易管理的意见》《文化部关于加强艺术品市场管理工作的通知》三份文件，无疑令整顿文化艺术品交易所、规范文化艺术品份额化交易的信息传来。乱象要抓源头，银行体系和保险体系有"银保监会"，证券市场有"证监会"，缺失监管的文化艺术品资本市场为何不能有"文监会"？这个机构可以参照以上文件的发出机构，由中央宣传部、商务部、文化和旅游部、国家新闻出版广电总局牵头设立"文监会"，对文化艺术品市场的参与机构和交易过程进行统一监管。它的职能是研究和制定文化产权交易市场的方针政策、发展规划和相关规章制度；垂直领导各地设立的艺术品交易场所，监管其日常的交易行为；审核拟在各地文化艺术品交易所上市融资的文化产品及项目。在业务上，还可以聘请银行、证券、保险等方面的专家专门成立一个子部门对涉及金融的艺术品业务进行检查、把关和指导，支持各地艺术金融市场的健康成长。"文监会"还可以为每类艺术金融的交易方式制定统一的交易规则或指导参考规则，包括投资准入门槛、交易模式和资金结算方式等（王国才，2012）。

3. 完善市场体系

1）建立行业自律组织

行业自律组织是指工商企业为了协调企业之间的经营活动，沟通信息，自发组织起来的一种社会中介机构。一般来说，行业自律组织的活动主要有以下三个基本特征：一是按照章程或公约，协调一个行业或整个地区工商企业的市场行为，规范行业成员参与市场活动的准则；二是这种协调功能以民间的形式，而不是以政府或个人的形式表现出来；三是行业自律组织所开展的各种活动，说到底是为了维护本行业或本地区的社会经济利益。

行业自律组织大体包括行业协会和商会。行业协会又称工商业同业协会，它是按照工商企业的业务性质组建起来的一种社团组织，如中国银行业协会、中国证券业协会、中国保险行业协会等；而商会则是由多个行业协会组成的范围更大的中介机构，代表更多的工商企业在更大的范围内发挥中介组织的作用。例如，由全国生产经营电子信息产品的单位及团体自愿组成的中国电子商会等自律组织，一方面保护了行业的集体利益不受侵犯，另一方面也规范了行业行为，对行业内进行了监管。艺术金融行业可以由拍卖行、画廊、商业银行、保险公司等艺术金融中介机构共同组成一个行业自律协会，如中国银行业协会、中国证券业协会，作为政府监管之外的有力补充（宋智慧，2015）。建立完备的架构与运行机制，以指导行业发展与监管为主要目的，对艺术金融市场的发展进行实时监管。当面对新的、共性的问题时，及时讨论解决，防止大的危机爆发，这样也可以很好地解决政府决策会出现的时滞问题。该协会还要负责相关人才的培养与考察，订立严格的从业标准，从从业者角度解决艺术金融中介鱼龙混杂的问题。

2）建立行业自律公约

行业自律公约又称行业自主管理公约、公契，是指行业自律组织为了行业成员的共同利益、保障本行业的持续健康发展而制定的对全体行业自律组织的成员具有普遍约束力的行为规范，它是行业自律管理中普遍存在的一种规范性法律文件。艺术金融作为一个新兴领域，目前并无相对统一的行业规章来对从事此类行业的买卖双方进行指导与约束。因此，艺术金融行业可以由前文所提到的自律组织设计一套适用于整个行业的、普遍受到大家认同的行业公约。此公约主要是为了明确艺术品交易过程中各环节的行为规范，告诉市场的参与者可以做什么、禁止做什么。此公约要在国家有关监管部门既定法律规章的框架下制定，但内容要更加详细具体，符合艺术金融领域的实际情况。随着艺术金融产品的不断创新，此公约也要与时俱进，在修改补充方面要比政府所制定的法律法规更加方便、灵活。这样最终促使每个市场参与者都成为主动遵守行业自律公约的高素质参与者，从根本上维护艺术品资本市场的稳定，推动艺术金融行业的健康发展。

3）建立有国家背景的文化艺术品交易所

此文化艺术品交易所与之前兴盛一时的"文化产权交易所"有很大区别。这种文化艺术品交易所是仿照股票交易所、期货交易所等正规大型交易所建立的。它应由国家牵头，致力于建立一个多种类、集中化、正规化的艺术金融交易所。可以把传统的画廊、拍卖行作为会员机构纳入其中，将散乱的交易集中化、场内化。对于一种交易类型要设立标准化的交易程序，这样一来就能最大限度地防止问题出现。这类文化艺术品交易所可以先在北京、上海、深圳、广州等文化和资本市场较为活跃的核心城市建立，进行一段时间的试点与检验，在这个过程中不断完善交易所的经营模式，发挥交易所的一线监管作用。制定交易所的准入规则，规定好场内交易的涨跌幅度等交易规则。采取类似艺术基金或信托等方式限制过于活跃的炒作性交易，凸显文化项目和艺术品的长期投资价值，以此来引领社会资金理性进入文化艺术品资本市场。

4）建立征信体系，为艺术金融发展护航

诚信问题是艺术金融监管过程中的核心问题，必须要引起我们足够的重视与关注。建立征信体系则能从根本上以一种系统的方法解决此类问题。中国传统的金融业已经开始逐步建立、完善征信系统，艺术金融作为一个新兴的子行业也应建立起一套符合自身业务特点的征信系统。相比于欧美等西方发达国家已经过百年发展、较为完善的征信系统，中国的征信系统仍处于萌芽阶段。中国艺术品市场的市场化程度逐步加深，这就要求在政府的主导和推动下，应按照经济规律的要求，充分发挥市场的作用，将国外的先进经验创造性地与中国的实际相结合（王艺，2011）。

在中国建立起一套完善的艺术品信用管理体系已是亟待解决的问题，这必将成为今后艺术金融市场监管工作的重点内容。但是需要明白的是，这种征信机制的建立绝不是一朝一夕就可完成的，因此需要逐步探索与完善，切不可急功近利。中华文明传承千年，中国艺术品门类纷繁复杂，将这些门类与不断创新的金融产品结合起来又会产生众多的变化，因此这个征信体系一定要着眼细微，务求精细。

（1）建立、完善与征信相关的法律体系。征信体系建设首先要完善相关法律。中国艺术品市场征信体系建设涉及社会各方面，在已有《征信业管理条例》的基础上进一步推动艺术品行业立法。信用信息数据的收集、公开、使用、披露个人隐私、保护商业秘密和国家机密，以及违反信用行为的处罚等问题都离不开法律的支持。为此，在艺术品市场征信体系建设之初，就应制定相关法律法规对征信活动进行规范，完善有关征信问题的处理细则，制定配套的实施方法。征信立法是中国艺术品市场征信事业得以健康发展的一个根本措施。建立良好的社会信用体系，不仅要靠道德，更要靠法律规范，要为形成健康的社会信用体系创造良好的法律环境。相关立法工作可以分成两部分来完成：一是修改现行相关的法律法规，为信用数据的开放做准备；二是尽快出台关于征信数据开放和征信数据使用规范的新法律。

（2）选择恰当的征信管理模式。在管理模式上，中国的艺术金融征信体系可以采用"地方搜集，集中管理"的模式。中国幅员辽阔，艺术品种类与交易人群地域分布较广。针对这种特点，当相关部门设立征信机构时，应在每个地区艺术品交易比较活跃的中心城市建立征信信息采集与管理部门，在充分搜集征信信息之后，通过信息技术等手段将每个地区所搜集到的信息汇总到中国征信管理的最高部门统一集中管理。在今后的交易过程中所需的信用信息要做到能够快捷地查询、使用。

（3）做好征信信息的收集。在征信体系建设的初始阶段，征信信息必然会出现缺乏等问题，因此做好征信信息的收集是完善整个征信管理体系的基础与前提。对于征信信息的采集可以从以下两个主体入手：一是市场上的投资者和收藏者。这部分人员与机构是参与艺术金融交易的主要双方，二者的存在使一项交易成为可能，但这部分人往往并不固定，潜在的群体庞大。因此对这部分人可以采取"信用身份证"的制度，即在交易之前开设一个专门用于记录其信用信息的账户，明确其在艺术金融交易领域的身份，对其每次交易的信用情况记录在案，终生保留，不得随意窜改或消除。二是一些艺术金融中介服务机构，如画廊、拍卖行，以及商业银行的艺术品业务部门等。这些机构主要是为前面所提到的投资者和收藏者进行中介服务，特别是对于一些初入艺术金融行业的新手来说，他们对中介机构存在一定的依赖性。由于自身相关知识与水平的不足，他们往往完全接受中介机构所给出的信息，一旦中介机构产生失信行为，这部分人必然遭受损失。因此，艺术金融中介机构更应该恪守诚信准则。对于这部分机构，数量变动较小，规模基本形成，可以采取普查的方式进行全面的信用登记，也可以对过往的重大交易进行追溯登记。这样可以使艺术金融市场的参与者在选择中介机构时有据可循，并能促进这些机构的良性竞争与发展。

（4）加大奖惩力度。建立征信体制的目的是规范市场行为，使各方参与者都恪守诚信原则。一方面，可以通过诚信档案让参与者自己选择交易的对手与提供服务的机构；另一方面国家监管部门也应采取相应的行政措施对市场参与者进行必要的奖励与惩罚，在监管层面上树立起权威。国家艺术品相关的监管部门要秉承"使守信者获得惠顾，失信者付出成本"的思想，对于失信者，做出行政惩戒，定期公布"黑名单"和"不良记录"，情节恶劣者要处以警告、罚款、吊销营业执照等处罚，违反法律的要移交司法部门严惩；此外，对于信用记录好的机构和个人给予扶持，在今后的交易过程中给予其佣金与税收上的优惠政策。通过一系列奖惩措施，达到彰显诚信、惩戒失信、构建和谐社会的目的。

13.4　艺术金融监管的发展趋势

近年来，科技、经济、社会、生活都发生着深刻的变革，中国的金融业也迎来了史无前例的大变革，各种金融创新模式层出不穷。在国家大力支持文化产业作为国民支柱产业的形势下，艺术金融应运而生。在各种新科技、新理念的冲击下，艺术金融的发展迎来了更多的机遇和挑战。为了保证艺术金融稳定健康的发展，创新艺术金融监管就成了艺术金融发展必不可少的环节。

13.4.1　科技化

当前我们处在一个科技爆炸的时代，面对高科技的冲击，各行业都迎来大变革，金融业也不例外。金融业务相互交织，错综复杂，大数据、云计算、区块链、人工智能等技术已经深度嵌入金融领域，金融市场的繁复程度远非以往。艺术金融作为重要的金融创新模式，也势必完成"科技+艺术金融"的深度融合，借助科技的推动力进一步发展和完善艺术金融。但是，科技同时是一把"双刃剑"，在利用金融科技促进艺术金融市场进一步发展的过程中，也势必带来各种与传统艺术金融市场不同的金融风险。首先，伴随金融科技与艺术金融市场的结合，金融科技将打破风险传播的主体的时空限制，具有跨地域、跨行业、跨市场的特点，业务设计结构更为复杂，交易速度和交易量呈几何倍数增长，风险扩散更快，破坏性更强。其次，金融科技伴随的市场活动主要以数字化、虚拟化、云方式出现。一些不法分子打着金融科技名义，以技术创新之名，进行金融欺诈、非法集资等违法行为，扰乱市场秩序。为了解决金融科技给艺术金融带来的难题，艺术金融监管也应该主动与科技融合。升级艺术金融监管"千里眼"和"顺风耳"的风险识别能力，利用大数据、云计算、区块链等高科技提升监管体系的风险预测和风险控制能力，使艺术金融监管做到"以科技应对科技"，实现"科技+艺术金融监管"的深度融合，促进艺术金融市场稳定健康发展。

13.4.2　创新化

作为一个新兴的行业，艺术金融市场是在不断变化和发展中进步的，不断的变化也为监管带来了新的问题。为了应对不断变化的新形势，监管部门所制定的规则、所采取的监管手段就要不断变化，也就是监管创新。创新是一切事物生命力的源泉，也是艺术金融市场当前所展示出巨大活力的根源所在。我们不能以固有的监管框架来限制创新的产生，因为这无异于扼杀艺术金融的发展。因此各国的监管机构要做的就是不断颁布新的规章制度，采取新的监管措施。只要将创新意识深嵌入监管者的意识之中，就能促使他们不因循守旧、不墨守成规，而是能够充分发挥自己的想象力和创造力，在科学思路为指导的前提下，不断进行监管模式的创新，从而创造出能够不断适应艺术金融市场新情况的监管体系。

13.4.3　穿透化

穿透式监管是按照"实质重于形式"的原则，透过金融产品的表面形态看清金融业务和行为的实质，打破身份标签，从业务的本质入手将资金来源、中间环节与最终投向穿透连接起来，甄别业务性质，根据业务功能和法律属性明确监管规则，对金融机构的业务和行为实施全流程的监管。

由于艺术金融是艺术品与金融的结合，是一种金融创新方式，因此艺术金融的产品结构、业务流程、投资方式较传统金融服务更加复杂。艺术品自身的高异质性特点使艺术金融服务蒙上了一层神秘的面纱。穿透式监管透过现象看本质的理念可以督促艺术金融市场做到明码标价，信息全面真实。穿透式监管的业务链条全面监管的特性可以保障交易记录保存完整，保障交易者的知情权，促进交易的公开透明。因此穿透式监管可以为艺术金融市场的规范发展带来巨大的帮助，穿透式监管全面应用在艺术金融监管领域已成为必然趋势。

13.4.4　合作化

在金融科技公司不断尝试以大数据、云计算、人工智能等新技术改进传统金融模式的同时，艺术金融机构不断寻求通过以上技术优化当前金融生态环境的途径，双方在科技方面的投入巨大，并具有可持续性。此外，传统艺术金融机构对科技的应用场景并不仅限于业务流程，其内控部门也在尝试通过科技应用更好地满足监管合规的要求，实现从"以客户为中心"向"以合规为目标"的转变。

　　为此,艺术监管机构可以与艺术金融机构合作,共同构建监管科技联盟(平台),将金融机构的内部合规系统对接转化为监管机构的检测系统,或者将金融机构的内部合规框架修正拓扑到监管机构系统中。监管机构与金融机构共同组建监管系统,以更加积极的方式将科技投入成本内部化,优化金融机构的监管系统。通过艺术金融监管机构和艺术金融机构的合作,打破传统金融领域中监管机构和金融机构间如"猫鼠游戏"的微妙关系,实现监管系统由外部化转向内部化,降低艺术金融机构和艺术金融监管机构的经营成本,从而实现耦合共赢。

13.4.5　国际化

　　艺术金融不但是中国新时代发展最为迅速的金融创新产业,而且中国艺术品市场已经成为国际艺术品市场最为主要的市场之一,许多国际艺术金融机构已经进入中国艺术品市场。国际投资者的参与,不仅扩充了中国艺术品市场的资本,也给整个艺术品投资市场带来更加科学的艺术品投资管理理念和创新产品。艺术金融的国际化使得中国艺术金融监管不能仅仅局限于国内的艺术金融市场,还应该顺应趋势,加强与国际金融监管机构的合作。中国的艺术金融监管机构要积极与国际金融监管组织和其他国家的艺术金融监管机构保持紧密联系,相互学习经验及教训,并通过签署备忘录实现跨国监管的一致步调与统一标准,防止出现"跨境式"监管问题。另外,中国的艺术金融监管机构要紧密关注国外艺术金融监管的发展动态,及时学习国外先进的管理技术和管理理念。

参 考 文 献

蔡妮. 2015. 艺术品国际流转法律规制研究[D]. 华东政法大学硕士学位论文.

戴建兵,张博. 2013. 我国投资性艺术品金融化发展及路径选择[J]. 河北经贸大学学报(综合版),13(1):66-68.

邓尚宏. 2015. 艺术品资产证券化交易规范管理研究[D]. 西南交通大学硕士学位论文.

郭亚楠. 2016. 艺术金融视域下中国当代艺术品市场现状研究[D]. 西南大学硕士学位论文.

洪铭. 2018. 中国艺术品证券化交易模式的研究[D]. 对外经济贸易大学硕士学位论文.

黄海怡. 2014. 我国艺术品鉴定的法律现状及立法构想[J]. 艺术品鉴,(12):166.

景晓萌. 2012-05-05. 美国如何保护艺术品版权[N]. 中国文化报,4.

宋智慧. 2015-03-24. 如何实现实用艺术作品的版权保护[N]. 光明日报, 11.

孙胜南. 2017. 我国艺术品交易市场政府监管问题研究[D]. 天津财经大学硕士学位论文.

王国才. 2012-09-13. 艺术品交易惯例和法律原则的冲突与平衡[N]. 人民法院报, 7.

王宏斌, 李咏梅. 2011-09-16. 艺术品份额化交易火爆与疯炒的冷思考[N]. 证券日报, C02.

王艺. 2011. 中国艺术品市场[M]. 北京: 文化艺术出版社.

西沐. 2010. 中国艺术品资本市场概论[M]. 北京: 中国书店.

张函. 2009. 国际艺术品贸易中的法律问题[D]. 武汉大学博士学位论文.

张玉梅, 温源. 2011-03-29. 艺术品证券化能给我们带来什么? [N]. 光明日报, 5.

赵万一, 崔磊. 2012. 艺术品份额化交易法律问题研究[J]. 中国商法年刊, (1): 142-154.

庄毓敏, 陆华强, 黄隽. 2014. 中国艺术品金融研究报告 (2014) [M]. 北京: 中国人民大学出版社.

结语：未来展望

当前中国的艺术品市场处于快速发展阶段，艺术品成交额、成交量都呈现高速增长态势。随着经济的发展，人均可支配收入的增长，中国部分城市尤其是大中型城市已经具备了艺术品消费与投资的经济基础，也产生了艺术品消费与投资的需求。艺术品以其实物资产、抵御通货膨胀、满足审美需求、可随时观赏等特点，已逐步成为富裕阶层配置资产的一部分，并逐渐成为继黄金、股票、房地产之后又一重要的投资渠道。但也要注意到中国的艺术品市场组织形态相对原始，多采取最为保守的交易模式，艺术品的流通量虽然大但是单件艺术品的流动性不高，这就限制了艺术品市场的发展。另外，在艺术品市场中参与交易的主体也以传统的个人为主力。随着市场高热，金融资本越来越多地进入了艺术品市场，带来了艺术品市场的变革。近年来，艺术品市场创新呈现积极发展态势，尤其在金融市场化创新方面，产权交易、艺术信托、证券化等取得了一定成果，并在一定程度上推动了艺术品市场的发展。同时在艺术品保险化创新方面取得了相应的发展。

中国艺术品市场的金融化不仅仅是一个概念，更多的是一个进程，艺术品与金融的结合在中国已初露端倪。艺术品金融化的实务运作也意味着一种变革和创新。事实上在中国经济发展的大背景下，艺术品金融化是大势所趋、人心所向。当前进入中国艺术品市场的群体里有不少金融投资专业人士，他们更注重在艺术品投资上运用现代经营理念，其视野也更加广阔。所以，艺术品金融化是大资本和新理念的介入，是一种良性发展趋势。中国近几年陆续出台的《文化产业振兴规划》《关于金融支持文化产业振兴和发展繁荣的指导意见》等也势必推动艺术金融在未来的发展。

14.1 艺术金融的发展方向

14.1.1 艺术金融跨界融合化

新型的文化产业业态是建立在"融合发展"的基础之上，将大多数与文化产业相关的行业要素融合起来，不断拓展文化产业价值网链的过程中产生的。它所依托的是跨界融合、混业经营等创新化的文化生态场，艺术金融的发展也不例外。一是通过精准把握科技、旅游等融合发展的突破点，催生优质新型的艺术金融业态。在艺术与科技、金融等融合发展过程中，积极把握国家实施的"互联网+"战略这一重大机遇，打造"艺术金融+科技"等的深度融合发展高地，改造提升传统艺术产业、金融产业业态，强化科技等要素对艺术金融发展的产业支撑作用。二是掌握艺术金融与科技、旅游等融合发展的话语权，高端介入全球艺术价值链。推动艺术资源、金融资源等要素适当向业内具有影响力的"艺术+金融""艺术+科技""艺术+旅游"等企业集中，实现"艺术金融+"融合发展中的领先地位。培育"艺术金融+"中的相关品牌，提升行业知名度。此外，通过相关协会、年会等提升"艺术金融+"在行业中的辐射能力，牢牢把握话语权。三是全面激活"艺术金融+"跨界融合的动力源，构建新型的文化艺术生态园区。发挥政府的引导调控作用，加快建立多部门的协同合作机制，明确分工，推动"艺术金融+"等资源要素的同化融合。此外，注重培育广大居民的新型消费能力，通过差异化补贴等方式激励居民的"艺术金融+"消费。

14.1.2　艺术金融投资专业化

艺术金融投资专业化是艺术财富管理信息化、知识化的必经之路。艺术金融投资专业化的首要任务是完成艺术品的资产化，拓宽艺术产业的融资渠道，盘活财富管理的重要布局。通过提高资金的供给能力创新其融资方式，金融机构也应通过业务创新来进一步加大艺术金融投资的创新支撑力度。历史经验表明，凡是作为金融产品标的或金融衍生品标的进入资本市场，成为企业或个人资产配置计划的候选目标的商品都一定经过了专业的处理，如标准化、货币化等，使其便于进行价值评估。艺术品的金融化也必将经历专业化的阶段。更加专业的艺术品交易市场、更加专业的反映艺术品市场波动的指标和风险，以及风险更加可控、收益更加可预期的艺术品投资工具将指日可待。

14.1.3　艺术金融机构多样化

随着中国经济发展进入新常态，中国经济逐渐转型进入后工业时期，精神消费逐渐取代物质消费，国内的文化消费和精神消费将作为经济发展的主要推动力。艺术品市场作为重要的文化精神消费领域将会吸引大量的资本进入，以成为未来中国经济增长的核心力量。但是国内对艺术品的管理理念还是以"计件保存"的实物仓库模式为主，以"表外资产"的形式存在。无法进入资产负债表使其成为资产配置和财富管理的组成部分，无法通过资产化的管理使其价值得到释放。要解决这个问题，就需要多样化的艺术金融机构来提供各种类型的金融服务，如艺术银行、艺术品租赁公司、艺术品保险公司、艺术品投资基金公司、艺术品信托公司等。这些金融机构通过将传统的艺术品管理理念转换为"按值管理"的资产管理理念，推动艺术品从商品化转向金融资产化，将大量的文化资源转变为文化财富，盘活这数十万亿沉淀的"表外资产"，使大量具有高度艺术审美价值和金融投资价值的艺术品存量资源与金融投资需求相对接。

艺术品金融机构多样化是对艺术品金融微观的重新构造。它的中心是在原有艺术品交易与拍卖机构的基础上，重新构造一批具有辅助性和地方性，独立于专业艺术品拍卖机构之外的金融机构，包括民间画廊等艺术品交易场所。形成一种可以与传统艺术品交易中心相抗衡的力量，削弱传统画廊、拍卖行的垄断地位，构成多层次、多领域、多方面的艺术品交易体系。在这种体系中，所有的交易机构都是经营性的，既有综合性，又有单一性。专业艺术品金融机构间不存在行政或经济隶属关系，形成多样化的艺术品金融机构布局。

14.1.4　艺术金融服务个性化

经济社会的转型给艺术品市场带来了前所未有的机遇。首先，工业社会的发展解决了人们物质方面的需求，而如今人们越来越关注精神消费，对更加美好的生活有了向往和需求。艺术品市场作为主要的文化、精神消费领域，势必会成为新时代重要的消费投资市场。为了满足十几亿人潜在的文化艺术消费投资需求，我们需要提供各种个性化的艺术金融服务，使艺术品不单单作为一种商品，而是作为一种金融资产，增强艺术资产的流动性，拓宽其流通渠道，这样将会有更多人参与到艺术品投资和消费领域。其次，在经济"调结构，促转型"的大背景下，传统的金融业面临着下行的压力，传统的工业和房地产等产能过剩行业的信贷资产质量已进入下降通道，信贷资产质量管控压力越来越大，这使得金融服务业既有的盈利基础面临着巨大的挑战。所以，传统的金融服务业可以以艺术金融服务作为一个切入点，提供各种个性化的艺术金融服务。既可以盘活存量巨大的艺术品"表外资产"，又可以拓展金融服务业的广度和深度，为金融业的发展带来巨大的促进作用。

目前，国内很多金融机构推出了各种艺术金融服务。例如，中信银行私人银行在网络高净值人群方面放出大招，除家族信托、移民规划外，还推出了艺术品投资等面向高净值投资者的个性化投资服务。高净值客户在满足资产增值保值的同时，不仅可以到画廊欣赏琳琅满目的艺术品画作，亦能得到专家的投资咨询等，精神与资产实现价值上的同步增值。除此之外，商业银行通过该方式对高净值客户的争取也非个案，如中国银行还向私人银行客户推出过葡萄酒理财产品。

14.1.5　艺术金融功能平台化

艺术金融的创新既需要实践，又需要空间，还得予以必要的时间。以构建功能相对完善的艺术品综合服务平台为抓手，提高艺术金融产业创新发展的能力与水平，是未来艺术金融发展的重要方向。其实，2005 年以来国内艺术金融平台化创新屡见不鲜，但是作为新生事物艺术金融平台化创新在急速发展过程中却面临着一系列内生性扩张问题，如背离国家政策初衷，与文化大发展、大繁荣的目标相去甚远等问题，过度逐利造成平台模式的同质化与严重的艺术品资产泡沫化。2015 年 12 月伴随《艺术品经营管理办法》的出台，一些新生平台开始加速没落，艺术金融平台化创新也开始重新思考平台的价值取向以及可持续发展的动力问题。平台化发展过程中应该不断构建与完善价值体系，让平台具有完善的社会功能。价值体系的构建与不断完善，是围绕着清晰艺术品与艺术家价值的权属、艺术品交易由小众走向大众的目标框架、艺术品的品牌影响力推广等方面逐步开展的。构建和完善艺术品金融平台的价值体系决定了其产业生态的完整性与系统性，对艺术品金融平台的不断创新与发展有着重要意义。

14.2　艺术金融的发展路径

14.2.1　加强艺术金融法律制度建设

建立和完善艺术金融法律制度有利于营造良好的法制环境，使金融更好地支持艺术产业、艺术品市场的创新发展。完善的艺术金融法律制度能够协调产业规划部门、文化艺术管理部门、金融管理部门、金融机构之间的关系，形成科技与金融融合的合力，使艺术与金融达到有效融合和最优配置。一方面，在广泛调研的基础上，适时出台"艺术金融基本法"。目前，我国关于艺术品市场的立法数量多，立法主体多样化，立法内容涉及领域广泛。但是，涉及艺术金融的立法规格相对较低，甚至空白，这不利于艺术金融健康持久发展。为使艺术金融高质量发展，国家应提升立法规格，克服相关政策性法规的缺陷，适时制定艺术金融基本法，为艺术金融发展保驾护航。另一方面，完善艺术金融配套性法律规范。要进一步整合已有艺术、金融法规制度，使各法规制度有效融合，发挥合力作用，从而更好地规范与艺术金融发展相关的主体行为。首先，逐步建立由政府调控、市场引导、艺术品市场和金融机构参与的法律制度框架，充分规范艺术金融市场各主体行为。其次，创建艺术金融中心相关制度，形成金融集聚，提升艺术金融配置效率，激励艺术金融创新的产业集聚，形成经济增长极。

14.2.2　构建艺术金融共享服务平台

良好的艺术金融服务平台，能够使艺术品市场、金融机构等艺术金融主体利用平台数据发布投融资信息。通过整合多方资源、信息集成共享，匹配优质项目，可以有效提高艺术金融创新领域的对接效率，提高艺术金融高质量发展的能力。第一，构建政府艺术金融服务平台。在该平台，政府可以发布艺术金融政策与法规、艺术金融机构产品、艺术金融企业融资需求、中介服务机构等综合性艺术金融信息。政府艺术金融服务平台能够促进金融、创业投资和社会资本与艺术品市场的有效对接，形成围绕政府科技投入、吸引金融信贷和鼓励创业投资跟进投入的多元化、多层次、多渠道的艺术金融投融资体系，推进政府、金融机构、中介机构与企业之间的信息共享，引导社会资本参与艺术金融企业、项目的成长，满足不同成长阶段的资金需求，拓宽融资渠道和融资手段，为加快培育战略型新兴产业、推动创新发展和经济转型升级提供有力支持。第二，金融机构利用金融科技构建数字化艺术金融服务平台。在该平台，金融机构通过整合资源、撮合交易与产业对接，为艺术金融主体的跨界交流搭建便捷桥梁。第三，利用互联网打造艺术金融信息服务平台，为投资者提供金融产品、融资项目的基本信息。在该平台，可以进行专家在线咨询服务，也可以发布交易信息、提供交易管理服务等。艺术金融共享服务平台既相对独立，又相互关联。为了实现资源信息共享，需要突破界限，综合利用各种平台，实现金融资源最优配置，更好地推动其高质量发展。

14.2.3　促成市场主导的金融供给体系

艺术金融的高质量发展与理性繁荣要求高质量的金融供给。现阶段科技金融的供给主要由政府主导，包括政策性金融机构、银行等。它的主要职责包括直接对艺术品市场提供融资、促进信用担保以及作为风险投资基金进行投资等。政府主导的金融供给在资金引导和风险缓释方面发挥了重要作用。为了解决艺术金融供需之间的矛盾，必须加大艺术金融供给侧结构性改革力度，坚持政府引导和市场调节相结合的原则，引进竞争激励机制，促进艺术金融产品创新，拓宽融资渠道，鼓励社会资本为艺术品市场融资，提倡有发展潜力的文化艺术金融企业上市融资，不断优化艺术品金融化的供给结构。只有这样，才能提升艺术金融效率和艺术品市场的创新效益，使艺术金融创新成果向市场化、产业化发展，促进产业结构优化，提高产品和服务的有效供给能力，满足人们对高质量生活的需求，提高经济的高质量发展水平。

14.2.4　强化艺术金融的风险管理

艺术品金融化过程中必定伴随着艺术金融风险的发生。艺术金融风险主要包括市场风险、流动性风险和信用风险等。在互联网金融背景下，艺术金融风险传播愈加复杂，更具隐蔽性，这给风险管理者提出更大的挑战，也给艺术金融的高质量发展带来极大的隐患。为此，必须强化对艺术金融风险的管理，"守住不发生系统性金融风险的底线"，为经济高质量发展提供更大的动力。风险管理的基本要求是以最小的成本获得最大的保障。风险管理中要通过风险回避、风险预防、风险自留、风险转移和风险抑制等方式，达到减少风险因素、控制风险事故、降低损失之目的。就政府而言，对艺术金融风险的管理主要着力完善风险投资体制、健全艺术金融风险担保与分摊机制、建立艺术金融风险投资补偿体系。就金融机构而言，既要完善内部控制机制和建立健全应对外部事件的预备方案，规避操作风险；也要积极利用大数据进行风险识别、评估和控制，或者开发适应性金融产品，降低艺术金融风险。

14.2.5　培养艺术金融复合型人才

提高艺术金融创新能力是其高质量发展的核心路径。艺术品市场的创新离不开强有力的艺术金融支持，艺术金融促进艺术品市场创新需要既懂金融创新又能够把握艺术品市场发展规律的复合型人才。为此，必须加大对艺术金融复合型人才的培养，更好地发挥艺术金融辐射带动作用。首先，建立创新型人才培养中心。通过整合各领域高素质人才资源，增加高素质人才的有效供给。同时要充分挖掘创新型人才潜能，使其开发更加多样化的金融产品和金融服务，更好地满足艺术品市场发展的需求。其次，搭建人才培养信息共享平台，实现各领域高素质人才的交流与合作。作为一种新型的经济模式，共享经济的行业渗透面越来越广，人才共享是其重要表现。一般来说，高端人才具有稀缺性。搭建人才共享信息平台，可以实现艺术产业与人才的高效匹配。这既有利于人才实现自身价值，使人才得到最大化利用，又能够有效解决人才需求的后顾之忧。因此，艺术金融"人才共享"平台能够有效化解供求矛盾，具有广阔的应用前景。再次，构建科学的人才激励机制。把物质激励与精神激励相结合，吸引高端人才集聚，不断激发人才的创新热情，开发更优质的艺术金融产品和提供更优质的金融服务。只有这样，才能不断优化艺术金融的有效配置，提高金融领域和艺术产业的创新效率，进一步提高艺术创新的有效金融供给。最后，加大教育投入，优化教育结构。以高等教育人才培养的供给侧结构性改革为方向，在人才培养模式方面大胆进行调整和创新，使人才培养更好地匹配社会需求结构，培养出大量高素质的艺术金融人才，提升高等教育人才的供给质量，为其高质量发展注入新的活力。

14.3 艺术金融的发展建议

14.3.1 提升经济发展质量，刺激艺术消费

艺术金融发展的首要前提是提高文化艺术消费与投资，而影响艺术消费与投资最重要的因素就是人民的收入水平。对于广大人民来说，艺术消费并不是生活必需品，只有在人均收入满足基本的生活保障后才会进行艺术消费。因此，要想提高艺术消费，就必须要提高人均收入水平，推动经济的高质量发展。中国的人均收入水平有很大的上升空间，同时艺术消费与投资和经济发展是相辅相成的。一方面，经济发展刺激着艺术消费，另一方面，艺术消费的提高又推动着经济的发展。当人民的收入水平达到一定标准时，要积极培养人民文化消费的观念，引导人民提高文化方面的支出。随着经济发展、人均收入的提高，我们要通过各种渠道扩大艺术消费与投资的需求。

14.3.2 注重人才集聚与培养，推动艺术金融理论化发展

中国艺术金融产业人才培养既是促使中国艺术金融产业发展的重要途径，又是以人为本思想和科学人才观的重要体现。中国艺术金融产业人才不只是一支才华横溢的队伍，更应是一个具有多元性、多层次、动态性和整体性的系统，对中国艺术金融产业的前途起着枢纽和调控作用。因此，我们要培养的是懂艺术的金融人才、懂金融的艺术人才以及懂金融和艺术的管理人才。只有这样，金融市场和艺术品市场才能充分互动，实现金融与艺术在更高层次上的合作。在人才培养途径上，要充分利用国内高等教育、科研的优势力量，在综合类大学、财经类院校及高等美术院校设立艺术金融专业，开设金融、管理、艺术、法律等多方面课程，加快培养中国艺术金融产业所需

要的艺术金融专业管理和经营人才、专业技术人才、艺术法律人才等。同时鼓励大学、艺术品投资咨询机构开设短期高级研修班，为社会提供更加便捷的人才培训途径，以满足艺术金融市场现阶段应用型人才的需求。

投资者在进行艺术金融投资前，首先要了解艺术品的一些基本常识和鉴定知识，提高自身艺术修养，其次才是进行投资知识普及，使投资者了解艺术金融产品的投资技巧及其资产配置功能。不论是主动学习还是被动教育，这些知识和理论对充分认识和理解艺术品投资的风险都十分必要，对降低公众在艺术品投资活动中的盲目性和风险性而言，具有推动意义，可促进整个艺术金融产业的专业化和理性化。

14.3.3　发展艺术金融，延伸艺术品产业链条

完善的产业链条对艺术金融的进一步发展意义重大。艺术金融化的核心是产业化、规模化、大众化和社会化。目前我国仅处于点对点的单一艺术金融产品创新发展阶段，以金融市场为切入点，推动和完善艺术品产业链具有重要现实意义。第一，要健全和完善艺术品鉴定评估体系。由于艺术品具有极强的异质性，因此很难以统一的标准衡量和确定其价值，进而导致市场内部竞争不够充分，定价博弈难以发挥效力。因此，艺术品交易过程中的各类鉴定和评估服务成为重要的供给侧内容。第二，做好艺术基金的设立管理。借鉴证券基金和养老基金等价值投资长期运作模式，逐步将艺术品作为长期投资基金的一个投资选项，同时加强与专业艺术投资运营机构合作，充分发挥其了解艺术领域和艺术市场运作规律的特点，避免由于对艺术领域了解不足而带来的损失。第三，完善艺术品交易退出机制，这是我国艺术市场能否进一步做大、做强的保障。退出机制的健全需要大量的学术研究和实践创新，也需要政府方面给予相关的指导和支持。第四，构建艺术品交易数据库，借助区块链等新兴信息技术为艺术品建立档案，通过标准化、规范化、科学化的数据库来杜绝虚假赝品，规范市场化运作。

14.3.4　加快产业园区建设，注重艺术金融集群发展

依托现有的相关文化产业，统筹好今后艺术金融发展的大方向，突出地域特色，引导文化和艺术金融企业朝专业化、差异化、特色化方向发展。出台相关规章制度，让相关企业积极参与市场竞争，同时避免同质化和恶性竞争，形成特色鲜明、产业互补、结构合理的产业结构。另外，要着力打造一批高水准的艺术金融产业园区。首先，要出台相关优惠政策，合理招商引资，完善配套设施，优化园区环境，吸引大量优秀的金融、艺术行业的相关主体

入驻园区，引导文化企业集群发展。其次，要根据市场需求提出艺术、金融创意，并由相关机构将艺术金融产品推向市场，提升艺术金融发展的质量和层次。再次，要统筹全局，制定配套的政策体系，发展高等教育，大力培养艺术金融人才，并吸引艺术金融从业者，为园区建设提供制度、人才保障，规划好园区建设。最后，培育重点艺术金融项目或产品，以重大项目或产品带动全局，实现以点带面，有效推动艺术金融产业园区建设的跨越式发展。

14.3.5 加强跨界融合，大力发展艺术金融相关产业

艺术金融除了要增强自身实力外，还要注意要与其他相关产业融合、协调发展。加强产业的跨界融合，要把握艺术产业的发展方向与消费方式的转变。目前，消费方式向互联网消费转变，要将艺术金融同互联网经济相结合。与此同时，还要增加艺术金融发展的技术含量，加快高附加值产品的创新。探索"艺术金融+"模式，推进"艺术金融+科技""艺术金融+智慧旅游"等跨界合作与融合发展，促进传统产业转型升级。鼓励信息技术、网络技术、数字技术发展，创新艺术金融产品和服务，打造服务业新产业、新业态、新商业模式，充分融合现代科技，进一步优化产业结构。随着各种高新技术不断发展，文化艺术产业的发展空间也在不断扩大，相关产业的发展是艺术金融保持活力的关键点。要想发展相关产业，政府要大力投资，制定相关优惠政策，给予其更多的帮助和支持，尽可能减少发展过程中可能遇到的困难。

参 考 文 献

郭淑芬，郭金花. 2019. 文化产业融合创新驱动力的省域差异研究[J]. 南京工业大学学报（社会科学版），18（1）：89-98，112.

贺达，任文龙. 2019. 产业政策对中国文化产业高质量发展的影响研究[J]. 江苏社会科学，（1）：19-27.

刘永春，付启元. 2019. 新型业态视域下的文化跨界融合发展研究——以江苏为例[J]. 南京社会科学，（3）：136-141，156.

罗子荃，周秀梅. 2018. 城市公共艺术产业发展的内在逻辑与创新机制[J]. 学习与实践，（8）：104-111.

钱静，耿孝臣. 2016. 我国文化艺术产业优化发展的检视与构建[J]. 湖南社会科学，（4）：141-145.

孙彦林，陈守东，刘洋. 2017. 中国金融周期成分与随机冲击[J]. 金融论坛，22（2）：35-45.

王雅霖. 2018. 民族文化产业生态化发展的理论与路径研究[D]. 兰州大学博士学位论文.

许钊. 2018. 甘肃省文化产业集群发展研究[D]. 兰州财经大学硕士学位论文.

杨传张，祁述裕. 2019. 我国互联网文化产业监管制度的现状、问题及建议[J]. 福建论坛
　　（人文社会科学版），（2）：62-69.

赵小平，游达明. 2016. 艺术产业战略选择与价值创造的关系研究[J]. 湖南社会科学,（2）：
　　124-129.